Brachmann
# Behinderung und Anerkennung

Barbara Brachmann

# Behinderung und Anerkennung

Alteritäts- und anerkennungsethische Grundlagen
für Umsetzungsprozesse der
UN-Behindertenrechtskonvention
in Wohneinrichtungen der Behindertenhilfe

Verlag Julius Klinkhardt
Bad Heilbrunn • 2016

Diese Dissertation wurde von der Humanwissenschaftlichen Fakultät der Universität zu Köln im Juli 2015 angenommen.
Gutachter: Prof. Dr. Markus Dederich und Prof. Dr. Barbara Fornefeld.
Tag der Disputation: 08. Juli 2015.

Dieser Titel wurde in das Programm des Verlages mittels eines Peer-Review-Verfahrens aufgenommen.
Für weitere Informationen siehe www.klinkhardt.de.

Bibliografische Information der Deutschen Nationalbibliothek
Die Deutsche Nationalbibliothek verzeichnet diese Publikation
in der Deutschen Nationalbibliografie; detaillierte bibliografische Daten
sind im Internet abrufbar über http://dnb.d-nb.de.

2016.kg © by Julius Klinkhardt.
Das Werk ist einschließlich aller seiner Teile urheberrechtlich geschützt.
Jede Verwertung außerhalb der engen Grenzen des Urheberrechtsgesetzes ist ohne Zustimmung
des Verlages unzulässig und strafbar. Das gilt insbesondere für Vervielfältigungen, Übersetzungen,
Mikroverfilmungen und die Einspeicherung und Verarbeitung in elektronischen Systemen.

Coverabbildung: Dubuffet, Jean, Ponge feu follet noir, 1947 © VG Bild-Kunst, Bonn 2015.
Dubuffet, Jean, Ponge feu follet noir, 1947, Fondation Beyeler, Riehen/Basel, Foto: Peter Schibli, Basel.
Satz: Thomas Auer, Innsbruck.

Druck und Bindung: AZ Druck und Datentechnik, Kempten.
Printed in Germany 2016.
Gedruckt auf chlorfrei gebleichtem alterungsbeständigem Papier.

ISBN 978-3-7815-2064-6

# Inhaltsverzeichnis

**Vorwort** ........................................................................................................... 7

**1 Einleitung: Problemstellung und Perspektiven** ........................................ 9
   1.1 Einleitende Worte .................................................................................. 9
   1.2 Fragestellung ........................................................................................ 10
   1.3 Ziele ...................................................................................................... 11
   1.4 Ergebnisse ............................................................................................ 12

**2 Menschen mit Behinderung und die UN-BRK** ........................................ 14
   2.1 Der Behinderungsbegriff und Modelle von Behinderung ..................... 14
   2.2 Die UN-Behindertenrechtskonvention ................................................. 18
   2.3 Die Verknüpfung von UN-BRK und Anerkennungstheorie ................. 21

**3 Anerkennung** ............................................................................................ 24
   3.1 Der Anerkennungsbegriff sowie anerkennungstheoretische Diskurse ... 24
   3.2 Die Theorie der Anerkennung nach Axel Honneth ............................. 37
      3.2.1 Hegel ........................................................................................ 38
      3.2.2 Mead ........................................................................................ 40
      3.2.3 Honneths Theorie .................................................................... 42
      3.2.4 Anerkennungsformen .............................................................. 43
      3.2.5 Missachtung ............................................................................ 49
      3.2.6 Kampf um Anerkennung ......................................................... 53
      3.2.7 Konzept der Sittlichkeit .......................................................... 55
   3.3 Die Fortentwicklung der Honneth'schen Theorie ................................. 56
      3.3.1 Das Andere der Gerechtigkeit .................................................. 56
      3.3.2 Kampf um Anerkennung (2003) – Nachwort ......................... 58
      3.3.3 Unsichtbarkeit ......................................................................... 59
      3.3.4 Umverteilung oder Anerkennung? ........................................... 60
      3.3.5 Verdinglichung. Eine anerkennungstheoretische Studie .......... 62
      3.3.6 Das Ich im Wir ........................................................................ 63
      3.3.7 Verwilderungen. Kampf um Anerkennung im frühen 21. Jahrhundert ...... 64
      3.3.8 Das Recht der Freiheit ............................................................. 66
      3.3.9 Zusammenfassung: Entwicklung der Anerkennungstheorie nach Honneth ...... 66

3.4 Die Phänomenologie Lévinas' .................................................................. 67
    3.4.1 Die Moral bzw. Grundlagen der Phänomenologie Lévinas' ............. 68
    3.4.2 Die Subjektkonstitution bei Lévinas ................................................. 71
    3.4.3 Die Alterität ....................................................................................... 74
    3.4.4 Zwischenresümee ............................................................................... 75
    3.4.5 Das Antlitz ........................................................................................ 76
    3.4.6 Die Spur ............................................................................................ 77
    3.4.7 Der Dritte ......................................................................................... 78
    3.4.8 Resümee ............................................................................................ 80
3.5 Die alteritätsethische Lesart der Anerkennung .......................................... 81
    3.5.1 Kritische Würdigung der Anerkennungstheorie nach Honneth ....... 82
    3.5.2 Alteritätstheoretische Grundannahmen zur Anerkennung .............. 96
    3.5.3 Die alteritätsethische Lesart der Anerkennung .............................. 105

**4 Professionelles Handeln in der Behindertenpädagogik** ............................ 119
4.1 Professions- und Professionalisierungsforschung ..................................... 119
    4.1.1 Begriffsklärung ................................................................................ 120
    4.1.2 Der professionstheoretische Diskurs .............................................. 121
    4.1.3 Professions- und Professionalisierungsforschung und Anerkennung ........... 127
    4.1.4 Resümee und Ausblick ................................................................... 127
4.2 Die Aktuelle Situation von Menschen mit Behinderung .......................... 129
    4.2.1 Einleitung ........................................................................................ 129
    4.2.2 Gesellschaftliche Entwicklungen .................................................... 130
    4.2.3 Die Folgen der Individualisierungstendenzen ................................ 134
    4.2.4 Risiken für Menschen mit Behinderung
          und die Rolle der Behindertenpädagogik ..................................... 136
4.3 Konsequenzen für die behindertenpädagogische Disziplin und Profession ........... 140
    4.3.1 Herausforderungen und Aufgaben sowie
          alteritäts- und anerkennungsethische Ausrichtung ........................ 140
    4.3.2 Konsequenzen für Disziplin und Profession .................................. 144
    4.3.3 Handlungsempfehlungen für die behindertenpädagogische Praxis ........... 152

**5 Zusammenfassung und Ausblick** ............................................................... 206

**6 Literaturverzeichnis** ..................................................................................... 219

# Vorwort

Die vorliegende Arbeit, die während meines Promotionsstudiums an der Humanwissenschaftlichen Fakultät der Universität zu Köln entstand, ist Ergebnis einer intensiven Auseinandersetzung mit der Frage, wie sich behindertenpädagogische Theorie und Praxis zusammenbringen lassen. Denn bereits im Rahmen des Studiums aber auch während meiner beruflichen Tätigkeit wurde mir stets aufs Neue bewusst, wie fruchtbar und wertvoll die Verknüpfung von Disziplin und Profession sein kann. Da in mir insbesondere im Rahmen meiner Tätigkeit in behindertenpädagogischen Praxisfeldern immer wieder Fragen nach der Realisierung der UN-Behindertenrechtskonvention aufstiegen, war es für mich nahezu selbstverständlich, der Dissertation das Ziel eines Theorie-Praxis-Transfers zu geben, der in die Umsetzung der Konvention eingebettet ist. Bald erkannte ich, dass der Begriff der Anerkennung zu diesem Zweck ein großes Potential birgt. Daher beschäftigte ich mich intensiv mit anerkennungstheoretischen Perspektiven. Das Ergebnis dieser Auseinandersetzungen ist die vorliegende Arbeit, mit der meine Hoffnung verbunden ist, das Leben von Menschen mit Behinderung im Sinne der UN-Behindertenrechtskonvention wirksam zu verändern.
Ohne die Unterstützung einiger wichtiger Wegbegleiter wäre meine Arbeit nicht in der vorliegenden Form entstanden. Daher möchte ich mit den folgenden Zeilen meine Dankbarkeit zum Ausdruck bringen.
Besonders herzlich danke ich meinem Doktorvater Herrn Prof. Dr. Markus Dederich, der mir durch wertvolle Anregungen, bereichernde Hinweise und kritische Rückfragen dazu verholfen hat, meinen Weg zu finden. Seine zuverlässige Unterstützung und die stete Einladung, meine Themen zu diskutieren und Klarheit und Licht in durch Komplexität bedingte Wirrnis zu bringen, waren mir immer eine verlässliche, wertvolle und besonders wichtige Stütze. Zudem eröffneten mir seine Texte Perspektiven, die mein Denken und die vorliegende Arbeit in entscheidendem Maße prägten. Dafür bin ich sehr dankbar.
Mein ausdrücklicher Dank gilt zudem meiner Doktormutter Frau Prof. Dr. Barbara Fornefeld. Ihr habe ich wesentliche Anregungen und wertvolle Hinweise zu verdanken, welche von zentraler Bedeutung für meine Arbeit sein sollten. Überdies waren ihre Texte für mich sehr wichtig, hielten sie doch insbesondere vor dem Hintergrund der Verknüpfung von Theorie und Praxis stets neue Sichtweisen, Aspekte und Gedankengänge bereit, die für die Entwicklung meiner eigenen Position besonders wertvoll und bereichernd waren.
Auch den Teilnehmern des Doktorandenkolloquiums möchte ich an dieser Stelle sehr herzlich danken. Sowohl die wertvollen Hinweise, Vorschläge und Rückfragen als auch der freundschaftliche Rückhalt waren mir in den vergangenen Jahren eine wichtige und unverzichtbare Stütze.
Von Herzen danke ich auch meinen Eltern Elisabeth und Dr. Andreas Brachmann dafür, dass sie mir eine Kindheit schenkten, die durch das ganz selbstverständliche Zusammenleben mit Menschen mit Behinderung geprägt war. So erlebte ich schon früh das, was ich mit meiner Dissertation in eine theoretische Form zu gießen versucht habe: die unbedingte Verantwortung, Wertschätzung und Empathie für den Anderen. Weiterhin unterstützten mich meine Eltern während meiner Promotion ganz außerordentlich und ermutigten mich, nicht aufzugeben. Dafür bin ich ihnen sehr dankbar.
Ein besonderer Dank gilt meiner lieben Freundin Laura Strack, die mir durch ihre Geduld, ihre Klugheit sowie durch ihr Wissen und ihre Kompetenz auf dem Feld der Philosophie

immer wieder in intensiven Diskussionen dazu verhalf, mich zu verorten, meine inhaltliche Position zu schärfen und nicht aufzugeben. Überdies danke ich ihr sehr für ihr hervorragendes Lektorat der vorliegenden Arbeit.

Auch Dr. Klaus Lassert, Leila Corzo Menéndez, Jonathan Lunkenheimer und Katja Dylla waren mir bei der Entstehung der Dissertation unverzichtbare Unterstützer. Ihre Geduld, ihr Verständnis und ihre Ermutigungen sowie gleichermaßen ihr Interesse an meiner Arbeit, das Debattieren und Diskutieren, verhalfen mir dazu, die Dissertation zu vollenden.

Mein Dank gilt auch dem Verlag Julius Klinkhardt für die Bereitschaft, meine Arbeit zu veröffentlichen und für den reibungslosen und unkomplizierten Ablauf.

Ich widme diese Arbeit allen Menschen mit Behinderung.

# 1 Einleitung: Problemstellung und Perspektiven

## 1.1 Einleitende Worte

„Wir haben in Deutschland einige große Baustellen" (Deutsches Institut für Menschenrechte 2015), lässt die Monitoring-Stelle zur UN-Behindertenrechtskonvention (UN-BRK)[1] in ihrer Pressemitteilung vom 19.02.2015 verlauten und verweist damit auf den dringenden Handlungsbedarf bei der Umsetzung der Konvention. Immer wieder hat die Stelle diese Missstände beklagt und den Internationalen Tag für Menschen mit Behinderungen am 03.12.2014 zum Anlass genommen, in einer Pressemitteilung die bislang „schwache menschenrechtliche Rückbindung des politischen Handelns an die Vorgaben der UN-Behindertenrechtskonvention" (Deutsches Institut für Menschenrechte 2014) festzustellen.

Nun wird die Konvention, die in Deutschland im Jahr 2009 in Kraft getreten ist, erstmals einer Staatenberichtsprüfung unterzogen. Im Rahmen dieses Verfahrens, das am 26. und 27.03.2015 durch den Fachausschuss zur UN-Behindertenrechtskonvention vorzunehmen ist, wird der Umsetzungsstand der UN-BRK betrachtet und beurteilt. Dies könnte wichtige Impulse geben. Valentin Aichele, Leiter der beim Deutschen Institut für Menschenrechte eingerichteten Monitoring-Stelle, verweist in der o.g. Pressemitteilung von Februar 2015 bereits vorab auf die Bedeutung dieses Vorhabens: Zum einen würden dadurch bisher erzielte Erfolge sichtbar und weitere Motivation für Umsetzungsprozesse bewirkt, zum anderen werde aber auch offenbar, wie dringend sich die staatlichen Organe der o.g. ‚Baustellen' annehmen müssten, zumindest dann, „wenn sie es mit den Rechten von Menschen mit Behinderungen ernst meinen" (Deutsches Institut für Menschenrechte 2015).

Die UN-BRK stärkt die Rechte von Menschen mit Behinderung zwar bereits durch ihre bloße Existenz in besonderer und bis dato nicht dagewesener Weise; zudem stellt sie die Möglichkeit in Aussicht, ihre Situation – zumindest in den Staaten, die die Konvention unterzeichnet haben – nachhaltig zu verbessern. Doch sie wird erst dann spürbare Effekte auf das Leben von Menschen mit Behinderung haben, wenn die formulierten Rechte und Forderungen tatsächlich verwirklicht werden.

Für diese Realisierung werden jedoch nicht nur staatliche Stellen in die Pflicht genommen; eine zentrale Forderung zielt zudem auf einen gesellschaftlichen Bewusstseinswandel ab. Dieser ist unverzichtbar, damit Menschen mit Behinderung in den vollen Genuss ihrer Rechte gelangen, denn erst die entsprechende Haltung der Gesellschaftsmitglieder führt dazu, dass Menschen mit Behinderung tatsächlich als wertvoller und bereichernder Teil der Gesellschaft anerkannt und wertgeschätzt werden.

Damit wird deutlich, was ohnehin außer Frage steht: dass die Forderungen der Konvention langfristig vor allem *praktisch* umgesetzt, d.h. vom Status einer wohlklingenden Formel in den einer gesellschaftlich-praktischen Realität übersetzt, werden müssen. Überdies kann das Leben von Menschen mit Behinderung wohl nur dann wirksam verändert werden, wenn

---

[1] Zur Gewährleistung einer besseren Lesbarkeit wird im Folgenden von der ‚UN-BRK' oder von der ‚Konvention' gesprochen; in einigen Zitaten ist auch von der ‚BRK' die Rede.

diesen Umsetzungsprozess eine grundlegende *theoretische* Auseinandersetzung mit dem Thema begleitet. Hier muss der Begriff der *Anerkennung*, der in der UN-BRK oft auftaucht, näher betrachtet werden. Scheint er nämlich u.a. in Hinblick auf den gesellschaftlichen Bewusstseinswandel und andere zentrale Forderungen unverzichtbar, bleibt er im Konventionstext doch theoretisch-konzeptionell unklar.

Das Promotionsvorhaben verknüpft diese beiden Aspekte miteinander: Weil es letztendlich die Umsetzung der Forderungen (der Konvention) befördern will, versucht es zunächst, eine theoretische Grundlage für diese Realisierung zu schaffen. Die ausführliche Beschäftigung mit dem Anerkennungsbegriff soll klären, wie die in der UN-BRK geforderte *Anerkennung* näher bestimmt werden kann, um somit eine anerkennungstheoretische (und -ethische) Basis für Umsetzungsprozesse der Konvention herauszuarbeiten.[2]

Die UN-BRK verwendet den Anerkennungsbegriff nämlich derartig häufig, dass schnell die Frage entsteht, wie er denn eigentlich inhaltlich-konzeptionell zu fassen ist. Darüber hinaus haben Anerkennungstheorien seit den 1990er Jahren in (Sozial-) Philosophie und Behindertenpädagogik[3] zusehends an Bedeutung gewonnen. Dementsprechend knüpft die behindertenpädagogische Disziplin schon seit mehr als 15 Jahren immer wieder an anerkennungstheoretische Modelle, Konzeptionen und Theorien an und nutzt die Anerkennung „als ethische und politisch-philosophische Argumentationsfigur" (Dederich 2013a, 211).[4] Deswegen ist der Anerkennungsbegriff auch für das vorliegende Promotionsvorhaben und dessen Ziel, auf die Umsetzung der Forderungen der UN-BRK hinzuwirken, absolut wesentlich.[5]

## 1.2 Fragestellung

Die zentrale Frage der vorliegenden Arbeit lautet also:
Kann eine alteritätsethisch konzipierte Lesart der Anerkennung Grundlage für Umsetzungsprozesse der UN-Behindertenrechtskonvention in Wohneinrichtungen der Behindertenhilfe sein?
Ergänzend zur zentralen Fragestellung lassen sich die folgenden Teilfragen ableiten:
1. Wie lässt sich der Anerkennungsbegriff theoretisch fassen und welche Konsequenzen ergeben sich aus der entwickelten Lesart der Anerkennung für die Behindertenpädagogik?
2. Wie ordnet sich das gesamte Vorhaben in den behindertenpädagogischen Professionalisierungsdiskurs bzw. die Professionalisierungsforschung ein?
3. Lassen sich die teilweise sehr abstrakten und theoretischen Aspekte einer solchen Lesart so übertragen, dass tatsächlich inhaltlich bestimmte und qualitativ gehaltvolle Handlungsempfehlungen daraus entstehen? Und wird der alteritätstheoretische Kern dabei genauso gewahrt wie der Bezug zur UN-BRK?
4. Wie wirkt sich diese theoretische Grundlegung auf individuelle Haltungen und Handlungen, kollektive Reflexionen im Team, die Philosophie bzw. das Programm der Einrichtung und strukturelle Maßnahmen aus? Welche Bedeutung hat dies für die dort lebenden Menschen mit Behinderung?

---

2 Wie im Folgenden noch gezeigt wird, beschränkt sich das Promotionsvorhaben dabei auf Umsetzungsprozesse in stationären Wohneinrichtungen der Behindertenhilfe.
3 Aus Gründen der besseren Lesbarkeit wird im Folgenden i.d.R. die Bezeichnung *Behindertenpädagogik* als zusammenfassender Begriff für Sonder-, Heil-, und (Geistig-)Behindertenpädagogik verwendet.
4 Dies entspricht der Tendenz innerhalb der Disziplin, sich von dem lange Zeit auf den Einzelnen gelegten Fokus zugunsten einer sozial-gesellschaftlichen Perspektive abzuwenden.
5 Die Gründe für die Verknüpfung der Anerkennung mit der (Realisierung der Forderungen der) UN-BRK werden im Rahmen des Kapitels 2.3 vertieft betrachtet.

5. Welche Erkenntnisse, Möglichkeiten und Potentiale ergeben sich aus dem Vorhaben in Hinblick auf den Einzelnen (z.B. Menschen mit Behinderung und Mitarbeiter[6]), auf Einrichtungen der Behindertenhilfe, die gesamte Behindertenpädagogik, die Gesellschaft und den Staat?

Im folgenden Kapitel werden die Ziele dargelegt, die mit diesen Fragen verbunden sind; gleichzeitig wird die Gliederung der vorliegenden Arbeit skizziert. Im Verlauf der Promotionsschrift sollen schließlich Antworten auf die soeben vorgestellten Fragen gefunden werden; diese werden abschließend in Kapitel 5 zusammengeführt.

## 1.3 Ziele

Das vorliegende Promotionsvorhaben möchte zur Realisierung der Forderungen der UN-BRK beitragen. Durch die Konvention wird die rechtliche Position von Menschen mit Behinderung zweifelsohne gestärkt. Infrage steht jedoch, welche Konsequenzen die Behindertenpädagogik aus diesem Prozess zieht. Sie hat nämlich nicht nur ein besonderes Interesse daran, sondern auch eine herausragende Pflicht dazu, es nicht auf formalen Vorgaben und Rechten des Übereinkommens beruhen zu lassen. Vielmehr müssen die Forderungen und Maßnahmen umgesetzt und der Geist der Konvention gelebt werden – dies schließt auch den geforderten gesellschaftlichen Bewusstseinswandel ein.

Zentrales Ziel des Promotionsvorhabens ist es daher, eine theoretische Grundlage für derart weitreichende Umsetzungsprozesse der UN-BRK zu schaffen. Dafür ist der Anerkennungsbegriff, der in der Konvention eine wichtige Rolle einnimmt, ohne dabei jedoch näher bestimmt zu werden, wie bereits erwähnt, besonders wichtig. Die ausführliche Auseinandersetzung mit diesem Begriff mündet hier in einer alteritätsethisch konzipierten Lesart der Anerkennung, die selbst zur Basis der Umsetzungsprozesse wird. Aus dieser Lesart werden abschließend Handlungsempfehlungen entwickelt, die der behindertenpädagogischen Praxis als Orientierung dienen sollen. Um möglichst hilfreiche, alltagsrelevante und exemplarische Anregungen geben zu können, beschränken sich diese allerdings nur auf einen bestimmten Bereich: auf stationäre wohnbezogene Dienstleistungen für erwachsene Menschen mit geistiger Behinderung.

Die Arbeit ist in folgende Schritte gegliedert:

**Kapitel 2** beschäftigt sich mit wichtigen Grundlagen: Es skizziert ausgewählte Modelle von Behinderung und geht vertiefend auf die UN-BRK ein. Auf diese Weise sollen zu Beginn der Arbeit ihr Kontext und ihr originäres Anliegen verdeutlicht werden. Dies wird schließlich durch die Betrachtung des Anerkennungsbegriffs in der Konvention in Kap. 2.3 abgerundet. Dort wird herausgearbeitet, warum anerkennungstheoretische Auseinandersetzungen für Umsetzungsprozesse der UN-BRK empfehlenswert sind.

Das **dritte Kapitel** steht ganz im Zeichen der Anerkennung: Hier wird die (anerkennungs-) ‚theoretische Basis' der Arbeit entwickelt. Zunächst werden Axel Honneths Anerkennungstheorie und Emmanuel Lévinas' Phänomenologie betrachtet. Es folgt eine kritische Würdigung Honneths, welche das anschließend zu entwickelnde alteritätsethische Anerkennungsverständnis bereits erahnen lässt. Schließlich wird in diesem Kapitel die eigene Lesart der Anerkennung konzipiert, die auf der Phänomenologie Emmanuel Lévinas' basiert und durch zentrale Aspekte

---

[6] Zur Gewährleistung einer besseren Lesbarkeit wird im Folgenden das generische Maskulinum, d.h. die grammatikalische männliche Form der Substantive, genutzt.

der Anerkennungstheorie Axel Honneths konkretisiert wird.[7] Diese Lesart, die sowohl die Dimension der Gerechtigkeit beinhaltet als auch mit einem bestimmten Bildungsverständnis einhergeht, stellt die Basis für die folgenden Handlungsempfehlungen dar.[8]

Nach den theoretischen Grundlagen bildet **Kapitel 4** schließlich den Übergang zum ‚praxisorientierten' Teil der Arbeit. Ein kursorischer Einblick in die Professions- und Professionalisierungsforschung schlägt die Brücke zwischen Theorie und Praxis. Damit wird gleichzeitig deutlich, dass das Promotionsvorhaben zur Professionalisierung der Behindertenpädagogik beiträgt – schließlich werden auf theoretischer Grundlage handlungswirksame Vorschläge für Praktiker geliefert, die letztlich die Vorgaben der Konvention umsetzen sollen. Bevor die Theorie auf diese Weise quasi ‚auf die Praxis übertragen' wird, skizziert das Kapitel 4.2 die gesellschaftlichen und politischen Bedingungen, in denen Menschen mit Behinderung heute leben. Daran anschließend wird der Ort betrachtet, für den die Handlungsempfehlungen konzipiert werden: Wohneinrichtungen – mit anderen Worten *Institutionen bzw. Organisationen*'. Im Anschluss an diese beiden Kapitel, die der ‚Einordnung bzw. Ortsbestimmung' dienen, können schließlich die Handlungsempfehlungen entwickelt werden; dabei wird eine enge und kontinuierliche Anbindung an die UN-BRK und ihre Forderungen sowie an die konzipierte alteritätsethische Lesart der Anerkennung gewahrt.[9]

Das **fünfte Kapitel** fasst das Promotionsvorhaben inkl. der erzielten Ergebnisse zusammen und reflektiert diese. Dabei werden die anfangs aufgeworfenen Fragen beantwortet und solche, die offen bleiben, identifiziert; zudem werden Perspektiven aufgezeigt.

## 1.4 Ergebnisse

Die vorliegende Arbeit wird eine alteritäts- und anerkennungsethische Perspektive entwickeln, die das Potential birgt, Wohneinrichtungen der Behindertenhilfe bedeutend zu verändern. Die Handlungsempfehlungen, die am Ende der Dissertation entwickelt werden, dienen der Konkretisierung dieser theoretischen Basis, stellen allerdings ausdrücklich Anregungen – und keine Vorgaben – zur Realisierung dieser anerkennungsethischen Grundlage im organisationalen Alltag dar.

Einer der wichtigsten Aspekte der alteritätsethischen Lesart der Anerkennung ist deren Verinnerlichung, die ihrerseits zu einer grundlegenden Haltung führt, die mit einem entsprechenden Menschenbild verbunden ist. Bei den Mitarbeitern der genannten Einrichtungen resultiert

---

[7] Wie im weiteren Verlauf noch ausführlich dargelegt wird, nimmt Lévinas eine alteritätstheoretische Perspektive ein, in deren Zentrum die Verantwortung für den Anderen steht, und beschäftigt sich mit der Frage, warum verantwortlich bzw. ‚moralisch' gehandelt werden muss. Diese Frage wird allerdings nicht von ihm beantwortet, d.h. er trifft keine Aussagen darüber, wie diese Verantwortung konkret ausgestaltet werden soll. Auf dieser zentralen alteritätstheoretischen Basis aufbauend wird die eigene Lesart der Anerkennung durch drei Anerkennungsformen ergänzt, die sich stark an Honneth anlehnen. Mit anderen Worten: Die Ethik der Verantwortung nach Lévinas wird auf diese Weise quasi einer anerkennungstheoretischen Interpretation unterzogen.

[8] Die Dimension der Gerechtigkeit ist unverzichtbar für die konkrete ‚Ausgestaltung' der Verantwortung bzw. der Anerkennung, denn erst auf dieser Ebene kann letztendlich darüber entschieden werden, wem in einer konkreten Situation gerechterweise wie viel Anerkennung zuteilwerden sollte. Demnach bindet die Lesart der Anerkennung, die in der vorliegenden Arbeit entwickelt wird, drei wichtige Elemente zusammen: die Verantwortung, die Anerkennung und die Gerechtigkeit, um auf diese Weise auf gerechtere Verhältnisse hinzuwirken.

[9] Die behindertenpädagogischen Handlungsempfehlungen sollen denjenigen Personen als Orientierung im Sinne der UN-BRK dienen, die in einem professionellen Kontext mit Menschen mit Behinderung tätig sind. Sie spielen häufig nicht nur eine wichtige Rolle im Leben von Menschen mit Behinderung, diese Personengruppe nimmt gleichzeitig eine wesentliche Schlüsselposition in Hinblick auf den gesellschaftlichen Veränderungsprozess ein.

daraus insbesondere eine kritisch-reflexive Grundhaltung, die sich u.a. auf das eigene Rollenverhalten, das professionelle Selbstverständnis und die organisationalen Strukturen, aber selbstverständlich auch direkt auf den Umgang mit den Bewohnern – z.B. die Interaktion und Kommunikation mit ihnen sowie das pädagogische Handeln – auswirkt. Dementsprechend werden Menschen mit Komplexer Behinderung[10] zum Ausgangspunkt des Handelns; die Mitarbeiter stehen ihnen emotional zugewandt und offen gegenüber.

Für die Bewohner sind diese Veränderungen natürlich unmittelbar spürbar: Sie können sich nun grundsätzlich als wertgeschätzte und akzeptierte Kommunikations- und Interaktionspartner (der Mitarbeiter) erleben; sie werden stets zielorientiert begleitet und unterstützt, um eine individuelle selbstbestimmte Lebensführung und -gestaltung realisieren zu können; in diesem Sinne werden ihnen ebenfalls *Teilhabe*-Möglichkeiten sowie Entscheidungs- und Handlungsräume eröffnet, die gleichzeitig genug ‚Schutz' bieten – ohne dabei zu ‚behüten'. Auf diese Weise werden *bildende Verhältnisse* geschaffen – ein weiterer wesentlicher Aspekt der alteritäts- und anerkennungstheoretischen Perspektive.

Die vorliegende Arbeit wird somit zeigen, dass die verinnerlichte (im Folgenden entwickelte) Lesart der Anerkennung einen Perspektivwechsel in den Wohneinrichtungen der Behindertenhilfe bewirken kann, der mit Umgestaltungen auf allen Ebenen – sowohl strukturell als auch ‚kulturell' – einhergeht. Die Konsequenzen für Menschen mit Komplexer Behinderung, die bislang nur exemplarisch und sehr allgemein skizziert wurden, entsprechen den Forderungen der UN-BRK vollständig und sind Ausdruck der Wertschätzung und Anerkennung ihrer Würde – ebenfalls von der Konvention geforderte Aspekte. So wird bereits an dieser Stelle deutlich, dass die UN-BRK und die Anerkennungsethik viele Gemeinsamkeiten und Überschneidungen aufweisen. Im Rahmen der Handlungsempfehlungen wird letztendlich ausführlich dargelegt, dass die alteritätsethische Lesart der Anerkennung als Grundlage für Umsetzungsprozesse der Konvention durchaus geeignet ist.

Die gewonnenen Ergebnisse sind allerdings nicht nur für die Behindertenpädagogik bedeutsam. Wie die vorangegangenen Ausführungen bereits aufgezeigt haben, betrifft die Konvention ausdrücklich das Feld der Politik (und somit auch den Staat) sowie die Gesellschaft (und somit jedes einzelne Gesellschaftsmitglied). Dementsprechend sind die Perspektiven, die das Promotionsvorhaben eröffnet, zahlreich und breit gefächert und bergen für alle Akteure auf den verschiedenen Ebenen – vom Einzelnen bis hin zum Staat – ein großes Potential, das sich als *Besinnung auf die Menschlichkeit* bzw. als *Verantwortung für den Anderen* bezeichnen lässt und zu einer gerechte(re)n und ‚menschlicheren' Gesellschaft führen kann.

---

10 Die Bezeichnung ‚Menschen mit Komplexer Behinderung', die von Fornefeld (2008) eingeführt wurde, wird erst ab dem vierten Kapitel genutzt, da sich die Arbeit erst dort – insbesondere im Rahmen der Handlungsempfehlungen – auf diesen Personenkreis innerhalb der Gruppe von Menschen mit geistiger Behinderung fokussiert. Nähere Erläuterungen zu dieser Bezeichnung erfolgen an entsprechender Stelle.

# 2 Menschen mit Behinderung und die UN-BRK

## 2.1 Der Behinderungsbegriff und Modelle von Behinderung

Die vorliegende Arbeit ist im Feld der Behindertenpädagogik verortet und möchte die Lebenswelt von Menschen mit Behinderung in positiver Weise beeinflussen. Bevor das Promotionsvorhaben vorgestellt wird, soll auf diese Gruppe von Menschen kurz näher eingegangen werden. Es gibt keine allgemein anerkannte Definition des Begriffs ‚Behinderung'. Markus Dederich führt diesen Umstand darauf zurück,

> dass es sich um einen medizinischen, psychologischen, pädagogischen, soziologischen sowie bildungs- und sozialpolitischen Terminus handelt, der in den jeweiligen Kontexten seiner Verwendung unterschiedliche Funktionen hat und auf der Grundlage heterogener theoretischer und methodischer Voraussetzungen formuliert wird (Dederich 2009, 15).

Trotz dieser Unschärfe und Vieldeutigkeit wird der Begriff oft negativ konnotiert. Das beruht vor allem darauf, dass er häufig dann verwendet wird, wenn etwas vom ‚Normalen' oder vom ‚zu Erwartenden' abweicht. Die Nähe zu bzw. die teilweise synonyme Verwendung von „Termini wie Krankheit, Schädigung, Beeinträchtigung, Gefährdung, Benachteiligung oder Störung" (ebd.) begleiten diesen Umstand bzw. befördern ihn sogar (vgl. ebd., 15ff.).
So wird bereits jetzt offensichtlich, „dass es Behinderung nicht per se gibt. Vielmehr markiert der Begriff eine von Kriterien abhängige Differenz und somit eine an verschiedene Kontexte gebundene Kategorie, die eine Relation anzeigt" (ebd.). Der Begriff ‚Behinderung' ist also kritisch und differenziert zu betrachten. Rösner weist darauf hin, dass diese Kritik

> [...] keine Leugnung, dass es Menschen mit Behinderung gibt [beinhaltet], sondern eine Infragestellung ihrer Konstruktion als Andersartige durch die jeweils vorherrschenden Begriffe des Normalen und Natürlichen. Behinderte Menschen sind anders als die Summe der Aussagen über Behindertsein in unserer Kultur (Rösner 2010, 218).

Dieser kurze Problemaufriss offenbart bereits die Schwierigkeiten, die mit der Bezeichnung ‚Menschen mit Behinderung' verbunden sind: Für die ‚Betroffenen' kommt diese Bezeichnung oft einer Stigmatisierung gleich, während diejenigen, die – sei es in Wissenschaft, Profession oder im Alltag – nach einheitlichen Begriffen suchen, keine eindeutigen Anhaltspunkte finden.[11] Weiterhin erstaunt es nicht, dass sich der Behinderungsbegriff (der häufig mit bestimmten ‚Modellen von Behinderung' verbunden ist) im Laufe der Zeit stark verändert hat. In der vorliegenden Arbeit kann diese Entwicklung allerdings nicht vollständig nachgezeichnet werden. Stattdessen werden die für den Diskurs wichtigsten Behinderungsmodelle skizziert. Zudem wird am Ende dieses Kapitels untersucht, wie der Behinderungsbegriff in der UN-BRK verwendet wird.

---

11 Gleichzeitig scheint die Beschäftigung mit der UN-BRK – und dabei insbesondere das vertretene Behinderungsverständnis – vor diesem Hintergrund besonders interessant; das folgende Kapitel wird sich diesem Thema widmen.

Dem *medizinisch/individualtheoretischen Modell* von Behinderung, das sich in der Mitte des letzten Jahrhunderts entwickelte und z.B. in den 1970er Jahren besonders wichtig für die beginnenden *Disability Studies* war, schlug lange Zeit kaum Kritik entgegen – obwohl das Modell „nur die persönliche Schädigung des Individuums in den Blick nimmt, und die soziale Lage behinderter Menschen mit dieser individuellen Schädigung erklärt und legitimiert" (Degener 2009a, 273). Im heutigen Diskurs wird das Modell hingegen sehr kritisch betrachtet, wobei sich die zentrale Kritik auf den Umstand richtet, dass das Modell „lange Zeit zur Verschleierung von Menschenrechtsverletzungen an behinderten Menschen gedient [hat], weil sein Fokus auf der Lokalisierung der Probleme und ihrer Veränderung beim behinderten Individuum lag" (ebd.; vgl. dazu auch Dederich 2010, 17).

Von diesem Modell unterscheidet sich das *soziale Modell* von Behinderung wesentlich, das sich insbesondere in den *Disability Studies* als wichtig erweisen sollte. Es wurde bewusst „als Gegenmodell" (Degener 2009a, 273) zu dem medizinisch/ individualtheoretischen entworfen. In diesem Modell sind „die äußeren, gesellschaftlichen Bedingungen […] für die Lage der Behinderung verantwortlich" (ebd.). Es wird zwischen Beeinträchtigung (*impairmant*) und Behinderung (*disability*) differenziert, wobei „Behinderung als Resultat der Diskriminierung und Unterdrückung zu verstehen [ist], denen Menschen mit Beeinträchtigungen ausgesetzt sind, während die Beeinträchtigung eine individuelle Eigenschaft darstellt" (ebd., 281).[12]

Seit Beginn des 21. Jahrhunderts werden hingegen Modelle entworfen, die Behinderung ausdrücklich aus kulturwissenschaftlicher Perspektive denken (vgl. Dederich 2009, 30) – sie können zusammengefasst als *kulturelle Modelle* von Behinderung bezeichnet werden und haben sich innerhalb der *Disability Studies* entwickelt (vgl. dazu z.B. Dederich 2007 und Waldschmidt 2003).

Den Modellen liegen zwei kulturwissenschaftliche Prämissen zugrunde: „Erstens sind individuelle und kollektive Sinnphänomene vorstellungsvermittelt, zweitens sind diese Vorstellungen kulturell und historisch bedingt und somit auch wandelbar" (Dederich 2009, 30). Dementsprechend ist „Behinderung als kulturelles und historisches Bedeutungsphänomen zu fassen" (ebd.). Damit unterscheidet sich die kulturwissenschaftliche Perspektive teilweise deutlich vom sozialen Modell; denn jene ermöglicht u.a. eine komplexe Betrachtung der Entstehung des Phänomens ‚Behinderung' mithilfe der „Differenzkategorie ‚behindert' – ‚nicht behindert'" (ebd., 31; Hervorhebungen im Original, B.B.); darüber hinaus fokussieren kulturelle Modelle von Behinderung den Körper oftmals in besonderem Maße (vgl. ebd., 30ff.).

Ebenfalls zu Beginn des 21. Jahrhunderts präsentierte die Weltgesundheitsorganisation das bio-psycho-soziale Modell von Funktionsfähigkeit und Behinderung. Dieses wird durch ein Klassifikationssystem ergänzt: die *International Classification of Functioning, Disability and Health* (ICF), die in deutscher Sprache als *Internationale Klassifikation der Funktionsfähigkeit, Behinderung und Gesundheit* vorliegt. In der ICF werden nun die in der vorherigen Fassung von 1980 vorhandenen „Begriffe ‚impairment', ‚disability' und ‚handicap' durch die Begriffe ‚impairment', ‚activity' und ‚participation' ersetzt" (Dederich 2009, 16; Hervorhebungen im Original, B.B.). Diese Dimensionen von Behinderung werden durch Kontextfaktoren ergänzt; damit wendet sich die ICF von ihrer vorherigen eher defizitorientierten Perspektive ab.

Die Dimensionen von Behinderung betreffen (1) die körperlichen Strukturen und Funktionen (*impairment*), (2) das Ausmaß der persönlichen Verwirklichung (*activity*) und (3) die gesellschaftliche Teilhabe (*participation*). Die Kontextfaktoren hingegen

---

12 Degener verweist darauf, dass sich das Modell damit an „andere kritisch-konstruktivistische Denkrichtungen wie die *Gender Studies* oder *Critical Race Studies* an[lehnt]" (ebd., 273; Hervorhebungen im Original, B.B.).

fokussieren Umwelten und Milieus, aber auch personelle Bedingungen, Lebensumstände und Lebenshintergründe, die wichtig für das Individuum sind und seine Entwicklung bzw. seinen Lebensweg sowohl fördern als auch behindern können (ebd.).

Obwohl dieses Modell durchaus kritisch zu betrachten ist, muss es gebührend gewürdigt werden, denn es scheint „gegenwärtig in der Behindertenpädagogik zumindest einen Minimalkonsens darstellen zu können" (ebd.).
Ein anderes verhältnismäßig neues Modell von Behinderung ist das *menschenrechtliche Modell*, das von Theresia Degener und Gerard Quinn in den Diskurs eingeführt wurde (vgl. Degener 2009a, 274) und als Weiterentwicklung des sozialen Modells von Behinderung erachtet werden kann. Dieses Modell basiert nun

> auf der Erkenntnis, dass die weltweit desolate Lage behinderter Menschen weniger mit körperlichen, intellektuellen oder psychischen Beeinträchtigungen als vielmehr mit der gesellschaftlich konstruierten Entrechtung (gesundheitlich) beeinträchtigter Menschen zu erklären ist (ebd., 272).

Menschen mit Behinderung werden demnach nicht (mehr) als Objekte, sondern als „Menschenrechtssubjekte" (ebd.) begriffen. Das menschenrechtliche Modell fokussiert folglich die Menschenwürde.[13] „Diese wird zum Ausgangspunkt der Betrachtung gemacht, die auch die Schädigung nicht übersieht, aber die Lebenslage behinderter Menschen mit Bedingungen, die außerhalb der Person liegen, erklärt" (ebd., 273). Dabei handelt es sich insbesondere um die „exkludierenden Strukturen und verletzenden Verhaltensweisen" (ebd.) in der Gesellschaft (vgl. ebd., 272ff.).
Das menschenrechtliche Modell bezieht somit wesentliche Modelle der *Disability Studies* ein, fokussiert sich jedoch maßgeblich auf die Menschenrechte und den rechtsbasierten Ansatz. Dieser ist „als Gegenpol zu einer an Bedürftigkeit orientierten Fürsorge- und Wohlfahrtspolitik zu verstehen, in der Behinderte als Objekte der Sozialpolitik [,] nicht aber als Bürgerrechtssubjekte gelten" (ebd., 274).[14,15]
Die UN-BRK ist Ausdruck einer solchen menschenrechtlichen Perspektive auf Menschen mit Behinderung. In der Konvention „[…] werden behinderte Menschen auf internationaler Ebene in das allgemeine Menschenrechtssystem eingeordnet und Behinderung endgültig als Menschenrechtsthema anerkannt" (ebd., 282). So wird in der Konvention besonders häufig auf die Menschenwürde verwiesen (vgl. dazu auch Bielefeldt 2009). Insgesamt lässt sich dieser Trend, so erklärt Degener, auf nationaler sowie internationaler Ebene verzeichnen, so dass von einem allgemeinen Wandel vom medizinisch/individuellen zum menschenrechtlichen Modell die Rede sein kann (vgl. Degener 2009a, 270ff.).[16]

---

13 Auf die *Menschenwürde* wird im folgenden Kapitel eingegangen.
14 Degener erklärt weiter: „Der rechtsbasierende Ansatz in der Behindertenpolitik gilt mittlerweile als der offizielle Ansatz für die Behindertenpolitik in der Europäischen Union und in den Vereinten Nationen. Er gilt auch weiterhin als zentraler Bezugspunkt der *Disability Studies*" (274; Hervorhebung im Original, B.B.).
15 Demgegenüber steht eine Behindertenpolitik der Fürsorge, in deren Rahmen Menschen mit Behinderung, so erläutert Graumann, „als Objekte karitativer Hilfe, Unterstützung und Sorge" (Graumann 2010, 2) betrachtet werden. Dementsprechend werden „alle gesellschaftlich organisierten Dienste und Leistungen für behinderte Menschen […] als großzügige Gaben angesehen, die die Bürger freiwillig für sie leisten. Auf der anderen Seite heißt das aber auch, dass von den Empfängern der Dienste und Leistungen, von den behinderten Menschen, Dankbarkeit und Unterordnung unter paternalistische Bevormundung erwartet wird. Sie haben das zu akzeptieren [,] was medizinische und pädagogische Experten für richtig halten" (ebd.).
16 So wurde z.B. „die Behindertenfrage […] in das Menschenrechtssystem der Vereinten Nationen eingebunden […]" (ebd., 272); gleichzeitig wird sie auf nationaler Ebene – nicht nur in der BRD – zunehmend „in die Menschenrechtspolitik und -forschung" (ebd.) einbezogen.

Gemäß der skizzierten Definitionsprobleme für den Begriff ‚Behinderung' gestaltete sich auch der Einigungsprozess bei der Konvention besonders schwierig und langwierig. Verschiedenste Ansprüche, Ziele und Besonderheiten mussten bedacht werden: So galt es nicht nur, Behinderung gegen Nicht-Behinderung abzugrenzen, sondern vielmehr auch, die Perspektive der Behindertenpolitik zu berücksichtigen. Demnach

> ging es auch darum, […] nicht das veraltete medizinisch/individuelle Modell von Behinderung zu perpetuieren, sondern das Zusammenspiel von medizinischen und sozialen Faktoren bei der Konstruktion von Behinderung zu verdeutlichen (Degener 2009a, 280).

Dementsprechend einigte sich der Ausschuss auf folgende Bestimmung von Menschen mit Behinderung:

> Menschen, die langfristige körperliche, seelische, geistige oder Sinnesbeeinträchtigungen haben, welche sie in Wechselwirkung mit verschiedenen Barrieren an der vollen, wirksamen und gleichberechtigten Teilhabe an der Gesellschaft hindern können (Art. 1 UN-BRK).

Degener verweist darauf, dass die Platzierung dieser Bestimmung in Artikel 1 (Zweck) und nicht in Artikel 2 (Definitionen) darauf zurückzuführen sei, „dass es sich nicht um eine Begriffsdefinition im eigentlichen Sinne handelt" (Degener 2009a, 281). Vielmehr sei Behinderung als eine gesellschaftliche Konstruktion zu betrachten – darauf geht die UN-BRK in der Präambel (e) ein.
Behinderung wird demnach durch die Gesellschaft konstruiert. Dabei wird zwar

> an bestimmte physische, psychische, mentale oder sensorische Beeinträchtigungen (,impairments') an[geknüpft]. Die Relevanz, die solchen natürlichen Beeinträchtigungen zugeschrieben wird – mit allen stigmatisierenden Konsequenzen für die Betroffenen – ist aber gerade kein natürliches Faktum, sondern Resultat gesellschaftlichen Handelns (Bielefeldt 2009, 8f.; Hervorhebung im Original, B.B.).

Das Verständnis von Behinderung wird in der UN-BRK durch einen weiteren Aspekt ergänzt: Neben der gesellschaftlichen Konstruktion von Behinderung berücksichtigt die Konvention bei der Interpretation dieses Phänomens den *diversity*-Ansatz. Demnach wird Behinderung als „Bestandteil menschlichen Leben[s] und menschlicher Gesellschaft ausdrücklich bejaht und darüber hinaus als Quelle möglicher kultureller Bereicherung wertgeschätzt […]" (ebd., 6f.). Aus beiden Aspekten – Behinderung als bereichernder Ausdruck menschlicher Vielfalt und als gesellschaftliche Konstruktion – setzt sich das Behinderungsverständnis in der Konvention zusammen (vgl. ebd., 6ff.).
Bevor nun die UN-BRK betrachtet wird, ist resümierend festzuhalten, dass der Behinderungsbegriff nicht eindeutig bestimmbar ist; die skizzierten Modelle von Behinderung verweisen vielmehr darauf, dass das Phänomen ‚Behinderung' ganz unterschiedlich gedacht werden kann. Die beiden Denkmodelle, die den aktuellen behindertenpädagogischen Diskurs besonders prägen, sind das *menschenrechtliche Modell* sowie *kulturelle Modelle* von Behinderung; diese scheinen daher auch für das Promotionsvorhaben bedeutsam. Wird ersteres bereits durch den unmittelbaren Bezug zur UN-BRK relevant, scheint zweites im Kontext der zu entwickelnden alteritätsethischen Lesart der Anerkennung wichtig zu sein.[17]

---

[17] Wie noch zu zeigen sein wird, ist diese Perspektive durch die wesentliche Grundannahme charakterisiert, dass ‚jemand nur als etwas' anerkannt werden kann, z.B. als ‚behindert'. Dies stellt eine Identifizierung des Anderen mithilfe einer Kategorie dar; auf diese Weise wird Behinderung konstruiert.

## 2.2 Die UN-Behindertenrechtskonvention

Im Folgenden werden die Besonderheiten und wesentlichen Merkmale der Konvention skizziert. Einzelne Details des Übereinkommens werden im weiteren Verlauf der Dissertation noch ausführlicher betrachtet.[18]

Die UN-BRK wurde im Dezember 2006 von den Vereinten Nationen verabschiedet und ist in Deutschland seit 2009 rechtswirksam. Sie ist Ausdruck einer Entwicklung, die einem defizitorientierten Ansatz entgegenläuft und stattdessen die Menschen-, Bürger- und Freiheitsrechte von Menschen mit Behinderung in ganz besonderer Weise stärkt. So durchzieht „[d]er Gedanke der Selbstbestimmung (Autonomie) und der Inklusion (Teilhabe) […] die BRK […] wie ein roter Faden" (Lachwitz 2010, 6), wobei ein deutlicher Schwerpunkt auf dem Recht auf gesellschaftliche Teilhabe in allen Lebensbereichen (Teilhabe am bürgerlichen, politischen, wirtschaftlichen, sozialen und kulturellen Leben) liegt. Des Weiteren vertritt die UN-BRK ein Menschenbild und Behinderungsverständnis, das die grundsätzliche Verschiedenheit der Menschen achtet und wertschätzt, Menschen mit Behinderung als Teil der menschlichen Vielfalt anerkennt und in diesem Sinne den wertvollen Beitrag dieser Personengruppe für die Gesellschaft würdigt. Daraus resultierend werden wirksame Maßnahmen gefordert, die auf eine Änderung der gesellschaftlichen Einstellung zu Menschen mit Behinderung, d.h. auf einen Bewusstseinswandel, abzielen (vgl. UN-BRK).

So stellt die Konvention Menschen mit Behinderung ein Leben in Aussicht, das durch Aktivitäten und Teilhabe geprägt ist und wodurch sie im sozialen Nahraum sowie im gesellschaftlichen Kontext Anerkennung, Wertschätzung und Respekt erfahren. Menschen mit Behinderung wird damit das Recht auf eine eigenverantwortliche Lebensgestaltung zuerkannt. Voraussetzung dafür sind verschiedenste Ressourcen (z.B. soziale und materielle), welche die Gesellschaft ihnen bereitstellen und deren Erschließung sie unterstützen muss.

Die UN-BRK fordert damit einen „Paradigmenwechsel in der Behindertenpolitik […]: die traditionelle Politik der Wohltätigkeit und Fürsorge soll durch eine Politik der Menschenrechte ersetzt werden" (Graumann 2010, 1; vgl. dazu auch Aichele 2013). Wesentliche Aspekte einer menschenrechtlichen Perspektive wurden bereits anhand des menschenrechtlichen Modells von Behinderung skizziert. Nun soll jedoch die zentrale Grundlage dieser Perspektive vertiefend untersucht werden: die Prämisse der jedem Menschen innewohnenden Würde.[19]

Die Grundannahme lautet, dass jedem Menschen die Menschenwürde allein wegen seines Menschseins zukommt (vgl. Bielefeldt 2009, 5). Bielefeldt führt aus, dass die Menschenwürde „die zumindest implizite Voraussetzung zwischenmenschlicher Verbindlichkeiten überhaupt [bildet]" (ebd. 2012, 153). „*[E]xplizite Anerkennung* und institutionelle Rückendeckung" (ebd.; Hervorhebung im Original, B.B.) gewinne diese ‚Verbindlichkeit' wiederum durch die Menschenrechte – die Achtung und der Respekt der Würde erhielten durch diese Rechte eine „historisch-konkrete institutionelle Gestalt" (ebd.).

Von dieser Prämisse ausgehend denkt die UN-BRK „den inneren Zusammenhang zwischen der ‚Anerkennung der inhärenten Würde' und den ‚gleichen und unveräußerlichen Rechten aller Mitglieder der menschlichen Familie'" (Bielefeldt 2009, 5; Hervorhebungen im

---

18 Für eine umfassendere Auseinandersetzung mit der UN-BRK vgl. z.B. Aichele (2008, 2012, 2013), Bielefeldt (2009, 2012), Degener (2009a, 2009b), Graumann (2010) und Lachwitz (2010).
19 Bielefeldt gibt an, dass die Menschenwürde „[d]er für das Verständnis der Menschenrechte wichtigste Begriff" (Bielefeldt 2012, 152) sei.

Original, unter Verweis auf Präambel (a) UN-BRK).[20] Die UN-BRK sichert demnach die rechtliche Anerkennung von Menschen mit Behinderung auf Grundlage der Prämisse, dass alle Menschen – basierend auf der Menschenwürde – die gleichen Rechte haben. Daher ist auch festzuhalten, dass die Konvention „ausschließlich die ‚universalen Menschenrechte', die jedem Menschen aufgrund seines Mensch-seins – und daher allen Menschen gleichermaßen – zukommen, bekräftigt und spezifiziert" (Aichele 2008, 4; Hervorhebung im Original; vgl. dazu auch Bielefeldt 2009 und Lachwitz 2010). Sie stellt demnach keine „ ‚Spezialrechte' für eine besondere Gruppe von Menschen" (Aichele 2008, 4; Hervorhebung im Original, B.B.) dar; vielmehr sollen der Würdeschutz und die Rechtswahrung für Menschen mit Behinderung gewährleistet werden. In diesem Sinne werden mit der Konvention „die typischen Unrechtserfahrungen von Menschen mit Behinderungen" (ebd.) in den Blick genommen (vgl. ebd.; Aichele 2008 und 2013; Bielefeldt 2009 und 2012; Graumann 2010; Lachwitz 2010).[21]

Die Menschenwürde stellt allerdings nicht nur die zentrale Basis des menschenrechtlichen Ansatzes dar, sie soll „darüber hinaus auch *konkret erfahrbar* werden […]. Die Menschenrechte sollen dazu beitragen, dass die Menschen ein ‚Bewusstsein ihrer Würde' entwickeln und aufrecht erhalten können" (Bielefeldt 2012, 153; Hervorhebungen im Original, B.B.). Dementsprechend wird der Würde auch eine gesellschaftliche Bedeutung zugewiesen; die Konvention erachtet sie sogar als „Gegenstand notwendiger Bewusstseinsbildung" (ebd. 2009, 5). Somit hat die Menschenwürde zwei Funktionen in der Konvention inne: Einerseits ist sie das Axiom, „das den Menschenrechtsansatz insgesamt trägt" (ebd. 2012, 153), andererseits führt sie zu „der praktischen Aufgabenstellung, den Betroffenen zu ermöglichen, ein *Bewusstsein der eigenen Würde* aufzubauen und zu behaupten" (ebd., 152f.; Hervorhebung im Original, B.B.). Die UN-BRK, die ja Ausdruck der *rechtlichen* Anerkennung von Menschen mit Behinderung ist, fordert somit auch die *solidarische* Anerkennung dieser Personengruppe. Bielefeldt erläutert dies so:

> Da Selbstachtung indessen ohne die Erfahrung sozialer Achtung durch andere kaum entstehen kann, richtet sich der Anspruch der Bewusstseinsbildung letztlich an die Gesellschaft (ebd. 2009, 5).

Es werden also nicht nur ausdrücklich Achtung, Respekt und Wertschätzung gegenüber Menschen mit Behinderung gefordert; gleichzeitig wird deutlich, dass eine wirksame rechtliche Anerkennung nicht nur formaler Gesetze und Forderungen bedarf, sondern insbesondere in Zusammenhang mit der solidarischen (gesellschaftlichen) Anerkennung zu begreifen ist (vgl. ebd. 2009, 4f.; ebd. 2012, 152ff.).[22]

Die *gesellschaftliche Bewusstseinsbildung* ist somit ein ganz wesentlicher Bestandteil einer menschenrechtlichen Behindertenpolitik und wird in der UN-BRK immer wieder deutlich betont. Schließlich können Menschen mit Behinderung nur dann ihre Rechte auf ein selbstbestimmtes Leben und auf eine gleichberechtigte gesellschaftliche Teilhabe *tatsächlich und wirksam* wahrnehmen, wenn alle hinderlichen Barrieren abgebaut werden; darunter werden „nicht

---

20 Bielefeldt verweist darauf, dass dieser Grundsatz nicht nur allen Menschenrechtskonventionen zugrunde liegt, sondern bereits in der *Allgemeinen Erklärung der Menschenrechte der Vereinten Nationen* im Jahr 1948 von zentraler Bedeutung war (vgl. Bielefeldt 2012, 152).
21 An dieser Stelle ist auf Sigrid Graumann zu verweisen, die mit ihrem Konzept ‚Assistierte Freiheit' (2010) wichtige Reflexionen bzgl. der menschenrechtlichen Perspektive in der UN-BRK liefert.
22 Diese Feststellung findet sich auch in der Anerkennungstheorie – konkret in den Anerkennungsformen – Axel Honneths wieder.

nur bauliche Barrieren, Kommunikationsbarrieren und ähnliches verstanden, sondern auch Barrieren im Kopf der Mitmenschen (behindertenfeindliche und Differenz missachtende Einstellungen)" (Graumann 2010, 3).

Damit wird deutlich, wie unverzichtbar die entsprechenden Forderungen der UN-BRK sind, aber auch, dass die Rechte von Menschen mit Behinderung durch die Konvention in besonderer und noch nie dagewesener Weise gestärkt werden. Gleichzeitig wird also ein Beitrag zur „Humanisierung der Gesellschaft im Ganzen" (Aichele 2008, 3) geleistet.

So ist es nur konsequent, dass sich die UN-BRK auch deutlich zum Thema ‚Geschäfts(un) fähigkeit' bzw. ‚gesetzliche Betreuung' positioniert, wodurch sie ihre menschenrechtliche Perspektive – die z.B. in einem deutlichen Gegensatz zu einer defizitorientierten steht – zum Ausdruck bringt. In Artikel 12, der mit dem Titel *Gleiche Anerkennung vor dem Recht* überschrieben ist, wird dies eindeutig formuliert. Degener erklärt dazu:

> Weltweit wird behinderten Menschen oft das Recht auf gleichberechtigte Teilnahme am Rechtsverkehr abgesprochen, indem sie z.B. wegen ihrer Sinnesbehinderung oder kognitiven Beeinträchtigung für geschäftsunfähig erklärt werden. Dieser Praxis setzt die BRK ein deutliches Signal entgegen, indem sie auf das Prinzip der unterstützenden Entscheidungsfindung setzt und zugleich für die Ausnahmefälle, in denen rechtliche Stellvertretung unumgänglich ist, einen menschenrechtlich abgesicherten Verfahrensschutz als Mindeststandard fordert (Degener 2009a, 265).

Diese Prinzipien und Maßnahmen basieren auf dem in Artikel 12 Absatz 1 formulierten Recht von Menschen mit Behinderung, „überall als Rechtssubjekt anerkannt zu werden" (Art. 12 Abs. 1 UN-BRK).[23]

In Hinblick auf die ‚Anerkennung als Rechtssubjekt' gilt jedoch, genau wie für alle anderen Forderungen und Gesetze der UN-BRK, dass diese nur dann wirksam umgesetzt werden können, wenn die entsprechenden Voraussetzungen geschaffen werden. Das betrifft zum einen die Rechtsprechung, zum anderen die Gesellschaft, wobei beide ‚Ebenen' unmittelbar miteinander verknüpft sind. Daher muss sich in beiden Bereichen das Bewusstsein grundlegend im Sinne einer menschenrechtlichen Perspektive wandeln. Denn erst entsprechend veränderte Grundhaltungen und Einstellungen gegenüber Menschen mit Behinderung verschaffen dieser Personengruppe reale Möglichkeiten zur selbstbestimmten Aktivität und gleichberechtigten Teilhabe und vermitteln ihr ein Zugehörigkeitsgefühl. Darüber hinaus kann auch die in der UN-BRK geforderte gesellschaftliche „Anerkennung des wertvollen Beitrags, den Menschen mit Behinderung zum allgemeinen Wohl und zur Vielfalt ihrer Gemeinschaft leisten können" (Präambel (m) UN-BRK) nur auf diese Weise erzielt werden.[24]

Demnach ist resümierend festzuhalten, dass die Konvention ein deutliches Zeichen setzt und die (rechtliche) Position von Menschen mit Behinderung nachhaltig stärkt. So entfaltet sie eine „starke Dynamik" (Aichele 2013, 13), denn

> [d]ie Zivilgesellschaft, insbesondere in Gestalt von Selbsthilfeorganisationen, erfährt durch die bloße Existenz der UN-BRK Rückenwind. Von Anbeginn nährt diese Zuversicht, sie treibt zu Stellungnahmen zu allgemeinen wie spezifischen Fragen der Umsetzung an (ebd.).

Trotz alledem dauert laut Aichele (2013) folgende Grundproblematik fort:

---

[23] An dieser Stelle sei besonders auf das von Valentin Aichele (Hrsg.) (2013) herausgegebene Buch ‚Das Menschenrecht auf gleiche Anerkennung vor dem Recht – Artikel 12 der UN-Behindertenrechtskonvention' hingewiesen, das sich ausschließlich mit diesem Thema beschäftigt.
[24] Auf diesen Aspekt wird das folgende Kapitel vertiefend eingehen.

Eine offene Frage jedoch besteht, ob diese skizzenhaft beschriebene Dynamik und die auf der politischen Ebene erzeugte Wärme beim betroffenen Menschen in seiner konkreten Lebenssituation ankommt. Welche konkreten Verbesserungen sind erreicht worden? Selbst wenn (noch) bessere Rechtseinhaltung und Rechtsgewährleistung geschaffen wäre, stellt sich die Frage, ob das Bündel an Aktivitäten eine spürbare Verbesserung noch erwarten lässt oder ob die Bemühungen an den erkennbaren Widerständen stehen bleiben (ebd., 14).

So müssen Umsetzungsprozesse im Sinne der UN-BRK also stärker und nachdrücklicher verfolgt werden. Hierfür tritt vorliegende Arbeit ein. Sie tut dies auf Grundlage einer eigens entwickelten Lesart der Anerkennung. Bevor die anerkennungstheoretischen Auseinandersetzungen eröffnet werden, wird im Folgenden näher auf den Anerkennungsbegriff in der Konvention eingegangen.

## 2.3 Die Verknüpfung von UN-BRK und Anerkennungstheorie

In der Konvention wird der Begriff der Anerkennung immer wieder verwendet. Erstmals taucht er im ersten Absatz der Präambel auf, wird aber in der Folge mehrfach erneut aufgegriffen und durchzieht das ganze Schriftstück. Ausdrücklich genannt bzw. gefordert wird die Anerkennung an folgenden Stellen in der UN-BRK:
1. Präambel (a, j und m)
2. Artikel 8: Bewusstseinsbildung
3. Artikel 12: Gleiche Anerkennung vor dem Recht
4. Artikel 30: Teilhabe am kulturellen Leben sowie an Erholung, Freizeit und Sport

Die folgenden Ausführungen werden näher auf die genannten Textpassagen eingehen. Wie bereits zu Beginn der Arbeit festgestellt wurde, ist jedoch schon jetzt erkennbar, dass der Anerkennungsbegriff in der Konvention theoretisch-konzeptionell unklar bleibt, obwohl er im Schriftstück sehr präsent und demnach offenbar relevant ist.
Bereits die erste Erwähnung der Anerkennung in der Präambel zeigt, dass der Begriff eine Schlüsselrolle spielt: In (a) wird auf die Grundsätze der Vereinten Nationen hingewiesen,

> denen zufolge die Anerkennung der Würde und des Wertes, die allen Mitgliedern der menschlichen Gesellschaft innewohnen, sowie ihrer gleichen und unveräußerlichen Rechte die Grundlage von Freiheit, Gerechtigkeit und Frieden in der Welt bildet (Präambel (a) UN-BRK).

Passend dazu findet sich in der Konvention der Artikel *Gleiche Anerkennung vor dem Recht* (Artikel 12):

> (1) Die Vertragsstaaten bekräftigen, dass Menschen mit Behinderungen das Recht haben, überall als Rechtssubjekt anerkannt zu werden. (2) Die Vertragsstaaten anerkennen, dass Menschen mit Behinderungen in allen Lebensbereichen gleichberechtigt mit anderen Rechts- und Handlungsfähigkeit genießen (Art. 12 Abs. 1, 2 UN-BRK).

Der Anerkennungsbegriff wird auch an anderen besonders relevanten Stellen verwendet. So wird er in der Präambel neben den Buchstaben (a) und (j)[25] auch unter (m) genutzt: Dort wird die Bedeutung der „Anerkennung des wertvollen Beitrags, den Menschen mit Behinderungen

---

25 Dort heißt es: „in Anerkennung der Notwendigkeit, die Menschenrechte aller Menschen mit Behinderungen, einschließlich derjenigen, die intensivere Unterstützung benötigen, zu fördern und zu schützen," (Präambel (j) UN-BRK).

zum allgemeinen Wohl und zur Vielfalt ihrer Gemeinschaften leisten und leisten können" (Präambel (m) UN-BRK) betont.[26]
Analog dazu taucht der Anerkennungsbegriff ebenfalls in Artikel 8 (‚*Bewusstseinsbildung*') auf, wo u.a. zur Förderung der „Anerkennung der Fertigkeiten, Verdienste und Fähigkeiten von Menschen mit Behinderungen und ihres Beitrags zur Arbeitswelt und zum Arbeitsmarkt [...]" (Art. 8 Abs. 2 (a.iii) UN-BRK) aufgefordert wird.
Mit Artikel 30 (‚*Teilhabe am kulturellen Leben sowie an Erholung, Freizeit und Sport*') wird diese Forderung erweitert:

> Menschen mit Behinderungen haben gleichberechtigt mit anderen Anspruch auf Anerkennung und Unterstützung ihrer spezifischen kulturellen und sprachlichen Identität, einschließlich der Gebärdensprachen und der Gehörlosenkultur (Art. 30 Abs. 4 UN-BRK).

Anhand dieses kurzen Überblicks der Stellen, an denen die Anerkennung in der UN-BRK auftaucht, wird bereits deutlich, dass der Begriff zwar in unterschiedlichen Kontexten verwendet wird, die aber offensichtlich stets Schlüsselfunktionen haben.
So konstatiert z.B. Heiner Bielefeldt, dass die UN-BRK „gesamtgesellschaftliche Bedeutung [hat], insofern sie deutlich macht, dass die Anerkennung von Behinderung als Bestandteil menschlichen Lebens und Zusammenlebens zur Humanisierung der Gesellschaft beiträgt" (Bielefeldt 2009, 5).
Und er arbeitet weiter heraus:

> Die geforderte Anerkennung gilt demnach nicht nur den behinderten Menschen und ihrer Würde, sondern erstreckt sich auch – und dies ist bemerkenswert – auf ihre durch die Behinderung bedingten *besonderen Lebensformen* (ebd., 7; Hervorhebung im Original, B.B.).

Dass die Konvention gerade mit diesen Passagen ausdrücklich „gesellschaftliche Wertschätzung von Menschen mit Behinderung" (Aichele 2008, 4) fordert, ist vermutlich unstrittig (vgl. dazu auch Bielefeldt 2009, 8). Ebenso unschwer ist den zitierten Stellen zu entnehmen, dass neben der ausdrücklichen Wertschätzung ebenfalls die Feststellung der unveräußerlichen Würde und Menschenrechte, der Schutz vor Ungerechtigkeit[27] und Diskriminierung, die Förderung von Empowerment und einer selbstbestimmten Lebensführung sowie gleichberechtigter gesellschaftlicher Inklusion bzw. Teilhabe verfolgt werden. Doch ungeachtet dieser Interpretationen, die allgemein im Diskurs geteilt werden,[28] werden weder die Bedeutung noch die Relevanz der Anerkennung in der Konvention explizit geklärt.
Da das vorliegende Promotionsvorhaben vor allem eine Grundlage für die Umsetzungsprozesse der Konvention schaffen möchte, erfolgt nun eine ausführliche Beschäftigung mit der Anerkennung. Welche Bedeutung hat die in der UN-BRK geforderte Anerkennung für die Behindertenpädagogik?[29] Wie können die Forderungen der Konvention realisiert werden?

---

26 Bielefeldt übersetzt den englischen Konventionstext ein wenig anders: „[...] die Bedeutung einer Anerkennung der wertvollen – bestehenden und potenziellen – Beiträge, die Personen mit Behinderungen für eine insgesamt positive Entwicklung und die innere Vielfalt ihrer Gemeinschaft leisten" (Bielefeldt 2009, 9).
27 Schließlich kann die UN-BRK als Vorhaben zur Herstellung gerechter Verhältnisse und zur Entwicklung eines gegenläufigen ‚Trends' zu der gesellschaftlichen Ausgrenzung von Menschen mit Behinderung gedeutet werden.
28 Vgl. dazu z.B. Aichele (2008), Bielefeldt (2009, 2012), Dederich (2013), Degener (2009a, 2009b), Fornefeld (2008) und Lachwitz (2010).
29 In ihrem Vortrag ‚*Inklusion und Anerkennung*' setzt sich auch Sigrid Graumann aus anerkennungstheoretischer Perspektive mit der Konvention auseinander. Da ihr Fokus dabei auf dem Inklusionsbegriff liegt, wird im Rahmen der vorliegenden Arbeit allerdings nicht näher auf ihren Beitrag eingegangen (vgl. Graumann 2014).

Kapitel 3 möchte sich dem Anerkennungsbegriff philosophisch nähern, um schließlich eine eigene Lesart der Anerkennung zu entwerfen. Daran anschließend werden Handlungsempfehlungen für die behindertenpädagogische Praxis entwickelt, die auf die Umsetzung der Forderungen der UN-BRK ausgerichtet sind.

# 3 Anerkennung

## 3.1 Der Anerkennungsbegriff sowie anerkennungstheoretische Diskurse

Jeder kennt den Begriff ‚Anerkennung'. Man begegnet ihm in nahezu allen Lebensbereichen, verwendet ihn häufig – um nicht zu sagen ständig. Dementsprechend vielfältig sind seine Bedeutungen, Konnotationen und damit einhergehende Interpretationen im Alltag und in akademischen Feldern. Dies betrifft z.B. die Philosophie, in deren einzelnen Teildisziplinen der Anerkennungsbegriff vielseitig verwendet wird. Als theoretisches Abstraktum wird er auf dem Feld der Ontologie, aber auch in der Phänomenologie und der Individuationstheorie gebraucht; in sozialphilosophischen bzw. ethisch-praktischen Bereichen taucht er als ‚Handlungsmaxime' auf. Das vorliegende Kapitel soll einen Einblick in die Vielfalt der philosophischen Felder und Unterbereiche geben, die sich mit dem Anerkennungsbegriff auseinandersetzen. Zu diesem Zweck werden wesentliche anerkennungstheoretische Diskurse skizziert, wobei jeweils ausgewählte Vertreter vorgestellt werden.
Mithilfe einiger wichtiger Autoren wird schließlich auch die Bedeutung des Anerkennungsbegriffs für die Behindertenpädagogik herausgearbeitet. Die Arbeit wird sich dieser Perspektive anschließen, um von dort aus verschiedene anerkennungstheoretische Interpretationen zu betrachten und sie in Bezug zur eigenen Position zu setzen. Auf diese Weise soll schließlich eine eigene Lesart der Anerkennung herausgearbeitet werden, die den zentralen Kern der vorliegenden Dissertation und die Basis für die Handlungsempfehlungen bilden wird.
Diese kurzen Ausführungen verdeutlichen bereits, dass die Beschäftigung mit dem Anerkennungsbegriff zunächst ein diskursives Problem ist, d.h. verschiedene *begriffliche* Verwendungsweisen von Anerkennung zueinander in Bezug setzt.
Angesichts der beschriebenen Heterogenität und Komplexität der verschiedenen Anerkennungsbegriffe wird eine sukzessive Annäherung an die Thematik vorgenommen, um diese schließlich zu vertiefen.
Im allgemeinen (deutschen) Sprachgebrauch wird der Begriff ‚Anerkennung' intensiv – ja beinahe inflationär – genutzt und nimmt somit in der Umgangssprache einen festen Platz ein, jedoch ohne eindeutige und unmissverständliche Definition: Anerkennung wird im Allgemeinen mit Würdigung, Achtung, Respekt, Bestätigung und Zustimmung assoziiert oder teilweise gar gleichgesetzt. Somit ist davon auszugehen, dass Menschen dem Begriff ‚Anerkennung' u.U. unterschiedliche Bedeutungen zuschreiben.
Im Rahmen wissenschaftlicher Disziplinen[30] wird der Anerkennungsbegriff ebenfalls intensiv genutzt und entsprechend unterschiedlicher Perspektiven und Grundannahmen verschieden gedeutet.[31]

---

30 Insbesondere in der (Sozial-)Philosophie, politischen Philosophie, Soziologie, Politik, Entwicklungspsychologie und Anthropologie.
31 Es muss jedoch darauf verwiesen werden, dass im Rahmen des internationalen anerkennungstheoretischen Diskurses unterschiedliche Sprachen verwendet werden; dementsprechend muss u.a. gefragt werden, ob *Anerkennung*, *recognition* und *reconnaissance* eine identische Bedeutung haben und wenn nicht, wodurch sie sich unterscheiden. Das vorliegende Kapitel wird diese Frage allerdings nicht untersuchen; es sei allerdings exemplarisch auf Paul Ricœurs 2006 veröffentliche Studie ‚*Wege der Anerkennung*' verwiesen, die u.a. Zeugnis der Auseinandersetzung mit diesen und ähnlichen Fragestellungen ist.

Rein sprach-semantisch kann Anerkennung als „Erkennen, etwas Für-wahr-Halten, Zustimmen, Eingestehen, Akzeptieren, Geltenlassen, Respektieren, Willkommenheißen und Lieben" (Dederich 2013, 214) gedeutet werden, während das Wort in einer epistemologischen Hinsicht häufig als ‚Erkennen' oder ‚Identifizieren' verwendet wird (vgl. ebd., 213ff.).
Im akademischen ethischen Diskurs wird Anerkennung hingegen z.B. entweder als „*Haltung* von Personen, Gruppen oder Institutionen oder als *Handlungsweise* verstanden" (Dederich 2011b, 10; Hervorhebungen im Original, B.B.). Sie wird dann im Sinne einer Einstellung oder als Habitus interpretiert oder als zustimmender und wertschätzender Akt der Anerkennung gedeutet. Teilweise stehen sich im wissenschaftlichen Feld jedoch auch verschiedene theoretische Positionen gegenüber, die Anerkennung entweder als *Voraussetzung* einer gelingenden Ausbildung der Identität oder als *Ziel* bzw. Leitfigur denken. Viele Theorien stimmen allerdings in der Hinsicht überein, dass Anerkennung als menschliches *Grundbedürfnis* zu begreifen sei (vgl. ebd., 10; Dederich 2013, 213ff.; Kaletta 2008, 11ff.).
Trotz der Unterschiede der anerkennungstheoretischen Konzeptionen, Modelle und Theorien kann bereits an dieser Stelle konstatiert werden, dass Anerkennung im Allgemeinen als unverzichtbare Ressource für die Konstitution einer positiven Selbstbeziehung sowie als unabdingbarer Faktor „für die moralische, rechtliche und politische Inklusion von Individuen oder Gruppen in der Gesellschaft" (Dederich 2011b, 10) erachtet wird. In dieser Hinsicht dient sie als „Gegenmittel zu Negativbewertungen und Ausgrenzungen" (ebd.). D.h. Anerkennung ist einerseits auf individueller Ebene „Voraussetzung für das Gelingen einer sozial integrierten Individuation" (Dederich 2013, 216); sie eröffnet demnach die Chance, „sich selbst als intakte, ‚heile', integre Person erfahren zu können" (ebd.; Hervorhebung im Original, B.B.). Andererseits führt sie auf gesellschaftlicher Ebene zu mehr Gerechtigkeit. Diese Gedanken werden an späterer Stelle von zentraler Bedeutung sein (vgl. Dederich 2011b, 10; ebd. 2013, 213ff.; Kaletta 2008, 11ff.).
Nach dieser ersten kurzen Einführung in den Anerkennungsbegriff werden im Folgenden einige zentrale anthropologische, (sozial-)philosophische und phänomenologische Annahmen skizziert, die im anerkennungstheoretischen Diskurs innerhalb der Behindertenpädagogik von wesentlicher Bedeutung sind. Im Anschluss daran werden wesentliche anerkennungstheoretische Diskurslinien der (Sozial-)Philosophie, Soziologie und Politik (bzw. politischen Philosophie) anhand der Vorstellung einiger bedeutender Vertreter nachgezeichnet.
In der Auseinandersetzung mit dem Anerkennungsbegriff stellen sich verschiedene Fragen: Was ist Anerkennung? Warum ist sie so wichtig? Wieso kann davon ausgegangen werden, dass sie ein wesentliches Grundbedürfnis ist? Worin könnte die teilweise intensive Beschäftigung mit der Idee der Anerkennung, die sich im Rahmen der behindertenpädagogischen Fachliteratur in den letzten Jahren niederschlug, begründet liegen?[32] Im Folgenden sollen unter Orientierung an zentralen Positionen, Annahmen und Modellen von Vertretern der Behindertenpädagogik erste Antworten auf diese Fragen gefunden werden. Im Wesentlichen wird dabei auf Markus Dederich, Barbara Fornefeld, Martin Schnell und Ursula Stinkes Bezug genommen.
Die Autoren nehmen eine bestimmte ontologische Perspektive ein, aus der sich entsprechende Schlussfolgerungen und Forderungen ergeben. *Anerkennung* wird demnach von einer bestimmten Position ausgehend gedacht und interpretiert.

---

32 Dederich verweist darauf, dass im Rahmen der Behindertenpädagogik (er spricht genauer gesagt von der *Heil- und Sonderpädagogik* sowie den *Disability Studies*) ca. seit 15 Jahren „auf Anerkennung als ethische und politisch-philosophische Argumentationsfigur zurückgegriffen [wird]" (Dederich 2013, 211).

Ausgangspunkt dieser Perspektive ist die Annahme, dass alle Menschen zueinander in Beziehung stehen. In diesem Sinne befänden sie sich in einem gegenseitigen Abhängigkeitsverhältnis, das auf eine „existenzielle Verwobenheit" (Fornefeld 2008, 137) der Menschen zurückzuführen sei. Aus der „leiblichen Erfahrung der Differenz des Anderen" (ebd., 136),[33] also aus der Begegnung mit ihm, entspringe demnach die Anerkennung – nach Fornefeld kann diese als *ethische* Anerkennung bezeichnet werden.[34] Diese Perspektive, die phänomenologische Züge trägt, führt zu der Einsicht, dass die Abhängigkeit vom Anderen und somit die Anerkennung generell „aus dem Menschsein und nicht aus Krankheit oder Behinderung" (Fornefeld 2008, 137) resultiere. Damit einher geht die Annahme, dass „Personen als Gleiche *gelten*, ohne dass sie gleich *sind*" (Dederich u.a. 2011, 14; Hervorhebung im Original, B.B.); demnach seien alle Menschen grundsätzlich in der gleichen Art und Weise anzuerkennen – daher bedürften auch z.B. Menschen mit Behinderungen keiner ‚besonderen' Anerkennung (vgl. ebd., 7ff.; Fornefeld 2008, 128ff.; Wils 2004, 81ff.).

In Anlehnung an Barbara Fornefeld, Ursula Stinkes und Jean-Pierre Wils lässt sich das Verhältnis der *ethischen* und der *rechtlichen* Anerkennung herausarbeiten. Unter Verweis auf die Autoren kann festgehalten werden, dass die ethische Anerkennung quasi die Grundlage für die rechtliche Anerkennung darstellt – jene ist dieser vorgängig. So formuliert Stinkes: „Gesetze und Rechte regeln das menschliche Miteinander, sie sind notwendige Bedingung für ein Zusammenleben, aber sie reichen letztlich nicht aus, um moralisches Handeln zu sichern" (Stinkes 2003, 62). Grundvoraussetzung für die Zuschreibung von Rechten und Pflichten, für die Gleichbehandlung aller Menschen (vor dem formalen Recht), ist demnach die ethische Anerkennung. Dies soll im Folgenden kurz erläutert werden (vgl. ebd.; Fornefeld 2008, 128ff.; Wils 2004, 81ff.).

Nach Jean-Pierre Wils ist „[d]ie Anerkennung [...] kein bloß menschliches Geschehen, sondern setzt die Konfrontation mit der leiblichen Präsenz des Anderen voraus" (Wils 2004, 89.). Er bezeichnet die Quelle der (ethischen) Anerkennung als „anthropologische Urszene, welche die moralische Erfahrung charakterisiert und die ethische Reflexion auf den Weg bringt" (ebd.). So liegt in der Begegnung mit dem Anderen in seiner Verletzlichkeit die Grundlage für die Sorge für ihn. Diese ‚somatische' Erfahrung des Anderen – die „primäre Erfahrung einer Verletzbarkeit, die im Grunde *niemals zur Gänze* aufgehoben werden kann" (ebd., 90; Hervorhebung im Original, B.B.) – ist der Entscheidung für oder gegen ihn allerdings vorgelagert. Daher konstatiert Wils: „[...] weder die Handlungsfähigkeit von Menschen noch ihr Interessenkalkül initiieren den Prozess moralischen Nachdenkens. Die Ethik hat somatische Anfangsgründe" (ebd., 89). Deswegen schlussfolgert er:

> Die Egalität, die in der Logik der Anerkennung schließlich angestrebt wird, die Zuschreibung gleicher Rechte und Pflichten, hätte vor diesem Hintergrund etwas Sekundäres, zumindest in der Genese moralischer Verhältnisse (ebd.).

Die Differenzierung zwischen ethischer und rechtlicher Anerkennung führt einerseits zu der Einsicht, dass grundsätzlich alle Menschen – aufgrund ihres ‚Menschseins', ihrer Verletzlichkeit – anzuerkennen sind; andererseits wird dadurch deutlich, dass die rechtliche Anerkennung stets einer ethischen Basis bedarf.

---

33 In Kapitel 3.5.2.4 wird auf den Differenzbegriff näher eingegangen.
34 Fornefeld erklärt daher, dass die Anerkennung „zu den Grunderfahrungen eines jeden Menschen" (ebd., 137) gehört.

Die UN-BRK – als Instrument der rechtlichen Anerkennung – fordert z.B. die „Anerkennung des wertvollen Beitrags, den Menschen mit Behinderungen zum allgemeinen Wohl und zur Vielfalt ihrer Gemeinschaft leisten und leisten können […]" (Präambel (m) UN-BRK). Diese Forderung ist ohne die entsprechende ethische Grundlage gleichermaßen wertlos und nicht realisierbar. Anerkennung kann nämlich „eben gerade nicht *eingefordert* werden, weil sie dadurch wertlos würde" (Nothdurft 2007, 115 in Bezug auf Taylor 1993; Hervorhebung im Original, B.B.). Die Forderungen der UN-BRK müssen demnach in Zusammenhang mit dem ebenfalls in der Konvention enthaltenen Aufruf zu Maßnahmen der gesellschaftlichen Bewusstseinsbildung betrachtet werden – dieser Bewusstseinswandel verankert die ethische Grundlage in der Gesellschaft.

Die rechtliche Anerkennung von Menschen mit Behinderung – z.B. in Hinblick auf das Recht auf Inklusion, Chancengleichheit und Barrierefreiheit – kann demnach nur dann tatsächlich „in der Alltagswirklichkeit" (Fornefeld 2008, 141) eingelöst werden, wenn sich ein gesellschaftlicher Bewusstseinswandel vollzieht, d.h. wenn Menschen mit Behinderung auch in ethischer Hinsicht Anerkennung erfahren. Dies ist die Voraussetzung zur wirksamen Umsetzung der Forderungen der UN-BRK, sie wären quasi die ‚logische' Konsequenz der ethischen Basis und demnach – auch im Sinne Taylors (siehe oben) – als Anerkennung zu begreifen.

Die beschriebene Differenzierung zwischen ethischer und rechtlicher Anerkennung soll jedoch nicht den Eindruck erwecken, dass letztere ‚nachrangig' oder weniger wichtig wäre. Vielmehr ist die rechtliche Anerkennung – aufgrund ihrer regulativen, organisierenden Funktion – für das menschliche Zusammenleben ebenso bedeutsam wie die ethische. Darüber hinaus ist darauf zu verweisen, dass beide Formen untrennbar zusammengehören (vgl. ebd.; Fornefeld 2008, 128ff.; Wils 2004, 81ff.).

Die vorangegangenen Ausführungen lassen bereits erahnen, dass *Anerkennung* für die genannten behindertenpädagogischen Vertreter – also u.a. Dederich, Fornefeld, Stinkes und Schnell – mehr als Wahrnehmung und Identifikation bedeutet. Für Dederich beginnt sie z.B. damit, „dass wir anderen Menschen neben uns einen Daseinsraum eröffnen und ihnen mit Achtung begegnen" (Dederich 2011b, 10). Die Würde des Menschen steht demnach in einem unmittelbaren Zusammenhang mit dem Anerkennungsbegriff. Um die Anerkennung jedoch hinreichend beschreiben zu können, müsse eine weitere Dimension hinzugedacht werden, „nämlich die, den anderen Menschen einen positiven Wert zuzuschreiben […]" (ebd., 11) – Anerkennung bedeute demnach nicht nur, den anderen zu *erkennen*, ihm einen Daseinsraum zu eröffnen, sondern eben auch, ihn *anzuerkennen* (vgl. ebd.,10f.; ebd. 2013, 213ff.; Schnell 2011, 23ff.).[35]

Schnell formuliert diese Idee folgendermaßen:

> Anerkennung ist eine dreistellige Relation: *Ich erkenne jemanden als etwas an*. Von der aktiven Tätigkeit des Anerkennens von *etwas* ist die passive Beziehung zu *jemandem* als das Andere der Anerkennung zu unterscheiden (Schnell 2011, 33; Hervorhebungen im Original, B.B.).[36]

Die Bezeichnung ‚das Andere der Anerkennung' verweist auf eine alteritätstheoretische Perspektive, die hier allerdings keine nähere Erläuterung erfährt, da in den Kapiteln 3.4ff. der Dissertation umfassende diesbezügliche Ausführungen vorgenommen werden. An dieser Stelle

---

35 Der Vollständigkeit halber ist darauf zu verweisen, dass Anerkennung zudem mit einem „Instrumentalisierungsverzicht" (Dederich 2013, 215) einhergeht.

36 Auch Thomas Bedorf denkt die Anerkennung im Sinne dieser Dreistelligkeit. In Kapitel 3.5 wird auf seine Ausführungen eingegangen.

ist in Hinblick auf die von Schnell dargelegte Annahme jedoch hervorzuheben, dass „das Anerkennen als eine gestaltende Tätigkeit zu verstehen [ist]. Sie ist dann erfüllt, wenn ich jemanden als etwas behandle" (ebd., 40) – wenn ich Individuen „*als* entrechtete, missachtete, angesehene, wertgeschätzte usw." (Dederich 2011a, 117; Hervorhebung im Original, B.B.) begründe. Erst das *Anerkennen* – im Sinne des soeben beschriebenen Verständnisses – ermögliche demnach eine „befürwortende Zuschreibung einer positiven Bedeutung" (Dederich 2011b, 11), die für das Selbstbild – oder auch ‚das (positive) Selbstverhältnis' bzw. die ‚Integrität' – der Menschen von wesentlicher Bedeutung sei. Diese Annahme wird im Folgenden kurz begründet (vgl. ebd.). Die Annahme, dass alle Menschen in einem gegenseitigen Abhängigkeitsverhältnis zueinander stehen, wurde bereits dargelegt.[37] Entsprechend der hier eingenommenen Perspektive ist überdies davon auszugehen, „dass der Mensch nur *durch den Bezug zu anderen zu sich selbst* findet. Die eigene Identität bildet sich in einem *interpersonalen Raum*, im ‚Zwischen' der Menschen heraus" (Fornefeld 2008, 138 in Bezug auf Waldenfels 1998; Hervorhebungen im Original, B.B.). Die erlebte Anerkennung (durch Andere) hat demnach einen nachhaltigen ‚förderlichen' Einfluss auf das eigene positive Selbstbild, denn diese ist Resultat der Beziehungen zu den Mitmenschen. Sie ist somit „eine Voraussetzung für das Gelingen einer sozial integrierten Individuation" (Dederich 2011b, 11; vgl. Fornefeld 2008, 128ff.).
Autonomie und Individualität der Menschen sind demnach Ergebnis anerkennender Verhältnisse. Paradoxerweise ist es folglich das Angewiesensein auf die Anerkennung durch Andere, das dem Subjekt zu Autonomie verhilft: „Es ist in der Feststellung seiner Unabhängigkeit mithin abhängig vom Anderen" (Nothdurft 2007, 112). Um diese Paradoxie noch zuzuspitzen, ist überdies hinzuzufügen, dass nur autonome Individuen Anerkennung ‚gewähren' können. Nothdurft fasst diese Umstände folgendermaßen zusammen:

> *Um meiner selbst gewiss zu sein als einer, der den Anderen nicht braucht (autonomes Subjekt), bin ich abhängig von der Anerkennung durch den Anderen (Interdependenz) als einem, der mich nicht braucht (autonomes Subjekt)* (ebd., 112; Hervorhebungen im Original, B.B.).

Die Intersubjektivität, die das Subjekt[38] herstellt, indem es die Autonomie des Anderen anerkennt, steht demnach im Spannungsverhältnis zur eigenen Autonomie, unter die der Andere unterworfen werden muss, um diese nicht zu verlieren. Folglich ist Anerkennung „zugleich Versagen von Anerkennung" (ebd.) – ein Paradox, das laut Nothdurft nicht zu lösen ist (vgl. ebd., 112).
Ein weiterer spannungsreicher Aspekt im Rahmen anerkennungstheoretischer Überlegungen – insbesondere im Kontext der Behindertenpädagogik – ist die Frage nach Symmetrie und Reziprozität. Im Gegensatz zu dem z.B. von Axel Honneth vertretenen Standpunkt[39],

---

37 Dederich verweist in diesem Zusammenhang darauf, dass „[n]ach Ansicht der meisten Sozialphilosophen […] der Mensch […] ein ‚soziales Tier' [ist], dessen psychosoziale Entwicklung sich immer in einem Netzwerk von sozialen Beziehungen und gesellschaftlichen, kulturellen, politischen und ökonomischen Zusammenhängen vollzieht" (Dederich 2013, 216; Hervorhebung im Original, B.B.).

38 Ursula Stinkes nähert sich dem Subjektbegriff z.B. so: „Das Subjektsein ist beschreibbar als etwas Endliches, Konkret-Geschichtliches, als unabgeschlossene Angelegenheit. Unabgeschlossen ist die Beschreibung deshalb, weil der Mensch sich nur versteht, wenn andere ihn verstehen, weil er nur als Verhältnis zu anderen Menschen und der Welt existieren kann. Beschreibungen von Subjekten sind unabgeschlossen, nicht endgültig" (ebd. 2012, 245).

39 den u.a. auch Detlef Horster teilt: „Was jemand für sich beansprucht, nämlich als autonomes Individuum anerkannt werden zu wollen, muss er dem anderen ebenso gewähren" (Horster 2009, 156). Diesem Verhältnis liegt die Idee der Reziprozität zugrunde.

demzufolge Anerkennung – mit Ausnahme der *emotionalen Anerkennung* – als symmetrisch und reziprok zu charakterisieren ist, nehmen die behindertenpädagogischen Vertreter, die die Perspektive des vorliegenden Promotionsvorhabens prägen,[40] eine andere Position ein: So weisen sie der Anerkennung nicht grundsätzlich das Merkmal der Wechselseitigkeit zu. Vielmehr denken sie anerkennende Interaktionen zwischen zwei Subjekten (in analytischer Hinsicht) als nicht-reziprok und asymmetrisch; die Elemente der Symmetrie und Reziprozität prägen die Verhältnisse erst unter Einbezug anderer Interaktionspartner bzw. durch Aspekte der Gerechtigkeit und Gleichbehandlung – dies wird an späterer Stelle näher erläutert.

Diese Betrachtungsweise gründet auf der Orientierung an alteritätstheoretischen Ideen und ermöglicht eine Vermeidung exkludierender Effekte. Denn solange die Anerkennung im Sinne einer Wechselseitigkeit gedacht wird, muss der Ausschluss von Menschen erfolgen, die nicht zu einer reziproken Beziehungsgestaltung in der Lage sind – dies würde z.B. auf Menschen mit schweren Behinderungen zutreffen. Daher gilt es, sich gegen eine Reduktion der Anerkennung „auf symmetrische oder reziproke Beziehungen zwischen gleich gedachten Individuen" (Dederich 2011b, 12) auszusprechen (vgl. u.a. Dederich 2011b; Fornefeld 2008; Stinkes 2012).

Das vorliegende Promotionsvorhaben wird sich der skizzierten anerkennungstheoretischen Perspektive der genannten behindertenpädagogischen Vertreter anschließen, um von dieser Position ausgehend die weiteren Betrachtungen des anerkennungstheoretischen Diskurses vorzunehmen. Damit sind die Interpretations- und Deutungsweise sowie der Rahmen, in den die Arbeit eingebettet ist, bestimmt. Auf dieser Basis soll im Verlauf der Arbeit eine eigene Lesart der Anerkennung entwickelt werden. Zur Orientierung wird jedoch im Folgenden vorerst ein kurzes Resümee der zentralen Gedanken zum Begriff der Anerkennung und zu den anerkennungstheoretischen Ideen vorgenommen.

*Anerkennung* ist – gemäß der eigenommenen Perspektive – im Allgemeinen als menschliches Grundbedürfnis und als Voraussetzung für die positive Selbstbeziehung und somit eine integre Persönlichkeit der Menschen zu erachten. Anerkennung bedeutet dabei weitaus mehr, als dem Anderen Respekt zu zollen; vielmehr ist jener in einer bestimmten Hinsicht – als *etwas* – anzuerkennen. In diesem Sinne ist ihm ein Daseinsraum zu eröffnen und ein positiver Wert zuzuschreiben. Diese anerkennenden Erfahrungen stellen die grundlegenden Voraussetzungen für eine autonome Individuation und ein positives Selbstbild dar. Darauf basierend ist ein paradoxes Spannungsverhältnis aus Autonomie und Abhängigkeit zu identifizieren, das die zentrale Bedeutung der Anerkennung und die gegenseitige Angewiesenheit der Menschen unterstreicht. Entsprechend der im Rahmen des Promotionsvorhabens eingenommenen Perspektive ist Anerkennung zudem als asymmetrisch und nicht-reziprok zu charakterisieren; darüber hinaus muss eine Differenzierung in die ethische und rechtliche Anerkennung vorgenommen werden. Für den behindertenpädagogischen Kontext birgt die Idee der Anerkennung ein großes Potential – auf einzelne diesbezügliche Aspekte wurde im Rahmen der bisherigen Ausführungen bereits kurz hingewiesen. Diese Gedanken werden an einer späteren Stelle aufgegriffen und ausdifferenziert.

Die verschiedenen Anerkennungstheorien und -modelle sind sehr heterogen und vielfältig, zudem durchdringen und überschneiden sie sich teilweise. Auch die unterschiedlichen anerkennungstheoretischen Entwicklungslinien und ‚Schulen' sind zum Teil schwer auseinander-

---

40 So z.B. Dederich (2001, 2011a, 2011b, 2013a), Dederich und Schnell (2011), Fornefeld (2008), Schnell (2004), Stinkes (2003, 2012).

zuhalten. Trotzdem soll im Folgenden mithilfe der Vorstellung der entscheidenden Vertreter[41] und ihrer zentralen Ideen ein Einblick in die Entwicklung des Anerkennungsbegriffs bzw. des anerkennungstheoretischen Diskurses gewährt werden.

*Skizze der anerkennungstheoretischen Diskurse*
Obwohl dem Begriff der Anerkennung in der Philosophie – im Rahmen verschiedener Interpretationen[42] – stets eine gewisse Bedeutung zukam, gibt erst das Jahr 1992 auf internationaler sowie bundesdeutscher Ebene den entscheidenden Auftakt seiner „Konjunktur" (Nullmeier 2003, 395) in (sozial-)philosophischen, aber auch in vielen anderen Feldern, z.B. in der Sozialpolitik. In diesem Jahr veröffentlichen Charles Taylor (,*Die Politik der Anerkennung*') und Axel Honneth (,*Kampf um Anerkennung*')[43] Schriften zum Anerkennungsbegriff, die die (sozial-)philosophische anerkennungstheoretische Debatte nachhaltig beeinflussen sollten. Honneths ,*Kampf um Anerkennung*' wird von Herrmann sogar als „der zentrale Gründungstext der modernen Anerkennungstheorie" (Herrmann 2013, 19) gewürdigt (vgl. Herrmann 2013, 17ff.; Nullmeier 2003, 395ff.;).
Im Folgenden werden die Interpretationen des Anerkennungsbegriffs Fichtes und Hegels skizziert, da diese – insbesondere letztere – einen wesentlichen Einfluss auf spätere Theorien und Modelle der Anerkennung nahmen. Im Anschluss werden einige Vertreter des aktuellen anerkennungstheoretischen Diskurses vorgestellt.
Fichte entwirft einen sich auf den Status des Einzelnen als Rechtsperson beziehenden Begriff der Anerkennung. Diesem liegt ein Menschenbild zugrunde, das Subjekte als eigennützig handelnd denkt. Gleichzeitig wird vorausgesetzt, dass diese „reziprok die eigenen Freiheiten zugunsten der Anderen begrenzen und somit sowohl deren Status als Rechtsperson anerkennen als auch dadurch den eigenen Status als Rechtsperson sichern" (Kaletta 2008, 12). Diese Vorgänge erklärt Fichte mit den den Subjekten inhärenten „Vernunftgründen" (ebd.), die die soziale Ordnung herstellen und aufrechterhalten. Er entwirft die Gesellschaft somit als „rein vertraglich von außen erzeugt" (ebd.) und denkt die Anerkennung lediglich in Form einer Bestätigung des Anderen als Rechtssubjekt (vgl. ebd., 11ff.).
Hegel greift den Anerkennungsbegriff Fichtes auf, setzt sich jedoch umfassender mit diesem auseinander und bezieht ihn auf verschiedene Sphären. Er konstruiert den Einzelnen als „soziales Subjekt, das von seiner Natur her teleologisch auf ein gemeinschaftliches Zusammenleben hinstrebt" (ebd., 12). Hegel bezeichnet diesen Zustand als „Sittlichkeit" (ebd.), dessen Herstellung durch Anerkennungskämpfe angestrebt wird. Es sind demnach die kontinuierlichen Erweiterungen der Anerkennungsverhältnisse, die die Gestalt und das Wesen der (moralischen) Gesellschaft bestimmen; somit findet ein „stufenweiser […] Weiterentwicklungsprozess" (ebd.) statt. Das Hegel'sche Konzept steht damit im deutlichen Kontrast zur Position Fichtes, geht es doch mit der Idee einher, dass die Gesellschaft von ,innen heraus' – nämlich durch ihre

---

41 Es handelt sich dabei nicht um behindertenpädagogische Vertreter, sondern um (Sozial-)Philosophen, die auf die Behindertenpädagogik teilweise einen großen Einfluss haben. In seinem Buch ,*Philosophie in der Heil- und Sonderpädagogik*' skizziert Markus Dederich z.B. anhand einiger Beispiele, wie sich die Theorie Honneths, die viele behindertenpädagogische Vertreter für eine Ethik der Anerkennung nutzen, in den jeweiligen Überlegungen, Modellen usw. (teilweise sehr unterschiedlich) niederschlägt (vgl. Dederich 2013, 212f.).
42 Hier wäre neben Immanuel Kant und Johann Gottlieb Fichte insbesondere Georg Wilhelm Friedrich Hegel zu nennen. Als einziger unter den ,klassischen' Philosophen nutzte er den Anerkennungsbegriff als Basis einer ethischen Konzeption (vgl. Honneth 2000, 174f.).
43 Im Rahmen der vorliegenden Dissertation wird die im Jahr 1994 beim Suhrkamp-Verlag veröffentlichte Version genutzt.

Mitglieder, die Anerkennungskämpfe austragen – erzeugt bzw. gestaltet wird (vgl. ebd., 11ff.). In Kap. 3.2 wird das anerkennungstheoretische Modell Hegels ausführlich dargelegt.

Als wohl wichtigster deutscher Vertreter des gegenwärtigen anerkennungstheoretischen Diskurses in der (Sozial-)Philosophie ist Axel Honneth zu nennen. In der Tradition Hegels stellt seine Theorie eine Erweiterung der Konzeption des bedeutenden deutschen Philosophen dar. So liegt der Honneth'schen Anerkennungstheorie – neben dem Modell Hegels – die Annahme zugrunde, dass eine moralische Gesellschaft nur auf Basis des reziproken Austauschs von Anerkennung existieren kann. Honneth erachtet eine Gesellschaft demnach dann als gerecht, wenn sie ihren Mitgliedern Anerkennungsverhältnisse bietet, die jenen die Möglichkeit der Ausbildung einer intakten Identität eröffnen – dies ist das wesentliche Merkmal einer moralischen Gesellschaft im Honneth'schen Sinne (vgl. Dederich 2013, 211f.; Honneth 2003d, 295ff.; Kaletta 2008, 11ff.). Aufbauend auf den von Hegel konstruierten Sphären der Anerkennung entwirft Honneth eine Theorie, der drei Grundformen reziproker gesellschaftlicher Anerkennung zugrunde liegen. Diese stellen die Voraussetzung für Selbstverwirklichung, Identitätsbildung und soziale Integration der Subjekte dar und sind jeweils drei Anerkennungssphären (*Liebe*, *Recht* und *soziale Wertschätzung*) zuzurechnen (vgl. Honneth 1994). Im nachfolgenden Kapitel 3.2 wird die Anerkennungstheorie Honneths ausführlich dargelegt, während Kapitel 3.3 die Fortentwicklung der Theorie bis 2011 vervollständigend skizziert.

Neben Axel Honneth sind – exemplarisch – als weitere international bedeutsame Vertreter des anerkennungstheoretischen Diskurses Charles Taylor, Nancy Fraser, Avishai Margalit und Judith Butler zu nennen.

Taylor verknüpft den Begriff der Anerkennung direkt mit dem der Identität und identifiziert jenen als Grundlage für die Identitätsbildung der Subjekte. Fraser denkt Anerkennung hingegen im Sinne eines normativen Faktors, stellt demnach einen unmittelbaren Zusammenhang mit Fragen der Gerechtigkeit her und entwickelt eine Zweidimensionalität, indem sie die Anerkennung durch die Dimension der Umverteilung ergänzt. Anders verfährt Margalit, der Anerkennung als ‚Achtung', d.h. als Abwesenheit von Demütigungen, interpretiert. Butler betrachtet Anerkennung schließlich im Kontext von Macht und ethischer Gewalt und nimmt mithilfe einer alteritätstheoretischen Interpretation eine Deutung der Anerkennung im Sinne einer *Haltung der Verantwortung* und *Menschlichkeit* vor. Im Folgenden werden die jeweiligen Perspektiven bzw. Theorien teilweise sehr grob skizziert. Die Auseinandersetzung mit der Perspektive Judith Butlers wird jedoch vergleichsweise ausführlich ausfallen, da ihre anerkennungstheoretische Interpretation im Kontext des vorliegenden Promotionsvorhabens durchaus anschlussfähig und interessant erscheint und daher im weiteren Verlauf der Dissertation stellenweise erneut aufgegriffen wird.

Charles Taylor setzt sich Anfang der 1990er Jahre im Kontext der Multikulturalismusdebatte mit Fragen der Anerkennung in Hinblick auf die „Gleichwertigkeit kultureller Gruppen im Rahmen einer Politik der Anerkennung auseinander" (Kaletta 2008, 13), wobei er der Anerkennung eine zentrale Bedeutung für die Identitätsbildung der Subjekte zuweist. In diesem Sinne konstatiert er: „Nichtanerkennung oder Verkennung kann Leiden verursachen, kann eine Form von Unterdrückung sein, kann den anderen in ein falsches, deformierendes Dasein einschließen" (Taylor 1993, 14). Taylor legt seiner Theorie demnach die Annahme zugrunde, dass „das Verlangen nach Anerkennung […] ein menschliches Grundbedürfnis" (ebd., 15) sei, denn die Identität der Subjekte ist wesentlich durch ihre „dialogischen Beziehungen zu anderen" (ebd., 24) determiniert – sie bildet sich „durch einen teils offenen, teils inneren Dialog mit anderen" (ebd., 24) heraus (vgl. ebd., 13ff.).

Da er zudem den Aspekt der Zugehörigkeit zu einer kulturellen Gruppe berücksichtigt, resultiert aus seinen Überlegungen die Schlussfolgerung, dass die Identitätsbildung der Subjekte von der Anerkennung, die ihrer *kulturellen Gemeinschaft* gewährt wird, bestimmt ist. Demnach, so folgert Taylor, gilt es, andere Kulturen anzuerkennen, wobei dies jedoch kein fordernder Akt sein kann – dies würde die Anerkennung wertlos werden lassen; vielmehr spricht sich Taylor für eine Haltung aus, die sich in einem interkulturellen Dialog niederschlägt, der „mit einer Offenheit für die binnenkulturellen Werte der jeweiligen Gemeinschaft verbunden ist. Mit dieser Offenheit ist dann auch die Möglichkeit verknüpft, daß sich die Paradigmen der eigenen Kultur einem Veränderungsprozeß unterwerfen" (Bedorf 2008, 2).

Ähnlich wie Taylor betrachtet auch Nancy Fraser den Begriff der Anerkennung aus einer überwiegend gesellschaftspolitischen Perspektive und liefert durch ihren gerechtigkeitstheoretischen Beitrag den „entscheidende[n] Anstoß zu einer sozialstaatsrelevanten Verwendung des Anerkennungsbegriffs" (Nullmeier 2003, 404).

Frasers Theorie läuft auf das Ziel hinaus, allen Subjekten die gleichberechtigte Teilnahme am gesellschaftlichen Leben zu ermöglichen. Somit gilt es, Demütigungen zu vermeiden und allen Bürgern die Anerkennung in Form von gesellschaftlichen Rahmenbedingungen und Strukturen zu gewähren, die es ihnen erlaubt, „miteinander als Ebenbürtige zu verkehren" (Fraser 2003, 55). Fraser interpretiert die Anerkennung dabei nicht als ‚psychologischen', sondern als ‚normativen' Faktor, deutet verweigerte Anerkennung (bzw. eine ‚Missachtung') also auch dann ‚objektiv' als Ungerechtigkeit, wenn aus ihr keine psychische Verletzung resultiert. Der entscheidende Punkt der Fraser'schen Gerechtigkeitstheorie besteht allerdings in ihrer Zweidimensionalität: Die intersubjektive Anerkennung wird von der Dimension der Umverteilung begleitet – ohne dass ein Abhängigkeitsverhältnis zwischen beiden bestünde. Die amerikanische Theoretikerin entwirft somit eine Konzeption, die „das übliche Verständnis von Gerechtigkeit so weit aus[dehnt], daß es sowohl intersubjektive als auch objektive Perspektiven mit einschließt" (ebd., 56).

Damit steht Fraser allerdings in Opposition zu Axel Honneth, mit dem sie eine scharfe wissenschaftliche Debatte führt. Der Kern ihrer Kritik besteht in dem Vorwurf, dass die Bedeutung ökonomischer Aspekte für die Herstellung von Gerechtigkeit bei Honneth vernachlässigt würde, die hingegen in ihrer zweidimensionalen Gerechtigkeitskonzeption – durch die Dimension der (ökonomischen) Umverteilung – Beachtung erfüre. Dies sei unverzichtbar, da nur auf diese Weise „die funktionale Eigenlogik der kapitalistischen Ökonomie, die sich allein am Ziel der Profitmaximierung ausrichtet" (Iser 2005, 111), beachtet werden könne (vgl. Fraser 2003, 51ff.; Iser 2005, 111f.).

Die Zweidimensionalität der Fraser'schen Gerechtigkeitstheorie eröffnet somit eine Perspektive, aus der Ungerechtigkeitserfahrungen auf unterschiedliche Ursachen zurückzuführen sind: auf „kulturelle Bewertungsschemata einerseits und ökonomische Verteilungsimperative andererseits" (Iser 2005, 111); wobei Fraser davon ausgeht, dass Konflikte zumeist Resultat einer erfahrenen Ungerechtigkeit sind, in der kulturelle Missachtung und ökonomische Ausbeutung zusammenlaufen. Daher könnten jene nur durch eine Berücksichtigung beider Dimensionen – der Anerkennung und der Umverteilung – gelöst werden (ebd.).

Die Diskussionen zwischen Fraser und Honneth, die sich im Kern mit der Anerkennung und ihrem Verhältnis zur Gerechtigkeit beschäftigen, sind u.a. im gemeinsamen Werk ‚*Umverteilung oder Anerkennung?*' (2003) dokumentiert, das in der Skizze der Fortentwicklung der Honneth'schen Anerkennungstheorie in Kap. 3.3.4 berücksichtigt wird.

Anders als Fraser und Honneth nimmt Avishai Margalit eine Interpretation des Anerkennungsbegriffs vor, die sich im Wesentlichen auf den Aspekt der *Achtung* fokussiert. In diesem Sinne wird Anerkennung als Abwesenheit von Demütigung[44] gedeutet – der israelische Philosoph nimmt demzufolge eine negativistische Perspektive ein. Margalits Forderungen laufen somit nicht auf eine ‚gerechte', sondern auf eine ‚anständige' Gesellschaft hinaus, die er dann als gegeben erachtet, wenn ihre Mitglieder keine Demütigung durch staatliche Institutionen erfahren (vgl. Margalit 1997).

Neben den staatlichen werden überdies auch „(sub)kulturelle Institutionen" (Iser 2005, 110) sowie Faktoren der Umverteilung von Einkommen in Margalits Modell berücksichtigt. Dabei weist er nicht nur der *Höhe* der Umverteilung, sondern auch ihrer *Art und Weise* eine zentrale Rolle zu, denn schließlich sei „es nicht damit getan […], Güter gleich und effizient zu verteilen" (Margalit 1997, 321). Diese Position spiegelt sich, so Margalit, in der Forderung wider, dass eine gerechte Gesellschaft auch ‚anständig' sein muss. Der Philosoph stellt somit beide Perspektiven – die der Gerechtigkeit und die der Achtung (bzw. ‚Anständigkeit') – einander gegenüber und versucht, das Verhältnis, in dem sie zueinander stehen, einer Analyse zu unterziehen. Zu diesem Zweck bedient er sich der Gerechtigkeitstheorie John Rawls', nimmt jedoch – so ist unter Bezug auf Iser (vgl. ebd., 110f.) zu konstatieren – keine konkrete Grenzziehung zwischen Entwürdigung bzw. Achtung und Ungerechtigkeit bzw. Gerechtigkeit vor. Deutlich wird Margalit lediglich dann, wenn er darauf verweist, dass ihm die Verwirklichung der anständigen Gesellschaft realistischer erscheint, als die der gerechten – ohne dabei jedoch den Hinweis zu versäumen, dass ihm eine Abwertung des Ideals der gerechten Gesellschaft fern liegt (vgl. Margalit 1997, 322ff.; Iser 2005, 109ff.).

Judith Butler nimmt hingegen eine völlig andere – und für das Promotionsvorhaben sehr interessante und aufschlussreiche – anerkennungstheoretische Perspektive ein, die fragt, „welches Leben überhaupt anerkennbar ist" (Herrmann 2013, 21). Damit unterscheidet sie sich deutlich von den bis zu dieser Stelle skizzierten Anerkennungstheorien, denn anders als z.B. Honneth oder Talyor setzt sie bei den Voraussetzungen und Bedingungen der Anerkennung an und nimmt diese kritisch in den Blick. Demnach seien es

> […] die Diskurse über Geschlecht, Ethnizität oder Klassenzugehörigkeit, welche die Begriffe, mit denen wir Andere anerkennen, je schon vorgeformt haben. Der Prozess der Subjektwerdung ist daher von Anbeginn an von gesellschaftlichen Normen durchdrungen […] (ebd.).

Indem Butler ihre feministisch-poststrukturalistische Theorie auf diese Weise anerkennungstheoretisch interpretiert und fortentwickelt, dekonstruiert sie Normen bzw. soziale Praktiken und problematisiert somit *das Ethische* als Ort potentieller Macht und Gewalt (vgl. Butler 2003, 12ff; Herrmann 2013, 21f.).

Besonders intensiv setzt sie sich mit dieser Thematik im Rahmen ihres 2003 erschienen Buches *‚Kritik der ethischen Gewalt'* auseinander, in dem drei Adorno-Vorlesungen, die Butler im Jahr 2002 am Institut für Sozialforschung in Frankfurt am Main hielt, aufgeführt sind.[45] Das Bestreben Butlers richtet sich in diesem Kontext auf eine „Reformulierung der Anerkennung als ethisches Projekt" (Butler 2003, 58), wobei neben Adorno u.a. Hegel, Lacan, Lévinas, Foucault, Nietzsche und Cavarero mit ihren jeweiligen Perspektiven und Theorien berück-

---

44 Margalit konzipiert den Begriff der ‚Demütigung' in normativer Hinsicht; d.h. gemäß seiner Konzeption müssen Menschen rationale Gründe haben, sich gedemütigt zu fühlen. Diese sind dann gegeben, wenn Personen unmenschlich behandelt werden oder wenn ihnen nicht „der *gleiche* moralische und rechtliche Status zukommt" (Iser 2005, 110; Hervorhebung im Original, B.B.) wie anderen Gesellschaftsmitgliedern. Dadurch sind sie – in symbolischer und somit materieller Hinsicht – aus der Gemeinschaft exkludiert (ebd.).

45 Aber auch ihr Buch *‚Gefährdetes Leben. Politische Essays'* (2005) ist an dieser Stelle zu erwähnen.

sichtigt werden und die Autorin auf diese Weise versucht, die „Wirkungskraft der Moral bei der Hervorbringung des Subjekts" (ebd., 22) herauszuarbeiten. Schließlich möchte sie somit „zeigen, wie eine Theorie der Subjektformierung, die die Grenzen der Selbsterkenntnis anerkennt, doch im Dienste einer ethischen Konzeption und sogar im Dienst einer Konzeption der Verantwortung stehen kann" (ebd., 29). Zu diesem Zweck versucht Butler, die Hegel'sche Anerkennungs-Dyade mit wesentlichen Grundannahmen der Phänomenologie Lévinas' zu verknüpfen[46] (vgl. ebd., 12ff.; Bedorf 2010, 90ff.; Nullmeier 2003, 406f.).

Ausgangspunkt der Butler'schen Auseinandersetzung mit der Thematik ist – bezugnehmend auf Adorno – die Feststellung, dass der Ethik gewaltsame Attribute innewohnen, die dieser nicht bloß aufgrund der Allgemeinheit moralischer Prinzipien zuzuweisen sind; vielmehr problematisiert Butler konkret die

> Anwendungen des Universalitätsgrundsatzes [...], die kulturelle Besonderheiten außer Acht lassen und keiner Umformulierung in Reaktionen auf eben jene gesellschaftlichen und kulturellen Bedingungen zugänglich sind, die dieser Universalitätsgrundsatz in seinen Anwendungsbereich mit einschließt (ebd., 17f.).

Sie verweist jedoch darauf, dass die Universalität nicht per se gewalttätig sei; vielmehr seien es bestimmte Bedingungen, die die Gewalt hervorbringen und einen Ausschluss (bestimmter Subjekte) erzeugen würden (vgl. Butler 2003, 12ff.; Bedorf 2010, 90ff.).

In diesem Sinne ist auch die Anerkennung sehr kritisch in den Blick zu nehmen, denn sie sei in dieser Lesart „nicht nur ein Mittel der Selbstverwirklichung von Subjekten, sondern sie kann zugleich auch eines der wirkmächtigsten Mittel ihrer Unterdrückung sein" (Herrmann 2013, 22). Butlers Anliegen richtet sich nun darauf, eine anerkennungstheoretische Interpretation vorzunehmen, mit der eine Minderung der ethischen Gewalt einhergehen kann. Sie plädiert in diesem Sinne für eine Ethik, die dem Subjekt einen „lebendigen Platz" (Butler 2003, 21) einräumt, die ihm in seiner Besonderheit gerecht wird und die eine „Urteilsenthaltung" (Bedorf 2010, 92) ermöglicht. Zu diesem Zweck entwirft Butler ein Verständnis von Anerkennung, in dessen Fokus die *Menschlichkeit* und die *Verletzlichkeit* sowie die *Verantwortung für den Anderen* stehen. Die zentralen Grundannahmen dieser Perspektive werden im Folgenden kurz skizziert (vgl. Butler 2003, 12ff.; Bedorf 2010, 90ff.).

Das Subjekt versteht Butler nicht als ‚abgeschlossen', ‚fertig' oder als ‚gegeben', sondern als Resultat der sozialen Praktiken, denen es somit sein ‚Sein' verdankt. Gesellschaftliche Normen können diese sozialen Praktiken formierend beeinflussen. Deswegen müssen sie kritisch betrachtet werden. Überdies ist das Butler'sche Denken alteritätstheoretisch[47] beeinflusst: Das Subjekt bleibe sich stets bis zu einem gewissen Grad fremd, könne sich selbst nie komplett ergründen. Es ist demnach nicht souverän, nicht durchgängig selbsttransparent, und verfügt in diesem Sinne nicht über eine ‚festgelegte' oder ‚starre' Selbstidentität (vgl. Butler 2003, 12ff., 54ff.).

Die alteritätstheoretische Perspektive schließt weiterhin die Annahme ein, dass auch *der Andere* in seiner *Alterität* unbekannt bleiben muss – er obendrein notwendigerweise *ver*kannt wird.

---

46 Bedorf identifiziert bei diesem Vorhaben zwar einige „Unstimmigkeiten" (Bedorf 2010, 94) und weist darauf hin, dass ein „Umbau an der Theorie der Normierungsdiskurse" (ebd.) vonnöten wäre – „eine Konsequenz, die Butler nicht zu sehen scheint" (ebd.) – jedoch würdigt er es gleichzeitig und räumt ein, dass ihre Entscheidung für diese Vorgehensweise grundsätzlich verständlich ist (vgl. ebd. 90ff.).

47 Dabei handelt es sich insbesondere um die Phänomenologie von Emmanuel Lévinas, die im Rahmen des Kapitels 3.4 ausführlich behandelt wird.

Butler plädiert in diesem Sinne für „eine Ethik, die auf unserer gemeinsamen und unabänderlichen Teilblindheit in Bezug auf uns selbst gründet" (Butler 2003, 54). Darüber hinaus folgt aus einer alteritätstheoretischen Lesart die Einsicht, dass das Subjekt seine Konstitution dem Anderen verdankt:

> […] wenn ich also am Anfang nur in der Adressierung an dich bin, dann ist das ‚Ich', das ich bin, ohne dieses ‚Du' gar nichts, und es kann sich außerhalb des Bezuges zum Anderen, aus dem seine Fähigkeit zur Selbstbezüglichkeit überhaupt erst entsteht, nicht einmal ansatzweise auf sich selbst beziehen. Ich stecke fest, bin ausgeliefert, und das lässt sich nicht einmal durch den Begriff der ‚Abhängigkeit' beschreiben. Das bedeutet, dass ich auch auf Arten und Weisen geformt werde, die meiner Selbstbildung vorausgehen und sie erst möglich machen […] (ebd., 92f.; Hervorhebungen im Original, B.B.).

Auf diese Weise führt Butler die Idee der Verantwortung[48] bzw. der ethischen Verpflichtung des Subjekts gegenüber dem Anderen ein, denn:

> Ich stelle fest, dass schon mein Formungsprozess den Anderen in mir impliziert, dass meine eigene Fremdheit mir selbst gegenüber paradoxerweise die Quelle meiner ethischen Verknüpfung mit Anderen ist (ebd., 95).

Aus dieser ‚Verwobenheit' (vgl. Kap. 3.1) resultiert ein „Ausgesetztsein vor dem Anderen" (ebd., 100), eine Verletzbarkeit, die für das Subjekt in der Begegnung mit dem Anderen erfahr- und spürbar wird.
Dies verweist auf eine Perspektive der *Leiblichkeit*. Stinkes formuliert dazu (unter Verweis auf Butler): „Wir haben einen Sinn für moralisches Handeln nicht weil wir souverän sind, sondern weil wir unsere Souveränität mit der Akzeptanz der Verletzbarkeit (Leiblichkeit) eingebüßt haben" (Stinkes 2013, 99). Und mit Dederich ist weiterführend zu erklären:

> Die Leiblichkeit ist nämlich die Bedingung der Möglichkeit des Selbst- und Weltbezugs des Menschen. Dies besagt aber zugleich, dass die menschliche Sozialität und mit ihr eine ethisch belangvolle Relationalität oder Bezogenheit in der Leiblichkeit angelegt sind. Darüber hinaus sind mit der Leiblichkeit die Sterblichkeit, die Verletzbarkeit, die Abhängigkeit und die Bedürftigkeit des Menschen gegeben. Die Verletzbarkeit und Bedürftigkeit des Leibs und die primordiale Sozialität des Menschen verweisen auf eine zwischenmenschliche Sorgestruktur und damit auf eine Relation der Verantwortung (Dederich 2013b, 73).[49]

Für Butler resultiert aus dieser ‚leiblichen' Perspektive jedoch nicht nur die Verantwortung für den Anderen; sie erklärt damit auch ihr Subjektverständnis, wonach jenes nicht ‚abgegrenzt' und ‚fertig' ist, sondern stets aus der Beziehung zum Anderen hervorgeht – der seinerseits wiederum immer eine Prägung durch andere Andere und soziale Praktiken erfährt:

> […] diese Verletzbarkeit kann uns jedoch begreifen helfen, inwieweit wir alle nicht genau umgrenzt, nicht genau abgetrennt sind, sondern einander körperlich auf Gedeih und Verderb ausgeliefert sind, einer in der Hand des anderen. Das ist eine Situation, die wir uns nicht aussuchen, die den Horizont

---

48 Butler weist darauf hin, dass sie mit „Verantwortung […] keinen erhöhten moralischen Sinn [meint]" (ebd., 98). Vielmehr sei „der Sinn der Verantwortung […] neu zu denken […]; sie kann nicht an die Vorstellung der Transparenz gebunden werden. Verantwortung für sich selbst übernehmen heißt in der Tat, sich die Grenzen des Selbstverständnisses einzugestehen und diese Grenzen nicht nur zur Bedingung des Subjekts zu machen, sondern als die Situation der menschlichen Gemeinschaft überhaupt anzunehmen" (ebd., 94).
49 Auf die *Leiblichkeit* wird im Rahmen des Bildungsverständnisses in Kapitel 3.5.3.4 erneut Bezug genommen.

der Wahl darstellt, und in dieser Situation gründet unsere Verantwortung. In diesem Sinne sind wir dafür nicht verantwortlich und sind wir dafür eben gerade verantwortlich (ebd., 101).

Gerade in der Erfahrung der Verletzlichkeit und der „Unerträglichkeit des Ausgesetztseins" (ebd., 100) vor dem Anderen liegt laut Butler die Chance, eine Perspektive zu entwickeln, in der zum einen die Verletzlichkeit als ein allen Subjekten inhärentes Attribut anerkannt und bewusst wahrgenommen wird und in der die Subjekte zum anderen in ihrer radikalen Alterität Bestand und Gültigkeit haben dürfen und somit nicht „das Ungewollte in Gewolltes zu überführen" (ebd.) ist. Diese Positionen charakterisieren den Butler'schen Anerkennungsbegriff nachhaltig; die Akzeptanz des Unvermögens der Selbsterkenntnis und die daraus resultierende Einsicht, dass auch der Andere niemals vollständig erkannt und verstanden werden kann, ist in diesem Sinne ein zentraler Aspekt einer Ethik, die das Attribut der Gewalt minimieren möchte. Denn es ist nicht der Andere in seiner radikalen Fremdheit, in seiner Nicht-Erfass- und -Greifbarkeit, in seiner Nicht-Transparenz, der mit moralischen Ansprüchen und Forderungen zu konfrontieren ist; vielmehr liegt der Ausgangspunkt der Butler'schen Position bei der Verantwortung des Subjekts für den Anderen, die auf der – bereits beschriebenen – verwobenen Beziehung zu diesem beruht. Sie drückt sich in jener Haltung aus, die Butler mit dem Wort ‚Menschlichkeit' umschreibt:

> Vielleicht liegt unsere Chance, menschlich zu werden, gerade in der Art und Weise, wie wir auf Verletzungen reagieren (ebd., 101).

Aus dieser Perspektive muss eine besondere Berücksichtigung und Sensibilisierung für die Situationen bestimmter Gruppen hervorgehen, denn die Verwundbarkeit, die allen Subjekten aufgrund ihres ‚Seins' eingeschrieben ist, wird „[…] unter bestimmten sozialen und politischen Voraussetzungen in hohem Maße gesteigert, und zwar speziell dann, wenn Gewalt eine Lebensweise ist und die Mittel zur Sicherung der Selbstverteidigung begrenzt sind" (Butler 2005, 46). Dies trifft zweifelsohne häufig auf Menschen mit Behinderung zu. Auf diese Weise werden sie und andere Gesellschaftsmitglieder, so kann sicherlich behauptet werden, „im Verlauf ihrer Entwicklung dazu genötigt […], sich an eben jene Normen zu binden, die sie auf eine gesellschaftlich inferiore Position verweisen. Ihre Inferiorisierung wird hier nämlich zur Bedingung ihrer sozialen Existenz" (Herrmann 2013, 21).

Diese identitätszuweisenden Mechanismen sind aufzudecken (und bestenfalls aufzulösen), denn Butler erklärt: „Eine Verletzbarkeit muß wahrgenommen werden und anerkannt werden, um in einer ethischen Begegnung eine Rolle zu spielen […]" (Butler 2005, 60). Aus diesem Grund nimmt die Verletzbarkeit in der Theorie Butlers einen so zentralen Stellenwert ein. Das Moment der Gewalt in der Ethik kann erst dann minimiert werden, wenn sich die Subjekte in ihrer eigenen Verletzlichkeit, Begrenztheit, ‚Unfertigkeit' und Alterität anerkennen und durch eine großzügige, menschliche Haltung der *ethischen Verbindlichkeit*[50] gewahr werden, die sie gegenüber dem Anderen innehaben, denn dieser ist Bedingung ihrer (Subjekt-)Konstitution und in diesem Sinne ein Teil von ihnen. Auch die Normen und sozialen Praktiken beeinflussen die Subjekte nachhaltig und werden von Butler mit dem Begriff der ‚Menschlichkeit' folgendermaßen zusammengedacht:

---

[50] Diese Bezeichnung wird von Markus Dederich (2011a, 121) entliehen und im weiteren Verlauf der Dissertation genutzt.

> Menschlich sein scheint zu bedeuten, sich in einer Zwangslage zu befinden, die man nicht auflösen kann. […] Wenn das Menschliche irgend etwas ist, dann scheint es eine Doppelbewegung zu sein, in der wir moralische Normen geltend machen und zugleich die Autorität in Frage stellen, mit welcher wir diese Normen geltend machen (Butler 2003, 104f.).

Obgleich Butler für ihre Ausführungen teilweise durchaus Kritik erfährt,[51] wird – wie bereits erwähnt – im weiteren Verlauf der Arbeit immer wieder auf ihre anerkennungstheoretische Interpretation Bezug genommen. Wie gesagt können die anerkennungstheoretischen Debatten und Diskurslinien hier nur exemplarisch skizziert werden. Als wichtige anerkennungstheoretische Vertreterin in der Psychologie wäre zudem Jessica Benjamin zu nennen; in der philosophischen Disziplin setzt sich – neben den bereits genannten Personen – z.B. auch Paul Ricœur mit dem Begriff der Anerkennung auseinander. Die Bedeutung Emmanuel Lévinas' für anerkennungstheoretische Debatten wird an späterer Stelle dargelegt; in jedem Fall ist seine alteritätstheoretische Perspektive für das Promotionsvorhaben von zentraler Bedeutung. Nun folgt eine intensive Beschäftigung mit der Theorie der Anerkennung nach Axel Honneth. Diese wurde aus den zahlreichen – und teilweise sehr unterschiedlichen – Zugängen und Theorien zum Begriff der Anerkennung als wesentliche Bezugsgröße für das Promotionsvorhaben ausgewählt, da sie gerade für den behindertenpädagogischen Kontext fruchtbar erscheint. Dieses Potential wird an späterer Stelle herausgearbeitet. Zudem werden in Kapitel 3 einige Kritikpunkte an der Anerkennungstheorie nach Honneth identifiziert.

## 3.2 Die Theorie der Anerkennung nach Axel Honneth[52]

Axel Honneth setzt sich in seiner Habilitationsschrift ‚*Kampf um Anerkennung*' (1992) in differenzierter Weise mit dem Begriff der Anerkennung bzw. mit Anerkennungsprozessen auseinander. Aus dem 1992 entstandenen (und 1994 beim Suhrkamp Verlag veröffentlichten) Werk entwickelte er eine auf anerkennungstheoretischen Überlegungen basierende Gesellschaftstheorie. Den vorläufigen Höhepunkt seines Schaffens bildet das aktuelle Buch ‚*Das Recht der Freiheit*' (2011), in dem Honneth den Versuch unternimmt, mithilfe einer Gesellschaftsanalyse – also aus den Strukturvoraussetzungen der gegenwärtigen Gesellschaft selbst heraus – eine Theorie der Gerechtigkeit zu entwerfen.

Als Schüler Jürgen Habermas' hat sich Honneth intensiv mit dessen Diskursethik auseinandergesetzt und schließlich eine Anerkennungstheorie entwickelt, die genutzt werden soll, um

> die umfassenden Ansprüche der Kritischen Theorie unter den gegenwärtigen Bedingungen noch einmal zu erneuern […], weil darin [in einer solchen Anerkennungstheorie, Anm. B.B.] zwischen den sozialen Ursachen für weitverbreitete Unrechtsempfindungen und den normativen Zielsetzungen von Emanzipationsbewegungen eine begriffliche Klammer hergestellt wird (Honneth 2003c, 134).

Im Lichte dieser Gesellschaftstheorie, die Honneth in ‚*Kampf um Anerkennung*' entwickelt, sind Proteste einzelner Gruppen gegen ungerechte Verhältnisse in der Gesellschaft als Motor moralischen und gesellschaftlichen Fortschritts zu lesen. Der Anerkennung kommt demnach eine zentrale Rolle zu, gilt sie doch gleichermaßen als Motivator für derlei Widerstände und in diesem Sinne ebenfalls als Bedingung einer gerechteren Gesellschaft.[53] Mit dieser Konzeption

---

51 Zum Beispiel von Bedorf 2010, 90ff.
52 unter Bezug auf ‚*Kampf um Anerkennung*' (1994).
53 Im späteren Verlauf des Kapitels wird überdies dargelegt, dass die Anerkennung in der Theorie Honneths als Voraussetzung für die Entwicklung eines positiven Selbstbilds der Subjekte konzipiert wird.

verbindet sich unweigerlich die Grundannahme, dass (moderne) Gesellschaften im Sinne normativer Ordnungsgefüge zu begreifen sind – andernfalls wäre die zentrale Bedeutung der Anerkennung und der ihr zugeschriebene Effekt der Beförderung gerechter Verhältnisse nicht schlüssig erklärbar. Tatsächlich legt Honneth seiner Theorie ein Verständnis von Gesellschaft zu Grunde, nach der diese „als Gefüge von *Anerkennungsordnungen* und *Anerkennungsverhältnissen*" (Nullmeier 2003, 401; Hervorhebungen im Original, B.B.) begreifbar wird, in dessen Rahmen die Anerkennung als „normativ bedeutsame, moralische Handlungsweise" (ebd.) zu erachten ist (vgl. Honneth 1994, 148ff.; Nullmeier 2003, 400f.).

Honneth erklärt, dass seine Theorie der Anerkennung einem „formalen Konzept des guten Lebens" (Honneth 1994, 275) entspricht, das er gleichermaßen im Begriff der ‚Sittlichkeit'[54] verortet sieht. Auf diese Weise ist es möglich, Ereignisse – auf den Ebenen der Individuen und der Gesellschaft – aus der Perspektive eines ‚idealen' Zustandes zu bewerten; die Beurteilungen werden somit gewissermaßen von einem gedachten „Endzustand" (ebd.) her generiert.

Bevor diese Annahmen ausführlich dargelegt werden, wird zunächst eine grobe Skizze der für die Honneth'sche Theorie zentralen Überlegungen des Sozialphilosophen Hegel und des Sozialpsychologen Mead vorgenommen.

### 3.2.1 Hegel

Honneth adaptiert in ‚*Kampf um Anerkennung*' u.a. drei dem Hegel'schen Denkmodell[55] zugrunde liegende Thesen,[56] wobei er unterstreicht, dass diese lediglich als Basis für die Entwicklung einer normativ gehaltvollen Gesellschaftstheorie dienen sollen; überdies ist er sich durchaus ihrer Defizite bzw. Unvollständigkeiten bewusst (vgl. Honneth 1994, 107ff.).

Die grundlegende These, die Honneth Hegels Modell entleiht, beruht auf der Annahme, dass die Voraussetzung der Bildung eines „praktischen Ich" (ebd., 110) in der wechselseitigen Anerkennung der Subjekte besteht:

> […] erst wenn beide Individuen sich jeweils durch ihr Gegenüber in ihrer Selbsttätigkeit bestätigt sehen, können sie komplementär zu einem Verständnis ihrer selbst als einem autonom handelnden und individuierten Ich gelangen (ebd.).[57]

Die Anerkennung durch den Anderen wird demnach als die wesentliche Voraussetzung für die Konstitution des Subjekts identifiziert, das sich selbst in seiner Autonomie und Individuation als ‚Ich' begreift; sie fungiert daher als Bedingung für eine ‚gelungene' Entwicklung. Der

---

54 Honneth definiert den Begriff der Sittlichkeit als „das Insgesamt an intersubjektiven Bedingungen […], von denen sich nachweisen lässt, dass sie der individuellen Selbstverwirklichung als notwendige Voraussetzung dienen" (Honneth 1994, 277).

55 Honneth bezieht sich in ‚*Kampf um Anerkennung*' (1994) auf den jungen Hegel, während er in ‚*Das Recht der Freiheit*' (2011) auf den späteren Hegel Bezug nimmt.

56 Bei diesen drei Thesen handelt es sich 1. um die „These, daß die Bildung des praktischen Ich an die Voraussetzung der wechselseitigen Anerkennung zwischen Subjekten gebunden ist" (Honneth 1994, 110), 2. um die Annahme der „Abfolge von drei Anerkennungsverhältnissen […], in deren Rahmen sich die Individuen in einem jeweils höheren Maße wechselseitig als autonome und individuierte Personen bestätigen" (ebd., 111) und 3. die „These, die für die Abfolge der drei Anerkennungsformen die Logik eines Bildungsprozesses beansprucht, der über die Stufen eines moralischen Kampfes vermittelt ist" (ebd., 112).

57 Honneth bemerkt an dieser Stelle, dass die Hegel'schen Überlegungen in der metaphysischen Dimension verharren und keine empirische Perspektive eingenommen wird. Es wird im Verlauf des vorliegenden Kapitels gezeigt, wie Honneth dieses Versäumnis mithilfe des Mead'schen Sozialbehaviorismus überwinden will, um das Ziel, eine normativ gehaltvolle Gesellschaftstheorie zu entwickeln, weiter verfolgen zu können.

Anerkennung ist in diesem Sinne eine deutliche Reziprozität eingeschrieben – die Subjekte bestätigen sich wechselseitig (vgl. ebd., 107ff.).

Im Rahmen der zweiten Hegel'schen Grundthese erfolgt eine Ausdifferenzierung in verschiedene reziproke Anerkennungsformen, die sich entsprechend des dem Subjekt zu mehr Autonomie verhelfenden Grades unterscheiden lassen. Hegel entwirft demnach die *Liebe*, das *Recht* und die *Sittlichkeit*[58] als „Abfolge von drei Anerkennungsverhältnissen [...], in deren Rahmen sich die Individuen in einem jeweils höheren Maße wechselseitig als autonome und individuierte Personen bestätigen" (ebd., 111). Dabei stellt die *Sittlichkeit* das Verhältnis dar, mit dem die „anspruchsvollste Form der wechselseitigen Anerkennung" (ebd., 146) einhergeht, da die Subjekte hinsichtlich ihrer Individualität und Besonderheit Achtung und Wertschätzung erfahren (vgl. ebd., 107ff., 146). Honneth entwickelt in Anlehnung an dieses Modell im Rahmen seiner Theorie ebenfalls drei Anerkennungsformen, die im späteren Verlauf des Kapitels differenziert betrachtet werden.

Um die Grundzüge des Hegel'schen Modells angemessen darzustellen, darf seine Abschlussthese nicht unerwähnt bleiben. Honneth erklärt:

> [D]ie Subjekte werden im Zuge ihrer Identitätsbildung gewissermaßen transzendental dazu genötigt, sich auf der jeweils erreichten Stufe der Vergemeinschaftung in einen intersubjektiven Konflikt zu begeben, dessen Ergebnis die Anerkennung ihrer sozial bislang noch nicht bestätigten Autonomieansprüche ist (ebd., 112).[59]

Die reziproke Anerkennung wird demnach nicht nur als Bedingung einer „gelingenden Ich-Entwicklung" (ebd.) konzipiert; überdies wird ihr die Wirkung zugeschrieben, im Falle ihres Ausbleibens – auch als „Erfahrung einer Mißachtung" (ebd.) bezeichnet – einen Kampf um Anerkennung zu befördern (vgl. ebd., 107ff.).

Dieser Gedanke wurde bereits in den einleitenden Worten zur Anerkennungstheorie nach Honneth aufgegriffen. Wird später anhand dieser Idee Honneths Konzept vom Kampf um Anerkennung erklärt, soll nun zunächst das Denkmodell Hegels weiter skizziert werden, wobei die Beziehung, in der Individuen zueinander stehen, nachgezeichnet wird.

Wie bereits dargelegt wurde, denkt Hegel die Anerkennung als den das Subjekt konstituierenden und es mit der Gesellschaft verbindenden wesentlichen Modus. Im Rahmen eines Prozesses, den Hegel anhand des Verhältnisses zwischen Herr und Knecht erläutert, erkennen sich Individuen gegenseitig an und gelangen somit zu ihrem Selbstbewusstsein, ihrer Identität. Dieser Prozess stellt sich auf der ersten Stufe in Form eines asymmetrischen Verhältnisses dar, das im Verlauf den Charakter einer symmetrischen reziproken Anerkennungsbeziehung annimmt. Das als Parabel zu interpretierende Herr-Knecht-Verhältnis dient als Modell für Anerkennungsordnungen, in denen sich Subjekte gleichermaßen über- wie unterordnend erfahren (vgl. Flickinger 2008, 101ff., Schnell 2004, 77ff.).

Der Beziehung zwischen Herr und Knecht, so erklärt Hegel, ist eine Einseitigkeit eingeschrieben, die auf den ersten Blick darauf beruht, dass der Herr dem Knecht aufgrund der Macht, die jener gegenüber diesem ausübt, übergeordnet ist. Der Herr findet durch den Knecht Anerken-

---

58 Gemäß des Hegel'schen Denkmodells, so erklärt Honneth, gilt die ‚Sittlichkeit' als „die Art von sozialer Beziehung, die entsteht, wenn sich die Liebe unter dem kognitiven Eindruck des Rechts zu einer universellen Solidarität unter den Mitgliedern eines Gemeinwesens geläutert hat" (Honneth 1994, 146).

59 An dieser Stelle ist zu bemerken, dass sich Honneth zwar auf Hegel bezieht, dabei jedoch darauf hinweist, dass sich die dritte These, in den Hegel'schen Schriften „nur in groben Umrissen abgezeichnet hatte" (Honneth 1994, 112). Honneth räumt sich in Hinblick auf diese These daher einen gewissen Interpretationsspielraum ein.

nung; dieser wird jedoch von jenem nicht anerkannt – zumindest nicht in einer Hinsicht „bei der es bleiben könnte" (Schnell 2004, 79). Dieser Aspekt wird später im Rahmen des ‚Kampfs um Anerkennung' erneut aufgegriffen. Auf einen zweiten Blick zeigt sich jedoch, dass sich das vermeintliche Ungleichgewicht nicht so eindeutig darstellt wie anfangs vermutet. Schließlich ist der Herr – um sich seiner Machtposition, die er gegenüber dem Knecht hat, stets erneut zu vergewissern – abhängig von diesem. Der Herr kann demnach nur als solcher anerkannt werden, wenn ein Adressat, ein Gegenüber diesen bestätigenden Akt vollzieht. Diese Feststellung geht mit der Annahme einer, dass die Subjekte sich im Anderen erkennen müssen, um zu einer ‚gelungenen' Entwicklung ihres ‚Selbst' zu kommen, um ein ‚Selbstbewusstsein' ausbilden zu können. Wird der Knecht nicht anerkannt, kann der Herr sich auch in diesem nicht erkennen. Zudem muss die durch den Knecht gezollte Anerkennung dem Herrn paradoxerweise wertlos erscheinen, schließlich wird jener nicht als autonom (‚frei') anerkannt, sondern als diesem untergeordnet – ferner wird diese Paradoxie durch das soeben dargelegte Abhängigkeitsverhältnis verschärft (vgl. Flickinger 2008, 101ff.; Schnell 2004, 77ff.).

Da sich der Knecht durch den Herrn als nicht (in einer ‚akzeptablen' Weise) sozial anerkannt erfährt und seine Unabhängigkeit bestätigt sehen will, tritt er in einen Kampf um Anerkennung ein. In diesem Sinne emanzipiert er sich vom Herrn, indem er sich der Macht, die er durch seine Arbeit – und die Fähigkeit der Einflussnahme auf seine Umwelt – erlangt, gewahr wird und diese nutzt, um die Beziehung und Interaktion mit dem Herrn zu modifizieren. Auf diese Weise wird die einseitige Anerkennung und die Asymmetrie der Beziehung – zugunsten des Knechts – aufgehoben (vgl. Schnell 2004, 77ff.).

Die vorgenommene Analyse der Beziehung zwischen Herr und Knecht deckt die wechselseitigen Abhängigkeiten der Subjekte auf, wonach diese nur durch die Begegnung mit Anderen zu frei und autonom Handelnden werden können. Das anfängliche einseitige Herr-Knecht-Verhältnis erweist sich schließlich als symmetrisch – die Individuen gewähren sich eine wechselseitige Anerkennung ihres sozialen Status. Auf diese Weise arbeitet Hegel die Bedeutung der Anerkennung im Rahmen symmetrischer reziproker Beziehungen heraus und identifiziert somit das moralisch verantwortliche – ‚sittliche' – Handeln als Bedingung für die Stabilität einer Gesellschaft und der darin vorherrschenden Verhältnisse. Schließlich geht mit der reziproken Anerkennung – gemäß des Hegel'schen Denkmodells – eine Dynamik einher, die dazu führt, dass die Subjekte stets die erreichte Stufe ihres Selbst „auf konflikthafte Weise wieder verlassen, um gewissermaßen zur Anerkennung einer anspruchsvolleren Gestalt ihrer Individualität zu gelangen" (Honneth 1994, 31). Die neu erreichte Stufe der Sittlichkeit stellt somit nur eine kurzfristige Versöhnung dar und mündet schließlich erneut in einen Konflikt, der das Erreichen „einer reiferen Stufe des sittlichen Verhältnisses" (ebd., 32) nach sich zieht. In diesem von Hegel neu entwickelten Verständnis des sozialen Kampfes werden Konflikte zwischen Subjekten somit „als ein sittliches Bewegungsmoment innerhalb des gesellschaftlichen Lebenszusammenhangs verstanden" (ebd.) und sind demnach als „moralisches Medium" (ebd.) zu begreifen (vgl. Flickinger 2008, 101ff.; Honneth 1994, 20ff.).

### 3.2.2 Mead

Wie bereits dargelegt wurde, bildet das Modell Hegels die Grundlage der Honneth'schen Gesellschaftstheorie, wobei Honneth dem Hegel'schen Modell vorwirft, auf einer metaphysischen Ebene zu verweilen und empirische Gesichtspunkte zu vernachlässigen. Diesem Umstand begegnet Honneth, indem er die Mead'sche Sozialpsychologie in seine Konzeption einbezieht, um dadurch „die Idee, die der junge Hegel in seinen Jenaer Schriften mit genialer Primitivität

umrissen hat, zum Leitfaden einer normativ gehaltvollen Gesellschaftstheorie [zu] machen" (Honneth 1994, 148). Um diese Theorie Honneths angemessen darlegen zu können, müssen daher vorerst die wesentlichen Positionen Meads kurz erläutert werden.
Mead fragt, wie sich die Ausbildung der Identität der Subjekte vollzieht und welche gesellschaftlichen Einflüsse und Bezüge dabei eine Rolle spielen. Er entwickelt demnach neben einem „intersubjektivistischen Konzept des Selbstbewusstseins" (ebd., 122) ein Denkmodell, das die Ausbildung des praktischen Selbstverhältnisses der Subjekte erklärbar macht (vgl. ebd., 114ff). Wie bei Hegel wird auch im Mead'schen Modell eine Dreiteilung der reziproken Anerkennungsformen – in die *emotionale Zuwendung*, die *rechtliche Anerkennung* und die *solidarische Zustimmung* – vorgenommen. Darüber hinaus geht auch Mead von einem grundsätzlichen Konflikt aus. Dieser entsteht und vollzieht sich jedoch – anders als im Hegel'schen Denkmodell, in dessen Rahmen der Kampf um Anerkennung zwischen Subjekten stattfindet – im Inneren des Individuums. Eine Gemeinsamkeit der beiden Modelle stellt hingegen die Grundhypothese dar, dass solche Kämpfe die Erklärung moralischen Fortschritts liefern (vgl. Honneth 1994, 114ff./151). Das von Mead entwickelte Modell, das ergründen will, unter welchen Bedingungen Subjekte ein Selbstbewusstsein herausbilden können, basiert auf den Kategorien *Mich* und *Ich*. Das *Mich* stellt den Teil des Subjektes dar, der dem Bild, das die Anderen von jenem haben, entspricht. Es ist „das kognitive Bild [...], das das Subjekt von sich selber erhält, sobald es sich aus der Perspektive einer zweiten Person wahrzunehmen lernt" (ebd., 122). Das Subjekt nimmt sich stets in Form des *Mich* – gewissermaßen als ‚Objekt' – wahr. Zudem ermöglicht die von Mead vorgenommene Erweiterung um die moralische Perspektive das Hinzudenken der normativen Erwartungshaltungen. In diesem Sinne wird der Kategorie des *Mich* die Funktion der Repräsentation gesellschaftlicher Werte, Konventionen und Einstellungen zugeschrieben – sie verkörpert nun „die moralische Instanz der kognitiven Problembewältigung" (ebd., 123). Das Subjekt erlangt demnach im Rahmen des Sozialisationsprozesses ein Wissen über allgemeingültige Handlungsnormen, die Aufschluss über zu erwartende bzw. berechtigte und legitimierte Rechte und Pflichten gegenüber dem ‚generalisierten Anderen'[60] liefern. Die Instanz des *Mich* ermöglicht es dem Subjekt somit erst, ein Mitglied der Gesellschaft zu sein (vgl. ebd., 114ff.). Das *Ich* repräsentiert hingegen den Aspekt der Persönlichkeit, mit dem eine gewisse Kontingenz einhergeht, der stets unscharf und nicht ‚greifbar' bleibt, auf dem spontane und kreative Handlungsimpulse und individuelle Verhaltensweisen beruhen. Gewissermaßen nimmt sich das Subjekt nur in Hinblick auf diese Instanz tatsächlich als ‚Subjekt' wahr, schließlich betrachtet es sich im Rahmen des *Mich* im Sinne eines ‚Objekts' – entsprechend des Bildes, das seine Interaktionspartner ihm spiegeln. Das *Ich* geht jedoch „nicht nur dem Bewußtsein voraus, das das Subjekt von sich selber aus dem Blickwinkel seines Interaktionspartners besitzt, sondern bezieht sich auch stets von neuem kommentierend auf die im ‚Mich' bewußt gehaltenen Handlungsäußerungen zurück" (ebd., 120; Hervorhebung im Original, B.B.). In seiner impulshaften Unberechenbarkeit stellt das *Ich* demnach den Persönlichkeitsaspekt dar, der sich der Kontrolle durch das Subjekt entzieht und der somit „die Reaktion des Einzelnen auf die Haltung der Gemeinschaft" (Mead 1995, 240) darstellt. Demzufolge würde das *Mich* ohne das *Ich* lediglich eine Anpassung an die bestehenden Strukturen darstellen. Die Identität eines Subjekts, so kann vorab resümierend festgehalten werden, setzt sich im Mead'schen Modell aus

---

60 Mead nutzt den Begriff des ‚generalisierten Anderen' für die organisierte Gruppe, in deren Rahmen das Subjekt seine Identität entwickelt. Mit zunehmendem Lebensalter wird diese Gruppe um immer mehr Interaktionspartner erweitert, so dass der ‚generalisierte Andere' schließlich gewissermaßen die Gesellschaft repräsentiert (vgl. Honneth 1994, 123ff.).

dem *Mich* und dem *Ich* zusammen, wobei beide Instanzen ständig in einem wechselseitigen Dialog stehen (vgl. Honneth 1994, 114ff.; Mead 1995).
Meads Modell läuft schließlich, genau wie das Hegel'sche, auf eine wechselseitige Anerkennung hinaus. Dies folgt konsequenterweise aus der Internalisierung der gesellschaftlich gültigen Normen und Werte, die dafür sorgen, dass das Subjekt sozial akzeptiert und als Teil der Gesellschaft geachtet wird. Mead schreibt den Anerkennungsbeziehungen nicht nur eine deutliche Reziprozität zu, sondern nimmt auch eine Ausdifferenzierung in drei Anerkennungsformen vor. Demnach erfahren die Subjekte idealerweise *emotionale Zuwendung, rechtliche Anerkennung* sowie *solidarische Zustimmung*, wodurch sie zu einem Bewusstsein ihres eigenen Wertes gelangen und sich selbst gegenüber positive Einstellungen entwickeln können. Dabei steigert sich „in der Abfolge der drei Anerkennungsformen der Grad der positiven Beziehung der Person auf sich selber schrittweise […]" (Honneth 1994, 151).
Der bereits erwähnte innere Konflikt des Subjekts ereignet sich schließlich, sobald dieses – in der Instanz des *Ich* – Tendenzen oder Erwartungen entwickelt, die den durch das *Mich* repräsentierten konventionellen Normen, Werten und Verhaltensmustern zuwiderlaufen bzw. diese in Frage stellen, „so daß es sein eigenes ‚Mich' in Zweifel ziehen muß" (ebd., 132f.; Hervorhebung im Original). Dieser moralische Konflikt repräsentiert für Mead den Widerstreit zwischen dem Subjekt und seiner Umwelt und befördert die moralische Entwicklung von Individuen und Gesellschaft gleichermaßen. Zwischen *Ich* und *Mich* entsteht nun ein Spannungsverhältnis: Die Instanz des *Ich* versucht, der eigenen Kreativität und Individualität des Subjekts Ausdruck zu verleihen und in diesem Sinne auf eine Erweiterung der – im *Mich* verankerten – gesamtgesellschaftlich anerkannten Normen und Werte hinzuwirken. Das *Mich* muss sich seinerseits entgegen der internalisierten Einstellungen für das *Ich* engagieren und in einen ‚Kampf um soziale Anerkennung' eintreten. Um diesen Konflikt erfolgreich beenden zu können, bedarf es „der Zustimmung aller anderen Gesellschaftsmitglieder, weil deren gemeinsamer Wille ja als verinnerlichte Norm das eigene Handeln kontrolliert" (ebd., 132). Nur so können die individuellen – durch das *Ich* geäußerten und durch das *Mich* durchgesetzten – Forderungen und Erwartungen tatsächlich soziale Anerkennung finden bzw. zu einer Erweiterung der Anerkennungsformen führen. Der Kampf um Anerkennung bei Mead wird somit fortwährend in die Gesellschaft hineingetragen, hat allerdings stets den moralischen Konflikt im Inneren des Individuums zur Voraussetzung (vgl. ebd., 131ff.).
Honneth beleuchtet Meads Modell bereits Anfang der 1990er Jahre in einem kritischen Licht;[61] die Darlegung seiner Einwände würde jedoch den Rahmen der vorliegenden Arbeit überschreiten. Ungeachtet dessen nutzt Honneth in ‚*Kampf um Anerkennung*' (1994) nicht nur zentrale Erkenntnisse des Hegel'schen, sondern auch des Mead'schen Modells. Dies wird nun aufgezeigt.

### 3.2.3 Honneths Theorie

Honneth formuliert – übereinstimmend mit den Positionen Hegels und Meads – folgende seiner Theorie zugrundeliegende Annahme:

> […] die Reproduktion des gesellschaftlichen Lebens vollzieht sich unter dem Imperativ einer reziproken Anerkennung, weil die Subjekte zu einem praktischen Selbstverhältnis nur gelangen können, wenn sie sich aus der normativen Perspektive ihrer Interaktionspartner als deren soziale Adressaten zu begreifen lernen (Honneth 1994, 148).

---

61 Später – im 2003 veröffentlichten Nachwort zu ‚*Kampf um Anerkennung*' – distanziert er sich schließlich vom Denkmodell Meads.

Honneth erachtet die Anerkennung durch Andere demnach als wesentliche Voraussetzung für die Entwicklung eines positiven Selbstbildes jedes einzelnen Subjekts und damit als Grundlage des gesellschaftlichen Zusammenlebens.

Gleichzeitig schreibt er den Subjekten den fortwährenden Drang zu, den „stets nachwachsenden Ansprüchen ihrer Subjektivität" (Honneth 1994, 149) stattgeben und in diesem Sinne auf eine Erweiterung der reziproken Anerkennungsbeziehungen in der Gesellschaft hinwirken zu wollen. Dies stellt die Grundlage für moralischen Fortschritt in der Gesellschaft dar. Im Rahmen der Honneth'schen Theorie sind es konkret „die moralisch motivierten Kämpfe sozialer Gruppen, ihr kollektiver Versuch, erweiterten Formen der reziproken Anerkennung institutionell und kulturell zur Durchsetzung zu verhelfen […]" (ebd.), auf denen gesellschaftliche Veränderungen mit normativer Ausrichtung beruhen. Der Wunsch, Anerkennungsbeziehungen zu erweitern, gründet seinerseits auf verweigerter Anerkennung, wobei es sich um materielle oder ideelle Unzulänglichkeiten und Ungerechtigkeiten, die eine soziale Gruppe betreffen, handeln kann. Auf Basis der sozialen Kämpfe vollziehen sich schließlich gesellschaftliche Weiterentwicklung und sozialer Wandel dergestalt, dass die Subjekte entweder in einem größeren Umfang in ihrer Individualität Anerkennung erfahren oder dass ein „Mehr an Personen […] in die bereits existierenden Anerkennungsverhältnisse einbezogen [wird]" (Honneth 2003c, 220). Somit nimmt der Grad an Gerechtigkeit in der Gesellschaft stetig zu (vgl. Honneth 1994, 148f.; Honneth 2003c, 129ff.).

Die Verweigerung von bzw. die Vorenthaltung des nötigen Maßes an Anerkennung – von Honneth allgemein unter dem Begriff ‚Missachtung' zusammengefasst – führt zu einer Beeinträchtigung der Selbstverwirklichung bzw. Integrität der Subjekte. Diese – auch als „praktische Selbstbeziehung" (Honneth 1994, 213) bezeichnet – wird in der Theorie Honneths anschließend an Hegel und Mead ihrerseits im Rahmen verschiedener Anerkennungsformen erlangt, die in jeweils gesonderten Sphären der gesellschaftlichen Reproduktion verortet sind. Im Folgenden werden diese Dimensionen in ausführlicher Weise erläutert.

### 3.2.4 Anerkennungsformen

Honneth entwirft drei Grundformen gesellschaftlicher Anerkennung, die die Voraussetzung für Selbstverwirklichung, Identitätsbildung und soziale Integration der Subjekte darstellen und ihren Platz in den Sphären *Liebe*, *Recht* und *Solidarität* finden wird.

#### 3.2.4.1 Liebe

Honneth verortet die elementarste Form der Anerkennung in der Sphäre der *Liebe*.[62] Sie umfasst „alle Primärbeziehungen […], soweit sie nach dem Muster von erotischen Zweierbeziehungen, Freundschaften und Eltern-Kind-Beziehungen aus starken Gefühlsbindungen zwischen wenigen Personen bestehen" (Honneth 1994, 153). Die erfahrene emotionale Zuwendung verhilft dem Subjekt dazu, Selbstvertrauen zu entwickeln und somit die wesentliche Voraussetzung der Selbstverwirklichung zu erlangen. Schließlich ist es das Selbstvertrauen, das „den einzelnen überhaupt erst zu derjenigen inneren Freiheit gelangen läßt, die ihm die Artikulation seiner eigenen Bedürfnisse erlaubt" (ebd., 282). Demnach stellen anerkennende Erfahrungen in der Sphäre der *Liebe* die wesentliche Voraussetzung für die verwirklichte individuelle Autonomie des Subjekts dar (vgl. ebd., 148ff., 274ff.).

---

62 Honneth spricht von der *Liebe* als dem „innersten Kern aller als ‚sittlich' zu qualifizierenden Lebensformen" (Honneth 1994, 282; Hervorhebung im Original, B.B.).

Um diese These zu untermauern, arbeitet Honneth in ‚*Kampf um Anerkennung*' die besondere Bedeutung der kindlichen Entwicklung in den ersten Lebensmonaten in Hinblick auf die späteren Verhaltensweisen sowie die wichtigsten Aspekte der kindlichen Individuierung heraus. Er bedient sich dafür der Erkenntnisse aus den objektbeziehungstheoretischen Arbeiten Donald W. Winnicotts (1984, 1989), die er anerkennungstheoretisch interpretiert.

So zeigt Honneth auf, dass die Interaktionserfahrungen mit den ersten Beziehungspartnern im frühkindlichen Alter elementar für die weitere Entwicklung des Einzelnen sind, da sie die Fähigkeit begründen, eine „Balance zwischen Symbiose und Selbstbehauptung" (Honneth 1994, 157) zu finden, die schließlich die Voraussetzung für gelingende affektive Beziehungen zu anderen Personen darstellt (vgl. ebd., 148ff.; Kaletta 2008, 21f.). Im Folgenden wird diese These näher erläutert.

Mit der Geburt des Kindes, so argumentiert Honneth unter Bezug auf Winnicott, entsteht zwischen Mutter und Kind ein durch beidseitige absolute Abhängigkeit gekennzeichnetes symbiotisches Verhältnis. Dieser Zustand der ‚Verschmelzung' löst sich – bedingt durch einen „Emanzipationsschub" (Honneth 1994, 161) – im Laufe der Zeit in einem natürlich fortschreitenden Ablösungsprozess auf, in dem beide, Mutter und Kind, vom jeweils anderen die Ausdifferenzierung zu autonomen Individuen lernen müssen. Die Emanzipation von der Mutter, welche nun als autonomes Subjekt wahrgenommen wird, lehrt das Kind schließlich, dass es von der mütterlichen liebevollen Zuneigung abhängig ist. Gleichzeitig erfährt es sich – trotz Ablösung – als durch die Mutter dauerhaft und ‚zuverlässig' geliebt; das Kind ist sich dieser Liebe schließlich sicher, entwickelt somit Vertrauen in die Mutter und in sich selbst – das Selbstvertrauen wird begründet. Basierend darauf kann das Kind ein positives Selbstverhältnis entwickeln und eine eigene ‚Identität' ausbilden (ebd., 148ff.).

Das Modell Honneths wird nun unter Hinzunahme der These erweitert, dass „das Erfahrungsschema vollständigen Zufriedenseins" (Honneth 1994, 169) nachhaltig durch die erlebte Symbiose mit der Mutter bestimmt wird, dass den Subjekten somit der Wunsch eingepflanzt ist, den Zustand der absoluten Verschmelzung zeitlebens unbewusst in allen Liebes- oder Freundesbeziehungen zu suchen. Im Rahmen der Honneth'schen Anerkennungstheorie kann sich aus dem Symbiosewunsch jedoch erst dann Liebe entwickeln, wenn die Beziehung durch eine „produktive Balance zwischen Abgrenzung und Entgrenzung" (ebd.) versehen ist, wenn sich die Subjekte also einerseits gegenseitig als jeweils unabhängig anerkennen, andererseits jedoch über „die Fähigkeit zur entgrenzenden Verschmelzung mit dem Anderen" (ebd., 170) verfügen. Beide Bedingungen – die Autonomie der Subjekte und ihre Verschmelzung – stellen somit „sich wechselseitig fordernde Gegengewichte dar, die zusammengenommen erst ein reziprokes Beisichselbstsein im Anderen ermöglichen" (ebd., 170). Honneth bezeichnet dieses Liebesverhältnis als „eine durch Anerkennung gebrochene Symbiose" (Honneth 1994, 172; vgl. ebd., 148ff.).

Zusammenfassend lässt sich die *Liebe* im Rahmen der Anerkennungstheorie nach Honneth demnach als das primäre und fundamentalste Anerkennungsverhältnis identifizieren, das das elementare Vertrauen des Subjekts in sich selbst (*Selbstvertrauen*) konstituiert und damit gleichzeitig „die psychische Voraussetzung für die Entwicklung aller weiteren Einstellungen der Selbstachtung" (ebd., 172) begründet. In diesem Sinne geht mit der Anerkennung die Eigenständigkeit und Autonomie des Subjekts einher; nach Honneth ist demnach „[…] nicht eine kognitive Respektierung, sondern eine durch Zuwendung begleitete, ja unterstützte Bejahung von Selbständigkeit […] gemeint, wenn von der Anerkennung als einem konstitutiven Element der Liebe die Rede ist" (ebd., 173). Die gewährte Zuneigung gilt überdies als bedingungslos, denn sie ist unabhängig von den individuellen Fähigkeiten und Fertigkeiten des Einzelnen und ist demnach – anders als die anderen beiden Anerkennungsformen – asymmetrisch[63] (vgl. Honneth 1994, 148ff.; sowie Dederich 2011b, 13 und Kaletta 2008, 21f.).

Die erfahrene Anerkennung in der Sphäre der *Liebe* stellt die Basis für die Ausbildung eines positiven Selbstbildes und einer eigenen Identität dar, wodurch das Subjekt die Voraussetzung erhält, in einer autonomen Weise am Leben in der Gesellschaft teilzuhaben.[64] Positive Anerkennungserfahrungen dieser Art bilden demnach die Voraussetzung dafür, andere Formen der Anerkennung zu empfangen.

Bevor im Anschluss erläutert wird, inwiefern es in der Theorie Honneths der Erweiterung um die *rechtliche Anerkennung* bedarf, um die Teilhabe am gesellschaftlichen Leben realisieren zu können, soll nun ein kurzer Kommentar zu Anerkennungskämpfen in Verbindung mit der Sphäre der *Liebe* folgen.

Wie bereits dargelegt wurde, geht Honneth davon aus, dass normative Veränderungen bzw. Fortentwicklungen aus moralisch motivierten Kämpfen resultieren, die durch soziale Konflikte befördert werden. Diese beruhen ihrerseits auf missachtenden Erfahrungen bzw. auf mangelnder Anerkennung von Einzelnen oder Gruppen. Ein konsequentes Weiterdenken dieser Idee würde zu dem Schluss führen, dass sich solche Entwicklungen auch in der Anerkennungssphäre der *Liebe* ereignen können. In ‚Kampf um Anerkennung' vertritt Honneth noch die These, dass die *Liebe* nicht durch „das Potential einer normativen Fortentwicklung" gekennzeichnet sei (Honneth 1994, 282); im Jahr 2003 korrigiert er diese Sichtweise jedoch in *‚Umverteilung oder Anerkennung?'*.[65]

Zu einem späteren Zeitpunkt wird eine intensivere Auseinandersetzung mit Anerkennungskämpfen vorgenommen – nun ist jedoch die Rezeption der Honneth'schen Theorie in Hinblick auf die Anerkennungsformen fortzusetzen, wobei im Folgenden die in der Sphäre des *Rechts* verortete Anerkennung erläutert wird.

### 3.2.4.2 *Recht*

Anders als die Anerkennungsform der *Liebe*, die sich ausschließlich im sozialen Nah-raum vollzieht, hat die zweite Form der Anerkennung – das *Recht* – im gesellschaftlichen Kontext ihren Platz. Im Sinne der Honneth'schen Theorie stellen positive *rechtliche* Anerkennungserfahrungen die Grundlage für die Ausbildung von *Selbstachtung* dar.

---

[63] Honneth räumt z.B. in ‚*Das Andere der Gerechtigkeit*' (2000) ein, dass in Hinblick auf die Art der Anerkennung, bei der „[…] der Wert der individuellen Bedürfnisnatur bestätigt wird, […] Pflichten der emotionalen Fürsorge, die sich in symmetrischer oder asymmetrischer Weise auf alle Partner einer solchen Primärbeziehung erstrecken" (vgl. ebd., S.189), bestehen. Weiter erläutert Honneth: „[D]er typische Fall einer asymmetrischen Verpflichtung ist hier die Beziehung von Eltern zu ihren Kindern, den typischen Fall einer reziproken Verpflichtung stellt das Verhältnis der Freundschaft dar" (ebd.).

[64] Honneth versäumt zwar nicht, darauf hinzuweisen, dass auch andere Formen der Sozialbeziehung „den Individuen bislang unbekannte Erfahrungen im Umgang mit sich selber ermöglichen" (Fraser/Honneth 2003, 168), jedoch führt er weiter aus, dass im Gegensatz dazu die Sozialbeziehungen, die sich im Rahmen einer der drei Anerkennungssphären herausbilden, „nicht praktiziert werden können, ohne die jeweils zugrundeliegenden Prinzipien in irgendeiner Weise zu respektieren" (ebd., 169). Schließlich sind es nach Honneth auch nur solche Beziehungen, die zur Entwicklung einer positiven Selbstbeziehung führen, da sie eben eine wechselseitige Anerkennung verlangen.

[65] Honneth äußert sich dazu folgendermaßen: „[…] in Intimbeziehungen nimmt dieser interne Konflikt typischerweise die Gestalt an, daß unter Berufung auf die wechselseitig eingestandene Liebe neu entwickelte oder bislang unberücksichtigt gebliebene Bedürfnisse hervorgebracht werden, um eine veränderte oder erweiterte Art von Zuwendung einzuklagen" (Honneth 2003c, 170).

Das von Honneth beschriebene Rechtsverhältnis ist in modernen Gesellschaften verortet, die auf universalistischen Prinzipien beruhen, d.h. die „verallgemeinerbaren Interessen aller Gesellschaftsmitglieder" (Honneth 1994, 177) müssen im Rechtssystem ihren Ausdruck finden können. Somit ist das *Recht* als ein Anerkennungsverhältnis zu begreifen, dessen Voraussetzung das wechselseitige Versprechen der Mitglieder einer Gemeinschaft ist, bestimmte normative Verpflichtungen einzuhalten, denn nur so können Subjekte sich selbst als Träger von Pflichten erkennen. Sie sind demzufolge als Rechtssubjekte zu begreifen, die einander – da sie die gleichen Gesetze akzeptieren – reziprok als Personen anerkennen, „die in individueller Autonomie über moralische Normen vernünftig zu entscheiden vermögen" (Honneth 1994, 177). Folglich müsste allen Gesellschaftsmitgliedern theoretisch die Möglichkeit eröffnet werden, den Gesetzen „als freie und gleiche Wesen" (ebd.) zuzustimmen, da sie andernfalls nicht als legitimiert gelten könnten. Dieser Umstand – die Freiheit und Gleichheit der Subjekte – stellt demnach die Voraussetzung für Aushandlungsprozesse in modernen Gesellschaften dar, die sich in Form normativer Übereinkünfte als Anerkennungskämpfe vollziehen (ebd., 174ff.).
Neben der „moralischen Zurechnungsfähigkeit" (ebd., 18) wird dem Subjekt im Rahmen des dargelegten Rechtsverhältnisses ebenfalls die Möglichkeit eröffnet, sich auf bestimmte Rechte zu berufen bzw. „legitime Ansprüche" (Dederich 2001, 213) darauf zu stellen, da diese in der Gemeinschaft als gerechtfertigt gelten; dadurch erlangt es ein größeres Maß an Autonomie (vgl. ebd., 212ff.; Honneth 1994, 174ff.).
Positive *rechtliche* Anerkennungserfahrungen im Sinne Honneths führen also dazu, dass das Subjekt sich als durch die Gemeinschaft geachtet erlebt, denn es begreift sich „als eine Person […], die mit allen anderen Mitgliedern seines Gemeinwesens die Eigenschaften teilt, die zur Teilnahme an einer diskursiven Willensbildung befähigen" (Honneth 1994, 195). Auf dieser Grundlage kann das Subjekt zu einem positiven Selbstbezug finden, *Selbstachtung* ausbilden (vgl. Honneth 1994, 174ff.).
Für Honneth ist die beschriebene Rechtsform ein Merkmal moderner Gesellschaften. Nachfolgend wird skizziert, inwiefern mit dem modernen Rechtsstaat – in Hinblick auf Anerkennungsfragen – eine grundlegende Veränderung der „traditionsgebundenen Rechtsverhältnisse" (Honneth 1994, 179) einhergeht.
Mit dem Übergang zur Moderne, so erklärt Honneth, sind die individuellen Rechte der Subjekte nicht mehr an Rollenerwartungen geknüpft, sondern stehen grundsätzlich jedem Menschen zu. Folglich wird prinzipiell allen Gesellschaftsmitgliedern – unabhängig von ihrem Charakter und ihren Leistungen – die Fähigkeit zugestanden, über moralische Normen vernünftig entscheiden zu können. Dieser Grundsatz bildet einen deutlichen Kontrast zu den traditionsgebundenen Rechtsverhältnissen, in denen die *rechtliche Anerkennung* in direktem Zusammenhang mit der *sozialen Wertschätzung* stand, die der Person aufgrund ihres gesellschaftlichen Status zukam. Aufgrund des historischen Entwicklungsprozesses, den moderne Gesellschaften durchlaufen haben,

> löst sich dieser Zusammenhang […] auf, der die Rechtsverhältnisse den Forderungen einer postkonventionellen Moral unterwirft; nunmehr spaltet sich die Anerkennung als Rechtsperson, die jedem Subjekt der Idee nach in gleichem Maße gelten muß, von dem Grad der sozialen Wertschätzung […] ab (ebd.).

Die auf diese Weise entstandenen beiden Anerkennungsformen des *Rechts* und der *sozialen Wertschätzung* sind nunmehr strikt voneinander getrennt – letztere erfahren Subjekte in Hinblick auf ihre individuellen ‚besonderen' Eigenschaften; an späterer Stelle wird darauf eingegangen. Die Gewährung der *rechtlichen Anerkennung* bezieht sich hingegen auf die „Fähigkeiten, die den Menschen konstitutiv als Person auszeichnen" (ebd., 185). Da sie stets im Kontext gesellschaftlicher Entwicklungsprozesse stehen, definiert Honneth diese Merkmale jedoch nicht eindeutig. Aufschluss darüber, welche Eigenschaften der Subjekte notwendig sind, um an den Aushandlungsprozessen über gesellschaftliche Normen teilzuhaben, liefern in diesem Sinne die gewährten Rechte (vgl. Honneth 1994, 174ff; Kaletta 2008, 22f.).

Honneth zeigt in Anschluss daran auf, dass die individuellen Rechtsansprüche in der Moderne eine „kumulative Erweiterung" (Honneth 1994, 185) erfahren haben, die er als Prozess interpretiert,

> in dem der Umfang der allgemeinen Eigenschaften einer moralisch zurechnungsfähigen Person sich schrittweise vergrößert hat, weil unter dem Druck eines Kampfes um Anerkennung stets neue Voraussetzungen zur Teilnahme an der rationalen Willensbildung hinzugedacht werden mußten […] (ebd., 185f.).

Der historische Entwicklungsprozess, den Gesellschaften der Moderne bislang durchlaufen haben, wird demnach als permanenter Innovationsprozess interpretiert, dessen Motor Anerkennungskämpfe sind. Grundlage dieser Konflikte sind die Gesellschaftsmitglieder, die eine Erweiterung der eigenen Rechte bzw. der legitimen Rechtsansprüche zu erwirken suchen. In der modernen Gesellschaft führen die historischen Anerkennungskämpfe zur Ausdifferenzierung in die liberalen Freiheitsrechte, das Recht der Teilnahme an der politischen Willensbildung und das Recht auf soziale Wohlfahrt (vgl. ebd., 174ff; Kaletta 2008, 22f.).

Die Innovationsprozesse werden in Honneths Anerkennungstheorie jedoch grundsätzlich als linear charakterisiert, befördern demnach einen ‚sittlichen Fortschritt'. Jeder Anerkennungskampf bedeutet gemäß dieser Interpretation eine ‚positive Entwicklung in Richtung eines Endzustandes'; zudem können einmal errungene Rechte nicht wieder entzogen werden. Diese Sichtweisen bergen durchaus kritisches Potential – dieses wird jedoch erst an späterer Stelle im Rahmen der kritischen Würdigung Honneths vertiefend betrachtet (vgl. Honneth 1994, 174ff.; Kaletta 2008, 26ff.).

Bevor die Anerkennungsform der *sozialen Wertschätzung* erläutert wird, muss – um die Skizze der *rechtlichen Sphäre der Anerkennung* nach Honneth zu vervollständigen – ein weiterer Aspekt erwähnt werden. In ‚Kampf um Anerkennung' wird – neben der Gewährleistung der drei Rechtsformen[66] in modernen Gesellschaften – als Voraussetzung, um als moralisch zurechnungsfähige Person agieren und somit am Aushandlungsprozess über gesellschaftliche Normen partizipieren zu können, konstatiert, dass dem Rechtssubjekt „ein gewisses Maß an sozialem Lebensstandard zusteht" (Honneth 1994, 190). Demnach können sich Subjekte im öffentlichen Leben nur dann als autonom handelnde und sozial geschätzte Personen begreifen, wenn sie über eine gewisse ökonomische Sicherheit und kulturelle Bildung verfügen. Die kritische Auseinandersetzung mit dieser Position wird ebenfalls an späterer Stelle vorgenommen. Im Folgenden wird nun die Anerkennungsform der *sozialen Wertschätzung* erläutert.

### 3.2.4.3 Soziale Wertschätzung

Neben der *Liebe* und dem *Recht* identifiziert Honneth die *soziale Wertschätzung* als dritte Form der Anerkennung. Anerkennende Erfahrungen auf dieser Ebene führen demnach zu *Selbstschätzung*, also der Gewissheit, „Leistungen oder Fähigkeiten zu besitzen, die von den übrigen Gesellschaftsmitgliedern als ‚wertvoll' erkannt werden" (Honneth 1994, 209; Hervorhebung im Original, B.B.).

---

66 Es sind die liberalen Freiheitsrechte, das Recht der Teilnahme an der politischen Willensbildung und das Recht auf soziale Wohlfahrt gemeint (vgl. 148ff.).

Wie bereits in der Erläuterung der *rechtlichen Anerkennung* angedeutet wurde, resultiert die Ausbildung der Anerkennungsform der *sozialen Wertschätzung* aus den historischen Entwicklungsprozessen, die Gesellschaften bis zur Moderne durchlaufen haben. Nun steht die Anerkennung, die ein Subjekt in dieser Hinsicht erfährt, nicht mehr in direktem Zusammenhang mit seinem gesellschaftlichen Status – ganz im Unterschied zu den traditionellen Gesellschaften, in denen die Gewährung sozialer Wertschätzung durchaus auf der Zugehörigkeit zu einer bestimmten Gruppe bzw. Klasse oder Schicht basierte; Honneth operiert in diesem Kontext mit dem Begriff der ‚Ehre'. Mit dem Übergang zur Moderne bezieht sich die Anerkennungsform der *sozialen Wertschätzung* hingegen auf die Fähigkeiten und Besonderheiten des Subjekts, also auf die Aspekte, die es von den anderen Gesellschaftsmitgliedern unterscheidet.[67] So „sind es nicht mehr kollektive Eigenschaften, sondern die lebensgeschichtlich entwickelten Fähigkeiten des einzelnen, an denen die soziale Wertschätzung sich zu orientieren beginnt" (Honneth 1994, 203).[68] Demnach erfährt das Subjekt nun Anerkennung für seine individuelle Leistung.[69] Diese Achtung kann es „positiv auf sich selber zurückbeziehen" (ebd., 209) und somit sein Selbstwertgefühl aufbauen bzw. stärken – wie bereits erwähnt wurde, bezeichnet Honneth dies als *Selbstschätzung* (vgl. Honneth 1994, 196ff.; sowie Dederich 2001, 214ff. und Kaletta 2008, 24).

Die Bewertung der individuellen Leistungen – also die Beantwortung der Frage, welche Attribute *soziale Wertschätzung* ‚verdienen' – beruht auf den allgemeingültigen gesellschaftlichen Normen und Werten. Honneth identifiziert somit den gemeinsamen Wertekonsens in der modernen Gesellschaft als Grundlage für „den kulturellen Orientierungsrahmen [...], in dem sich das Maß der Leistung des einzelnen und damit sein sozialer Wert bestimmt" (Honneth 1994, 203). Daraus ist zu schlussfolgern, dass insbesondere denjenigen Gesellschaftsmitgliedern Anerkennung in Form *sozialer Wertschätzung* zuteilwird, deren Fähigkeiten zur Umsetzung „kollektiver Ziele" (Dederich 2001, 214) der Gesellschaft beitragen (vgl. ebd., 214ff.; Honneth 1994, 196ff.; Kaletta 2008, 24).

Die allgemeingültigen Normen und Werte in der Moderne sind ihrerseits stetigen Entwicklungs- und Wandlungsprozessen unterworfen – resultieren sie doch aus fortwährenden konflikthaften Auseinandersetzungen verschiedener Gruppen, die um die gesellschaftliche Etablierung bzw. Akzeptanz der von ihnen repräsentierten Attribute bzw. Fähigkeiten kämpfen. Der gemeinsame Wertekonsens wird somit stets neu ausgehandelt, wobei umso mehr Subjekte potentiell im Sinne *sozialer Wertschätzung* anerkannt werden, je größer die Pluralität der Werte in der jeweiligen Gesellschaft ist (vgl. Honneth 1994, 196ff.).

Überdies ist die Anerkennungsform der *sozialen Wertschätzung* als symmetrisch zu begreifen, denn sie eröffnet – so Honneth – ausnahmslos jedem Subjekt die Voraussetzung dafür, „sich in seinen eigenen Leistungen und Fähigkeiten als wertvoll für die Gesellschaft zu erfahren" (Honneth 1994, 210). Dies bedeutet jedoch nicht, dass alle Gesellschaftsmitglieder das gleiche Maß an Wertschätzung erhalten – schließlich erfolgt die Gewährung dieser Form der Anerkennung, wie bereits erwähnt wurde, stets im Licht der allgemeingültigen Normen und Werte der Gesellschaft. Die Symmetrie dieser Anerkennungsform deutet somit *nicht* auf die These hin, dass alle

---

67 Dederich führt dazu aus: „Die solidarische Zustimmung ist deshalb wichtig, weil die rechtliche Anerkennung die Einklagbarkeit von Rechten ermöglicht und eine Mindestsicherung gewährt, jedoch nicht automatisch zu einer Bejahung und wertschätzenden Integration von Personen führt. Die Abschaffung von Diskriminierung führt noch nicht zu positiven Einstellungen" (Dederich 2001, 214). Dieser Gedanke ist für das Promotionsvorhaben elementar und wird an späterer Stelle ausführlich beleuchtet.
68 Honneth verweist jedoch ebenfalls darauf, dass es nun ein „klassen- und geschlechtsspezifisch bestimmter Wertpluralismus" (Honneth 1994, 203) ist, auf dem die Gewährung sozialer Wertschätzung basiert.
69 Der Leistungsbegriff nach Honneth wird später näher betrachtet.

Subjekte die ‚gleiche' *soziale Wertschätzung* erfahren, sondern darauf, dass diesen *grundsätzlich* die gleichen Chancen der Anerkennung eröffnet werden (vgl. ebd., 196ff; Nullmeier 2003, 399ff.). Zudem geht die symmetrische Wertschätzung mit dem Umstand einher, „sich reziprok im Lichte von Werten zu betrachten, die die Fähigkeiten und Eigenschaften des jeweils anderen als bedeutsam für die gemeinsame Praxis erscheinen lassen" (Honneth 1994, 209f.). Dementsprechend wird die *soziale Wertschätzung* in der Anerkennungssphäre der *Solidarität* verortet, denn sie ereignet sich auf einer Beziehungsebene, in deren Rahmen sich eine „affektive Anteilnahme an dem individuell Besonderen der anderen Person" (ebd., 210) vollzieht, die die Voraussetzung für die Realisierung gemeinsamer Ziele bildet. Demnach stehen *Solidarität* und *soziale Wertschätzung* in der Anerkennungstheorie nach Honneth in einem durch Reziprozität gekennzeichneten Verhältnis (vgl. ebd., 196ff.).

Abschließend ist erneut darauf zu verweisen, dass Honneths Idee der modernen Gesellschaft mit einem allgemeingültigen Wertekonsens einhergeht, in dem die Subjekte einerseits in ihren individuellen Lebenskonzepten und -stilen Toleranz und Achtung erfahren, andererseits Anerkennung in Form *sozialer Wertschätzung* finden, wodurch sie – über die Sphäre der Solidarität und basierend auf ihren individuellen Fähigkeiten und Eigenschaften – in die Gesellschaft integriert werden. Die Theorie Honneths erweist sich somit als anspruchsvoll, so Nullmeier, denn „[m]oderne Sittlichkeit verlangt die Ausbildung einer toleranten, offenen Wertgemeinschaft, die ein übergreifendes System der Wertschätzung etabliert" (Nullmeier 2003, 402). Das Subjekt ist seinerseits mit der gesellschaftlichen Erwartung konfrontiert, durch seine individuelle Leistung zur Verwirklichung der gemeinsamen Werte beizutragen – nur dann erfährt es Anerkennung im Sinne *sozialer Wertschätzung* (vgl. ebd., 399ff.; Rösner 2006, 135ff.). In ‚*Kampf um Anerkennung*' (1994) bleibt eine konkrete Erläuterung des Leistungsbegriffs jedoch offen. Es ist lediglich die Rede von einer „scheinbar neutralen Idee der ‚Leistung'" (Honneth 1994, 205; Hervorhebung im Original), die – wie soeben erwähnt wurde – einerseits eine individuelle Lebensführung und Verwirklichung der Subjekte erlaubt, andererseits gleichzeitig von einem Werpluralismus ausgeht, der allen Gesellschaftsmitgliedern die Chance auf *soziale Wertschätzung* eröffnet (vgl. Honneth 1994, 196ff.).[70] Insbesondere im Kontext der vorliegenden Dissertation muss sehr kritisch gefragt werden, ob eine Verknüpfung *sozialer Wertschätzung* mit den Leistungen der Subjekte zu befürworten ist. Im Rahmen der in Kap. 3.5.1 vorzunehmenden kritischen Würdigung der Anerkennungstheorie Honneths wird diese Thematik erneut aufgegriffen.

### 3.2.5 Missachtung

Diese kritische Einschätzung vorerst vernachlässigend, wird die Rezeption der Honneth'schen Theorie im Folgenden fortgesetzt und abgeschlossen. Resümierend kann bereits an dieser Stelle festgehalten werden, dass ihr – so haben die vorangegangenen Ausführungen zu verdeutlichen versucht – eine unmittelbare Verknüpfung von Anerkennungserfahrungen mit der Ausbildung und Aufrechterhaltung des positiven Selbstbildes der Subjekte zugrunde gelegt wird. Honneth bezeichnet dieses als „Selbstverhältnis" (Honneth 1994, 148) – oder ‚praktischen Selbstbe-

---

[70] Honneth greift das Thema in ‚*Umverteilung oder Anerkennung?*' (2003) schließlich erneut auf und modifiziert die Sphäre der *Solidarität* – die Anerkennungsform der *sozialen Wertschätzung* findet ihren Platz nun in der Sphäre der *Leistung*. In diesem Rahmen wird eine Interpretation des Leistungsprinzips dargelegt, die es aus Honneths Sicht erlaubt, dieses „*jenseits* der heutigen Auslegung im Rahmen seiner Gesellschaftstheorie normativ auszeichnen zu können" (Nullmeier 2003, 403; Hervorhebung im Original). Die Weiterentwicklung der Honneth'schen Theorie wird später weiter ausgeführt.

zug' – und schlüsselt es in seiner Anerkennungstheorie in die Elemente des Selbstvertrauens, der Selbstachtung und der Selbstschätzung auf, die den verschiedenen Anerkennungsformen zugeordnet sind.[71] Letztere fungieren als „intersubjektive Schutzvorrichtungen, die jene Bedingungen äußerer und innerer Freiheit sichern, auf die der Prozess einer ungezwungenen Artikulation und Realisierung von individuellen Lebenszielen angewiesen ist" (ebd., 279). Grundlage für die Selbstverwirklichung der Subjekte ist demnach deren Freiheit, die zum einen die „Abwesenheit von externem Zwang oder Einfluß" (ebd., 278) einschließt, zum anderen aus dem Vertrauen in die eigene Person resultiert, „das dem Individuum Sicherheit sowohl in der Bedürfnisartikulation als auch in der Anwendung seiner Fähigkeiten schenkt" (ebd., 278f.). Das Selbstverhältnis der Subjekte ist demnach unmittelbares Ergebnis positiver Anerkennungserfahrungen (ebd., 274ff.).

Wird den Subjekten Anerkennung vorenthalten oder entzogen, so bezeichnet Honneth dies als ‚Missachtung', wobei die als missachtend deklarierten Verletzungen im Rahmen seiner Anerkennungstheorie über Beeinträchtigungen der Handlungsfreiheit oder das Zufügen von Schaden hinausgehen. Entsprechend schreibt er diesen Verhaltensweisen vielmehr dann das entscheidende Merkmal der Missachtung zu, wenn sie dazu führen, dass „Personen in einem positiven Verständnis ihrer selbst verletzt werden, welches sie auf intersubjektiven Wegen erworben haben" (Honneth 1994, 212). Damit wird erneut die besondere Verletzbarkeit der Subjekte betont, die auf dem unmittelbaren Zusammenhang der Identitätsbildung und der Anerkennung beruht. In diesem Sinne formuliert er:

> [W]eil das normative Selbstbild eines jeden Menschen […] auf die Möglichkeit der steten Rückversicherung im Anderen angewiesen ist, geht mit der Erfahrung von Mißachtung die Gefahr einer Verletzung einher, die die Identität der ganzen Person zum Einsturz bringen kann (ebd., 212f.).

Dementsprechend entwirft Honneth analog zu den bereits erläuterten Anerkennungssphären drei spezifische Missachtungsformen, die sich in Hinblick auf den Grad unterscheiden, in dem sie Subjekte in ihrem praktischen Selbstbezug verletzen (vgl. ebd., 212ff.).

Darüber hinaus schreibt er missachtenden Erfahrungen im Rahmen seiner Anerkennungstheorie eine wesentliche Funktion zu, indem er diese als Grundlage moralisch motivierter Kämpfe um Anerkennung identifiziert, die ihrerseits gesellschaftliche Veränderungen mit normativer Ausrichtung begründen. Sozialer Widerstand und Protest resultieren demnach aus einer erfahrenen Missachtung, die „im affektiven Erleben menschlicher Subjekte verankert ist" (Honneth 1994, 213f.), diese also in ihrem positiven Selbstverhältnis gefährdet. Der Konflikt – also der ‚Kampf' – basiert demnach auf entzogener bzw. vorenthaltener Anerkennung.[72] Aufgrund der unmittelbaren Verschränkung von Missachtungsformen und Anerkennungskämpfen werden im Folgenden zuerst die von Honneth identifizierten Formen der Gewalt und Demütigung dargelegt, um schließlich seine Idee der Kämpfe um Anerkennung zu erläutern (vgl. ebd., 212ff.). In einer Dreiteilung der Missachtungsformen, die aus der direkten Verknüpfung mit den Aner-

---

71 Honneth verweist 2010 in ‚Das Ich im Wir' darauf, dass „diese Unterscheidung von drei Stufen der positiven Selbstbeziehung – dem Selbstvertrauen, der Selbstachtung und des Selbstwertgefühls – nicht im starken Sinn einer ontogenetischen Sequenz verstanden werden [sollte]; vielmehr haben wir gute Gründe für die Annahme, daß sich alle drei Formen der Selbstbeziehung noch ungeschieden schon in der Internalisierung des elterlichen Fürsorgeverhaltens entwickeln können und erst später, im Prozeß der allmählichen Differenzierung der Interaktionspartner, als gesonderte Aspekte im eigenen Erleben erfahren werden" (Honneth 2010, 266f.).
72 Dementsprechend mündet nicht jede Missachtungserfahrung in einen Anerkennungskampf. Nähere Ausführungen dazu werden im folgenden Kapitel vorgenommen.

kennungsformen resultiert, wird die physische Misshandlung als die elementarste Missachtung identifiziert, denn dabei wird aufgrund der Tatsache, dass sich eine andere Person des eigenen Leibes bemächtigt, ein „Grad an Demütigung bewirkt, der tiefer als andere Formen der Mißhandlung destruktiv in die praktische Selbstbeziehung eines Menschen eingreift" (Honneth 1994, 214). Schließlich geht mit dieser Form der Gewalt neben dem körperlichen Schmerz auch das Gefühl einher, „dem Willen eines anderen Subjekts schutzlos bis zum sinnlichen Entzug der Wirklichkeit ausgesetzt zu sein." (ebd.). Die Autonomie des Subjekts wird somit durch den Verlust der Möglichkeit, frei über den eigenen Körper zu verfügen, radikal in Frage gestellt. Das im Rahmen der Anerkennungsform der *Liebe* erlangte Vertrauen in sich selbst und in die soziale Welt erleidet durch die physische Misshandlung eine massive Schädigung, denn „die gelungene Integration von leiblichen und seelischen Verhaltensqualitäten wird gewissermaßen nachträglich von außen aufgebrochen und dadurch die elementarste Form der praktischen Selbstbeziehung, das Vertrauen in sich selbst, nachhaltig zerstört" (ebd., 214f.).[73] Die erste Missachtungsform nach Honneth, die sich in jeglicher Form von Folter, Vergewaltigung oder anderer Art körperlicher Gewalt wiederfindet, verletzt demnach die physische und psychische Integrität[74] des Einzelnen auf dramatische und tiefgreifende Weise (vgl. ebd., 212ff.; Dederich 20011b, 11f.; Rösner 2002, 121). Honneth versäumt in seinen Ausführungen nicht, den Bezug zu historischen Entwicklungs- bzw. Wandlungsprozessen zu wahren, den er in Hinblick auf die Anerkennungsformen stets auf konsequente Weise herstellte. Im Rahmen der physischen Misshandlung konstatiert er jedoch, dass bezüglich dieser ersten Form der Missachtung keine Varianz in Abhängigkeit von historischen Entwicklungen und „kulturellen Bezugsrahmen" (Honneth 1994, 215) vorliegt. Die sich ereignenden Verletzungen sind so elementar, dass stets eine Schädigung des Welt- und Selbstvertrauens daraus resultiert, das unabhängig von den konkreten gesellschaftlichen Strukturen und Rahmenbedingungen ist (vgl. ebd., 215).[75]

Der Form der *rechtlichen Anerkennung* stellt Honneth die Missachtungsform der Entrechtung bzw. des strukturellen Ausschlusses von bestimmten Rechten innerhalb einer Gesellschaft gegenüber und weist ihr in diesem Sinne die Verletzung der moralischen Selbstachtung zu. Demnach sind solche Situationen, Verhaltensweisen und Rahmenbedingungen dieser zweiten Form der Missachtung zuzuordnen, wenn sie den strukturellen Ausschluss eines Mitglieds von Rechten innerhalb der Gesellschaft bewirken. Das Subjekt, das sich im Kontext der *rechtlichen Anerkennung* als autonomes Wesen zu begreifen gelernt hat, das gegenüber den anderen Gesellschaftsmitgliedern über „den Status eines vollwertigen, moralisch gleichberechtigten Interaktionspartners" (Honneth 1994, 216) verfügt, erfährt im Rahmen der Entrechtung jedoch nicht nur eine Einschränkung seiner individuellen Handlungsfreiheit, sondern verliert ebenfalls das Vertrauen in die Anerkennung seiner selbst „als ein zur moralischen Urteilsbildung fähiges Subjekt" (ebd.). Die aus dieser Erfahrung resultierende Schädigung der zuvor

---

73 Nach Rösner ist zu ergänzen, dass das Subjekt demnach ebenfalls „das Vertrauen in den Wert, den die eigene Verletzlichkeit in den Augen aller anderen genießt", (Rösner 2002, 121), verliert.

74 Dederich verweist darauf, dass im Rahmen der Honneth'schen Anerkennungstheorie „der Begriff der Integrität mehrere Ebenen" (Dederich 2011b, 11f.) umfasst, die analog zu den drei Anerkennungsformen bzw. -sphären aufzuschlüsseln sind. Demnach ist die Rede von leiblicher Integrität, dem normativen Selbstverständnis – oder der „sozialen Integrität" (Honneth 1994, 211) – und der individuellen und kollektiven Lebensweise (vgl. ebd.).

75 Wie bezüglich der Anerkennungsform der *Liebe* bereits dargelegt wurde, korrigiert Honneth 2003 seine in ‚Kampf um Anerkennung' (1994) vertretene These, nach der in dieser Sphäre *keine* Weiterentwicklung in normativer Hinsicht stattfinden würde. Es ist jedoch nicht davon auszugehen, dass dieser Wandel Honneths ebenfalls entsprechende Effekte auf die Form der physischen Misshandlung in Hinblick auf eine Abhängigkeit von historischen und kulturellen Entwicklungsprozessen hat.

entwickelten Selbstachtung geht mit dem Verlust der Fähigkeit einher, sich als gleichwertiges, moralisch zurechnungsfähiges Gesellschaftsmitglied zu begreifen (vgl. ebd. 215f.).
Bei dieser Missachtungsform spielen historische gesellschaftliche Entwicklungsprozesse insofern eine Rolle, als es von der in der Gesellschaft jeweils gültigen Interpretation der moralischen Zurechnungsfähigkeit abhängt, wann Strukturen, Situationen und Verhaltensweisen als in rechtlicher Hinsicht missachtend gelten. Was als Missachtung zählt, ist somit „[…] nicht nur an dem Grad der Universalisierung, sondern auch an dem materialen Umfang der institutionell verbürgten Rechte" (ebd., 216) zu messen (vgl. ebd., 216).
Analog zur Anerkennungsform der *sozialen Wertschätzung* konstruiert Honneth schließlich die Missachtungsform der Beleidigung/Entwürdigung, in deren Rahmen dem Subjekt die *soziale Wertschätzung* für seine individuelle Selbstverwirklichung abgesprochen wird bzw. aufgrund des geltenden gesellschaftlichen Wertekonsens eine Herabstufung der „einzelnen Lebensformen und Überzeugungsweisen als minderwertig oder mangelhaft" (Honneth 1994, 217) erfolgt.[76] Den Subjekten wird damit die Chance versagt, den eigenen Fähigkeiten einen sozialen Wert zuzuschreiben, wodurch jene „sich auf ihren Lebensvollzug nicht als auf etwas beziehen können, dem innerhalb ihres Gemeinwesens eine positive Bedeutung zukommt" (ebd.). Die zuvor in der Anerkennungssphäre der Solidarität entwickelte Selbstschätzung wird somit tiefgehend und nachhaltig geschädigt, was dazu führt, dass das Subjekt sich selbst in Hinblick auf seine Besonderheiten und Fähigkeiten, die es in seiner Individualität auszeichnen und von den anderen Gesellschaftsmitgliedern unterscheiden, als für die Gemeinschaft nicht ‚wertvoll' begreift (vgl. ebd., 216ff.; Dederich 2011b, 11f.).
Wie die Entrechtung konnte sich auch die dritte Missachtungsform – analog zur entsprechenden Anerkennungsform – erst im Vollzug der Entwicklungsprozesse herausbilden, die moderne Gesellschaften durchlaufen haben; *soziale Wertschätzung* bzw. ihre Verweigerung ist demnach nicht an kollektive Eigenschaften einer Gruppe gebunden, sondern bezieht sich auf die individuellen Eigenschaften eines Subjekts. Die Bestimmung dessen, was als Beleidigung/Entwürdigung gedeutet wird, basiert stets auf dem jeweiligen allgemeingültigen Wertekonsens und ist demnach im Lichte der historischen Wandlungsprozesse der Gesellschaft zu betrachten (ebd., 217).
In Tabelle 1 werden die Formen der Selbstbeziehung und Missachtung den entsprechenden Anerkennungs- und Missachtungsformen zugeordnet. Überdies werden die durch missachtende Erfahrungen bedrohten Persönlichkeitskomponenten aufgeführt.

*Tabelle 1 in Anlehnung an Honneth (1994, 211) und Dederich (2011b, 11f.)*

| Anerkennungsform/-sphäre | Form der Selbstbeziehung | Missachtungsform | Bedrohte Persönlichkeitskomponente |
|---|---|---|---|
| Liebe | Selbstvertrauen | Physische Misshandlung | Physische/Leibliche Integrität |
| Recht | Selbstachtung | Entrechtung, Exklusion | Soziale Integrität/ Normatives Selbstverständnis und Besitz von Rechten |
| Soziale Wertschätzung | Selbstschätzung | Beleidigung, Entwürdigung | ‚Ehre', Würde, ‚sozialer Wert' |

---

76 Die Schädigung der Integrität des Subjekts vollzieht sich, so Dederich, auf dieser Ebene „durch die Verweigerung der Anerkennung von spezifischen Formen der Selbstbestimmung und durch den Entzug von Solidarität" (Dederich 2011b, 12).

Nachdem die Anerkennungs- und Missachtungsformen ausführlich dargelegt und die Komponenten der Selbstbeziehung erläutert wurden, wird mit der Darstellung der Anerkennungskämpfe nach Honneth der letzte wesentliche Aspekt seiner Anerkennungstheorie behandelt.

### 3.2.6 Kampf um Anerkennung

Im Rahmen der Honneth'schen Anerkennungstheorie stellen Missachtungserfahrungen die Grundlage für moralisch motivierte Anerkennungskämpfe dar, die wiederum den moralischen Fortschritt der Gesellschaft begründen und befördern. Wie bereits dargelegt wurde, kann dieser Zusammenhang nur auf Basis der Annahme schlüssig hergestellt und argumentativ untermauert werden, dass Gesellschaften Ordnungsgefüge normativen Charakters sind; Nullmeier deutet jene in diesem Sinne als „Anerkennungsgefüge" (Nullmeier 2003, 400).

Im Folgenden wird zuerst geklärt, warum, wann und wie Missachtungserfahrungen nach Honneth zu gesellschaftlichem Fortschritt führen und wie der Begriff des ‚sozialen Kampfes' zu interpretieren ist; im Anschluss wird Honneths „Konzept der Sittlichkeit" (Honneth 1994, 274) bzw. „des guten Lebens" (ebd., 275) vorgestellt.

Grundlage für in Kämpfe und Konflikte mündende Missachtungserfahrungen ist eine bewusste oder unbewusste Internalisierung bestimmter zu erwartender Anerkennungsverhältnisse, -strukturen und -beziehungen. Verspürt das Subjekt eine Missachtung oder Enttäuschung dieser Anerkennungserwartungen, so droht sein positives Selbstverhältnis, das im Rahmen anerkennender Erfahrungen ausgebildet wurde, Schaden zu nehmen. Wesentliche Voraussetzung dafür ist das Wissen um eine Anerkennungsordnung, auf deren Grundlage das Subjekt die Erwartung verinnerlicht, nicht in einer missachtenden Weise behandelt werden zu dürfen.[77]

Nach Honneth ist diese Ordnung in modernen Gesellschaften in die Anerkennungsformen der *Liebe*, des *Rechts* und der *sozialen Wertschätzung* aufzufächern. Die Enttäuschung der Anerkennungserwartungen führt zu „negativen Gefühlsreaktionen" (Honneth 1994, 219) – wie Scham, Wut, Kränkung oder Verachtung (vgl. ebd.) – und kann schließlich in Widerstand und Protest münden[78] (vgl. ebd., 212ff./256ff.).

Den auf den Anerkennungsformen basierenden Erwartungen liegen – zumindest in den Sphären des *Rechts* und der *Solidarität*[79] – generalisierte soziale Normen zugrunde, die den allgemeingültigen Wertkonsens der Gesellschaft abbilden. Eine Verletzung dieser Werte führt demnach dann zu einem ‚sozialen Kampf' – oder zu „kollektivem Widerstand" (Honneth 1994, 262) –, wenn sich die individuellen Unrechtsempfindungen „als typische Schlüsselerlebnisse einer ganzen Gruppe" (ebd., 260) ausweisen. Missachtungserfahrungen in den Anerkennungssphären münden folglich in soziale Kämpfe, wenn die vom einzelnen Subjekt erlebte Enttäuschung der Anerkennungserwartung im Sinne einer „kollektiven Semantik" (ebd., 262) auch von anderen geteilt wird, somit im Rahmen eines „subkulturellen Deutungshorizont" (ebd.) verallgemeinert werden kann (vgl. ebd., 256ff.).

---

77 Honneth erläutert, dass diese internalisierten „Erwartungen […] innerpsychisch mit den Bedingungen der persönlichen Identitätsbildung in der Weise verknüpft [sind], dass sie die gesellschaftlichen Muster von Anerkennung festhalten, unter denen sich ein Subjekt in seiner soziokulturellen Umwelt als ein zugleich autonomes und individuiertes Wesen geachtet wissen kann" (Honneth 1994, 261f.).

78 Wie noch gezeigt wird, führen allerdings nicht alle Missachtungen zwangsläufig zu Anerkennungskämpfen.

79 In Hinblick auf die *Liebe* korrigiert Honneth im Jahr 2003 in ‚Umverteilung oder Anerkennung?' seine in ‚Kampf um Anerkennung' (1994) vertretene Ansicht, dass sich in dieser Sphäre kein Widerstand auf Basis von missachtenden Unrechtserfahrungen ereignet. Nun räumt er ein, dass „auch in die Liebe ein normativer Geltungsüberschuss eingelassen ist, der durch (interpretatorische) Konflikte und Kämpfe zu entfalten ist" (Honneth 2003c, 170).

Das alle Anerkennungskämpfe charakterisierende Merkmal der ‚kollektiven Unrechtsempfindung' steht jedoch nicht im Widerspruch zu einer Diversität der Gestalt der Konflikte. Demnach können diese – u.a. in Abhängigkeit von den Anerkennungssphären, in denen sie sich ereignen – sehr unterschiedliche Formen annehmen, werden gewaltlos oder gewaltsam ausgetragen. Überdies kann auch der Grad des Bewusstseins über das moralische Motiv der Handlungen bei den Akteuren individuell sehr unterschiedlich ausfallen (Honneth 1994, 256ff.).
Unabhängig von ihrer konkreten Ausgestaltung erachtet Honneth diese kollektiven Protestbewegungen, wie bereits erwähnt wurde, als Motor für moralischen Fortschritt in der Gesellschaft, denn

> indem erlittene Missachtung artikuliert wird, ereignet sich passiv zugleich der idealisierende Vorgriff auf Bedingungen gelungener Anerkennung, die nicht rein formal bleiben dürfen, weshalb ihnen die soziale Wirklichkeit entgegenkommen muss (Schnell 2004, 80f.).

Die allgemeingültigen gesellschaftlichen Normen schlagen sich demnach in Anerkennungsforderungen nieder, die u.U. „anspruchsvoller sind als ihre aktuelle Verwirklichung in den sozialen und politischen Institutionen" (Nullmeier 2003, 411). Dieser „Geltungsüberhang" (ebd., 412) resultiert aus dem Umstand, dass die gegenwärtigen Gegebenheiten die Verwirklichung der Anerkennungsansprüche nicht (komplett) gewährleisten können, dass diese also nicht ausgeschöpft sind bzw. dass Uneinigkeit über deren Interpretation herrscht. Durch die Artikulation der Anerkennungsforderungen wird somit eine Gesellschaft antizipiert, die jene Ansprüche realisiert und somit gerechter und inklusiver ist. Somit können – so die idealtypische Perspektive der Honneth'schen Theorie – Anerkennungsverhältnisse kontinuierlich erweitert werden und Gesellschaften moralischen Fortschritt erfahren.[80] Dieser ist deswegen als ‚moralisch' oder ‚sittlich' zu bezeichnen, „weil mein eigenes Unrechtsempfinden nicht auf Kosten anderer, sondern im Ausgleich mit anderen gemildert oder aufgehoben werden soll" (Schnell 2004, 81). Das Merkmal der Reziprozität der Anerkennung wird an dieser Stelle erneut aufgegriffen und betont – kann das Subjekt anerkennendes Verhalten doch nur erwarten, wenn es seinem Gegenüber ebenso anerkennend begegnet (vgl. Honneth 1994, 256ff.; Nullmeier 2003, 411f.; Schnell 2004, 80ff.).
Wie die vorangegangenen Ausführungen gezeigt haben, erlaubt Honneths Interpretation sozialer Kämpfe, den geschichtlichen Verlauf des moralischen Fortschritts zu rekonstruieren. In diesem Sinne deutet er die Geschichte der Anerkennungskämpfe als einen „gerichteten Vorgang" (Honneth 1994, 274). Soziale Proteste und Konflikte sind demnach „nicht mehr als bloße Ereignisse, sondern als Stufen in einem konflikthaften Bildungsprozeß" (ebd., 273) zu erachten. Dieser Interpretationsweise muss konsequenterweise ein normativer Maßstab zugewiesen werden, der es erlaubt, einen hypothetisch angenommenen Ausgangs- sowie einen ungefähren Endzustand zu konstruieren, da andernfalls eine Unterscheidung zwischen retardierenden und beschleunigenden Motiven und somit die Identifizierung eines (moralischen) Fortschritts nicht möglich wäre (vgl. ebd., 256ff.).
Den normativen Rahmen der Honneth'schen Interpretation gesellschaftlicher Fortentwicklung bilden die drei Anerkennungsformen *Liebe*, *Recht* und *soziale Wertschätzung*. Historische Ereignisse, die sich basierend auf Anerkennungskämpfen zutragen, führen demnach „zu einer

---

80 So ist beispielsweise die Ausdifferenzierung der Anerkennungsverhältnisse in die Anerkennungsform des *Rechts* und der *sozialen Wertschätzung* nach Honneth ein Ausdruck moralischen Fortschritts in modernen Gesellschaften.

schrittweisen Erweiterung der Anerkennungsbeziehungen" (Honneth 1994, 273) in den verschiedenen Sphären, sind folglich als Motor eines konflikthaften Bildungsprozesses zu deuten. Dieser normative Horizont erlaubt es, die Konflikte zu beurteilen, können sie doch somit „an dem positiven oder negativen Beitrag, den sie in der Realisierung von unverzerrten Formen der Anerkennung haben übernehmen können" (ebd.), bemessen werden (vgl. ebd., 256ff.).

### 3.2.7 Konzept der Sittlichkeit

Den Höhepunkt und Abschluss der Honneth'schen Habilitationsschrift markiert seine Interpretation der Theorie der Anerkennung als ein „formales Konzept der Sittlichkeit" (Honneth 1994, 274) bzw. „des guten Lebens"[81] (ebd., 275). Dieses wird nun in seinen Grundzügen kurz vorgestellt.

In Honneths Konzept wird ‚Moral' „als Gesichtspunkt universeller Achtung" (ebd., 276) gedeutet, der „zu einer unter mehreren Schutzvorrichtungen [wird], die dem allgemeinen Zweck der Ermöglichung eines guten Lebens dienen" (ebd.). Dadurch wird die individuelle Selbstverwirklichung der Subjekte ermöglicht bzw. geschützt. Die erforderlichen Voraussetzungen für diese persönliche Entfaltung sind, so Honneth, in einem „Insgesamt an intersubjektiven Bedingungen" (ebd., 277), der ‚Sittlichkeit', verortet – wobei dieses so allgemein zu formulieren ist, dass es eine Pluralität der Lebensformen und -stile erlaubt (vgl. ebd., 274ff.). Entscheidend konkretisiert sich das Konzept der Sittlichkeit schließlich durch die von Honneth vorgenommene Verknüpfung mit den anerkennungstheoretischen Überlegungen. Demnach basiert die Selbstverwirklichung der Subjekte, die als „ein Prozeß der ungezwungenen Realisierung von selbstgewählten Lebenszielen" (Honneth 1994, 278) gilt, auf positiven anerkennenden Erfahrungen in den Sphären der *Liebe*, des *Rechts* und der *Solidarität* – resultiert demnach aus einem positiven Selbstverhältnis der Subjekte. Auf diese Weise kann Honneth die Strukturen des ‚guten Lebens' bzw. der ‚Sittlichkeit' beschreiben, denn die Anerkennungsmuster ermöglichen es, die entsprechenden zugrundeliegenden intersubjektiven Bedingungen zu präzisieren. Sie sind dabei einerseits „formal genug, um nicht den Verdacht der Verkörperung bestimmter Lebensideale zu wecken" (ebd., 279), andererseits „reichhaltig genug" (ebd.), um inhaltliche und strukturelle Bestimmungen des gelingenden Lebens verfassen zu können. In diesem Sinne bilden die

> Anerkennungsformen der Liebe, des Rechts und der Solidarität […] intersubjektive Schutzvorrichtungen, die jene Bedingungen äußerer und innerer Freiheit sichern, auf die der Prozeß einer ungezwungenen Artikulation und Realisierung von individuellen Lebenszielen angewiesen ist (ebd., 279).

Sie sind demnach als „allgemeine Verhaltensmuster" (ebd.) zu interpretieren, die sich gewissermaßen als „strukturelle Elemente" (ebd.) aller Lebensstile und -formen deuten lassen (vgl. ebd. 274ff.).

Weiterhin ist darauf hinzuweisen, dass den Anerkennungsmustern – wie bereits beschrieben – auch im Rahmen des Konzepts der Sittlichkeit das Attribut einer stetigen Fort- und Weiterentwicklung in normativer Hinsicht innewohnt, weshalb die intersubjektiven Bedingungen und Voraussetzungen eines gelingenden Lebens im Sinne einer variablen Kategorie zu erachten sind, deren Bestimmung „vom aktuellen Entwicklungsniveau der Anerkennungsmuster" (Honneth 1994, 280) abhängt. Daraus ergibt sich für Honneth die Notwendigkeit, die Muster der Anerkennung im Rahmen seines Konzepts des guten Lebens

---

81 Honneth verwendet die Formulierungen ‚gutes Leben' und ‚gelingendes Leben' synonym. Diese Handhabung wird hier übernommen.

in dem Sinn historisch einzuführen, daß sie nur in ihrem jeweils höchsten Entwicklungsgrad als Elemente von Sittlichkeit gelten können: wie die intersubjektiven Voraussetzungen der Ermöglichung von Selbstverwirklichung beschaffen sein müssen, zeigt sich stets nur unter den historischen Bedingungen einer Gegenwart, die je schon die Aussicht auf eine normative Fortbildung der Anerkennungsverhältnisse eröffnet hat (ebd.).

Die Anerkennungsmuster, die dem von Honneth skizzierten Konzept der Sittlichkeit zugrunde liegen, sind demnach im Lichte ihrer normativen Fortentwicklung zu betrachten – es erfolgt somit stets ein Vorgriff auf ‚sittlichere' Bedingungen und Verhältnisse. Darüber hinaus ist erneut zu betonen, dass Honneth mit seinem Konzept darauf abzielt, „einen abstrakten Horizont von ethischen Werten zu bestimmen, der für die verschiedensten Lebensziele offen ist, ohne die solidarisierende Kraft der kollektiven Identitätsbildung zu verlieren" (ebd., 286). Diese Art der „Integration" (ebd.) erscheint ihm insbesondere unter den aktuellen Gegebenheiten einer Gesellschaft nötig, in der sehr unterschiedliche Lebenskonzepte und -stile gepflegt werden. Zu realisieren ist jene – im Sinne des Honneth'schen Konzepts der Sittlichkeit – jedoch nur durch eine „radikale Erweiterung von Beziehungen der Solidarität" (ebd., 286f.), bedingt durch einen gesellschaftlichen und kulturellen Wandel (ebd., 274ff.).

## 3.3 Die Fortentwicklung der Honneth'schen Theorie

Axel Honneth hat seine 1994 in ‚*Kampf um Anerkennung*' dargelegte Theorie in den folgenden 20 Jahren ausdifferenziert und fortentwickelt. In diesem Kapitel werden anhand seiner zentralen Werke wesentliche Veränderungen der Theorie bis 2011 nachgezeichnet. Überdies wird sich an die Beschreibung jedes Buches jeweils eine kurze Skizze seiner Bedeutung für das Promotionsvorhaben bzw. für die Behindertenpädagogik anschließen.

### 3.3.1 Das Andere der Gerechtigkeit

Die von Honneth im Jahr 2000 veröffentlichte Publikation ‚*Das Andere der Gerechtigkeit*' dokumentiert seine Absicht, mithilfe anerkennungstheoretischer Prinzipien eine Moraltheorie zu entwickeln, die die kantianische[82] und die aristotelische[83] Position vereinigen soll. Die Verknüpfung der Anerkennung mit der Moral nimmt er vor, indem er diese als Schutzfunktion für die Voraussetzungen eines guten Lebens bestimmt und erklärt, „[…] daß wir mit Hilfe der Übernahme moralischer Pflichten wechselseitig die intersubjektiven Bedingungen unserer Identitätsbildung sicherstellen" (Honneth 2000, 173).

Grundlage der Annahmen Honneths bildet die Auseinandersetzung mit Positionen postmoderner Philosophen, die sich mit Fragen nach Ethik und Gerechtigkeit in alteritätstheoretischer Weise auseinandersetzen.[84] Darauf basierend plädiert Honneth für eine „asymmetrische Verpflichtung zwischen Personen" (ebd.), die er als „menschliche Fürsorge" (ebd., 135) bezeichnet. Diese *Fürsorge* stellt einen zentralen Teil seiner gerechtigkeitstheoretischen Grundlagen dar. So will er die asymmetrische, nicht-reziproke „vollkommen interesselose Hilfeleistung" (ebd., 170) genauso gewährleistet wissen, wie die – auf dem „universalistischen Grundsatz

---

82 wonach sich „moralische Forderungen aus der unparteilichen Perspektive einer Überprüfung der Verallgemeinerungsfähigkeit unserer Handlungsgrundsätze ergeben" (Honneth 2000, 171).
83 wonach sich „moralische Forderungen nur indirekt als Nebenprodukt einer ethischen Erkundung des für uns guten Lebens ergeben" (ebd.).
84 So diskutiert er insbesondere Ansätze und Beiträge von Emmanuel Lévinas, Jacques Derrida, Jean-François Lyotard und Stephen K. White. Im Rahmen des Kapitels 3.5 wird gezeigt, wie die Anerkennungstheorie Honneths mit einer alteritätstheoretischen Perspektive zusammengedacht werden kann.

der Gleichbehandlung" (ebd.) basierende – wechselseitige affektive Anteilnahme der Subjekte. Basierend darauf entwirft Honneth eine auf anerkennungstheoretischen Prinzipien gründende Moraltheorie (vgl. ebd., 133ff.).

Zusätzlich zum bereits in ‚Kampf um Anerkennung' identifizierten Zusammenhang zwischen moralischen Verletzungen und verweigerter Anerkennung arbeitet Honneth nun auch eine ‚Verpflichtung' der Subjekte zu wechselseitiger Sicherung der Identität heraus. So beruht die moralische Pflicht zur Gewährung von Anerkennung zumindest teilweise auf den intersubjektiven Beziehungen der Subjekte und wird von Honneth analog zu den drei Anerkennungsformen und -sphären entwickelt (vgl. ebd., 179ff.).[85]

Honneth identifiziert schließlich ein unauflösliches Spannungsverhältnis zwischen den drei Anerkennungssphären. Denn sobald die Summierung verschiedener Anerkennungsbeziehungen (und somit verschiedener moralischer Verpflichtungen) auftritt, kann keine allgemeingültige Aussage darüber getroffen werden, welche Beziehung vorrangig zu behandeln ist, da der Theorie keine Hierarchie der Anerkennungsformen bzw. der entsprechenden Verpflichtungen eingeschrieben ist (vgl. ebd., 187ff.).

Honneth plädiert an dieser Stelle dafür, dass der *Fürsorge* gegenüber allen anderen Moralprinzipien ein „genetischer" (ebd., 169) Vorrang einzuräumen ist, da erfahrene Fürsorge – idealerweise – den Beginn der menschlichen Entwicklung markiert und somit allen anderen moralischen Kategorien vorausgeht bzw. die Grundlage für ein Verständnis von moralischem Handeln darstellt (vgl. ebd., 165ff.).

Zusammenfassend ist festzuhalten, dass Honneth in ‚Das Andere der Gerechtigkeit' ein anerkennungstheoretisch begründetes und in einem diskurstheoretischen Kontext eingeordnetes Moralkonzept konstruiert, das entsprechend der drei Anerkennungssphären aus drei verschiedenen Prinzipien besteht; Honneth versäumt dabei nicht, die formalen Bedingungen festzulegen, die Aufschluss über den Vorrang der Anwendung der einzelnen Prinzipien liefern sollen (vgl. ebd., 165ff.).

Die Fortentwicklung der Anerkennungstheorie, die Honneth in ‚Das Andere der Gerechtigkeit' vornimmt, scheint für das Promotionsverfahren sehr interessant. Im Rahmen der kritischen Würdigung Honneths wird erneut auf das Werk eingegangen, wobei insbesondere die alteritätstheoretischen und gerechtigkeitsrelevanten Gesichtspunkte untersucht werden. Ungeachtet der Kritikpunkte, die am Modell Honneths ggf. identifiziert werden können, ist bereits an dieser Stelle festzuhalten, dass die Vorgehensweise aus behindertenpädagogischer Perspektive insofern interessant ist, als Anerkennungsbeziehungen erstmals nicht (mehr) nur „unter dem funktionalen Gesichtspunkt der Konstitution von praktischen Selbstverhältnissen […]" (ebd., 188), sondern ebenfalls als Träger moralischer Leistungen betrachtet werden. Aus der daraus resultierenden anerkennungstheoretischen Perspektive lassen sich ggf. wertvolle Hinweise für die

---

85 Honneth interpretiert die Anerkennungsformen nun als „die moralischen Einstellungen […], die zusammengenommen den Standpunkt bilden, dessen Einnahme die Bedingungen unserer persönlichen Integrität darstellen" (ebd., 187). Anhand verschiedener Beispiele versucht er schlüssig darzulegen, wann Subjekte in den verschiedenen Sphären zur Anerkennung verpflichtet sind und identifiziert u.a. die Beziehung der Eltern zu ihrem Kind als ein solches Anerkennungsverhältnis der *Liebe*. In Hinblick auf die Sphäre des *Rechts* beansprucht Honneth die Gewährung moralischer Zurechnungsfähigkeit für alle Subjekte – postuliert somit die universelle Pflicht, in rechtlicher Hinsicht jedes Subjekt anzuerkennen. Im Kontext der *sozialen Wertschätzung* fordert er hingegen lediglich die Verpflichtung zur gegenseitigen solidarischen Anteilnahme all der Mitglieder, die z.B. an einem gemeinsamen Projekt teilhaben – diese Anerkennungsform ist für Honneth somit, genau wie die *Liebe*, nicht mit universellen Pflichten auszustatten, da es sich in beiden Fällen um persönliche Beziehungen bzw. konkrete Interaktionen mit bestimmten Subjekten, Gruppen oder Gemeinschaften handelt (vgl. ebd., 187ff.).

zu entwickelnden Handlungsempfehlungen gewinnen, denn jene ermöglicht es, die Rolle der Mitarbeiter nicht (mehr) nur mit einer *professionellen* Verpflichtung zu anerkennendem Verhalten gegenüber den zu Betreuenden auszustatten, sondern eine *moralische Begründung* (aufgrund der *Fürsorge*) zu entwickeln.

Im Folgenden werden die wesentlichen Gedanken skizziert, die Honneth 2003 in einem neuen Nachwort zu seiner Habilitationsschrift ‚Kampf um Anerkennung' formuliert.

### 3.3.2 Kampf um Anerkennung (2003) – Nachwort

Die Neuauflage von ‚Kampf um Anerkennung' erscheint 2003 – ergänzt durch das Nachwort ‚*Der Grund der Anerkennung. Eine Erwiderung auf kritische Rückfragen'*. Dieses enthält eine Revision einiger ursprünglicher Überlegungen Honneths zur Theorie der Anerkennung.[86] So räumt er z.B. hinsichtlich der konkreten Begriffs- und Funktionsbestimmung der Anerkennung ein, Versäumnisse nachholen zu müssen. Honneth greift daher erneut – wie in ‚*Das Andere der Gerechtigkeit'* – den Zusammenhang zwischen Moral und Anerkennung auf und postuliert, dass die Anerkennung sowohl als *Bedingung* für individuelle Autonomie (oder ‚Selbstverwirklichung'), als auch als *Verpflichtung* zu moralischem Handeln zu begreifen ist – diese Verpflichtung wird als „die moralisch angemessene Reaktion auf die Werteigenschaften von Subjekten" (Honneth 2003a, 338) definiert. Der Anerkennungsbegriff wird damit erweitert, repräsentiert er doch nun zwei Funktionen der Anerkennung, die untrennbar miteinander verbunden sind (vgl. ebd., 332ff.).

Weiterhin fragt Honneth, ob es sich bei der Anerkennung um einen attributiven Akt (in dessen Verlauf dem Einzelnen neue, positive Eigenschaften zugeschrieben werden) oder um einen rezeptiven Akt (in dessen Rahmen bereits vorhandene Eigenschaften des Einzelnen bekräftigt werden) handelt. Letztendlich bedient er sich – vor die Wahl gestellt, sich zwischen beiden Versionen entscheiden zu müssen – der Idee eines „moderaten Werterealismus" (ebd., 332). So definiert er anerkennendes Verhalten als „Reaktionsverhalten" (ebd.), das auf einem im Sozialisationsprozess erworbenen „[...] ‚knowing how' [...], das wir niemals in Gestalt von Regeln vollständig werden artikulieren können" (ebd., 336; Hervorhebung im Original, B.B.), basiert. Dies erachtet Honneth als die „impliziten Anerkennungsnormen einer Gesellschaft" (ebd., 337). Ein weiterer bedeutsamer Schwerpunkt der Revision liegt auf den Motiven der Subjekte, aufgrund mangelnder Anerkennung in einen Kampf um diese einzutreten. Honneth distanziert sich vom Konzept Meads, dessen er sich in der ersten Version von ‚Kampf um Anerkennung' noch bedient (vgl. ebd., 306ff.).[87] Nun schlussfolgert er auf psychoanalytischer bzw. objekt-

---

86 Unverändert bleibt jedoch die grundsätzliche Absicht Honneths, auf Basis des Anerkennungsbegriffs die normative Grundlage einer Gesellschaftskritik herzustellen. Darüber hinaus überdauert die Idee, dass die Anerkennung einerseits als universalistische Determinante eine anthropologische Ausgangsbedingung darstellt, andererseits die Ausprägungen der Anerkennungsmodi ebenfalls historischen Veränderungen unterworfen sind – sich demnach im Rahmen gesellschaftlicher Ausdifferenzierungsprozesse entwickeln. Auch bzgl. der seiner Anerkennungstheorie zugrunde liegenden Struktur verweilt Honneth bei der Annahme, nach der die Anerkennung „[...] als Genus von drei Formen praktischer Einstellungen [...], in denen sich jeweils die primäre Absicht einer bestimmten Affirmierung des Gegenübers spiegelt" (Honneth 2003a, 320), zu deuten ist.

87 Honneth gelangt nämlich zu der Einsicht, dass die Handlungen bzw. das Reaktionsverhalten der Subjekte gemäß des Mead'schen Konzepts auf einem psychisch habitualisierten Vorgang beruhen, der allerdings keine Unterscheidung des Verhaltens der Individuen hinsichtlich ihres normativen Charakters erlaubt. Da dies im anerkennungstheoretischen Kontext jedoch von elementarer Notwendigkeit ist, distanziert sich Honneth von Mead (vgl. ebd., 306ff.). Daraus resultiert u.a. der Umstand, dass das Ich – als Ort der spontanen Impulse – nicht mehr als Quelle der konflikthaften Auseinandersetzung mit (etablierten) Anerkennungsmodi erachtet werden kann.

beziehungstheoretischer Basis, dass die im frühkindlichen Alter verzeichneten Symbioseerfahrungen mit der Mutter insofern das entscheidende Potential für Protest und Widerstand bergen, als „sie das Subjekt stets wieder gegen die Erfahrung der Unverfügbarkeit des Anderen aufbegehren lassen" (ebd., 315). Honneth gelangt demnach zu der Ansicht,

> daß sich der Impuls zum Revoltieren gegen etablierte Anerkennungsverhältnisse dem tiefsitzenden Bedürfnis verdankt, die Unabhängigkeit der Interaktionspartner zu leugnen und ‚omnipotent' über die Welt zu verfügen. Die Permanenz des ‚Kampfes' um Anerkennung würde dann nicht, so müßten wir sagen, aus dem Verwirklichungsdrang eines nicht-sozialisierbaren Ichs resultieren, sondern aus dem antisozialen Unabhängigkeitsstreben, das jedes Subjekt immer wieder die Differenz des Anderen leugnen läßt (ebd., 315; Hervorhebungen im Original, B.B.).

Honneth versäumt jedoch nicht, auf das „spekulative" (ebd.) Wesen dieser Annahme sowie auf die damit einhergehenden Schwierigkeiten bzgl. der Verknüpfung mit der Anerkennungstheorie hinzuweisen und lässt den Leser schließlich am Ende des Nachwortes mit ungeklärten Fragen zurück.

Die von Honneth vorgenommene Weiterentwicklung der Anerkennungstheorie scheint in Hinblick auf das Ziel des Promotionsvorhabens durchaus fruchtbar: So könnte die mehrschichtige Interpretation der Anerkennung als Bedingung und als Verpflichtung eine konkretere Basis und Begründungsgrundlage für Handlungsempfehlungen im (behinderten-)pädagogischen Kontext darstellen – die Notwendigkeit anerkennenden Verhaltens der Mitarbeiter gegenüber den zu Betreuenden könnte auf diese Weise schlüssiger argumentiert werden. Darüber hinaus erscheint die von Honneth eingenommene Perspektive bzgl. der impliziten gesellschaftlichen Anerkennungsnormen sowohl für den (konkreten) behindertenpädagogischen Kontext als auch in Bezug auf die UN-BRK und die mit ihr verfolgten Ziele (u.a. der gesellschaftlichen Bewusstseinsbildung) interessant.

Nun werden die wesentlichen Aspekte des Buchs ‚Unsichtbarkeit' skizziert.

### 3.3.3 Unsichtbarkeit

In der im Jahr 2003 erschienenen Schrift ‚Unsichtbarkeit' setzt sich Honneth in differenzierter Weise mit dem „kommunikativen Akt der Anerkennung" (Honneth 2003b, 7) auseinander, wobei er einräumt, dass die nötigen anerkennungstheoretischen Analysen und Interpretation nun nicht mehr ausschließlich auf Grundlage des Hegel'schen Modells – auf dem seine Anerkennungstheorie vormals im Wesentlichen basierte – erfolgen könnten. Auf der Suche nach neuen Lösungswegen stößt Honneth auf verschiedene Fragestellungen und Annahmen (vgl. ebd., 7ff.).[88] Im Mittelpunkt seiner Überlegungen steht die detaillierte Betrachtung des *Erkennens* und des *Anerkennens*, da Honneth dort das wesentliche Erkenntnispotential bzgl. des Akts der Anerkennung vermutet. So bedient er sich des Phänomens der ‚sozialen Unsichtbarkeit', um anhand dessen „zu prüfen, was zum bloßen Erkennen von Subjekten hinzutreten muß, um sie zu öffentlich anerkannten Personen zu machen" (ebd., 9), d.h. um schließlich von einem Akt der Anerkennung sprechen zu können (vgl. ebd., 7ff.).

---

88 Im Folgenden soll allerdings lediglich auf die zentralste Fragestellung näher eingegangen werden. Es ist jedoch darauf hinzuweisen, dass Honneth auch die im Nachwort zu ‚Kampf um Anerkennung' (2003) bereits aufgeworfene Frage nach dem Attributions- oder Rezeptionsmodell aufgreift, wonach zu klären ist, ob Subjekten im Verlauf des Akts der Anerkennung entweder bestimmte normative Eigenschaften zugeschrieben oder aber an ihnen bestätigend zur Kenntnis genommen werden. Darüber hinaus sieht er sich mit der Frage konfrontiert, ob die Anerkennung das Begleitprodukt anderer Handlungen oder Äußerungen darstellt oder ob sie selbst ein eigenständiger Handlungsakt ist (vgl. ebd., 7ff.).

So charakterisiert er das *Erkennen* als einen Akt, bei dem ein Subjekt die Identifizierung als Individuum mit bestimmten Eigenschaften erfährt. Wird ihm zudem ein positiver Wert zugeschrieben – ist der Akt also im Sinne einer Befürwortung oder eines „Geltenlassens" (ebd., 15) aufzufassen – so sei dies als *Anerkennen* zu bezeichnen, das stets mit bestimmten Expressionen einhergeht, denn: „[...] die Existenz der wahrgenommenen Person [wird] durch Handlungen, Gestik oder Mimik vor den Augen der Anwesenden bekräftigt [...]" (ebd., 16).

Das *Anerkennen* unterscheidet sich vom *Erkennen* folglich insofern, als ein Subjekt sich erst dann sozial anerkannt fühlen kann, wenn eine positive Zurkenntnisnahme seiner Person durch das Gegenüber deutlich signalisiert wird. Honneth charakterisiert diese expressiven Handlungen als moralisch, da sie „den Charakter einer Metahandlung besitzen" (ebd., 21) und somit bei dem Gegenüber die Erwartung schüren, auch zukünftig mit einem anerkennenden Verhalten rechnen zu können. Die Grundlage der Bereitschaft, anderen Subjekten Anerkennung zu gewähren, stellt – so erklärt Honneth – die Überzeugung dar, dass jene einen unbedingten Wert als „intelligible" (ebd., 24) Personen haben (vgl. ebd., 20ff.).[89]

Das Wahrnehmen des Gegenübers in seiner Werthaftigkeit als intelligibles Wesen, so lässt sich resümieren, geht dem kognitiven Erfassen seiner Person voraus, „so daß die bloß kognitive Identifikation eines Menschen den Sonderfall der Neutralisierung einer ursprünglichen Anerkennung darstellt" (ebd., 27). Honneth formuliert, basierend auf diesen Überlegungen, die These, dass das *Anerkennen* im Rahmen sozialer Interaktionen konstitutiv vor dem *Erkennen* steht (vgl. ebd., 20ff.).[90]

Das Phänomen der ‚sozialen Unsichtbarkeit', anhand dessen Honneth den Akt der Anerkennung in der vorliegenden Publikation analysiert, ist insofern für das Promotionsvorhaben von Interesse, als der Bezug zu Menschen mit geistiger Behinderung direkt hergestellt werden kann, denn ihre gesellschaftliche Stellung und Situation ist – trotz deutlicher Verbesserungen in den letzten Jahrzehnten – nach wie vor als erschwert bzw. benachteiligt zu charakterisieren. Demnach sind sie durchaus potentiell gefährdet, von ‚sozialer Unsichtbarkeit' betroffen zu sein. In dem Kontext ist insbesondere die Frage relevant, inwiefern die UN-BRK als Zeichen der öffentlichen Anerkennung von Menschen mit Behinderung Einfluss auf dieses Phänomen nehmen kann. Eine Auseinandersetzung mit dieser Thematik wird hier zu einem späteren Zeitpunkt stattfinden. Nun wird die ebenfalls im Jahr 2003 publizierte Schrift ‚*Umverteilung oder Anerkennung?*' skizziert.

### 3.3.4 Umverteilung oder Anerkennung?

Ebenfalls im Jahr 2003 veröffentlicht Honneth gemeinsam mit Nancy Fraser ‚*Umverteilung oder Anerkennung?*'. Anlass für das gemeinsame Werk bildet eine Debatte zwischen Honneth und Fraser, die um die Frage kreist, ob Forderungen nach Umverteilung als Streben nach Anerkennung interpretiert werden können. Honneth hält dies für möglich, da sich Umverteilung als Anerkennungsproblem in seiner Theorie deuten ließe. Im Folgenden wird seine Argumentationslinie

---

89 Im Rahmen sozialer Interaktionen nimmt das Subjekt sein Gegenüber somit zunächst nur in Hinblick auf dessen ‚werthafte' Eigenschaften wahr und richtet sein Verhalten darauf aus. Honneth identifiziert dabei gar eine sich vollziehende individuelle Dezentrierung, da das Subjekt sich dem Adressaten in einer Art und Weise verpflichtet fühlt, die diesem eine „moralische Autorität" (ebd., 27) einräumt. Das Verhalten des Subjekts – verkörpert durch „die spontanen Impulse und Neigungen" (ebd.) – erfährt durch die dem Gegenüber zugebilligte Autorität somit eine Begrenzung (vgl. ebd., 20ff.).

90 Thomas Bedorf bezeichnet das *Erkennen* im Sinne dieser Deutungsweise als „Schwundform des Anerkennens" (Bedorf 2010, 75).

skizziert, um schließlich auf das Verhältnis der Gerechtigkeit zur Anerkennung einzugehen.[91] Honneth erläutert, dass das Verständnis davon, was Menschen einfordern und erwarten dürfen, eine Veränderung durchlaufen hat. In modernen Gesellschaften wird jedem Mitglied ein leistungsunabhängiger Mindeststandard an „lebenswichtigen Gütern" (Honneth 2003c, 181) zuerkannt. Anders verhält es sich mit der darüber hinausgehenden Güterverteilung, die – entsprechend des „kapitalistischen Leistungsprinzip[s]" (ebd., 177) – in direkter Abhängigkeit von der Bewertung der erbrachten Arbeit der Subjekte steht (vgl. ebd., 159ff.).

Dieses Leistungsprinzip erachtet Honneth als „die einzige normative Ressource, die der bürgerlich-kapitalistischen Gesellschaftsform zunächst zur Verfügung steht, um die extrem ungleiche Verteilung von Lebenschancen oder Gütern moralisch zu rechtfertigen" (ebd., 175). Aufgrund dieser Zuschreibung verortet er die Anerkennungskämpfe, mit denen eine angemessene Entschädigung der eigenen Arbeit bzw. Leistung eingeklagt werden soll, d.h. die auf eine Maximierung der sozialen Wertschätzung und somit eine Ausweitung der Ressourcen ausgerichtet sind, in kapitalistischen Gesellschaften überwiegend in der Sphäre der *Solidarität bzw. sozialen Wertschätzung* (vgl. ebd., 159ff.).

An diesem Punkt stellt Honneth die Verbindung zwischen Anerkennung und Gerechtigkeit her. Er argumentiert jedoch, dass die tatsächliche Höhe der dem Einzelnen zustehenden Güter nicht unmittelbar eine Deutung als ‚gerecht' oder ‚ungerecht' erfahren könne – vielmehr sei ausschlaggebend, ob durch die Güterverteilung eine Missachtung zum Ausdruck gebracht werde. Die entscheidenden Voraussetzungen für gerechtigkeitstheoretische Interpretationen bilden daher die ‚begründeten Erwartungen', die Honneth bereits in seiner Habilitationsschrift erläuterte (vgl. ebd., 190ff.).[92]

Auf Basis dieser Erkenntnis befasst sich Honneth mit der Konstruktion einer Gerechtigkeitskonzeption, die dem Anspruch genügen soll, sich mit den strukturellen Bedingungen der Sozialintegration zu decken. Die Idee der Sozialintegration[93], die er als eine „moralisch überlegene Anerkennungsordnung" (ebd., 299) charakterisiert, bildet die Grundlage seiner Gerechtigkeitskonzeption. So beabsichtigt er, aus einer historisch gewachsenen Anerkennungsordnung, die das Ergebnis eines ‚internen' Entwicklungsprozesses ist, Bewertungskriterien für aktuelle Veränderungsprozesse abzuleiten (vgl. ebd., 295ff.).

In diesem Sinne entwirft Honneth schließlich in Gestalt dreier Gerechtigkeitsprinzipien die wesentlichen strukturellen Elemente einer Gerechtigkeitstheorie; in Anlehnung an die Anerkennungsformen entstehen so die *Gerechtigkeit der Liebe* (oder ‚Bedürfnisgerechtigkeit'), die *Rechtsgleichheit* (‚Autonomie') und die *Leistungsgerechtigkeit*. Diese Prinzipien sollen der Analyse und normativen Messung aktueller Entwicklungen dienen, so erklärt Honneth. Überdies ist in diesem Rahmen ebenfalls „die Idee des ‚Geltungsüberhangs' moralischer Normen oder Prinzipien" (ebd., 302; Hervorhebung im Original, B.B.) von fundamentaler Bedeutung, da

---

91 Da an dieser Stelle nur die Fortentwicklung der Theorie Honneths beschrieben werden soll, wird die Position Frasers nicht dargelegt; zudem erfolgte dies bereits in Kap. 3.1 der Arbeit.

92 Denn erst auf der Grundlage einer bestimmten Anerkennungsordnung wird dem Subjekt ein Wissen und Bewusstsein darüber vermittelt, nicht in einer missachtenden – ungerechten – Weise behandelt werden zu dürfen, wodurch sich eine – bewusste oder unbewusste – Internalisierung der zu erwartenden Anerkennungsverhältnisse, -strukturen und -beziehungen vollzieht. Werden diese Erwartungen direkt oder indirekt durch Handlungen oder Institutionen enttäuscht, so ruft dies ein Gefühl von Ungerechtigkeit hervor.

93 Honneth bezieht sich dabei auf eine ‚moderne' Form der Sozialintegration, die durch den Gleichheitsgrundsatz geprägt ist und die den Kriterien der sozialen Inklusion und der Individualisierung Genüge tut. Darüber hinaus stellt er die These auf, dass sie nur als „Prozeß der Inklusion durch geregelte Formen der Anerkennung" (ebd., 205) verwirklicht werden kann.

sie für die Beurteilung gegenwärtiger Konflikte besonders hilfreich ist (vgl. ebd., 298ff.).[94] Aus behindertenpädagogischer Perspektive sind diese Überlegungen und Konzeptionen – insbesondere der Aspekt des Leistungsprinzips bzw. der *Leistungsgerechtigkeit* sowie die Interpretation des Anerkennungsbegriffs, der die Umverteilung stark verwässert – durchaus kritisch zu betrachten. In Kap. 3.5.1 – der kritischen Würdigung Honneths – wird näher darauf eingegangen. Nun wird allerdings die Fortentwicklung der Honneth'schen Theorie weiter nachgezeichnet.

### 3.3.5 Verdinglichung. Eine anerkennungstheoretische Studie

In ,*Verdinglichung*' übernimmt Honneth 2005 den Versuch, den Begriff der ,Verdinglichung' anerkennungstheoretisch zu interpretieren. Zu diesem Zweck bezieht er sich auf drei Philosophen, die sich u.a. mit *Verdinglichung* auseinandersetzen und in diesem Kontext eigene Konzepte – die jeweils durch zentrale Begriffe geprägt sind – entwickeln: Lukács (*Anteilnahme*), Heidegger (*Sorge*) und Dewey (*praktisches Engagement*). Unter Rückgriff auf die Philosophen lässt sich *Verdinglichung* als „eine habituell erstarrte Perspektive […], durch deren Übernahme das Subjekt ebenso die Fähigkeit zur interessierten Anteilnahme verliert, wie dessen Umwelt ihres Charakters der qualitativen Erschlossenheit verlustigt geht" (Honneth 2005, 39), begreifen. Zudem teilt Honneth mit den genannten Philosophen, so ist unter Rückgriff auf Rösner festzuhalten, „den Grundgedanken, dass dem Erkennen von Objekten ein existentielles Interesse an der Welt vorausgeht, das sich aus der Erfahrung ihrer Werthaftigkeit speist" (Rösner 2011, 198). Daraus schlussfolgert Honneth: „Wir räumen den Gegebenheiten der uns umgebenden Welt zunächst stets einen Eigenwert ein, der uns um unser Verhältnis mit ihnen besorgt sein lässt" (Honneth 2005, 42).

Diese zentralen Grundannahmen unterzieht Honneth einer anerkennungstheoretischen Interpretation und gelangt so zu der Annahme, „daß im menschlichen Selbst- und Weltverhältnis eine befürwortende, anerkennende Haltung sowohl genetisch als auch kategorial allen anderen Einstellungen vorhergeht" (ebd., 39).[95] Rösner formuliert dazu:

> Honneths Vorstellung einer existenzialen Struktur der Anerkennung lässt sich nun mit der einer Fürsorge im Sinne von ,Besorgtheit' bzw. ,Anteilnahme' […] gleichsetzen, die wir gegenüber uns selbst, Menschen und Dingen einnehmen (Rösner 2011, 199 unter Verweis auf Honneth 2005, 34f.).

Honneth schließt auf diese Weise an die bereits in ,*Unsichtbarkeit*' gewonnene Einsicht an, nach der das *Anerkennen* dem *Erkennen* vorgelagert ist und ändert seine grundlegenden anerkennungstheoretischen Annahmen endgültig: Die Anerkennung verliert auf diese Weise den Charakter einer Interaktion und wird zu einer ,Haltung' umdefiniert, die „dem Austausch von

---

94 Diese wesentliche Rolle basiert auf dem zentralen Gedanken, dass das Potential der Gerechtigkeitsprinzipien nie komplett ausgeschöpft ist, denn es wird „[…] unter dem Druck erfahrungsgesättigter Argumente sukzessiv angereichert […]" (ebd., 302). So gelangt Honneth zu der Einsicht, dass die Gerechtigkeitsprinzipien im Sinne von „Indikatoren eines moralischen Fortschritts" (ebd., 303) zu interpretieren sind, die „Auskunft über die Wünschbarkeit sozialer Veränderungsprozesse geben" (ebd., 303). Er versäumt jedoch nicht, darauf zu verweisen, dass die *Leistungsgerechtigkeit* vorsichtig zu bewerten sei, da sie nur durch „wertgestützte Interpretationen" (ebd.) gedeutet werden könne. In diesem Sinne plädiert er dafür, den moralischen Fortschritt in Hinblick auf die *Leistungsgerechtigkeit* so zu denken, „daß in folgenreicher Weise jene ethischen Wertsetzungen argumentativ hinterfragt werden, die eine höchst partikulare Anerkennung tatsächlich erbrachter Reproduktionsleistungen zulassen" (ebd.), um diese einseitigen Bewertungsmuster zugunsten eines weiteren Deutungshorizontes zu überwinden (vgl. ebd., 298ff.).

95 Diese anerkennende – auf dem primären Zugang zur Welt beruhende – Haltung definiert Honneth als „Ausdruck der Würdigung der qualitativen Bedeutung, die andere Personen oder Dinge für unseren Daseinsvollzug besitzen" (ebd., 42).

Handlungsgründen vorausgeht" (Bedorf 2010, 133). Damit, so erklärt Bedorf, wird „[d]ie Anerkennung […] nun nicht mehr wie bisher einer Analyse verschiedener Interaktionsformen rekonstruiert entnommen, sondern vielmehr als ontogenetisch primär postuliert" (ebd., 67; vgl. dazu auch Honneth 2005, 78ff.).

Honneth bestimmt jedoch nicht nur den Anerkennungs-, sondern auch den Verdinglichungsbegriff neu, indem er diesen als „Anerkennungsvergessenheit" (vgl. Honneth 2005) interpretiert und somit als einen Vorgang deutet, in dem die Subjekte ‚vergessen', dass dem *Erkennen* das *Anerkennen* vorausgeht (vgl. ebd., 62ff.).[96]

Honneth unterscheidet zwischen der *Verdinglichung* anderer Personen und der Selbstverdinglichung. Seine Interpretation der Verdinglichungsprozesse als Anerkennungsvergessenheit soll allerdings nicht die gesellschaftliche Entwicklung voraussagen; vielmehr möchte er „[…] Wege, auf denen soziale Praktiken die Herausbildung verdinglichender Einstellungen befördern könnten" (ebd., 106), identifizieren und verdeutlichen. Weiterhin verfolgt Honneth mit ‚Verdinglichung' – wie bereits 1994 in ‚Kampf um Anerkennung' – das Ziel, eine gesellschaftskritische Theorie zu entwickeln, die nicht nur nach Prinzipien der Gerechtigkeit fragt, sondern in deren Rahmen auch ‚soziale Pathologien'[97] berücksichtigt werden. Diese erweiterte Perspektive erlaube es, eine ausdifferenzierte Analyse und Bewertung von demokratischen Gesellschaften und deren Entwicklungen vorzunehmen (vgl. ebd., 94ff.).

Für den behindertenpädagogischen Kontext können aus den in ‚Verdinglichung' entwickelten Gedankengängen wichtige Anregungen resultieren – verliert doch die Anerkennung ihren Status als Interaktion zugunsten der Charakterisierung als *Haltung*, wodurch sich für pädagogische Handlungsmuster interessante Perspektiven ergeben. Überdies erscheint die Idee der Anerkennungsvergessenheit in Bezug auf das Promotionsvorhaben äußerst fruchtbar, da sich Menschen mit Behinderung aufgrund ihrer gesellschaftlichen Position durchaus mit Interaktionen, Strukturen und Rahmenbedingungen konfrontiert sehen, die verdinglichender Natur sind. Von jenen Merkmalen kann sich auch der behindertenpädagogische Bereich nicht freisprechen. Im Verlauf der Dissertation wird auf diesen Aspekt zurückgekommen; im Folgenden wird jedoch vorerst die Fortentwicklung der Honneth'schen Anerkennungstheorie weiter skizziert.

### 3.3.6 Das Ich im Wir

Im 2010 veröffentlichten Werk ‚Das Ich im Wir' reformuliert Honneth die Hegel'sche Anerkennungslehre erneut, um herauszufinden, wie ein neuer Gerechtigkeitsbegriff gefasst werden müsste und wie das Verhältnis von Vergesellschaftung und Individualisierung, von sozialer Reproduktion und individueller Identitätsbildung besser bestimmt werden könnte.

Honneth erkennt so, dass Gruppen für das Subjekt unabdingbar sind, weil dieses

> auch nach der Reifung noch auf Formen der sozialen Anerkennung angewiesen ist, die den dichten Charakter direkter Ermutigung und Bestätigung besitzen; weder seine Selbstachtung noch sein Selbstwertgefühl kann es ohne die stützenden Erfahrungen aufrechterhalten, die es durch die Praktizierung gemeinsam geteilter Werte in der Gruppe macht (Honneth 2010, 279).

---

96 Damit identifiziert Honneth den Verlust der Fähigkeit, „die Verhaltensäußerungen anderer Personen direkt als Aufforderungen zu einer eigenen Reaktion zu verstehen" (ebd., 70) – zum Preis einer häufigen *Verdinglichung* und emotionslosen Wahrnehmung der Interaktionspartner (vgl. ebd., 62ff.).

97 Diesen Begriff führte Honneth bereits in ‚Kampf um Anerkennung' ein, um ihn später nicht nur in ‚Verdinglichung', sondern auch in ‚Verwilderungen' erneut aufzugreifen. Im Rahmen der Ausführungen zu ‚Verwilderungen' wird später eine entsprechende Begriffsklärung nach Honneth vorgenommen.

Demnach sind die Subjekte lebenslang auf anerkennende Interaktionen angewiesen, die sich – entsprechend der Anerkennungstheorie – in den drei Anerkennungssphären ereignen, da das im Sozialisationsprozess ausgebildete positive Selbstbild regelmäßig eine Überprüfung bzw. Bestätigung erfordert. So weist er allen Subjekten das natürliche Bedürfnis nach einer aus der Zugehörigkeit zu einer Gruppe resultierenden Anerkennung zu (vgl. ebd., 265ff.).
Als den „fruchtbarsten Nährboden für die Gruppenbildung" (ebd., 269) erachtet Honneth das in der Sphäre der *Solidarität* verortete Selbstwertgefühl bzw. das Bedürfnis seiner fortwährenden Bestätigung. Denn die Subjekte, erlangen i.d.R. im Verlauf des Sozialisationsprozesses zwar die Gewissheit, aufgrund ihrer Fähigkeiten ‚wertvoll' zu sein, doch in der Weise, in der sich mit fortschreitendem Alter der Kreis der Interaktionspartner, von deren wertschätzender Anerkennung sie abhängig sind, stetig vergrößert, steigt auch das Bedürfnis „nach konkreter Zustimmung und Bestätigung" (ebd.). In diesem Wunsch, „für die eigenen Fähigkeiten in einem Kreis von Gleichgesinnten eine direkt erfahrbare Wertschätzung zu finden, liegt heute *ein*, wenn nicht *das* zentrale Motiv der Gruppenbildung" (ebd.; Hervorhebungen im Original, B.B.), so Honneth (vgl. ebd., 265ff.).[98]
Diese Ausführungen erscheinen für das Promotionsvorhaben bedeutsam, da die zu entwickelnden Handlungsempfehlungen für stationäre Wohneinrichtungen für erwachsene Menschen mit Behinderung konzipiert werden, die stets Gruppenstrukturen aufweisen. Damit ist Anerkennung gerade für diese wohnbezogenen Angebote besonders wichtig.
Zudem sei an dieser Stelle kurz darauf verwiesen, dass Honneth (gemeinsam mit Martin Hartmann) in dem Aufsatz ‚*Paradoxien der kapitalistischen Modernisierung*', der ebenfalls in ‚*Das Ich im Wir*' zu finden ist, eine Erweiterung der Anerkennungssphären um eine vierte Sphäre vorschlägt: die des Individualismus. Im Rahmen einer Analyse des Entwicklungsprozesses, den kapitalistische Gesellschaften durchlaufen haben, werden die den vier Sphären jeweils zugrunde liegenden institutionalisierten Leitvorstellungen (a. des Individualismus, b. der Gleichheitsidee, c. des Leistungsprinzips, d. der Liebe) als Integrationsmechanismen begriffen und anerkennungstheoretisch gedeutet. Honneth und Hartmann legen die bereits bekannte Annahme zugrunde, dass aus nicht verwirklichten gesellschaftlichen Idealen u.U. Anerkennungskämpfe resultieren, die schließlich einen Zuwachs an Autonomie für die Gesellschaftsmitglieder nach sich ziehen können. Allerdings könnten die zuvor als autonomiesteigernd fungierenden normativen Leitvorstellungen, die in den verschiedenen Sphären verortet sind, nun unter neoliberalen Vorzeichen als entsolidarisierende Kräfte wirken (vgl. ebd., 222ff.).[99]
Nun werden die wesentlichen Aspekte von ‚*Verwilderungen*' (2011) skizziert.

### 3.3.7 Verwilderungen. Kampf um Anerkennung im frühen 21. Jahrhundert

In ‚*Verwilderungen*' interpretiert Honneth bestimmte aktuelle (u.a. mediale) Phänomene als ‚soziale Pathologien', die im „Streben nach Selbstachtung" (Honneth 2011b, 44) begründet

---

98 Die Subjekte streben aber auch in den anderen beiden Sphären lebenslang nach Anerkennung. So folgen sie in der Sphäre der *Liebe* ihrem Verlangen der Wiederholung der symbioseähnlichen Beziehung, die in der Kindheit mit der Mutter geführt wurde, i.d.R. durch Interaktionen in intimen Dyaden. Diese erfüllen den Zweck, das in der Kindheit erworbene Selbstvertrauen dauerhaft aufrechtzuerhalten (vgl. ebd., 265ff.). Im Rahmen der *rechtlichen* Sphäre, kommt den Interaktionen in Gruppen (wie bei der *sozialen Wertschätzung*) eine wesentliche Bedeutung zu, da diese die nötige Aufrechterhaltung der Selbstachtung – also des Gefühls des Wertes der eigenen Urteilsbildung – gewährleisten, die die wenigsten Subjekte dauerhaft lediglich über ihre Rolle als Staatsbürger wahren können (vgl. ebd., 265ff.).

99 In seinem 2011 veröffentlichten Buch ‚Das Recht der Freiheit' greift Honneth den Gedanken des Individualismus bzw. der Individualität erneut auf, indem er die These aufstellt, dass die Werte in der modernen Gesellschaft auf den einen Wert der individuellen Freiheit zusammengeschmolzen sind.

sind und sich daher als Ausdruck eines Kampfs um Anerkennung[100] deuten lassen. Die Grundlage seiner Interpretationen bilden die drei Anerkennungsformen, die bereits seit ‚*Kampf um Anerkennung*' (1994) die Schablone seiner anerkennungstheoretischen Überlegungen darstellen. Sie werden von Honneth in drei Anerkennungssphären verortet, die er in ‚*Verwilderung*' allerdings teilweise modifiziert (vgl. ebd., 37ff.).

Die derzeitigen Anerkennungskämpfe nehmen, so erklärt Honneth, „häufig die bizarr-sten Gestalten an" (ebd., 45) und

> […] finden sich in den heute massenhaft unternommenen Versuchen, die eigene Unsichtbarkeit in Augenblicken einer obszönen Präsenz in den Medien abzustreifen, verkörpern sich in Gegenkulturen des Respektes, in denen gesellschaftlich gekoppelte Anerkennungsregeln herrschen, und sind selbst dort noch zu vermuten, wo Jugendliche in den Banlieues durch gewaltförmige Aktionen soziale Aufmerksamkeit erregen wollen (ebd.).

Honneth bezeichnet die sozialen Konflikte als ‚verwildert', da sich der Kampf um Anerkennung in den letzten Jahrzehnten aufgrund eines Verlusts seiner moralischen Grundlagen „in einen Schauplatz unkontrolliert wuchernder Selbstbehauptung verwandelt hat" (ebd.).

In Anlehnung an die drei bekannten Anerkennungsformen führt Honneth die folgenden drei Sphären der modernen Gesellschaftssysteme ein: die *Familie* (bzw. Beziehungen auf Grundlage liebevoller Zuwendung), das *Recht* und die *Wirtschaft*. Auf diese Weise nimmt er eine deutliche Modifizierung der vormals entworfenen Sphäre der *Solidarität* vor: Die Anerkennung für individuelle Fähigkeiten und Fertigkeiten wird nun im „kapitalistischen System der Wirtschaft" (Honneth 2011b, 40) verortet. Bei der entsprechenden Anerkennungsnorm, so erklärt Honneth, handelt es sich um das *Leistungsprinzip*, das bereits in ‚*Kampf um Anerkennung*' erwähnt und im Rahmen der in ‚*Umverteilung oder Anerkennung?*' entwickelten Gerechtigkeitskonzeption als *Leistungsgerechtigkeit* interpretiert wurde (vgl. ebd., 37ff.).

In der *wirtschaftlichen* Sphäre findet die Anerkennung für eine Leistung ihren Ausdruck in erster Linie in dem Status, der einer Person aufgrund der Höhe ihres Einkommens zugewiesen wird.[101] Diese Sphäre ist besonders anfällig für soziale Konflikte, da Leistungsbewertungen von Aushandlungsprozessen und Interpretationen verschiedener sozialer Gruppen bzw. Interessensparteien abhängig sind. Demnach treten Anerkennungskämpfe dort am häufigsten in Erscheinung (vgl. ebd., 40f.).

Die Ausführungen Honneths unterstreichen die aktuellen gesellschaftlichen Gegebenheiten und die damit einhergehenden Phänomene – in Kapitel 4.2 wird ausführlich darauf eingegangen. Die tendenzielle Erosion der moralischen Grundlagen der Gesellschaft und die zunehmende Bedeutung des Leistungskriteriums als wichtige Anerkennungsnorm des kapitalistischen Systems sind Ausdruck einer Entwicklung, mit der ernstzunehmende Risiken für Menschen mit Behinderung einhergehen. Die UN-BRK kann als Gegenentwurf gedeutet werden, wird sich jedoch nur bei ernsthafter Verwirklichung der Maßnahmen und Forderungen als wirksames Instrument erweisen.

Abschließend wird nun noch ‚*Das Recht der Freiheit*' vorgestellt.

---

100 Honneth definiert den Kampf um Anerkennung in ‚*Verwilderungen*' als „das Ringen um eine Neubewertung, Neuinterpretation oder Neuformulierung der in den jeweiligen Sphären geltenden Normen der Anerkennung" (ebd., 44), das sich „in Form von Auseinandersetzungen um die Interpretation und Durchsetzung eines historisch noch uneingelösten Anerkennungsversprechens [vollzieht]" (ebd.).

101 Wodurch „[…] das ‚Geld' hier die sphärenspezifische Rolle eines symbolischen Mittels der öffentlichen Veranschaulichung erworbener Anerkennung [übernimmt]" (ebd., 40; Hervorhebung im Original, B.B.).

### 3.3.8 Das Recht der Freiheit

Das ebenfalls 2011 veröffentlichte Werk ‚*Das Recht der Freiheit*' lässt sich auf die Idee zurückführen, eine Theorie der Gerechtigkeit aus den Strukturvoraussetzungen der gegenwärtigen Gesellschaft selbst zu entwerfen, um diese dann als Gesellschaftsanalyse neu zu begründen.[102] Hierfür werden die Institutionen als strukturgebende Elemente der modernen Gesellschaft – die ihrerseits durch die geltenden Normen und Werte geprägt sind – einer Analyse unterzogen.[103]

Honneth stellt fest, dass die Werte in unserer modernen liberaldemokratischen Gesellschaft auf einen zentralen Wert zusammengeschmolzen sind – auf die *individuelle Freiheit* im Sinne der Autonomie des Einzelnen – und erklärt weiterhin, dass eine systematische Verknüpfung zwischen dem individuellen Subjekt und der normativen Ordnung der Gesellschaft besteht.[104] Aus diesen Gründen muss jede gerechte Ordnung in der Moderne, so erklärt Honneth, mit der Forderung nach Selbstbestimmung einhergehen (vgl. Honneth 2011a, 35ff.).

In ‚*Das Recht der Freiheit*' werden schließlich verschiedene Formen der Freiheit entworfen: die *rechtliche*, die *moralische* und die *soziale Freiheit*. Tatsächlich frei wird das Subjekt jedoch nur durch die dritte Form der Freiheit: *die soziale*. Honneth stellt einen unmittelbaren anerkennungstheoretischen Bezug her, indem er die untrennbare Verknüpfung der *sozialen Freiheit* mit dem Abhängigkeitsverhältnis, in dem die Subjekte miteinander stehen, darlegt und die daraus resultierenden Folgen betont, wonach das Subjekt nur durch die Interaktion mit anderen Subjekten seine Identität ausbilden, zu sich selbst finden und somit zu Autonomie gelangen kann (vgl. ebd., 221ff.).

Die in ‚*Das Recht der Freiheit*' entwickelten zentralen Annahmen sind in Hinblick auf Menschen mit Behinderung von besonderem Interesse, da die Verwirklichung der *individuellen Freiheit* für diese Personengruppe bislang nicht selbstverständlich ist bzw. nur schwer realisiert werden kann. Insbesondere die Verknüpfung von Autonomie und sozialer Gerechtigkeit ist in diesem Sinne bedeutsam und gerade für Menschen mit Behinderung ein wesentliches Ziel, das bisher kaum umgesetzt wird. Große diesbezügliche Hoffnungen werden in die UN-BRK gelegt; inwiefern diese Früchte tragen wird, bleibt abzuwarten.

### 3.3.9 Zusammenfassung: Entwicklung der Anerkennungstheorie nach Honneth

Die Anerkennungstheorie Honneths hat seit der Erstveröffentlichung von ‚*Kampf um Anerkennung*' (1994) einen, so lässt sich Bedorf zitieren, „bemerkenswerten Wandel" (Bedorf 2010, 75) erfahren. Zusammenfassend kann dies anhand folgender zentraler Punkte umrissen werden: Honneth wendet sich von dem seiner Habilitationsschrift wesentlich zugrundeliegenden Konzept Meads ab und nimmt ebenfalls eine Korrektur der vormals deutlich vertretenen Ansicht vor, dass sich im Rahmen der Sphäre der *Liebe* keine auf Anerkennungskämpfen beruhende

---

[102] Diese Vorgehensweise ist als internalistisch zu charakterisieren – ein Verfahren dessen sich Honneth bereits in seinen vorherigen Werken bedient hat.

[103] Honneth zeichnet in diesem Sinne die historische Entwicklung dieser Werte nach – um dem Leser deren Charakteristik und Struktur verstehbar zu machen, aber auch um eine Rechtfertigungsgrundlage für die weitere Theoriegenese zu bilden.

[104] So erklärt Honneth: „Mit dem sich nur allmählich durchsetzenden Gedanken, daß der Wert des menschlichen Subjekts in seiner Fähigkeit zur Selbstbestimmung liegt, ändert sich nämlich gleichzeitig auch die Perspektive auf die Regeln des gesellschaftlichen Zusammenlebens [...]. Seither ist von der Vorstellung der sozialen Gerechtigkeit, von Überlegungen darüber, wie die Gesellschaft eingerichtet werden soll, um den Interessen und Bedürfnissen ihrer Mitglieder gerecht zu werden, das Prinzip der individuellen Autonomie nicht mehr abzutrennen [...]" (Honneth 2011a, 36).

normative Weiterentwicklung ereignen könne. Darüber hinaus werden Anerkennungsbeziehungen nun als Träger moralischer Leistungen interpretiert; Honneth deutet die Anerkennung auf diese Weise gleichermaßen als *Bedingung* individueller Autonomie sowie als *Verpflichtung* zu moralischem Handeln. In der Auseinandersetzung mit dem *Anerkennen* und dem *Erkennen* verliert die Anerkennung zudem ihre Zuschreibung als *Interaktion* zugunsten einer Deutung als *Haltung*.

Bedorf identifiziert dementsprechend eine Entwicklung der Anerkennung von einer „historisch und sozial variablen Interaktion"[105] (Bedorf 2010, 66) über eine „dem Erkennen vorgängige wertende Wahrnehmung"[106] (ebd.) bis hin zu einem „substantiell affirmativen Welt- und Alteritätsbezug"[107] (ebd.).

Die Fortentwicklung der Anerkennungstheorie ist darüber hinaus durch die intensive Auseinandersetzung Honneths mit Gerechtigkeitsfragen und der Sozialintegration bestimmt. Zudem hat der Sozialphilosoph seine Anerkennungsformen bzw. -sphären in den letzten Jahren schließlich modifiziert, indem er die ursprüngliche Anerkennungssphäre der *Solidarität* in die der *Wirtschaft* umdeutete, deren Anerkennungsnorm das *Leistungsprinzip* darstellt.[108]

## 3.4 Die Phänomenologie Lévinas'

Mit Emmanuel Lévinas wird im Folgenden ein jüdischer Philosoph des 20. Jahrhunderts rezipiert, der im behindertenpädagogischen Diskurs bereits seit vielen Jahren berücksichtigt wird.[109] Seiner Phänomenologie liegt nämlich ein Verständnis von Alterität zugrunde, das damals an Radikalität seinesgleichen suchte: Es entsagt Denkweisen, die den *Anderen*[110] in eigene Schemata überführen, ihn somit subsumieren und seiner Individualität (und *Alterität*) berauben. Damit stellt es das (in den Philosophien des Abendlands) gängige Konzept der Subjektkonstitution infrage (vgl. Bedorf 2011).

Im Sinne der Phänomenologie Lévinas' verbietet sich jede Art von Thematisierung und Objektivierung des Anderen. Seiner Philosophie wohnt hingegen die Idee einer – in der Alterität des Anderen begründeten – unendlichen *Verantwortung* inne, die das Subjekt dem Anderen schuldet und aus der es erst ‚geboren' wird. Lévinas denkt die Subjektkonstitution dementsprechend vom Anderen her und legt ihr ein Verständnis von Verantwortung zugrunde, in dem letztere nicht als *Haltung*, sondern als „Seinsmodus" (Staudigl 2009) gilt. Das bedeutet, dass das Subjekt nunmehr unausweichlich von moralischem Handeln *betroffen* ist – ohne dass es sich dafür oder dagegen entscheiden könnte – und dadurch erst zu einem ‚Seienden' wird; die Verantwortung für den Anderen ist dem Subjekt somit eingeschrieben, bevor es sich darüber (und über sich selbst) bewusst sein kann. Stinkes stellt fest, dass es Lévinas demzufolge „um eine Re-Formulierung der Menschlichkeit des Menschen, d.h. der Wiederentdeckung der

---

105 in ‚*Kampf um Anerkennung*' (1992 bzw. 1994).
106 in ‚*Unsichtbarkeit*' (2003).
107 in ‚*Verdinglichung*' (2005).
108 Der in ‚*Das Ich im Wir*' formulierte Vorschlag, die Anerkennungssphären zugunsten der Idee des Individualismus zu erweitern, wird nicht als grundsätzliche Veränderung der Honneth'schen Theorie interpretiert, sondern als spezielle methodische Vorgehensweise zum Zweck der Analyse neoliberaler kapitalistischer Gesellschaften im Rahmen des Aufsatzes ‚*Paradoxien der kapitalistischen Modernisierung*' – schließlich legt Honneth seinem im Folgejahr veröffentlichten Aufsatz ‚*Verwilderungen*' erneut das dreigliedrige Modell der Anerkennungssphären zugrunde.
109 Zum Beispiel bei Ursula Stinkes (1993) und Karlheinz Kleinbach (1994), später u.a. auch bei Markus Dederich (2000), Barbara Fornefeld (1995), Dieter Gröschke (1997), Hans-Uwe Rösner (1996) usw.
110 Zur Unterscheidung zwischen der *Andersheit* und der *Fremdheit* vgl. z.B. Waldenfels 2006, 20f./112ff.

Verantwortung [geht]" (Stinkes 2012, 247). In diesem Sinne möchte Lévinas den Ursprung der Moral ergründen bzw. zeigen, warum uns moralisches Handeln betrifft (vgl. Lévinas 2008, 71ff.; Stinkes 2012, 246ff.).
Wie diese sehr kurzen Ausführungen bereits erahnen lassen, sind die Grundannahmen der Phänomenologie Lévinas' für den behindertenpädagogischen Kontext und insbesondere für die Dissertation sehr fruchtbar. Denn das Thema der Alterität ist in Hinblick auf Menschen mit Behinderung nicht nur insofern interessant, als man dazu neigt, sie aufgrund des Unvermögens, ihre Andersheit zu verstehen, lieber in bestimmte Kategorien (,behindert', ,krank') einzuordnen und sie somit ihres ,Seins' zu entfremden. Darüber hinaus eröffnet die Lévinas'sche Perspektive der Behindertenpädagogik dadurch eine ganz neue, vielversprechende Sichtweise, dass sie ein Verständnis von Verantwortung zugrunde legt, nach dem diese dem Anderen geschuldet wird (vgl. Dederich 2000, 160ff.). Denn diese nicht-reziproke Verantwortung, die den Kern der Phänomenologie Lévinas' darstellt, zwingt zu einem radikalen Perspektivwechsel, zwingt dazu, Begegnungen mit anderen Menschen vollkommen neu zu betrachten, zwingt dazu, Anerkennung völlig anders zu denken als z.B. im Rahmen der Theorie Honneths.
Nun werden einige wesentliche Ideen der Lévinas'schen Philosophie ohne Anspruch auf Vollständigkeit skizziert. Dies führt dazu, dass die anschließende Würdigung der Anerkennungstheorie Honneths auch eine sehr kritische Auseinandersetzung mit jener beinhalten wird. Letztendlich soll auf dieser Basis eine ,eigene' (alteritätsethische) Lesart der Anerkennung entwickelt werden.

### 3.4.1 Die Moral bzw. Grundlagen der Phänomenologie Lévinas'

Lévinas selbst spricht zwar nicht von *Moral*, sondern von *Ethik* (darauf wird an späterer Stelle näher eingegangen), trotzdem kann konstatiert werden, dass der Ausgangspunkt seiner Philosophie die Frage nach moralischem Handeln und die Alterität des Anderen sind, wobei jedoch nicht ergründet wird, warum wir zu moralischem Handeln *motiviert* sind, sondern warum uns moralisches Handeln *betrifft*. Er fragt dementsprechend nach der Quelle der Moral – also nach der Ethik.
Die Begriffe *Moral* und *Ethik* werden, dies erklären Dederich und Schnell (2009), sowohl im (geistes-)wissenschaftlichen Kontext als auch in der Alltagssprache gelegentlich synonym, häufig jedoch für die Bezeichnung von Unterschiedlichem verwendet. Die Abgrenzung bzw. Definition der Begriffe fällt dabei – entsprechend der verschiedenen (Traditions-)Stränge – sehr heterogen aus (vgl. Dederich u.a. 2009, 59).[111]
In dieser Vielfalt unterschiedlicher Traditionen und Sichtweisen nimmt Lévinas eine besondere Stellung ein, denn er eröffnet eine völlig neue Perspektive: Durch ihn wird „[e]in neues Kapitel […] aufgeschlagen" (Dederich u.a. 2009, 61).
Denn fernab gängiger, auf universalistischen Denkweisen basierender Begründungsversuche der Moral entwickelt er eine Argumentationslinie, die auf alteritätstheoretischen Ideen beruht und Beziehungen grundsätzlich als asymmetrisch denkt. In universalistischen Konzepten hin-

---

111 Dederich und Schnell unterscheiden drei verschiedene Traditionsstränge in Hinblick auf das Verständnis von Ethik und Moral: „Ein Traditionsstrang versteht Ethik als Theorie der Moral. Als Moral gelten alle alltäglichen Wertüberzeugungen im Denken und Handeln. Ethik ist die Thematisierung, Reflexion und Wertanalyse dieser Wertvorstellungen, die sich als durchaus problematisch erweisen können und daher der ethischen Reflexion bedürfen. Ein anderer Traditionsstrang definiert die von Kant herkommenden Konzeptionen als Moral und die von Aristoteles ausgehende Denkbewegung als Ethik. Ein dritter und neuerer Strang unterscheidet zwischen Inhalten und Regeln des Handelns und Verhaltens (=Moral) und der Ethik als Verbindlichkeitsquelle und der Frage nach dem Mich-Meinen des moralisch Relevanten" (ebd., 59). Dem letzten Traditionsstrang kann Lévinas zugeordnet werden.

gegen resultieren moralische Prinzipien aus einem strikten Grundsatz der Symmetrie, dem eine Generalisierung und Objektivierung von Handlungen geschuldet ist. Die Festlegung dessen, was ‚moralisch' ist, basiert auf bestimmten Überlegungen und Bewertungen (z.B. in Hinblick auf ‚das Gute' oder ‚die Vernunft' – gedacht sei nur an den Kant'schen *kategorischen Imperativ*) und erfährt schließlich eine Verallgemeinerung, eine Generalisierung. Die ‚moralischen Akteure' werden demnach als Einzelne unter Vielen bzw. im Kontext einer Allgemeinheit betrachtet. In diesem Sinne ist eine Handlung dann als moralisch zu bezeichnen, wenn sie auf verschiedene Akteure anwendbar ist – wenn sie generalisiert werden kann; dies entspricht einem „Schematismus von Allgemeinem und Besonderem" (vgl. Dederich 2013a, 225). Dieser

> [...] besagt, dass der andere Mensch zugleich gleich und ungleich zu behandeln ist. Die Gleichheit kann dabei etwa auf die gleiche Würde oder rechtliche Gleichstellung bezogen werden, die Ungleichheit auf das konkrete ‚Sosein' des Individuums und seiner spezifischen Besonderheit (ebd., 225; Hervorhebung im Original, B.B.).

Wie Dederich anmerkt, geht mit dieser der (universellen) Moral innewohnenden Symmetrie jedoch „eine starke Tendenz zur Depersonalisierung" (ebd. 2000, 163) einher, der Einzelne erfährt unter den Vielen u.U. keine Berücksichtigung (vgl. ebd., 162ff.; Dederich 2013a, 224f.; Schnell 2000, 194ff.).
Indem Lévinas' seiner Idee von Moral hingegen das Attribut der Asymmetrie einschreibt, die es verunmöglicht, moralisches Handeln zu generalisieren oder zu universalisieren, und die auf der Grundannahme einer ‚Vorursprünglichkeit' der Moral beruht, unterläuft er diesen Schematismus. Dabei stellt diese Asymmetrie nicht einfach das Gegenstück der Symmetrie (z.B. im Honneth'schen Sinne) dar; es handelt sich vielmehr um eine „vor-ursprüngliche Asymmetrie. Sie macht sich bemerkbar als *Substitution*: Ich stehe für den Anderen ein. Ob ich will oder nicht" (Schnell 2001, 83; Hervorhebung im Original, B.B.). Wie und warum sich diese Asymmetrie letztendlich in gewisser Hinsicht zu einer Symmetrie wandelt, wird an späterer Stelle erläutert. Im Folgenden werden die zentralen Grundlagen der Phänomenologie Lévinas' dargelegt (vgl. Dederich 2000, 162ff.; Schnell 2001, 77ff.).
Geleitet von der Absicht, den Ursprung moralischen Handelns zu ergründen, setzt sich Lévinas mit Begegnungen bzw. der *Nähe* zum Anderen auseinander. Genau dort (konkret: im unausweichlichen Appell des Anderen) verortet er schließlich die Quelle der Moral bzw. denkt sie sogar als der Begegnung vorausgehend (‚vorursprünglich').[112] Dadurch kann sich die Moral jedoch einer gewissen Irrationalität nicht entledigen, ebenso „nicht logisch hergeleitet [werden], weil sie selbst der Ursprung oder der Anfang ist" (Dederich 2000, 166). Sie liegt somit noch vor dem Miteinander und steht jedem utilitaristischen Denken strikt entgegen, denn sie ist „nicht als Mittel einsetzbar [...], das letztlich mir oder einem kollektiven Wir dienen wird. Sie ist vielmehr bestimmt durch ein Für-den-anderen-sein jenseits von Zwecken" (ebd.). Das macht es unmöglich, Moral – im Sinne Lévinas' – anhand festgelegter Regeln, Vorgaben oder Standards zu beschreiben; jede Objektivierung und Generalisierung würde sie entfremden und zu einer Nicht-Moral werden lassen, denn sie und der Andere würden in ihrer Alterität und Unendlichkeit[113] nicht gewürdigt bzw. sogar dieser beraubt werden. Dementsprechend bedeutet

---

112 Der *Appell des Anderen*, die *Idee des Unendlichen*, die *Alterität des Anderen* und nicht zuletzt auch *seine Spur* – all diese Begrifflichkeiten, die die wesentlichen Bestandteile der Phänomenologie Lévinas' darstellen, sind in diesem Kontext von Bedeutung und werden im Folgenden erläutert.

113 Der Begriff der ‚Unendlichkeit' wird von Lévinas häufig verwendet; so erklärt er z.B. in ‚*Ethik und Unendlichkeit*' (2008): „Ich scheue das Wort Gott nicht; es taucht in meinen Aufsätzen öfters auf. Das Unendliche kommt

moralisches Handeln, einem Impuls zu folgen, der im Sinne einer nicht bewussten Entscheidung zu verstehen ist (denn ich kann mich nicht bewusst entscheiden, da ich noch nicht *bin*, ich *werde* erst durch die Entscheidung). Damit geht das Unvermögen einher, den Anderen den eigenen Maßstäben oder Nützlichkeitserwägungen unterzuordnen; vielmehr vollzieht sich jedes moralische Handeln „von Angesicht zu Angesicht" (Dederich 2000, 169) und ist damit stets einzigartig und individuell (vgl. Lévinas 2008, 71ff.; Bedorf 2011, 159ff; Dederich 2000, 162ff.). Dem *Angesicht* (oder auch *Antlitz*) des Anderen ist eine Nacktheit und Verletzlichkeit eingeschrieben, die mich unabweisbar zur Verantwortung ruft. Diese Verantwortung resultiert demnach aus der Nähe zum Anderen bzw. aus seinem Appell an mich; sie wird mir auferlegt, bevor ich *bin* – ich *werde* erst, indem ich ihr nachkomme (ohne dass ich eine Wahl hätte, sie abzuweisen). Demnach spricht Lévinas „von der Verantwortung als der wesentlichen, primären und grundlegenden Struktur der Subjektivität" (Lévinas 2008, 71) – einer Subjektivität, die ein *Für-den-Anderen-sein* ist, da sie aus der Begegnung bzw. Nähe mit dem Anderen entspringt (vgl. Lévinas 2008, 71ff.; Bedorf 2011, 159ff; Dederich 2000, 162ff.).

Nicht dem Subjekt, sondern dem Anderen kommt in der Phänomenologie Lévinas' demnach die zentrale – ja sogar die vorrangige – Stellung zu. Daraus ergibt sich, dass die Bestimmung der Moral bzw. moralischer Werte und Maßstäbe nicht dem Subjekt obliegt, sondern sich bereits *vor* seiner Konstitution ereignet. Moralisches Handeln ist in diesem Sinne nur dann möglich, wenn das Subjekt dem Appell des Anderen folgt – was nicht verhindert werden kann, da es angesprochen und somit betroffen ist, ob es will oder nicht. Es steht somit in der Schuld des Anderen, ist ihm unendlich verpflichtet, ist immer ‚weniger' als der Andere. Dadurch wird in der Begegnung mit diesem ein Subjekt gestiftet, das stets ein ‚moralisches' ist. Es ist jedoch darauf hinzuweisen, dass die *Ausgestaltung* des moralischen Handelns – das *Wie* – der Freiheit des Subjekts obliegt (vgl. Bedorf 2011, 159ff.).

Moral im Sinne Lévinas' ist, so ist zusammenfassend festzuhalten, vorursprünglich und unendlich und demnach nicht ‚denkbar' oder ‚greifbar'. Den direkten Zusammenhang zwischen Moral und der Subjektkonstitution begründet Lévinas anhand der Begegnung mit dem Anderen (bzw. konkret: seinem Appell), die die Quelle der Moral ist und das (moralische) Subjekt stiftet. Demnach ist das Subjekt von moralischem Handeln betroffen, bevor es sich bewusst dafür oder dagegen entscheiden kann. Daher schuldet es dem Anderen eine Verantwortung, die nicht abweisbar oder übertragbar ist. Die konkrete Ausgestaltung des moralischen Handelns vollzieht sich stets situationsbezogen und in Abhängigkeit vom Anderen, ist somit immer wieder aufs Neue zu ‚erfinden'. Lévinas denkt die Moral demnach nicht im Sinne einer Lehre oder (festgeschriebener) Handlungsmaximen; vielmehr beabsichtigt er, mithilfe der Vorursprünglichkeit der Moral und der nicht abzuweisenden Verantwortung eine besondere Ethik zu denken, nämlich, so erklärt Derrida:

> […] eine Ethik ohne Gesetz, ohne Begriff, die ihre gewaltlose Reinheit nur solange behält, als sie nicht in Begriffen und Gesetzen bestimmt wird. Dies ist kein Vorwurf: vergessen wir nicht, daß Levinas uns keine Gesetze oder moralischen Regeln vorschlagen will, er hat nicht die Absicht, *eine* Moral, sondern das Wesen des ethischen Verhältnisses im allgemeinen zu bestimmen. Da diese Bestimmung sich aber nicht als *Theorie* der Ethik versteht, handelt es sich um eine Ethik der Ethik (Derrida 1976, 169; Hervorhebungen im Original, B.B.).

---

mir bei der Bedeutung des Antlitzes in den Sinn. Das Antlitz *bedeutet* das Unendliche. Dieses erscheint niemals wie ein Thema, sondern in dieser ethischen Beziehung selbst: das heißt in der Tatsache, dass ich umso gerechter bin, je verantwortlicher ich bin; man ist niemals frei vom Anderen" (Lévinas 2008, 79; Hervorhebung im Original, B.B.).

Um diese zentrale Idee, die der Philosophie Lévinas' innewohnt, besser nachvollziehen zu können, soll seine Phänomenologie, die bislang nur ansatzweise und bruchstückhaft dargelegt wurde, im Folgenden sukzessive erläutert werden. Hierfür werden ihre einzelnen Bestandteile aufgeschlüsselt, die bislang nur angedeutet wurden bzw. teilweise gar keine Beachtung fanden. Den Ausgangspunkt der Darlegungen markiert die Subjektkonstitution nach Lévinas.

### 3.4.2 Die Subjektkonstitution bei Lévinas

Bevor die seiner Phänomenologie zugrunde liegende Subjektkonstitution erläutert wird, soll kurz angedeutet werden, inwiefern sie jeder Gemeinsamkeit mit (den Grundzügen) der traditionellen abendländischen Philosophie entbehrt (vgl. Bedorf 2011, 159).[114] Zum einen bricht Lévinas radikal mit der Idee des *Alter Ego*, in deren Kontext das Gegenüber als dem *Ich* gleich gedacht wird – wobei das *Ich* den Ausgangspunkt aller Überlegungen bildet („*Mein Gegenüber ist mir gleich und somit in einer bestimmten Art und Weise zu behandeln.*") – und entsagt damit einem Prinzip der Symmetrie, das vielen philosophischen Theorien des Abendlands innewohnt(e). Zum anderen denkt er das Subjekt gemäß der cartesianischen Tradition, in der dieses sich auf Basis eigener Denk- und Verstehensvorgänge autonom und demnach unabhängig von der Welt konstituiert. Und schließlich fordert Lévinas eine alteritätstheoretische Denkweise, die den *Anderen* philosophisch tatsächlich würdigt und wirft der abendländischen Philosophie somit vor, dies bislang versäumt zu haben. Demnach bezeichnet er die Ontologien als „Philosophien der ‚Totalität'" (Bedorf 2011, 160 unter Verweis auf Lévinas 1987; Hervorhebung im Original, B.B.), da sie den Anderen stets durch seine Thematisierung bestimmten Denkweisen unterwerfen, ihn somit subsumieren und damit seiner Alterität berauben (vgl. Lévinas 1987; Bedorf 2011, 159ff.; Dederich 2000, 162ff.; Schnell 2001, 197ff.).

Um das dem Anderen seine Alterität nehmende Merkmal, das Lévinas zufolge für viele bestehende Ontologien charakteristisch ist, aufzulösen, bedient er sich der „Idee des Unendlichen" (Lévinas 1983, 196). Somit kann eine ‚Thematisierung' der Alterität vermieden werden bzw. ist diese gar nicht möglich, denn:

> Die Andersheit des Anderen wird nicht annulliert, sie schmilzt nicht dahin in dem Gedanken, der sie denkt. Indem es das Unendliche denkt, denkt das Ich von vornherein mehr, als es denkt. Das Unendliche geht nicht ein in die *Idee* des Unendlichen, wird nicht begriffen; diese Idee ist kein Begriff. Das Unendliche ist das radikal, das absolut Andere (ebd., 197).

Die Idee des Unendlichen kann demnach nicht gedacht werden – sie ist „eine empfangene" (Bedorf 2011, 162). Auf diese Weise bereichert Lévinas seine Phänomenologie um eine Transzendenz, die die Ontologie und das *Ich* überschreitet und dem Anderen seine Alterität nicht nimmt (vgl. Lévinas 1983, 196ff.; Bedorf 2011, 159ff.; Dederich 2000, 162ff.).

Dieses Unendliche, das dem Anderen in seiner Alterität eingeschrieben ist, erlaubt es Lévinas, die Theorie einer Subjektkonstitution zu entwickeln, die in der Begegnung mit dem Anderen verortet ist und die eine Verantwortung[115] des Subjekts ihm gegenüber begründet. Dabei denkt er den Anderen nicht als anderes *Ich* (oder *Alter Ego*), sondern eben als den *Anderen*, der in seiner Alterität radikal, absolut und unendlich ist. Im Sinne Lévinas' verbietet sich jegliche

---

114 Ungeachtet der Bedeutung Lévinas' für die Phänomenologie ist an dieser Stelle deutlich auf die entsprechende Rolle Edmund Husserls zu verweisen: Mit seiner Idee der *Zugänglichkeit des originär Unzugänglichen* ist er nämlich der erste, der die Unzugänglichkeit des Anderen radikal formuliert und somit der Phänomenologie den Weg bereitet (vgl. Waldenfels 2006, 56f.). Er wird demnach als Begründer der Phänomenologie erachtet.

115 Bei Lévinas findet sich anstatt des Begriffs der ‚Verantwortung' auch oft der der ‚Stellvertretung'.

Objektivierung des Anderen; überdies darf er „überhaupt nicht analog zu einem Gegenstand gedacht werden" (Bedorf 2011, 165). Stattdessen findet Lévinas den Zugang zum Anderen über die Beziehung zu ihm, die sich jeder Vorstellungskraft entzieht bzw. dieser vorausgeht – ein Umstand, der der Alterität und Unendlichkeit des Anderen geschuldet ist. Beziehungen wohnt in diesem Sinne folglich etwas ‚Vorausgehendes' inne, „[…] das vor jeder postulierten Gleichheit, vor jedem Interesse, vor jedem Recht, jeder Pflicht und jeglichem moralischen Kalkül [besteht]" (Dederich 2000, 163). Diese Vorstellung der „Vor-Ursprünglichkeit" (Lévinas 1998., 39) liegt der Phänomenologie Lévinas' wesentlich zugrunde (vgl. ebd., 308ff.; Bedorf 2011, 159ff., Dederich 2000, 162ff.).

Die Idee des im Anderen (und nicht im *Ich*) verorteten Ursprungs allen moralischen Handelns führt zu einem Subjektverständnis, nach dem dieses sich nicht selbst setzt, sondern durch den Anderen bzw. die Begegnung mit ihm konstituiert wird: das *Ich* wird durch den Anderen zu einem moralischen Selbst, er ermöglicht erst ein ‚Sein'. Die Aussage Lévinas', dass die Ethik die ‚Erste Philosophie'[116] sei, verdeutlicht die Tragweite seiner theoretischen Annahmen und betont die elementare und zentrale Funktion der Beziehung zum Anderen (vgl. Bedorf 2005, 50ff.; Lévinas 2008).

Das Subjekt wird im Lévinas'schen Modell dementsprechend nicht als ein ‚autonomes'[117] gedacht, dessen (moralisches) Handeln auf selbstbestimmten Regeln beruht; in diesem Sinne sind es auch keine auf Vernunft, Menschenwürde, usw. basierenden universalistischen Prinzipien, die seine Handlungen bestimmen. Lévinas' Phänomenologie impliziert vielmehr eine Idee der Responsivität und Passivität – letztere ist nicht im Sinne eines nicht-aktiven Handelns oder gar ‚Nichtstuns' aufzufassen, sondern geht mit der zentralen Bedeutung des Anderen für die Subjektkonstitution (des Gegenübers) einher. Das Subjekt ist demnach passiv, da der Andere ‚einfällt' und dadurch das eigene Bewusstsein des Subjekts „seine erste Stelle verliert, d.h. seine Funktion als Initiator aller geistigen Bewegungen" (Stinkes 2008, 95).

Das Subjekt ‚erleidet' den Einfall des Anderen und ist dessen Appell unausweichlich ausgesetzt, ob es will oder nicht: „Es widerfährt diesem ‚Ich' etwas, das in keinster Weise seiner Initiative geschuldet ist" (Stinkes 2012, 247; Hervorhebung im Original, B.B.). Vielmehr ist es der Andere, der sein Gegenüber konstituiert, es ist keine ‚Eigenleistung' des Subjekts. Die dieser Passivität inhärente Radikalität – eine „Passivität, die viel passiver ist als jegliche Passivität" (Lévinas 2008, 83) – unterstreicht die Unausweichlichkeit, Vorursprünglichkeit und Unendlichkeit des Appells des Anderen bzw. meiner Verantwortung ihm gegenüber. Schnell formuliert in diesem Kontext – bezugnehmend auf Lévinas –, dass der Andere mich in Anspruch nimmt, „bevor ich Ich zu mir sagen kann" (Schnell 2001, 204); ich kann den Appell weder annehmen, noch ablehnen. Der Andere begründet demzufolge mein Verhalten und mein ‚Sein'. Sobald der Blick des Anderen mich trifft, so Lévinas, „[bin] ich für ihn verantwortlich […], ohne dass ich diese Verantwortung für ihn überhaupt übernehmen müsste; seine Verantwortung obliegt mir. Es ist eine Verantwortlichkeit, die über das hinausgeht, was ich tue" (Lévinas 2008, 72; Hervorhebung im Original, B.B.; vgl. dazu auch Lévinas 2008, 71ff., 79ff.; Stinkes 2012, 246ff.; Schnell 2001, 202ff.).

---

116 „Die Erste Philosophie ist eine Ethik" (Lévinas 2008, 59).
117 Es ist an dieser Stelle darauf hinzuweisen, dass das Subjekt in der Phänomenologie Lévinas' aber demnach nicht als nicht-autonom oder unfrei konstruiert wird – vielmehr wird die Autonomie des Subjekts insofern beim Anderen verortet, als sie dort begründet wird, womit jedoch keine ‚Unfreiheit' des Subjekts einhergeht (vgl. Bedorf 2011, 165f.).

Dabei spielt es keine Rolle, wer der Andere ist, wie ich ihm gegenüberstehe ("positiv" oder "negativ") und welchen Inhalts[118] bzw. welcher Natur der Anspruch ist – es besteht keine Möglichkeit, auf den Anspruch nicht zu antworten, es ist ein responsives Geschehen. Egal *wie* die Antwort auf den Appell ausfällt – die Tatsache, *dass* ich antworte, ist unumstößlich; der Appell des Anderen trifft mich, ich schulde ihm die Antwort, obgleich er sie nicht einklagen könnte. In diesem Sinne stellt die Antwort – egal ob sie verbal geäußert wird oder nicht – die Verantwortung für den Anderen dar, mit der die Verpflichtung einhergeht, diesen in seiner Bedürftigkeit und Verletzlichkeit zu schützen[119] (vgl. Lévinas 2008, 71ff.; Bedorf 2011, 159ff.). Augenscheinlich konstruiert Lévinas das Verhältnis zwischen mir und dem Anderen somit nicht als ein symmetrisches – vielmehr handelt es sich „um eine ethische Asymmetrie, ein Gefälle. Der Andere ist ‚mehr' als ich bin bzw. je sein kann" (Stinkes 2012, 247f.; Hervorhebung im Original, B.B.). Somit besteht im ethischen Sinn eine Ungleichheit zwischen mir und dem Anderen, die sich in meinem Unvermögen ausdrückt, mich der Verantwortung ihm gegenüber zu entziehen.[120] Stinkes dazu weiter: „Aber in dieser Entfremdung meiner Identität durch die Verantwortung und Sorge *um und für* den Anderen zeigt sich der Sinn, die Bedeutung meiner Existenz: für den anderen Menschen offen zu sein" (Stinkes 2008, 95; Hervorhebung im Original, B.B.). Neben dem Umstand, dass ich durch das Für-den-Anderen-Sein erst zu einem Subjekt *werde*, schwingt in dem Zitat ein anderer Aspekt mit: die Idee, dass das Subjekt einzigartig ist, denn – so erklärt Lévinas:

> Die Verantwortlichkeit ist das, was ausschließlich mir obliegt und was ich *menschlicher Weise* nicht ablehnen kann […] Ich, nicht-auswechselbar, ich bin ich einzig in dem Maß, in dem ich verantwortlich bin. Ich kann mich allen substituieren, aber niemand kann sich mir substituieren. Das ist meine nicht entfremdbare Identität als Subjekt (Lévinas 2008, 76f.).

Durch die nicht abweisbare Übernahme der Verantwortung für den Anderen werde ich zu einem Subjekt, das einzigartig, also nicht generalisierbar oder verallgemeinerbar ist. Die Sorge für den Anderen kann ich niemandem übertragen, ich stehe in seiner Schuld und kann nicht anders als dementsprechend zu handeln – dadurch *werde* ich; der Andere begründet mein individuelles und unverwechselbares ‚Sein'. Ich bin also kein „Subjekt im allgemeinen" (Lévinas 1998, 48), sondern werde durch die Verantwortung, die ich für den Anderen (in seiner absoluten Alterität) übernehme, zu einem „Subjekt, das nicht mehr ein Ich ist – sondern das ich bin […]" (ebd.). Ich bin also nicht ein Anderer, sondern ich – unverwechselbar und einzigartig. Das folgende Zitat verdeutlicht Lévinas' Betrachtungsweise eindrucksvoll:

> Ich stehe in der Passivität einer unabweisbaren Vorladung – im Anklagefall – Sich. Nicht als Sonderfall des Universalen: ich als Sonderfall des Begriffs Ich; sondern als in der ersten Person gesagten Ich [moi], als ich … [je], einzig in meiner Gattung. […] Die Einzigartigkeit […] beruht nicht auf einem

---

118 Vielmehr weist Bedorf in diesem Kontext darauf hin, dass sich der Appell sogar „nicht in einen thematisierbaren Inhalt verwandeln [lässt]" (Bedorf 2011, 165), denn jede Thematisierung könnte dem, was in der Begegnung mit dem Anderen gestiftet wird, nicht gerecht werden bzw. würde eine Entfremdung dessen darstellen.

119 Dieser Gedanke der Verletzlichkeit wird später im Rahmen der Auseinandersetzung mit dem Begriff des ‚Antlitzes' weiterverfolgt und erläutert (vgl. S. 10ff.).

120 Lévinas führt dazu aus, „dass die intersubjektive Beziehung eine nicht-symmetrische Beziehung ist. In diesem Sinne bin ich verantwortlich für den *Anderen*, ohne Gegenseitigkeit zu erwarten, und wenn es mich das Leben kosten würde. Die Gegenseitigkeit, das ist *seine* Sache. Gerade in dem Maße, in dem die Beziehung zwischen dem *Anderen* und mir nicht gegenseitig ist, bin ich dem *Anderen* gegenüber unterworfen (*Je suis sujétion à autrui*); und vor allem in diesem Sinne bin ich ‚Subjekt' (*sujet*). Ich bin es, der alles erträgt" (Lévinas 2008, 74; Hervorhebungen im Original, B.B.).

einzigartigen Zug seiner Natur oder seines Charakters […] In der Bedeutung werde ich freigelegt, herausgestellt als Einziger. […] Das ‚niemals genug' der Nähe – die Beunruhigung in diesem und durch diesen Frieden – ist, zugespitzt, die Einzigkeit der Subjektivität (ebd., 304f.; Hervorhebung im Original, B.B.).

Diese Einzigartigkeit und Nicht-Generalisierbarkeit ist der Phänomenologie Lévinas' wesensmäßig eingeschrieben. Die eingangs bereits erläuterte Abkehr von jeglichen Formen universalistischer Prinzipien wird auf diese Weise ebenso deutlich wie der Umstand, dass offensichtlich eine Perspektive eingenommen wird, die quer zu den traditionellen abendländischen Philosophien verläuft – dies haben die vorangegangenen Darlegungen zu verdeutlichen versucht. Indem gezeigt wurde, wie das Subjekt durch die unausweichliche Verantwortung für den Anderen gestiftet wird, wurde die Subjektkonstitution in der Phänomenologie Lévinas' in diesem Sinne als Resultat der Beziehung zum Anderen identifiziert.

Da das Alteritätsverständnis, das der vorliegenden Philosophie innewohnt, bislang nicht in dem Umfang berücksichtig wurde, wie ihm aufgrund seiner zentralen Bedeutung im Lévinas'schen Denken zusteht, soll dies im Folgenden nachgeholt werden.

### 3.4.3 Die Alterität

Wie bereits erwähnt wurde, denkt Lévinas die *Alterität* mit einer Absolutheit und Radikalität, die an die Grenzen der Sag- und Darstellbarkeit drängt. In diesem Sinne schreibt er ihr eine Unendlichkeit zu, die den Anderen für mich ‚nicht greifbar' macht. Er ist somit stets abwesend[121] und unergründbar, er geht jedem Verstehen voraus. Die Verantwortung, die ich ihm – gemäß der Phänomenologie Lévinas' – schulde, kann demzufolge nie ein Ende finden, ich bleibe dem Anderen immer ‚etwas schuldig', denn ich kann ihn und seine Ansprüche nur verfehlen – er ist und bleibt der Fremde, der Unverfügbare. Er bleibt zwar nicht vollkommen unerkannt – schließlich erkenne ich den anderen stets als *jemanden*, in einer gewissen Hinsicht (auf diesen Aspekt wird im Folgenden näher eingegangen); der Andere entgeht mir jedoch als *radikal* Anderer.[122]

Aufgrund dieser absoluten und radikalen Alterität verbietet sich konsequenterweise jegliche Thematisierung der Andersheit, da mit ihr unweigerlich ein Denken in gewissen Strukturen und Kontexten einhergeht, die ein ‚Einfügen' des Anderen bzw. seine Betrachtung in einem bestimmten Zusammenhang oder Rahmen unausweichlich zur Folge hat. Auf diesem Weg wird der Andere seiner Andersheit beraubt und entfremdet. Dieser Gedanke ist zu vertiefen, denn er ist für die Behindertenpädagogik interessant. An dieser Stelle ist grundlegend, dass ich den Anderen immer nur in einer bestimmten Weise oder vor einem gewissen Hintergrund verstehen kann (beispielsweise als ‚Mensch mit Behinderung') – ich schreibe ihm somit einen bestimmten ‚Sinn' zu, ihn *selbst* in seinem tatsächlichen ‚Sein', in seiner radikalen Andersheit kann ich jedoch keinesfalls (vollständig) erkennen, erfassen oder gar bestimmen. Dederich beschreibt solche Zuschreibungen als „Akt der Gewalt" (Dederich 2000, 165), da sich eine unausweichliche Verknüpfung des Anderen „mit dem Kontext oder Horizont, der immer auch etwas Allgemeines darstellt" (ebd.), vollzieht. Eine Thematisierung des Anderen ist demnach nicht möglich – jeder Versuch stellt eine Verallgemeinerung, ja eine Unterwerfung seiner

---

[121] Der Aspekt der Abwesenheit des Anderen wird im Rahmen der Auseinandersetzung mit dem Begriff der ‚Spur' eine nähere Darstellung finden.

[122] Aus diesem Grund wird im Folgenden die *Figur des Dritten* eingeführt, da der Andere durch sie in einem relativen Sinn doch erkennbar wird bzw. zu Einem unter Vielen wird.

Fremdheit unter meine eigenen Kategorien, Denk- und Deutungsschemata dar (vgl. Bedorf 2011, 159ff.; Dederich 2000, 162ff.; Stinkes 2012, 246ff.).
Das Unvermögen, den Anderen in seiner Alterität thematisieren zu können, steht meiner Verantwortung für ihn aber in keiner Weise entgegen – es begründet diese erst und wächst paradoxerweise

> […] in dem Maße, in dem sie übernommen wird. Es handelt sich um ein *Sollen*, das Gebot, ein Ideal ins Unendliche zu verfolgen. Die Unendlichkeit des Unendlichen lebt gegenläufig. Die Schuld vergrößert sich in dem Maße, in dem sie abgetragen wird (Lévinas 1998, 44; Hervorhebung im Original, B.B.).

Je näher ich dem Anderen bin, umso mehr Sorge muss ich demnach für ihn tragen – ganz „dem Maße des Unendlichen" (ebd., 44f.) folgend (vgl. ebd.). Die Unendlichkeit bzw. Alterität des Anderen bedingt somit den Umstand, dass ich ihm immer ‚etwas schuldig bleibe', begründet aber auch ein Maß an zu übernehmender Verantwortung, dass sich in meiner Sorge um den Anderen stetig und ins Unendliche potenziert (vgl. Lévinas 1998, 41ff.).

### 3.4.4 Zwischenresümee

An dieser Stelle wird ein kurzes Zwischenfazit der bisherigen Erkenntnisse über die Phänomenologie Lévinas' vorgenommen – dies soll der besseren Orientierung dienen. Wie gezeigt wurde, stellen die Frage nach dem Ursprung der Moral und die Idee der absoluten Alterität, auf die die Konstitution des Subjekts zurückzuführen ist, die wesentlichen Grundlagen des Lévinas'schen Denkens dar. Als zentrale Eckpunkte seiner Phänomenologie wurden demnach bislang die Nähe bzw. Begegnung, die aus seinem Appell resultierende unendliche und unabweisbare Verantwortung und Sorge für den Anderen, die Idee einer responsiven, asymmetrischen Beziehung, der eine radikale Passivität innewohnt, sowie die Angewiesenheit auf den Anderen identifiziert. Darüber hinaus wurde gezeigt, inwiefern das Subjekt als einzigartig bzw. nicht-verallgemeinerbar gedacht wird (vgl. Bedorf 2005, 137ff., Dederich 2000, 162ff., Lévinas 1998, 41ff.; ebd. 2008, 71ff.; Schnell 2001, 194ff.; Stinkes 2008, 91ff.; ebd. 2012, 246ff.).
Im Folgenden wird die Rezeption der Phänomenologie fortgeführt, um sie um die noch fehlenden, aber für das Denken Lévinas' wesentlichen, Elemente zu ergänzen. Dazu werden erst die Begrifflichkeiten des ‚Antlitzes' und der ‚Spur' erläutert, um das Kapitel schließlich mit Ausführungen zur Idee des ‚Dritten' zu vollenden.
Der (Wieder-)Einstieg in die weiteren Erläuterungen der Phänomenologie soll mithilfe der grundsätzlichen Annahme erfolgen, dass ich zum Anderen in einer Beziehung stehe, aus der meine Verantwortung für ihn resultiert.[123] Der Umstand, dass ich für den Anderen verantwortlich bin, stiftet eine Nähe, die unserer Beziehung innewohnt.[124] Diese Begegnung mit dem Anderen, die Lévinas als die „irreduzible und letztendliche Erfahrung der Beziehung" (Lévinas 2008, 58) bezeichnet, ist für ihn jedoch „nicht ein Zusammensein der Synthese, sondern ein Zusammensein Von-Angesicht-zu-Angesicht" (ebd., 59).

---

123 Wie schon mehrfach erwähnt wurde, resultiert meine Verantwortung genau genommen aus dem Appell des Anderen, der mich (in unserer Begegnung bzw. Beziehung) trifft.

124 Diese *Nähe* beschreibt Lévinas folgendermaßen: „Die Nähe des *Anderen* wird […] als die Tatsache präsentiert, dass der *Andere* mir nicht nur räumlich oder als Verwandter nahe ist, sondern sich mir wesentlich dadurch nähert, dass ich mich für ihn verantwortlich fühle – dass ich für ihn verantwortlich bin" (Lévinas 2008, 72; Hervorhebungen im Original, B.B.).

### 3.4.5 Das Antlitz

Dieses ‚Sich-gegenüberstehen', die Nähe zum Anderen, die Verantwortung, die mir obliegt, aber auch die Alterität, Verletzlichkeit und Nacktheit des Anderen – all dies wird im Begriff des ‚Antlitzes', dessen sich Lévinas häufig bedient, versinnbildlicht. Demnach wird das *Antlitz* nicht als Synonym für das *Gesicht* verwendet – denn: „Das Antlitz ist abstrakt." (Lévinas 1983, 226). Lévinas betont, dass in diesem Kontext nicht von einer *Phänomenologie* die Rede sein soll, die Erscheinungen beschreibt. Das Antlitz – das Gesicht – des Anderen zu *beschreiben*, würde mit dessen Objektivierung einhergehen. Daher konstatiert er, „[...] dass der Zugang zum Antlitz von vornherein ethischer Art ist" (Lévinas 2008, 63) und meint damit, dass der Andere nicht hinsichtlich seiner das Gesicht bestimmenden Merkmale wahrgenommen werden soll – vielmehr sei in der Begegnung mit dem Anderen „nicht einmal seine Augenfarbe zu bemerken" (ebd.), da nur so eine tatsächliche soziale Beziehung zum Anderen möglich sei. Denn das, was dem Antlitz wesensmäßig und einzigartig innewohnt, „ist das, was sich nicht darauf reduzieren lässt" (ebd.).

Die grundlegende Idee wurde bereits in Bezug auf die Alterität und das Unvermögen ihrer Thematisierung angedeutet. Es geht Lévinas darum, dem Anderen unabhängig von Bezügen und Themen zu begegnen – denn diese unterwerfen ihn immer gewissen kontextbedingten Sinn- und Bedeutungszuschreibungen. Indem ich ihn mir vertraut mache, ihn meinen Kategorien unterordne, entfremde ich ihn. Lévinas denkt das Antlitz hingegen als Alterität, die unendlich, radikal und vorursprünglich ist. Daher „entzieht es sich der Vereinnahmung und der Überführung ins Bekannte. Das macht seine Andersheit aus" (Dederich 2000, 165).[125]

Mithilfe der Idee des Antlitzes – und unter Berücksichtigung der Mehrdeutigkeit[126], die Lévinas ihr einschreibt – lässt sich aufzeigen, warum wir zu einer Verantwortung für den Anderen verpflichtet sind, die nicht schlichtweg als responsive Abfolge von Handlungsabläufen gedacht wird, sondern als *Sorge* zu interpretieren ist – einer Sorge, die mich „in meiner Haltung als Seiender bis hin zur Stellvertretung" (Lévinas 1998, 304) betrifft. Wie bereits dargelegt wurde, findet im Antlitz des Anderen die Begegnung mit mir ihren Anfang, denn von dort geht der Appell aus, der mich in eine unabweisbare und unendliche Verantwortung ruft und mich somit – in meinem ‚Sein' –‚stiftet'. Die Alterität des Anderen – die nicht zu *denken* ist – wird nun im Antlitz „erfahrbar" (Dederich 2000, 165), denn dort werde ich seiner Verletzlichkeit und Schutzlosigkeit gewahr.[127] Das Antlitz ist somit der Ort, an dem der „moralische Impuls entspringt" (ebd., 168) und der Grund, für den Anderen Sorge zu tragen. Über das Antlitz finde ich dementsprechend den Zugang zum Anderen (vgl. Lévinas 1998, 300ff.; Lévinas 2008, 63ff.; Dederich 2000, 162ff.).

Lévinas möchte die Verletzlichkeit des Anderen und die daraus resultierende Sorge für ihn insofern über den Begriff des Antlitzes versinnbildlichen, als er diesem einen Imperativ zuschreibt,

---

125 Lévinas formuliert dazu: „Das Antlitz ist Bedeutung, und zwar Bedeutung ohne Kontext. Ich will damit sagen, dass der *Andere* in der Geradheit seines Antlitzes nicht eine Person innerhalb eines Kontextes darstellt. [...] Der Sinn einer Sache beruht in ihrer Beziehung zu etwas anderem. Hier hingegen ist das Antlitz für sich allein Sinn. Du, das bist du. In diesem Sinn kann man sagen, dass das Antlitz nicht ‚gesehen' wird. Es ist das, was nicht ein Inhalt werden kann, den unser Denken umfassen könnte; es ist das Unenthaltbare, es führt uns darüber hinaus" (Lévinas 2008, 64; Hervorhebungen im Original, B.B.).

126 Denn dem Antlitz ist, wie bereits erwähnt wurde, die Alterität und Unendlichkeit des Anderen genauso eingeschrieben, wie seine Verletzlichkeit und Schutzlosigkeit, aber auch die Geiselschaft, in der ich mich befinde. Auf all die Aspekte wird im Folgenden eingegangen.

127 Damit wird auf die *Leiblichkeit* verwiesen.

der mir gebietet: „Du sollst nicht töten!" (Lévinas 2008, 66)[128]. Im nackten Antlitz offenbart sich dementsprechend gleichermaßen das Schutzlose, das Menschliche[129], aber eben auch die Verantwortung, die mir für den Anderen obliegt – denn ich befinde mich in der *Geiselschaft* des Anderen, der mir ‚befehlen' kann, der stets ‚über mir', an erster Stelle steht. Die dem Antlitz inhärente Mehrdeutigkeit fasst Lévinas folgendermaßen zusammen:

> Das Antlitz ist exponiert, bedroht, als würde es uns zu einem Akt der Gewalt einladen. Zugleich ist das Antlitz das, was uns verbietet zu töten (ebd., 64).

Dieses Tötungsverbot speist sich jedoch nicht allein aus der Sorge und Verantwortung, die mir für den Anderen obliegt, ist somit nicht nur auf einen tatsächlichen zu vermeidenden Mord gerichtet, sondern ist eben auch Ausdruck des Unvermögens, den Anderen in seiner Alterität zu töten – dies ist „ethisch unmöglich" (Lévinas 1987, 120). Bedorf präzisiert: „*Den Anderen* kann man ermorden, *Andersheit* aber läßt sich nicht töten" (Bedorf 2010, 142; Hervorhebungen im Original, B.B.). Er weist jedoch darauf hin, dass dies keine *empirische* Unmöglichkeit einschließt – d.h. tatsächlich kann natürlich ein Mord begangen werden; was jedoch nicht getötet werden kann, ist die Alterität, die dem Anderen inhärent ist, denn diese ist unfassbar und unendlich. Neben der Alterität verdeutlicht das Sinnbild des *Antlitzes* auch die Verletzlichkeit des Anderen und warum ich für diesen *Sorge* trage; eine Sorge, die im Sinne einer „Verpflichtung, das Sein des Anderen zu schützen und zu bewahren" (Dederich 2000, 164) zu interpretieren ist (vgl. Lévinas 2008, 63ff.; Lévinas 1987, 116ff.; Bedorf 2010, 137ff.; Dederich 2000, 162ff.).

### 3.4.6 Die Spur

Um die Unendlichkeit und Uneinholbarkeit des Anderen zu veranschaulichen, bedient sich Lévinas neben dem *Antlitz* auch der Metapher der *Spur* und bezieht somit räumliche und zeitliche Dimensionen in seine Phänomenologie ein.[130] Demnach ist es unmöglich, dem Anderen jemals zu begegnen – lediglich die Spur, die sich in seinem Antlitz abzeichnet, zeugt von seiner Existenz, seinem ‚Sein'. Lévinas formuliert dazu:

> Die im Gesicht vorübergegangene oder vergangene Spur ist nicht die Abwesenheit eines Noch-nicht-Offenbarten, sondern die An-archie dessen, was niemals gegenwärtig gewesen ist, eines Unendlichen, das im Gesicht des Anderen gebietet und das sich – wie ein ausgeschlossenes Drittes – nicht anzielen läßt (Lévinas 1998, 216).

---

128 Lévinas führt dazu aus: „Das ‚Du sollst nicht töten' ist das erste Wort des Antlitzes. Das aber ist ein Gebot. In der Erscheinung des Antlitzes liegt ein Befehl, als würde ein Herr mit mir sprechen. Dennoch ist das Antlitz des Anderen zur gleichen Zeit entblößt; hier ist der Elende, für den ich alles tun kann und dem ich alles verdanke" (Lévinas 2008, 66f.; Hervorhebung im Original, B.B.).

129 „Das Antlitz stellt sich dar in seiner Nacktheit; es ist nicht eine Gestalt, die einen Hintergrund verbirgt und eben dadurch auf ihn verweist, nicht eine Erscheinung, die ein Ding an sich verhüllt und eben dadurch verrät. Wäre dem so, dann hätten wir im Antlitz eine Maske, die es voraussetzt" (Lévinas 1983, 227).

130 Die „französische Phänomenologie der Zeit" (Schnell 2004, 87), so erklärt Schnell, nutzt „Begriff und Sache der *Spur*" (ebd.; Hervorhebung im Original, B.B.), wobei sich die entsprechenden Ausrichtungen bzw. Auffassungen der verschiedenen Philosophen durchaus unterscheiden. Schnell führt dazu aus: „Merleau-Ponty verwendet die Spur, um Gegenwart und Entgegenwärtigung zusammenzudenken, Ricœur diskutiert Spur und historisches Zeugnis miteinander, Lévinas denkt schließlich die Spur des Anderen als Verknüpfung von weltlicher Gegenwärtigkeit und Transzendenz" (ebd.).

Die Spur des Anderen ist folglich nur eine Darstellung seiner *Ver-gangenheit*[131], er wird mir in seiner Gegenwart nie zugänglich sein, denn diese war eigentlich „niemals da" (vgl. Lévinas 1983, 233), ist „immer [schon] vergangen" (ebd.), da sie „nicht der Ordnung der Gegenwart angehört" (Lévinas 1998, 40). Der Andere ist somit weder räumlich noch zeitlich greifbar, nur seine Spur lässt auf ihn *schließen*. Diese ist jedoch nicht mehr als ein Abbild – in seiner Unverfügbarkeit ist der Andere abwesend (vgl. Lévinas 1983, 226ff.). Doch trotzdem befinde ich mich – in ‚meiner' Gegenwart – in der Geiselschaft des Anderen:

> Das Unendliche verwischt seine Spuren, nicht um den Gehorsam zu überlisten, sondern weil es die Gegenwart, in der es mir gebietet, transzendiert und weil ich es aus diesem Gebot ableiten kann. Das Unendliche, das mir befiehlt, ist weder geradlinig wirkende Ursache noch Thema, das durch die Freiheit, und sei es auch nur rückblickend, schon beherrscht würde. Diesen Umweg, der gerade im Rätsel der Spur liegt, haben wir Illeität genannt (Lévinas 1998, 45).

In der *Illeität* verortet Lévinas den „Ursprung der Andersheit des Seins" (Lévinas 1983, 235) und nimmt damit Bezug auf das Göttliche. Gott bzw. das Zeugnis von ihm, kann jedoch kein ‚Thema' werden, kann nicht objektiviert werden. Vielmehr bildet sich die Herrlichkeit Gottes, die gleichsam Unendlichkeit und Alterität ist, im Antlitz, in der Spur des Anderen ab. Lévinas weist jedoch deutlich darauf hin, dass diese sich abbildende Göttlichkeit nicht bedeuten würde, „Ikone Gottes [zu] sein" (Lévinas 1983, 235); er verweist stattdessen auf die Verantwortung, die mir für den Anderen obliegt und verortet darin, in der Nähe und Sorge für den Anderen, die Göttlichkeit. Die Illeität kann somit als „das ‚Vorübergehen Gottes'" (Lévinas 1998, 345; Hervorhebung im Original, B.B.) interpretiert werden, als Gottes Wort, das ich im Antlitz des Anderen vernehme (vgl. Lévinas 1995, 140) und das meine Verantwortung für diesen begründet (vgl. Lévinas 1983, 226ff.; ebd. 1995, 132ff.; ebd. 1998, 41ff., 209ff.; Schnell 2001, 202ff.).

### 3.4.7 Der Dritte

In Lévinas' Phänomenologie ist die Verantwortung für den Anderen ein zentrales Element – so viel wurde bereits erläutert. Ein wesentlicher Gesichtspunkt seiner Theorie, der bislang unberücksichtigt blieb, muss allerdings unbedingt hinzugedacht werden, um das Lévinas'sche Modell im Sinne einer *sozialen* Intersubjektivitätstheorie interpretieren zu können. Es bedarf demnach einer Erweiterung der bisher als Dyade entworfenen Beziehung um den *Dritten*, denn: „Solange ich mit dem Anderen alleine bin, schulde ich ihm alles; aber es gibt den Dritten. Weiß ich, was mein Nächster im Verhältnis zum Dritten ist?" (Lévinas 2008, 67). Erst die Figur des Dritten ermöglicht demnach ein Denken im Rahmen gesellschaftlicher Kontexte, in denen Begegnungen zwischen dem Subjekt und dem singulären Anderen stets verortet sind und in denen sich immer andere Andere befinden. Stinkes bemerkt dazu: „Verantwortung kann zum Problem werden, weil sie niemals allein als ein exklusives Verhältnis der Unmittelbarkeit zwischen mir und dem Anderen besteht. Verantwortung verweist mich über den Anderen hinaus an den Dritten" (Stinkes 2012, 248; vgl. ebenfalls Lévinas 2008, 63ff.; Bedorf 2005, 50ff.; ebd. 2011, 173f.; Schnell 2001, 212ff.).

Im sozialen Kontext müssen die Ansprüche des singulären Anderen somit stets im Licht der vielen Ansprüche der anderen Anderen abgewogen werden, wodurch das Feld der Gerechtigkeit

---

131 Denn, so erklärt Lévinas: „In der Spur ist eine absolut vollendete Vergangenheit vorübergegangen. In der Spur bestätigt sich ihr unumkehrbares Vergangenes" (Lévinas 1983, 232).

eröffnet wird:[132] „Die interpersonale Beziehung, die ich mit dem *Anderen* herstelle, muss ich auch mit den anderen Menschen herstellen; es besteht also die Notwendigkeit, dieses Privileg des *Anderen* einzuschränken; daher die Gerechtigkeit" (Lévinas 2008, 68; Hervorhebungen im Original, B.B.).
Die Annahme, dass der Dritte in jeder Begegnung mit dem Anderen verortet ist – „In den Augen des Anderen sieht mich der Dritte an [...]" (Lévinas 1987, 307f.), er ist ‚gleichursprünglich' mit dem Anderen – hat weitreichende Folgen: So muss das Subjekt einerseits die unausweichliche Verantwortung für den Anderen übernehmen – ihn also im Sinne seiner unendlichen Alterität (und Individualität) ‚behandeln'; andererseits muss der Dritte im Kontext dieser Begegnung immer mitgedacht werden, wodurch die „[...] Singularität des Anderen, die ihn als Unverwechselbaren ausmacht, [...] im Horizont des sich auf Kriterien stützenden Vergleichs zu einem Partikularen [wird]" (Bedorf 2010, 209f.). Daraus resultiert ein Spannungsverhältnis,[133] in dem unendliche und somit unvergleichliche Ansprüche mehrerer Subjekte miteinander verglichen und abgewogen werden müssen. Schließlich hat das Subjekt zu entscheiden, wessen Ansprüchen zuerst oder in einem höheren Maße entsprochen wird. Dieser Prozess des Abwägens ermöglicht somit erst ein *gerechtes* Handeln (vgl. Lévinas 1987, 307ff.; Bedorf 2010, 203ff.; Dederich 2011a, 120f.;.).
Dieses schließt das Subjekt selbst allerdings ein, denn es

> [...] taucht in ein System *symmetrischer Beziehungen*: Es gibt eine Notwendigkeit normativ gefasster Formen der Anerkennung und Gerechtigkeit, d.h. das Ich hat ein *Recht auf symmetrische Anerkennung durch den anderen* und *vice versa*! Gerechtigkeit, Anerkennung und die ethische Beziehung der Verantwortung bestehen für Levinas daher als ein *Verhältnis des Ineinander und der Differenz* (Stinkes 2012, 248; Hervorhebungen im Original, B.B.).

Damit geht „das Faktum der Selbstsorge" (Stinkes 2011, 150) einher, schließlich bedeutet „[s]ich um sich selbst sorgen [...] nicht per se Egoismus und damit Missachtung anderer" (ebd.). Dadurch wird die unendliche Verantwortung gegenüber dem singulären Anderen und den vielen Anderen jedoch nicht geschmälert (vgl. Stinkes 2011, 147ff.; ebd. 2012, 246ff.). Trotzdem tut sich in der Figur des Dritten eine Paradoxie auf: Indem sich Gerechtigkeit erst durch eine Antwort auf den Appell des Anderen entfaltet, die im Bewusstsein der Existenz des Dritten erfolgt, wird der Unendlichkeit und absoluten Fremdheit des Anderen jedoch gerade keine Rechnung getragen. Paradoxerweise wird *ethische Verbindlichkeit* im sozialen Feld – gemäß der Phänomenologie Lévinas' – allerdings nicht durch den Vergleich der anderen Anderen und deren Ansprüche begründet, sondern entsteht in der unendlichen Alterität des singulären Anderen und speist sich aus ihr: „Der ethische Anspruch, der sich aus der alteritätstheoretischen Dyade begründet, ‚überlebt' gewissermaßen in der sozialen Triade" (Bedorf 2010, 210; Hervorhebung im Original, B.B.). Der Dritte eröffnet dementsprechend überhaupt erst den Zugang zum Anderen, denn er ermöglicht „das Erscheinen des Anderen im lebensweltlichen Sinne, das Thematisieren, Verteilen und Bemessen von Gerechtigkeit [...]" (Schnell 2001, 204).
Genau darin liegt die Pointe der Figur des Dritten. Bedorf bezeichnet diese als „eine Übergangsfigur, ein Scharnier, das zwischen der sozialen und der ethischen Ebene angesiedelt ist" (Bedorf

---

132 Denn, so erklärt Bedorf: „Gerechtigkeit zu zweien gibt es nicht, erst der Dritte macht sie notwendig und möglich" (Bedorf 2005, 52).

133 Lévinas nimmt auf dieses Spannungsverhältnis in folgendem Zitat Bezug: „In der Nähe des Anderen bedrängen mich – bis zur Besessenheit – auch all die Anderen, die Andere sind für den Anderen, und schon schreit die Besessenheit nach Gerechtigkeit, verlangt sie nach Maß und Wissen, ist sie Bewußtsein" (Lévinas 1998, 344).

2005, 54). Der Dritte repräsentiert die Gesellschaft, die Institutionen und die Politik, die ihre *ethische Verbindlichkeit* erst durch die Rückbindung an die asymmetrische dyadische Beziehung erlangen.[134] Gerechtigkeit ist in diesem Sinne „nicht nur der Zustand einer Verteilung von Macht, Rechten und Pflichten, sondern überhaupt Bereich der Anwesenheit, Phänomenalität und Intentionalität" (Schnell 2001, 187).[135] Demzufolge verbietet es sich, Regeln oder Ideale im Sinne einer ‚Gerechtigkeitstheorie' abzuleiten. Schnell erläutert, dass in der Phänomenologie Lévinas' „[...] die Ansprüche der Menschheit nicht in einem Gesetz formuliert werden, unter das auch der Andere einbezogen wird, vielmehr ist im Antlitz die Menschheit gegenwärtig, die mich im Anderen mitanspricht" (ebd., 216; vgl. dazu auch Lévinas 1998; Bedorf 2010, 203ff.; Dederich 2011a, 120f.; Schnell 2001, 185ff.).

Die Phänomenologie Lévinas', die in ihren Grundzügen bis zu dieser Stelle dargelegt wurde, soll nun abschließend zusammengefasst werden.

### 3.4.8 Resümee

Ausgangspunkt der Phänomenologie Lévinas' bildet die Absicht, den Ursprung der Moral zu ergründen und in diesem Sinne eine „Ethik der Ethik" (Derrida 1976, 169) zu entwerfen. Das Subjekt wird in diesem Modell durch die Begegnung mit dem Anderen, durch die Nähe und die Verantwortung, die ihm obliegt, gestiftet. Die diesem ethischen Geschehen innewohnende Vorursprünglichkeit begründet die Unausweichlichkeit des Anspruchs des Anderen und die Geiselschaft, in der sich das Subjekt befindet. Dieser unabwendbare Appell wird dem Subjekt durch das Antlitz des Anderen offenbart, das zum einen Ausdruck seiner Nacktheit und Verletzlichkeit ist und das Subjekt zur Verantwortung und Sorge ruft (wobei dieser Appell nicht abgewiesen werden kann), und zum anderen die Unendlichkeit und die Unmöglichkeit, den Anderen zu töten, erahnen lässt. Diese Unmöglichkeit beruht auf der Alterität des Anderen, von der seine im Antlitz eingeschriebene Spur zeugt. Diese ist jedoch nur Abbild einer Vergangenheit des Anderen, die nie Gegenwart war oder werden könnte. Demnach ist der Andere – in seiner unendlichen und uneinholbaren Alterität – stets abwesend und kann (bezüglich seiner Alterität) in *ethischer* Hinsicht nicht getötet werden.

Die Figur des Dritten, so wurde überdies gezeigt, ermöglicht schließlich eine Einbindung in gesellschaftliche Kontexte, wobei der Aspekt der Gerechtigkeit hinzutritt, denn nun ist abzuwägen und letztendlich nach ‚gerechten' Maßstäben zu entscheiden, ob das Subjekt zuerst bzw. in höherem Maße seiner Verantwortung gegenüber dem Anderen oder dem Dritten nachkommt. Die Moralität, die dieser Entscheidung zugrunde liegt, wird wiederum in der (dyadischen) Beziehung mit dem Anderen (in seinem Appell) gestiftet; er ist die Quelle der Moral. Dort werden Kriterien moralischen Handelns begründet, die bestimmte Appelle wichtiger erscheinen lassen als andere, die darauf hindeuten, worauf es moralisch ankommt, welche Handlung in bestimmten Situationen die ‚richtige' ist. Demnach wird die absolute Unendlichkeit des Anderen in der Figur des Dritten paradoxerweise gleichzeitig gewürdigt und

---

134 Lévinas lehrt uns, dass „[...] die Gerechtigkeit [...] nur dann Sinn [hat], wenn sie den Geist der Selbstlosigkeit (*dés-intér-essement*) behält, der die Idee der Verantwortung für den anderen Menschen belebt" (Lévinas 1998, 75).

135 Der Gedanke der Intentionalität geht auf Husserl zurück. Er ist „der systematische Kern von Husserls Phänomenologie. [...] Die Pointe der Husserl'schen Konzeption besteht darin, dass die innere Einheit von gegenstandsbezogenen Bewusstseinsakten und dem Gegenstand, auf den sie jeweils gerichtet sind, erwiesen wird. Allein in der ‚natürlichen Einstellung' [...] erscheinen die Gegenstände als etwas selbständig Existierendes, während durch die Einklammerung der natürlichen Einstellung in der philos. Betrachtung [...] deutlich wird, dass sie in Wahrheit Phänomene sind und ihre Bestimmtheit in den sie intendierenden und dabei konstituierenden Bewusstseinsakten haben" (Gessmann 2009, 356f.; Hervorhebung im Original, B.B.).

vernachlässigt. Es ist jedoch zu betonen, dass diese Widersprüchlichkeit derart gedacht wird, dass „[…] das Gebot des Anderen in der Welt Gewicht haben [soll]" (Schnell 2001, 218) – insofern wird der Andere seiner Alterität nicht beraubt. Überdies entspricht das ‚Gebot' aber eben gerade keinem Ideal der Gerechtigkeit – die Begegnung mit dem Anderen stiftet *ethische Verbindlichkeit*, aber begründet keine bestimmte Verhaltensweise, die einer Regel entspricht; vielmehr ist die *ethische Verbindlichkeit* im Sinne der aus der unendlichen Alterität des Anderen resultierenden Verantwortung zu verstehen, also einer unendlichen Sorge für den singulären Anderen und die anderen Anderen. So wird die Lévinas'sche Ethik des Öfteren als „Ethik der Ethik" (Derrida 1976, 169) bezeichnet, teilweise hingegen „gar nicht als Ethik" (vgl. Schnell 2001)[136] gedeutet. Dies ist der ihr innewohnenden Unendlichkeit und Vorursprünglichkeit geschuldet. Wie Bedorf zeigt, sagt Lévinas selbst, dass ihm nicht die Aufgabe zukommt, „eine Ethik zu formulieren, sondern vielmehr das Ethische *in statu nascendi* zu eruieren" (Bedorf 2010, 211; Hervorhebung im Original, B.B.).

Das folgende Zitat Lévinas' verdeutlicht abschließend, inwiefern seiner Phänomenologie ein Verständnis von Gerechtigkeit innewohnt, das nicht nur in Hinblick auf den gesellschaftlichen Kontext und die Politik, sondern gerade für das Promotionsvorhaben besonders wertvoll erscheint:

> Die Gerechtigkeit bleibt Gerechtigkeit nur in einer Gesellschaft, in der zwischen Nahen und Fernen nicht unterschieden wird, in der es aber auch unmöglich bleibt, am Nächsten vorbeizugehen […] (Lévinas 1998, 347).

Welche Rolle die zentralen Ideen der Phänomenologie Emmanuel Lévinas' für den weiteren Verlauf der Arbeit und die eigene Lesart der Anerkennung spielen werden, wird das folgende Kapitel 3.5 zeigen.

## 3.5 Die alteritätsethische Lesart der Anerkennung

Wie die zurückliegenden Ausführungen verdeutlicht haben, sind die beiden vorgestellten theoretischen Perspektiven – die Anerkennungstheorie Honneths und die Phänomenologie Lévinas' – sehr unterschiedlich, verlaufen teilweise sogar entgegengesetzt zueinander.[137] Im Folgenden wird versucht, beide Positionen miteinander zu verknüpfen, wobei ihre Differenzen keineswegs hinderlich für das Vorhaben sein müssen. Vielmehr bergen sie sogar ein gewisses Potential, das sich dann entfalten kann, wenn sie nicht in vergleichender Weise betrachtet

---

136 Zumindest nicht als „kognitive, deontische, teleologische oder sittliche" (vgl. ebd. 2001, 214).
137 Herrmann stellt heraus, dass sich Anerkennungs- und Alteritätstheorien in drei wesentlichen Punkten unterscheiden:
   1. ‚Gelungene Anerkennung' geht im anerkennungstheoretischen Kontext mit der Identifizierung des Anderen einher, die alteritätstheoretische Perspektive setzt gerade auf den Verzicht darauf.
   2. Der Ausgangspunkt der Subjektwerdung ist bei Anerkennungstheorien im Subjekt und dessen Verlangen nach Anerkennung verortet, Alteritätstheorien denken hingegen vom Anspruch des Anderen her.
   3. Wo anerkennungstheoretische Perspektiven die Symmetrie zwischen Subjekten als gegeben voraussetzen, sehen alteritätstheoretische Positionen eine „[…] unüberwindbare[] Asymmetrie des Sozialen […]" (Herrmann 2013, 28). Demnach steht das „Prinzip der Reversibilität" (ebd.) einer „[…] Unumkehrbarkeit des Verhältnisses zwischen Ich und Anderem […]" (ebd.) entgegen (vgl. ebd.).

Herrmann fokussiert sich bei der Auseinandersetzung mit der Alteritäts- und der Anerkennungstheorie auf Lévinas und Hegel und identifiziert beide jeweils als zentrale Größe ihrer Theorielinie. Da Honneths Vorhaben „[…] im Wesentlichen als eine Reaktualisierung der hegelschen Theorie" (ebd., 29f.) zu begreifen ist, können die Ausführungen Herrmanns durchaus für das sich auf Honneth beziehende vorliegende Promotionsvorhaben herangezogen werden.

werden. Herrmann bezeichnet diesen Weg als „*komplementären* Ansatz" (Herrmann 2013, 29 Hervorhebung im Original, B.B.), der durch eine Perspektive charakterisiert ist, bei der „Anerkennungs- und Alteritätstheorie einander nicht ausschließend gegenüberstehen, sondern vielmehr wechselseitig aufeinander verweisen […]" (ebd.). So wird die „Schnittstelle" (ebd.) sichtbar, „[…] an welcher beide Ansätze ineinander übergehen" (ebd.).

Mithilfe dieser ‚Schnittstelle' – der Verknüpfung von Lévinas und Honneth, der Verantwortung und der Anerkennung (nach Honneth), der nicht-ethischen Gleichheit und der Idee der Reziprozität – kann im Folgenden ein alteritätsethisches Anerkennungsverständnis entwickelt werden, in dem die Phänomenologie Lévinas' der Konzipierung einer theoretischen Grundlage (Kap. 3.5.2) und die Anerkennungstheorie Honneths der Konkretisierung dieser Basis dienen. Mit Lévinas wird die Idee der Anerkennung im Sinne der Verantwortung interpretiert. Aus dem auf diese Weise (in Kap. 3.5.3.1) gewonnenen Anerkennungsverständnis werden schließlich anerkennungsethische Überlegungen mit Bezug zur Behindertenpädagogik (Kap. 3.5.3.2) sowie letztendlich behindertenpädagogische Handlungsempfehlungen (Kap. 4) resultieren. So werden Theorie und Praxis direkt miteinander verknüpft.

Dieses Vorhaben stellt den Versuch dar, *Verantwortung, Anerkennung* und *Gerechtigkeit* zusammenzudenken. Die Anerkennung soll als Bindeglied zwischen Verantwortung (im Sinne Lévinas') und Gerechtigkeit verstanden werden. Letztendlich soll die entwickelte Lesart der Anerkennung demnach in ein entsprechendes Gerechtigkeitsverständnis münden.

Verantwortung, Anerkennung und Gerechtigkeit werden als dynamischer Prozess begriffen: Denn die Anerkennung muss immer wieder neu ausgelotet werden und bedarf kontinuierlich der Überprüfung anhand gerechtigkeitsrelevanter Maßstäbe. Zu diesem Zweck ist die Rückbesinnung auf die Verantwortung für den singulären Anderen genauso notwendig wie die Berücksichtigung der Figur des Dritten (d.h. der Ansprüche der vielen Anderen), wodurch erst eine Verortung in der sozialen Welt möglich wird. In den folgenden Kapiteln werden diese Zusammenhänge sukzessive dargelegt.

Auch das sich nun unmittelbar anschließende Kapitel, das die Theorie Honneths – unter einem alteritätstheoretischen Einfluss stehend – kritisch würdigt, ist für den weiteren Verlauf der Arbeit besonders bedeutsam, denn die Auseinandersetzungen beeinflussen die folgende alteritätstheoretische Interpretation der Idee der Anerkennung und die Entwicklung der eigenen Lesart der Anerkennung unmittelbar.

### 3.5.1 Kritische Würdigung der Anerkennungstheorie nach Honneth

Die folgende Auseinandersetzung wird sich aus Perspektive der Behindertenpädagogik mit den wesentlichen Aspekten der Honneth'schen Theorie beschäftigen, wobei zu Beginn des vorliegenden Kapitels eine Würdigung seines großen Verdienstes erfolgt.[138] Im weiteren Verlauf werden einige Aspekte der Honneth'schen Anerkennungstheorie kritisch betrachtet. Es handelt sich um die drei Anerkennungsformen, um das Prinzip der Reziprozität und Symmetrie, um Fragen bzgl. des Konzepts der Sittlichkeit bzw. der Anerkennung als idealtypischem Modell, um den Missbrauch der Anerkennung als Ideologie, um die Anerkennungskämpfe sowie um Fragen der Gerechtigkeit und Umverteilung.

Diese kritische Reflexion stellt eine wichtige Komponente für die Entwicklung der eigenen Lesart der Anerkennung dar, denn die alteritätstheoretischen Grundannahmen, die für die

---

138 Hauptsächlich wird dabei auf die in ‚*Kampf um Anerkennung*' (1994) dargelegten zentralen Grundannahmen und -elemente der Anerkennungstheorie Bezug genommen; teilweise werden aber auch wichtige Aspekte der Fortentwicklung seiner Theorie berücksichtigt.

Lesart von zentraler Bedeutung sind, werden mithilfe der Anerkennungsformen nach Honneth konkretisiert. Diese drei Formen werden allerdings auf Basis der kritischen Auseinandersetzung mit Honneths Theorie weiterentwickelt bzw. modifiziert. Am Ende der vorliegenden Arbeit werden auf dieser Grundlage schließlich Handlungsempfehlungen für die behindertenpädagogische Praxis formuliert.

### 3.5.1.1 Verdienst Honneths

Die Theorie der Anerkennung nach Axel Honneth hat den anerkennungstheoretischen Diskurs in entscheidendem Maße geprägt und birgt auch für die Behindertenpädagogik ein großes Potential. Denn sie begreift Anerkennung – darin stimmt sie mit vielen anderen anerkennungstheoretischen Konzeptionen und Modellen überein – einerseits als Grundbedürfnis der Menschen, und somit als wesentliche Voraussetzung für die Ausbildung eines positiven Selbstverhältnisses, andererseits aber auch als Medium der Integration, das auf die Schaffung gerechter(er) Verhältnisse in einer Gesellschaft ausgerichtet ist (vgl. Dederich 2011b; Kaletta 2008, 30ff.).

Ein besonders großes Verdienst Honneths stellt nun die These dar, dass die Forderung nach Anerkennung – die sich z.B. in Form eines Kampfs um Anerkennung niederschlägt[139] – aus vorenthaltener Anerkennung bzw. Missachtung geboren wird. Das Bewusstsein oder zumindest das Gefühl eines Verlusts von Anerkennung kann wiederum nur dort entstehen, wo Erfahrungen und Kenntnisse in Hinblick auf das Vorenthaltene existieren.

Für den behindertenpädagogischen Kontext bzw. das Promotionsvorhaben birgt die Honneth'sche Perspektive demnach ein großes Potential: Nicht nur wird die grundsätzliche zentrale Bedeutung von Anerkennung auf individueller (positives Selbstverhältnis und Integrität) und gesellschaftlicher Ebene (Integration und Gerechtigkeit) herausgestellt, gleichzeitig wird aufgezeigt, dass positive Anerkennungserfahrungen dazu befähigen, Ungerechtigkeit und Missachtung zu erkennen und sich dagegen behaupten zu wollen bzw. zu können. Der Behindertenpädagogik wird auf diese Weise nicht nur die Notwendigkeit vermittelt, anerkennungstheoretische Grundannahmen in Disziplin und Profession zu berücksichtigen bzw. sich dementsprechend kritisch zu reflektieren und neu auszurichten (z.B. in Bezug auf Interaktionen, Strukturen usw.), gleichzeitig werden ihr Chancen und Möglichkeiten aufgezeigt, Menschen mit Behinderung in Hinblick auf die Entwicklung einer starken, selbstbewussten Persönlichkeit und einer individuellen Lebensgestaltung zu unterstützen.

Die Differenzierung in die drei Anerkennungsformen, die Honneth in Anschluss an Hegel vornimmt, legt in sehr plausibler Weise die verschiedenen Ebenen der Anerkennung dar und bildet damit eine gute theoretische Basis für die behindertenpädagogische Disziplin und Profession, um sich selbst entsprechend zu hinterfragen, neu auszurichten und zu modifizieren (z.B. in Hinblick auf pädagogisches Handeln, strukturelle Rahmenbedingungen usw.). Die separate Betrachtung der *rechtlichen Anerkennung* ist überdies sehr gut für eine Auseinandersetzung mit den für die Behindertenpädagogik so bedeutsamen Forderungen der UN-BRK geeignet, die übrigens selbst die Anerkennung in *emotionaler* sowie *solidarisch-wertschätzender* Hinsicht in zahlreichen Forderungen berücksichtigt.

Neben den Verdiensten Honneths, die soeben lediglich exemplarisch, in einer sehr verkürzten Weise und nur in Hinblick auf die Behindertenpädagogik skizziert wurden, müssen jedoch

---

139 Es muss sich nicht immer um Anerkennungskämpfe handeln; Individuen fordern schließlich auch individuell Anerkennung ein, ohne kollektive Ziele einer z.B. diskriminierten Gruppe zu verfolgen.

ebenfalls die Grenzen der Theorie bzw. der Gesichtspunkte identifiziert werden, die sehr kritisch zu betrachten sind – dies wird im Folgenden auch weiterhin im Kontext behindertenpädagogischer Fragestellungen vorgenommen. Dabei fließen ebenfalls die in Kapitel 3.4 vorgestellte alteritätstheoretische Perspektive Lévinas' und deren kritisches Potential ein, wodurch die Anerkennungstheorie Honneths teilweise ‚in einem neuen Licht' erscheint und eine gewisse Relativierung oder sogar ‚Entzauberung' erfährt. Die Vorläufigkeit und Begrenztheit, die die Anerkennung nun – im Kontext einer alteritätstheoretischen Interpretation – grundsätzlich charakterisieren, berauben den Idealismus, der den Interpretationen Honneths teilweise innewohnt, seines Fundaments.

### *3.5.1.2 Anerkennungsformen*

Eines der zentralen Elemente der Theorie Honneths stellt die Dreiteilung der Anerkennung bzw. die damit einhergehende Differenzierung in die entsprechenden Sphären dar. Im Folgenden werden diese Formen der Anerkennung einzeln und aus behindertenpädagogischer Perspektive in den Blick genommen, was verschiedene kritische Aspekte aufdeckt.

### *3.5.1.2.1 Emotionale Anerkennung/Liebe*

Die *Liebe* als die primäre und fundamentalste Form der Anerkennung in der Theorie Honneths bedarf durchaus einer kritischen Betrachtung. Es wird allerdings keineswegs in Abrede gestellt, dass positive Erfahrungen im Rahmen enger persönlicher Beziehungen – insbesondere in den ersten Lebensjahren – von zentraler Bedeutung für die Entwicklung von Selbstvertrauen sind; vielmehr wird gerade dort die folgende Kritik begründet.

Denn in Honneths Theorie wird die *emotionale Anerkennung* ausschließlich im Rahmen enger zwischenmenschlicher Beziehungen verortet. Honneth formuliert:

> So macht schon die ‚Konditionalität' der ersten Einstellung klar, daß moralische Leistungen der Fürsorge nur in solchen Fällen den Subjekten zuzumuten sind, in denen wechselseitige Bindungen auf affektiver Basis bestehen [….] (vgl. Honneth 2000, 187; Hervorhebung im Original, B.B.).

Gerade aus behindertenpädagogischer Perspektive birgt dies jedoch Schwierigkeiten; so kritisiert Kuhlmann (2005) Honneth dahingehend, „dass er [Honneth, Anm. B.B.] die Wahrnehmung individueller Bedürftigkeit der Anerkennungsform der ‚Liebe' zuordnet und praktizierte Fürsorge damit in die Sphäre personaler Nahbeziehungen wie Familie und Freundschaft verweist" (Kuhlmann 2005, 157; Hervorhebung im Original, B.B.). Im Kontext der Bereiche, die durch nahe zwischenmenschliche Beziehungen geprägt sind, sich jedoch außerhalb des Familien- und Freundeskreises befinden, erweist sich dieser Punkt als besonders schwierig. Dazu zählen insbesondere alle professionellen[140] pädagogischen, pflegerischen und therapeutischen Felder, die i.d.R. ein fürsorgliches Eingehen auf die individuellen Bedürfnisse, Bedarfe und Wünsche des Gegenübers (Bewohner, Patient, Betreuter usw.) umfassen, dabei jedoch ursächlich nicht aus einer nahen persönlichen Bindung resultieren bzw. dauerhaft auf eine durch professionelle Distanz charakterisierte Beziehung ausgelegt sind.[141]

---

[140] Der Begriff ‚professionell' wird an dieser Stelle nicht als Ausübung einer Profession verstanden, sondern umfasst die Tätigkeiten, die Arbeitnehmer oder ehrenamtlich engagierte Personen ausführen.

[141] Zwar modifiziert Honneth seine Anerkennungstheorie in ‚*Das Andere der Gerechtigkeit*' (2003) und räumt der *Fürsorge* einen Platz neben den Anerkennungsformen ein (dieser Aspekt wird im Kapitel 3.5.1.7 tiefergehend betrachtet), doch dies berührt die o.g. Kritikpunkte nicht. Demnach ist weiterhin zu fragen, wie Anerkennung auf dieser Ebene im Rahmen professioneller Tätigkeiten begründet wird. Das Promotionsvorhaben wird im

So ist zu fragen, ob eine *emotionale Anerkennung* im Honneth'schen Sinne realistischer Weise in professionellen Kontexten erwartet werden kann. Ist seine Argumentation an dieser Stelle noch schlüssig? Oder muss aus den Ausführungen die Konsequenz resultieren, dass Formen *emotionaler Anerkennung* gemäß der Theorie Honneths in professionellen Kontexten nicht auftreten bzw. nicht vorgesehen sind? Was bleibt, wenn diese Aspekte ausgeklammert werden? Die Tragweite dieser Fragen verschärft sich unter dem Eindruck, dass Honneth *soziale Wertschätzung* an Leistungen knüpft (s.u.), was insbesondere aus behindertenpädagogischer Perspektive sehr kritisch beurteilt werden muss.

Damit Anerkennung – insbesondere für Menschen mit Behinderung – keine exkludierenden Effekte birgt, muss aus den vorangegangenen Überlegungen eine Modifikation der *emotionalen Anerkennung* nach Honneth resultieren. Denn Menschen benötigen diese Form der Zuwendung natürlich auch (bzw. ganz besonders) in professionellen Kontexten; die Theorie Honneths, die diese Anerkennungsform ausschließlich für Nah-Beziehungen entwirft, erscheint daher in ihrer ursprünglichen Form ungeeignet.

Die Modifikation der emotionalen Anerkennung wird aufbauend auf diesen Gedanken an späterer Stelle vorgenommen; dafür werden auch die Schlussfolgerungen, die in Kapitel 3.5.1.7 gezogen werden, bedeutsam sein. Im Folgenden muss ein weiterer wichtiger Kritikpunkt im Rahmen dieser Anerkennungsform erwähnt werden.

Honneth legt seiner Theorie die Annahme zugrunde, dass Menschen in ihrer Integrität ‚geschädigt' werden, wenn sie im Rahmen dieser Sphäre einen Mangel an Anerkennung erfahren. Insbesondere bei Erwachsenen stellt sich allerdings die Frage, ob aus einem Entzug von Anerkennung tatsächlich eine solche Schädigung resultiert bzw. resultieren muss.

An dieser Stelle soll keine Antwort auf diese Frage gesucht werden; vielmehr tun sich anknüpfend daran weitere kritische Aspekte der Theorie Honneths auf. So ist die Idee, „Identität als ein in sich geschlossenes Konzept" (Kaletta 2008, 30) zu begreifen, sicherlich sehr kritisch zu hinterfragen; demzufolge erscheint auch das Prinzip einer ‚vollständigen Identität', die auf Anerkennungserfahrungen beruht und die einem aus Missachtungserfahrungen resultierenden „Zusammenbruch dieser Identität" (ebd.) gegenübersteht, äußerst fragwürdig. Im Rahmen der alteritätstheoretischen Auseinandersetzung mit der Anerkennung eröffnen sich im weiteren Verlauf der Dissertation interessante alternative Perspektiven.

Resümierend muss bereits an dieser Stelle dafür plädiert werden, die Sphäre der *Liebe* dahingehend zu erweitern, dass an Stelle des Gefühlszustands *Liebe* eine Haltung rückt, die durch Mitgefühl, Empathie und emotionale Zuwendung geprägt ist. Insbesondere im professionellen behindertenpädagogischen Kontext (hier: in Wohneinrichtungen der Behindertenhilfe) ist dies von großer Bedeutung, denn gerade dieses Feld bedarf häufig sehr naher zwischenmenschlicher Beziehungen.

### 3.5.1.2.2 Rechtliche Anerkennung

Ein weiterer kritischer Gesichtspunkt tritt im Kontext der Sphäre des *Rechts* zutage. Honneth führt aus, dass Menschen in modernen Gesellschaften nur dann als ‚moralisch zurechnungsfähige' – also als autonom handelnde und sozial geschätzte – Personen agieren können, wenn sie über eine gewisse ökonomische Sicherheit und kulturelle Bildung

---

weiteren Verlauf entsprechende Vorschläge liefern. Überdies soll an dieser Stelle auf den Beitrag ‚*Im Angesicht des dementen Anderen*' (2011) von Hans-Uwe Rösner verwiesen werden. Der Autor untersucht dort, inwiefern die Anerkennungstheorie Honneths – insbesondere der Fürsorge-Begriff – als „Referenzrahmen für helfende Berufe" (Rösner 2011, 188) geeignet ist.

verfügen. Honneth verweist selbst auf den idealistischen bzw. utopischen Charakter, den diese Forderung im Rahmen neoliberalistischer Gesellschaften entwickelt (vgl. Borst 2003, 125ff.), versäumt es jedoch, diese Problematik gänzlich zu bearbeiten bzw. aufzulösen. Insbesondere aus behindertenpädagogischer Perspektive ist dafür zu plädieren, sich von diesem Rechtsverständnis zu distanzieren, denn aus diesem resultieren starke benachteiligende, ja sogar exkludierende Effekte, wobei gerade die Menschen schlecht gestellt werden bzw. sogar gänzlich unberücksichtigt bleiben, die ohnehin schon über eine schwache rechtliche Position verfügen.[142]

Im weiteren Verlauf der Dissertation wird der rechtliche Aspekt in der Auseinandersetzung mit Gerechtigkeitsfragen und solchen der Umverteilung erneut aufgegriffen.

### 3.5.1.2.3 Soziale Wertschätzung/Solidarität

Die dritte Sphäre der Anerkennung – die der *sozialen Wertschätzung/Solidarität* – birgt für viele Autoren sehr kritisches Potential. Die Gewährung von Anerkennung hängt in diesem Bereich von der Erfüllung bestimmter Bedingungen ab. Demnach führt der individuelle Beitrag des Einzelnen nur dann zu Anerkennung, wenn er zur Verwirklichung kollektiver Ziele und Werte beiträgt. Problematisch erscheint hierbei der Umstand, dass gemäß der Theorie Honneths nur jene Merkmale des Einzelnen wertschätzende Anerkennung erfahren, die im Sinne der gesellschaftlich angestrebten Ziele als nützlich und positiv bewertet werden. Die Festlegung dieser Ziele und Werte ist auf „gesellschaftliche Definitionsmacht und Durchsetzungsdiskurse" (Dederich 2001, 215) zurückzuführen. Daraus muss unweigerlich resultieren, dass in modernen Gesellschaften, in denen „Bildung, Schönheit, Jugend, Kraft, Dynamik und Erfolg" (Dederich 2011b, 12) überwiegend den Schlüssel zur Anerkennung in der Sphäre der *sozialen Wertschätzung/Solidarität* darstellen, bestimmte Personengruppen, z.B. Menschen mit Behinderung oder Menschen aus bildungsfernen Schichten, automatisch exkludiert werden. Die Wertschätzung des Einzelnen aufgrund seiner selbst als Person wird demnach zugunsten der Anerkennung spezifischer Fähigkeiten oder Eigenschaften vernachlässigt. Derjenige ist „wichtig, relevant und wertvoll […], der sich in der Gesellschaft als solches darstellen, vor anderen auszeichnen, durchsetzen und etablieren kann" (ebd. 2001, 215; vgl. ebd. 2011b, 12; ebd. 2013a, 218f.).[143]

Dederich weist unter Bezug auf Fraser (2003) darauf hin, dass in der Theorie Honneths demnach „mangelnde Anerkennung mit einer statusbezogenen Benachteiligung gekoppelt [wird]" (Dederich 2013a, 219). Denn es sind die Mitglieder bestimmter Personengruppen, die „durch institutionell und kulturell verankerte Wertschemata daran gehindert werden, als Gleichberechtigte am Gesellschaftsleben zu partizipieren" (ebd.). Die Idee einer Gesellschaft, in der sich die Vielfalt des menschlichen Lebens frei und gleichberechtigt entfalten kann, findet in der Honneth'schen Theorie demnach keinen Platz.

Zudem wird die von Honneth entworfene Sphäre der *sozialen Wertschätzung/Solidarität* unmittelbar mit dem Begriff der Leistung verknüpft, wobei Honneth den kritischen Einwänden, die seine Theorie treffen, u.a. die Erklärung entgegensetzt, dass jener in einer neutralen Weise

---

142 Hiermit ist u.a. die rechtliche Betreuung gemeint, unter der viele Menschen mit geistiger Behinderung (gem. des Betreuungsrechts, also der §§ 1896 ff. BGB) stehen. In der Behindertenhilfe ist dies durchaus ein (vieldiskutiertes) Thema. Auch die UN-BRK greift die ‚Geschäfts(un)fähigkeit' im Kontext der ‚Anerkennung als Rechtssubjekt' auf und positioniert sich eindeutig – darauf wurde bereits in Kapitel 2.2 verwiesen.

143 Dederich erklärt dazu weiter: „Insofern können Gemeinschaften, wenn ihre Solidarität auf hierarchische Machtstrukturen und eine normativ-symbolische Ordnung zurückgehen, die der Einzelne verinnerlicht hat, auf sehr subtile Weise integritätsschädigend sein, weil sie den Anderen in seinem Eigensinn, in seiner Andersheit missachten" (Dederich 2001, 215).

verwendet werden könne bzw. eine normative Auslegung im Sinne seiner Theorie der Anerkennung möglich sei (vgl. Nullmeier 2003, 411ff.).
Rösner kritisiert diesbezüglich, dass Honneth, indem er die Gewährung wertschätzender Anerkennung gegenüber einer Person an deren Leistungen knüpft, „die internalisierten Wertmaßstäbe einer kapitalistisch orientierten Gesellschaft normativ auszeichnet" (Rösner 2006, 137). Die kritischen Anmerkungen Nullmeiers gehen in eine ähnliche Richtung:

> Mit der gerechtigkeitstheoretischen Ausformung der Sphäre sozialer Anerkennung im Begriff der Leistungsgerechtigkeit verliert sich schließlich jene Spur der ‚Solidarität', die dieser Sphäre einst den Namen gab. Die Impulse des […] Begriffs ‚Anerkennung' werden auf diese Weise verspielt, zugunsten einer neuen Begründungslinie für die alten Begriffe der Leistung und der Leistungsgerechtigkeit (Nullmeier 2003, 413; Hervorhebungen im Original, B.B.).

In diesem Sinne zweifelt Nullmeier ebenfalls die Möglichkeiten einer neutralen Interpretation des Leistungsbegriffs an (vgl. Nullmeier 2003, 411ff.; Rösner 2006, 135ff.).
Auch die Idee einer toleranten, offenen Wertegemeinschaft, die die Entwicklung eines übergeordneten Systems der *sozialen Wertschätzung* ermöglicht, ist in einem kritischen Licht zu betrachten. Gemäß der Theorie Honneths soll der gemeinsame Wertekonsens einerseits Orientierung für die Verfolgung gemeinsamer gesellschaftlich relevanter Ziele und Werte geben, andererseits aber auch den Freiraum zur Verwirklichung individueller Lebenskonzepte und -philosophien bieten. Letzteres erscheint jedoch nur dann möglich, wenn die *relative* und die *radikale Differenz* geachtet und geschätzt werden.[144] Fraglich bleibt, wie solche gemeinsamen (gesellschaftlichen) Ziele und Werte formuliert werden sollen, mit denen sich alle Individuen identifizieren können, ohne dass damit „Vereinheitlichung und Homogenisierung" (Dederich 2001, 216) einhergeht. Die entsprechenden Ausführungen Honneths erscheinen zu abstrakt und zu ungenau; es lassen sich keine konkreten Erläuterungen dieses Wertekonsenses und seiner Aushandlungsprozesse finden (vgl. Dederich 2001, 214ff.; Nullmeier 2003, 411ff.).
Wie Dederich in seinem 2013 erschienen Buch ‚Philosophie in der Sonder- und Heilpädagogik' unterstreicht, würde Honneth diesen kritischen Anmerkungen – entsprechend seinen neueren anerkennungstheoretischen Betrachtungen – entgegensetzen, dass seine Theorie keine exkludierenden Momente beinhaltet, da die Anerkennung darin als „reproduktiv" (Dederich 2013a, 219) charakterisiert wird, „also einen bereits vorhandenen Status wahrnimmt und bekräftigt" (ebd.). Dederich fragt zurück, „was vom evaluativen Gehalt der Anerkennung übrig bleibt, wenn sie kaum noch von einer kognitiven Einstellung zu unterscheiden ist, die bloß darin besteht, etwas bereits Gegebenes zu erkennen" (ebd.). Überdies sei unklar, welche konkreten Bedingungen eine wertschätzende Anerkennung in der Theorie Honneths nach sich zöge bzw. worin sie sich vom Prinzip der Achtung der Würde unterschiede, würde sie tatsächlich von bestimmten Leistungen abgekoppelt (vgl. ebd., 218f.).
In diesem Zusammenhang müsste man handlungswirksame Motive für die solidarischen Verhaltensweisen der Gesellschaftsmitglieder finden. Da Honneth die Anerkennung wechselseitig denkt, wären wohl eigentlich die Prinzipien der Reziprozität und Symmetrie anzuführen. Diese können jedoch als Motive für solidarische Handlungen nicht überzeugen, da gerade diese Merkmale der vorliegenden Theorie sehr kritisch zu betrachten sind (vgl. Kap. 3.5.1.3). In den folgenden Ausführungen der Dissertation wird versucht, auf die Frage nach den Motiven und Hintergründen

---

144 Im Rahmen alteritätstheoretischer Interpretationen der Anerkennung sind diese Aspekte z.B. von zentraler Bedeutung.

wertschätzender und solidarischer Verhaltensweisen eine befriedigendere Antwort zu finden.[145] Auch auf die drei Anerkennungsformen wird zurückzukommen sein, um unter Anschluss an Honneth die bis dahin entwickelte alteritätsethische Lesart der Anerkennung zu konkretisieren und sie für die behindertenpädagogische Disziplin und Profession mithilfe von Handlungsempfehlungen zugänglich zu machen.

Weitere kritische Aspekte, die im Kontext der Motive der Anerkennung auftauchen, werden im Verlauf des vorliegenden Kapitels betrachtet. Dabei handelt es sich um Fragen bzgl. des Konzepts der Sittlichkeit (bzw. der Anerkennung als idealtypisches Modell) und des Missbrauchs von Anerkennung als Ideologie. Zunächst ist jedoch auf Reziprozität und Symmetrie einzugehen.

### 3.5.1.3 Reziprozität und Symmetrie

Das Prinzip der Reziprozität ist insbesondere im Kontext der Behindertenpädagogik kritisch zu beleuchten. Die Anerkennung, die sich die Individuen in den verschiedenen Sphären der Honneth'schen Theorie gewähren, wird – mit Ausnahme der Anerkennungsform der *Liebe*, die als asymmetrisch und somit nicht reziprok charakterisiert wird – als wechselseitig gedacht. *Anerkennung in rechtlicher und solidarischer Hinsicht* gilt demnach bei Honneth als reziprok und somit symmetrisch. Es drängt sich nun die Frage auf, wie Menschen mit schweren geistigen bzw. Komplexen Behinderungen, Komapatienten oder Menschen mit anderen schweren Beeinträchtigungen an den Anerkennungsverhältnissen teilhaben können, wenn diese – zumindest in Hinblick auf *die rechtliche und solidarische Anerkennung* – die Fähigkeit zur Führung reziproker Beziehungen voraussetzen. Dederich fragt in Bezug auf diese Personengruppe daher: „Dürfen sie deshalb aus dem Bereich der rechtlichen Anerkennung und der solidarischen Zustimmung ausgeschlossen werden? Gibt es, wo keine Reziprozität zu erwarten ist, keine ethische Verpflichtung?" (Dederich 2013a, 220; vgl. ebd. 2011b, 13).[146] Im Rahmen des Kapitels 3.5.3 wird eine Lesart der Anerkennung dargelegt, die aus alteritätstheoretischer Perspektive gedacht wird und ohne exkludierende Wirkungsmechanismen auskommt. Zu diesem Zweck werden die Aspekte der Symmetrie/Reziprozität sowie Asymmetrie/Responsivität dort erneut aufgegriffen.

### 3.5.1.4 Das Konzept der Sittlichkeit – Anerkennung als idealtypisches Modell?

Unter dem Eindruck des vorangegangenen Kapitels stellt sich nun die Frage nach den Motiven für anerkennendes Verhalten bzw. Anerkennungsverhältnisse. Denn die Verweise auf Reziprozität und Symmetrie können nun nicht mehr als hinreichende Erklärung dienen.

Bereits an anderer Stelle wurde darauf verwiesen, dass Honneth seiner Anerkennungstheorie zwei Funktionen einschreibt: eine deskriptive (gesellschaftsanalytische) und eine ethisch-normative.

---

[145] Dederich bedient sich an dieser Stelle des Vorschlags von Antor, der in kommunitären Lebenszusammenhängen eine Möglichkeit sieht, tatsächliche Solidarität ausbilden zu können. Diese müssten durch eine gemeinsame Wertebasis gekennzeichnet sein, die allen Menschen per se einen Lebenswert zuspricht. Dabei wäre u.a. eine rechtliche Unterstützung dieses Prozesses von Nöten (vgl. Dederich 2001, 216).

[146] Horster äußert die gleiche Kritik, indem er formuliert: „Danach ist klar, wer der moralischen Gemeinschaft angehört und wer nicht. Derjenige, der der moralischen Gemeinschaft angehört, hat Rechte und Pflichten. […] Problematisch hingegen ist es, wenn Menschen ihre moralischen Pflichten nicht erfüllen können oder wenn Menschen aufgrund ihrer Behinderung gar keine Pflichten haben können. […] Da diese Reziprozität gegeben sein muss, wenn man einen Menschen als Mitglied der moralischen Gemeinschaft auszeichnen will, entsteht die Frage, ob Menschen Mitglieder sein können, wenn sie der moralischen Reziprozität nicht genügen können. […] Sind behinderte Menschen Mitglieder der moralischen Gemeinschaft?" (Horster 2009, 156).

Auf der Ebene der Ethik und der Normen ist Honneths *Konzept der Sittlichkeit* zu verorten, das auf seinen anerkennungstheoretischen Annahmen basiert. Dieses Konzept birgt verschiedene Aspekte, die – insbesondere aus behindertenpädagogischer Perspektive – kritisch zu betrachten sind, allerdings sind entsprechende Erörterungen an dieser Stelle nicht notwendig. Schließlich basiert das Konzept der Sittlichkeit auf der Anerkennungstheorie Honneths, die bereits in verschiedenen Hinsichten im Rahmen der ‚Kritischen Würdigung' betrachtet wird. Der vorliegende Abschnitt widmet sich daher nur der Frage, wie realitätsnah das Konzept einzuschätzen ist.

Das Konzept der Sittlichkeit, das Honneth auf einer ethischen bzw. normativen Ebene verortet, fordert keinen ‚Zwang' nach Anerkennung; das Konzept ist vielmehr als ein Appell zur Anerkennung zu erachten, quasi als ein ‚Sollen'. Es ist jedoch fraglich, wie Anerkennung sich realistischer Weise auf dieser Grundlage – in den drei Sphären – ereignen soll, zumal die Merkmale der Reziprozität und Symmetrie als stark kritikwürdig identifiziert wurden.

Die Anerkennungstheorie als ethisch-normatives Konzept mutet dementsprechend eher wie ein Ideal an. Denn zumindest die *emotionale und solidarisch-wertschätzende Anerkennung* sind nicht auf dieser Grundlage durchsetzbar.

Zwar ließe sich die *rechtliche Anerkennung*, z.B. einer bestimmten Personengruppe in einer bestimmten Hinsicht (z.B. das Wahlrecht), auf dieser ethisch-normativen Grundlage erwirken. Allerdings würde dies zum einen nicht zwangsläufig zu einer tatsächlichen *Wahrnehmung* der Rechte bei diesen Personen führen; zum anderen garantiert die *rechtliche Anerkennung* keineswegs eine tatsächliche Zugehörigkeit, denn:

> Einer Person oder Gruppe kann der Zugang zu bestimmten gesellschaftlichen Institutionen gewährt werden, ohne dass sie jedoch zugleich als im affektiven Sinn zugehörig oder in ihrem Sosein zustimmend wertgeschätzt wird. Ein Zwang zu Sympathie, Wertschätzung oder Solidarität ist weder moralisch noch rechtlich erzwingbar (Dederich 2013a, 220).

Honneth plädiert zwar keineswegs für einen ‚Zwang', doch stellt sich trotzdem sehr deutlich die Frage, wie sich die Anerkennung in allen drei Sphären (beim Einzelnen und bei der Gesellschaft) tatsächlich vollziehen soll.

Aus behindertenpädagogischer Perspektive erweist sich die Anerkennungstheorie Honneths – insbesondere im Kontext von *Inklusion* – somit nicht ohne weiteres als geeignet, da sie – so erklärt Dederich – von idealen Bedingungen des Zusammenlebens ausgehe: Die nicht durchsetzbaren Anerkennungsformen der *emotionalen Anerkennung* und *solidarischen Wertschätzung* müssen nämlich aus freien Stücken gewährt werden. Der Anspruch, den die Honneth'sche Theorie damit erhebt, ist allerdings sehr hoch und kaum einlösbar; gerade aus Sicht der Behindertenpädagogik dürfen diese Formen der Anerkennung jedoch nicht aus Ermangelung an Realitätsnähe aufgegeben werden (ebd., 219f.).

Überdies geht mit den skizzierten Merkmalen des Konzepts der Sittlichkeit der Effekt einher, dass Anerkennung – aufgrund der ‚Unverbindlichkeit' – als Akt der ‚Nächstenliebe' erscheint. Gerade aus behindertenpädagogischer Perspektive ist dies jedoch sehr deutlich zu kritisieren, denn die Nähe zu karitativen Fürsorge-Prinzipien, die aus vielen verschiedenen Gründen – und insbesondere vor dem Hintergrund der UN-BRK – indiskutabel sind, scheint mehr als offensichtlich.

Auf dieser Grundlage ergeben sich für die Behindertenpädagogik wichtige Schlussfolgerungen. So muss eine ethische Grundlage gefunden werden, die eine *ethische Verbindlichkeit* zur Anerkennung enthält, aber trotzdem ohne Zwang auskommt – sonst würde die Anerkennung unwirksam und wertlos werden, sie würde ihres anerkennenden Charakters beraubt werden.

Weiterhin wird deutlich, dass eine Theorie der Anerkennung nicht einfach ergänzend hinzugenommen oder gar ‚übergestülpt' werden kann, um Anerkennungsverhältnisse zu schaffen. Vielmehr bedarf es einer entsprechenden *Bewusstseinsbildung* innerhalb der Behindertenpädagogik – in Theorie und Praxis.

Das alteritätsethische Anerkennungsverständnis, das im weiteren Verlauf des Promotionsvorhabens entwickelt wird, könnte ein solches Potential bergen. Dabei wird von Grundannahmen ausgegangen, die im deutlichen Kontrast zur Honneth'schen Perspektive stehen: Aus dem Bewusstsein, dass Anerkennung aus der Verantwortung für den Anderen in seiner Alterität geboren wird, resultiert eine entsprechende Grundhaltung. Anerkennung wird demnach nicht aus ‚Großherzigkeit' oder ‚Aufopferung' gewährt, sondern ist eine Konsequenz aus der Begegnung mit dem Anderen und der Achtung seiner Alterität. Ohne sich vollständig von utopischen bzw. sozialromantischen Elementen freisprechen zu können, erscheint diese Perspektive durchaus geeignet, um behindertenpädagogische Fragestellungen zu diskutieren und daraus sehr fruchtbare Empfehlungen für Disziplin und Profession abzuleiten.

An dieser Stelle soll jedoch mit der kritischen Würdigung der Honneth'schen Theorie fortgefahren werden.

### 3.5.1.5 Missbrauch der Anerkennung

Die Anerkennungstheorie Honneths birgt die Gefahr des ideologischen Missbrauchs, der auf eine Unterwerfung der Individuen abzielt. Neben der positiven Wertschätzung als grundlegendem Motiv der Anerkennung verfüge die Theorie Honneths ebenfalls über das Potential, so erklärt Dederich unter Verweis auf Honneth[147], „den Individuen ein Selbstverhältnis nahezulegen, dass [sic!] sie zu einer Selbststeuerung im Sinne gesellschaftlicher Erwartungen, etwa bezüglich der Übernahme bestimmter Aufgaben und Pflichten, veranlasst" (Dederich 2013a, 218).

Neben diesem Risiko auf Ebene der Gesellschaft droht auch in individueller Hinsicht – in der Interaktion zwischen den Individuen – ein riskanter missbräuchlicher Umgang mit der Anerkennung. Diese kann dementsprechend als Machtmittel missbraucht werden – Anerkennung käme demnach als ‚Belohnung', ihre Vorenthaltung bzw. ihr Entzug als ‚Bestrafung' zum Einsatz.

Insbesondere im behindertenpädagogischen Kontext ist daher ein sehr sensibler Umgang mit einem möglichen Missbrauch der Anerkennung erforderlich. Denn die Institutionen bzw. Organisationen der Behindertenpädagogik sind häufig durch Verhältnisse charakterisiert, in denen Anerkennung – z.B. auf *emotionaler*, aber auch auf *solidarisch-wertschätzender* Ebene – schnell Gefahr läuft, als Machtmittel instrumentalisiert zu werden. Dieses Risiko ist aufgrund der meist durch Asymmetrie und Abhängigkeit geprägten Beziehung zwischen Menschen mit Behinderung und Mitarbeitern in Wohneinrichtungen besonders groß.

Diese kritischen Anmerkungen unterstreichen erneut, wie sehr für ein Anerkennungsverständnis plädiert werden muss, das nicht an bestimmte Bedingungen bzw. Kriterien geknüpft ist und in dessen Zentrum der Andere und die unabweisbare Verantwortung für ihn stehen. Jedoch können auch im Rahmen einer solchen alteritätsethischen Lesart der Anerkennung die ihr innewohnenden Spannungen (z.B. bzgl. der der Anerkennung inhärenten Verkennung) nicht aufgelöst werden; Kap. 3.5.2 legt dies entsprechend dar. Trotz einer der Anerkennung innewohnenden Spannung liefert die empfohlene alteritäts- und anerkennungsethische Perspektive für

---

147 Honneth (2010), 103ff.

die behindertenpädagogische Disziplin und Profession wichtige Impulse und Empfehlungen zur Neupositionierung und Modifizierung, die letztendlich u.a. für die Gefahren des Machtmissbrauchs sensibilisieren und somit einen bewussten Umgang mit Macht ermöglichen.
Auf der Suche nach den Bedingungen und Kriterien der Anerkennung muss nun mit dem Kampf um Anerkennung ein weiteres zentrales Element der Theorie Honneths kritisch betrachtet werden.

### 3.5.1.6 Kampf um Anerkennung

Anerkennungskämpfe beruhen, so erklärt Honneth, immer auf Missachtungserfahrungen – dies bedeutet jedoch keineswegs, dass alle Erfahrungen, die Individuen als missachtend empfinden, stets in Kämpfe münden. Gleichzeitig handelt es sich nicht bei allen Konflikten oder sozialen Widerständen, die Individuen oder Gruppen austragen bzw. leisten, um Anerkennungskämpfe. Denn diese müssen – nach der Theorie Honneths – das Attribut der Reziprozität aufweisen und (somit) zu ‚sittlichem' Fortschritt führen.[148]

Für Honneth begründen die gesellschaftlichen Aushandlungsprozesse also moralischen Fortschritt; die gesellschaftlichen Entwicklungen sind in diesem Sinne durch Linearität und Innovation gekennzeichnet. Daher weist Honneth modernen Gesellschaften in seiner Theorie die Tendenz zu, sich kontinuierlich ‚sittlicher' oder ‚positiver' zu entwickeln.

Dass erfolgreich geführte Anerkennungskämpfe – aufgrund des der Theorie inhärenten Merkmals der Reziprozität – zu moralischem Fortschritt führen, soll (formal) nicht kritisiert werden. Jedoch taucht an dieser Stelle erneut die bereits diskutierte Fragestellung auf, nach welchen Kriterien sich die Beurteilung dessen, was ‚moralisch' ist, richtet.[149] Schließlich ist, um von einem ‚moralischen' Fortschritt sprechen zu können, ein Wertmaßstab vonnöten, der allerdings – wie bereits gezeigt – in der Honneth'schen Anerkennungstheorie nicht klar definiert wird. Darüber hinaus sind die grundsätzliche Verwendung dieses Begriffes und die dahinter liegenden Denkweisen zu kritisieren, denn diese etablieren unvermeidlich ein Schema von gut/schlecht und bergen somit die Gefahr der Ideologisierung und Ausgrenzung.

Des Weiteren ist der Aspekt des *Eintritts* in Anerkennungskämpfe kritisch zu beleuchten. Honneth erklärt, dass es sich bei Missachtungserfahrungen sowohl um Beeinträchtigungen der Handlungsfreiheit als auch um das Zufügen von Schaden bzw. Erleben von schädigendem Verhalten handeln kann. Zum sozialen Kampf motivieren solche Erfahrungen jedoch erst dann, wenn sich die verfolgten Ziele verallgemeinern lassen, wenn die Missachtungen also nicht nur einen Einzelnen, sondern eine Gruppe betreffen. Überhaupt und zuallererst muss ein Individuum, um in Anerkennungskämpfe einzutreten, *in der Lage* sein, diese zu bestreiten. An dieser Stelle werden die Grenzen der Theorie Honneths deutlich, denn Menschen, denen entsprechende Ressourcen fehlen (z.B. aufgrund verschiedenster Beeinträchtigungen, der Zugehörigkeit zu bildungsfernen Schichten usw.), sind u.U. nicht dazu in der Lage, ihre Missachtungserfahrungen in Anerkennungskämpfe münden zu lassen. Demnach ist die Theorie Honneths auch hier erneut wegen ihrer exkludierenden Wirkungsmechanismen zu kritisieren. Schließlich werden gerechte Verhältnisse aus einer ankernnungstheoretischen Perspektive dann befördert bzw. hergestellt, wenn allen Mitgliedern der Gesellschaft die Möglichkeit offen steht, an gesellschaftlichen Aushandlungsprozessen zu partizipieren.

---

148 Fundamentalistische Kämpfe sind demnach z.B. im Honneth'schen Sinn sicherlich nicht als Anerkennungskämpfe zu definieren.

149 In diesem Kontext ist selbstverständlich auch relevant, wie Moral (und Ethik) gefasst wird (bzw. werden), also entsprechend welches Traditionsstrangs sie gedacht werden. Zu Beginn des Kapitels 3.4 wurde bereits kurz auf einige dieser Linien verwiesen.

Zudem ist der Kampf um Anerkennung als Mittel zur „Verbesserung des sozialethischen Status bisher marginalisierter Gruppen" (Dederich 2013a, 222) dahingehend kritisch zu beleuchten, dass Gruppenmitglieder „[…] über distinkte und exklusive Merkmale, die das Spezifische der Gruppe markieren und damit auf der Basis einer Unterscheidung von ‚wir' und ‚sie' operieren" (ebd.; Hervorhebungen im Original, B.B.), definiert werden. Auf diese Weise werden „kollektive Identitäten" (ebd.) gestiftet. Dies ist für sich genommen – insbesondere in Hinblick auf Menschen mit Behinderung – kritisch zu betrachten; zudem ist fraglich, ob es überhaupt möglich ist, eine ‚kollektive Identität' der genannten Personen durch gemeinsame Merkmale und Kennzeichen auszumachen, denn letztere sind gerade bei Menschen mit Behinderung sehr heterogen (vgl. ebd., 222ff.).

Die Festlegung auf eine ‚kollektive' Identität ist jedoch durchaus differenziert zu betrachten; denn in dem Wissen, dass sie eine „kontingente, veränderbare, flüchtige soziale Konstruktion" (ebd., 223 unter Verweis auf Siebers) ist, kann sie im politischen Feld mit den folgenden Zielen bewusst strategisch eingesetzt werden:

> Einerseits geht es darum, in den politischen Arenen als Akteure mit legitimen Interessen anerkannt zu werden, andererseits um einen psychopolitischen Prozess der Selbstdefinition, durch den sich die Betroffenen aus der Umklammerung negativer und stigmatisierender Fremddefinitionen befreien wollen (ebd., 224).

Diese als „strategischer Essentialismus" (ebd., 231) bezeichnete Vorgehensweise kann durchaus von Nutzen sein, ist jedoch ebenfalls riskant; denn sobald „[…] das strategische Moment entfällt, droht sich die kontingente und vorläufige Identität zu verfestigen" (ebd.). Eine solche Fixierung birgt ihrerseits Risiken der mangelnden Anerkennung und Exklusion.

Der begrenzte Rahmen des Kapitels erlaubt keine Fortführung der identitätstheoretischen Überlegungen; an späterer Stelle wird der Aspekt der ‚Identität als Konstruktion' allerdings erneut aufgenommen und aus alteritätstheoretischer Perspektive betrachtet.

In Hinblick auf die Anerkennungskämpfe in der Theorie Honneths ist zusammenfassend zu resümieren, dass diese – trotz der geübten Kritik – durchaus als Chance begriffen werden können, um Menschen mit Behinderung durch Unterstützung oder Stellvertretung Anerkennungskämpfe zu ermöglichen, aus denen ggf. (moralischer) Fortschritt resultiert. In diesem Sinne ist dafür zu plädieren, Voraussetzungen und Strukturen zu schaffen, um diesen Menschen (ob direkt oder indirekt in Form von Stellvertreterschaft) dazu zu verhelfen, Anerkennungskämpfe zu führen. Dies könnte ‚im Kleinen' beginnen, z.B. indem Menschen mit geistiger Behinderung oder Personen aus bildungsfernen Schichten Zugang zu Information und Bildung erhalten, um u.a. Aufklärung über ihre Rechte zu bekommen. Auf diese Weise könnten Ermöglichungsräume geschaffen werden, die den Menschen dazu verhelfen, ihre Position zu kennen, zu vertreten und zu stärken.

Somit wird deutlich, dass Fragen der Anerkennung grundsätzlich stets in einem gerechtigkeitstheoretischen Kontext zu betrachten sind; Gerechtigkeitsaspekte sind demnach insbesondere für das Promotionsvorhaben von großer Bedeutung. Im Folgenden ist daher eine kritische Auseinandersetzung mit der Honneth'schen Interpretation von Gerechtigkeit vorzunehmen.

### 3.5.1.7 Anerkennung und Gerechtigkeit

In der Anerkennungstheorie Honneths bilden *Anerkennung*, *Missachtung* und *Anerkennungskämpfe* die zentralen Elemente der Gerechtigkeit: Sie sind die Motoren für gerechtere Gesellschaften; sie decken die Mechanismen und Funktionsweisen von gesellschaftlichem Ein- und

Ausschluss bestimmter Individuen bzw. Gruppen auf. Die Theorie ist allerdings unter gerechtigkeitsrelevanten Gesichtspunkten durchaus kritisch zu beurteilen, denn mit einzelnen ihrer Aspekte können exkludierende Effekte einhergehen. Dies soll im Folgenden näher betrachtet werden.

Honneth setzt die Begriffe der Anerkennung und der Gerechtigkeit gleich, was durchaus kritisch zu beurteilen ist. Denn eigentlich kann Anerkennung, wie Iser (2005) in diesem Kontext feststellt, sowohl ‚weniger' als auch ‚mehr' als Gerechtigkeit sein.

Letztgenannte These, dass Gerechtigkeit ‚mehr' als Anerkennung sein kann, lässt sich anhand der Sphäre der *Liebe* besonders anschaulich erläutern: Eine Gesellschaft, in der Personen leben, die keine Anerkennung in Form *emotionaler Zuwendung* erhalten, wäre sicherlich nicht per se ungerecht, erklärt Iser. Zur Verdeutlichung führt er in diesem Zusammenhang beispielhaft die Situation vieler „Besserverdienenden mit hohem sozialen Status und Prestige" (Iser 2005, 116) an, die aufgrund ihrer beruflichen Situation und der geforderten Mobilität soziale und/oder Liebesbeziehungen nicht (langfristig) aufrecht erhalten können oder wollen bzw. gar nicht erst eingehen. Zwar sind diesbezüglich durchaus Begründungszusammenhänge zu identifizieren, die auf gesellschaftlichen Mechanismen beruhen, doch handele es sich dabei nicht um Ungerechtigkeiten, vielmehr definiert Iser diese als ‚Pathologien':[150]

> Eine pathologische, aber nicht ungerechte Gesellschaft enthält den Menschen keine Anerkennung vor, die man ihnen *schuldet*. Vielmehr ermöglicht sie erst gar nicht jene Beziehungen, in denen man sich diese Form der Anerkennung überhaupt schulden könnte. Sie schöpft bestimmte Möglichkeiten nicht aus, die zu einem guten Leben ihrer Mitglieder beitragen würden (ebd.; Hervorhebung im Original, B.B.).

Anerkennung sei aus dieser Perspektive betrachtet ‚mehr' als Gerechtigkeit. Eine Gesellschaft, die den Anspruch hat, Anerkennung in allen drei Sphären zu gewähren, müsse daher, so Iser, als weitaus anspruchsvoller bewertet werden, als eine, die als ‚gerecht' gelten soll (vgl. ebd., 113ff.). Iser geht jedoch weiter und konstatiert, dass Anerkennung auch ‚weniger' als Gerechtigkeit sein kann. Jene gehe bei Ungerechtigkeiten, die sich nicht in den drei Anerkennungssphären wiederfinden, nicht in dem Gerechtigkeitsbegriff auf. Er führt in diesem Zusammenhang Bedingungen für ein gelingendes autonomes Leben an, die über die von Honneth geforderten Voraussetzungen in Hinblick auf die psychische Integrität hinausgehen; so ist die Rede von „ausreichender Ernährung und Kleidung, Gesundheit und Bildung" (Iser 2005, 114). Die Anerkennung (im Honneth'schen Verständnis) wäre demnach lediglich als *ein Teil* der Gerechtigkeit zu betrachten.

Die Kritik Isers geht somit in die gleiche Richtung wie der bereits in Kap. 3.1 dargelegte Fraser'sche Standpunkt, der unter der Überschrift *Umverteilung* steht. Fraser attestiert der Theorie Honneths einen „blinden Fleck" (Dederich 2013a, 219), da jene „faktische ökonomische Ungleichheit ausblende" (ebd.). Sie plädiert daher dringend für eine Theorie, in der Fragen der Umverteilung berücksichtigt und mit der Anerkennung direkt verknüpft werden (vgl. ebd., 219 unter Bezug auf Fraser 2003).

Honneth würde wohl antworten, dass Umverteilung im Rahmen seiner Anerkennungstheorie durchaus berücksichtigt werde, dass sich Umverteilungskämpfe nämlich als Anerkennungs-

---

150 Honneth nutzt den Begriff der *sozialen Pathologien* ebenfalls, interpretiert sie jedoch als Ausdruck von Anerkennungskämpfen. Somit werden diese – anders als bei Iser – innerhalb eines anerkennungstheoretischen Kontextes verortet (vgl. dazu Kap. 3.3.7 und Honneth 2011b).

kämpfe interpretieren ließen und dass jedem Bürger moderner Gesellschaften der Zugang zu grundlegenden Gütern rechtlich zugesichert sei (vgl. Honneth 2003c). In diesem Sinne wären die von Iser aufgeführten Bedingungen z.B. als Faktoren zu identifizieren, die den Individuen im Kontext der *rechtlichen Anerkennung* zustünden (vgl. Iser 2005, 107ff.). Fraglich ist hierbei allerdings, ob ein so weit gefasster Anerkennungsbegriff nicht zu stark ‚verwässert' wird und somit seinen ursprünglichen Charakter verliert.

Im Kontext von Anerkennung und Gerechtigkeit ist außerdem die von Honneth in ‚*Das Andere der Gerechtigkeit*' auf Basis alteritätstheoretischer Lektüren vorgenommene Modifikation seiner anerkennungstheoretischen Annahmen interessant. So ergänzt er – insbesondere unter Verweis auf Lévinas – die Idee der Fürsorge, die er als „das *Andere* der Gerechtigkeit" (Stinkes 2012, 238; Hervorhebung im Original, B.B.) interpretiert.[151]

Allerdings ist Honneth dahingehend kritisch zu hinterfragen, dass er diese Fürsorge „auf Ergänzungspflichten Hilfsbedürftigen gegenüber [reduziert]" (ebd., 239 unter Verweis auf Schnell 2001, 194f.) und seine aus den drei Anerkennungsformen bestehende Theorie somit erweitert. Dies entspricht allerdings keinesfalls den alteritätstheoretischen Grundaussagen, denn der Verantwortung (oder *Fürsorge*) für den Anderen kann nicht durch eine „Erweiterung eines moralischen Gesichtspunktes" (Stinkes 2012, 239) nachgekommen werden.

Schnell merkt dementsprechend kritisch an, dass Honneth

> […] nur den traditionellen Diskurs der ‚Einbeziehung des Anderen' mit einer neuen Variante fort[setzt]. Das Andere ist nicht mehr unter der reziproken Gerechtigkeit, es wird ihr vielmehr angegliedert. Es bleibt insgesamt aber dabei, daß es kein Anderes in der Gerechtigkeit gibt. Wenn Levinas sagt, daß ‚mich in den Augen des Anderen der Dritte ansieht' (TU 307f.), dann meint er damit, daß die ethische *Verpflichtung im Kontext politischer Institutionen ihren Platz hat* […] und nicht daneben (Schnell 2001, 183 unter Bezug auf Lévinas 1987, 307f.; Hervorhebungen im Original, B.B.)

Honneths Gerechtigkeitsverständnis, das sich durch den Grundsatz der Gleichbehandlung (für Honneth wird diese durch die *Fürsorge* möglich) auszeichnet und den Anderen als Einen unter Vielen begreift, verfehlt demnach den alteritätstheoretischen Kern. Schließlich besteht dieser u.a. in der radikalen Differenz[152] des Anderen, was einer „*Entgegensetzung zur Idee der Gleichbehandlung*" (Stinkes 2012, 244; Hervorhebung im Original, B.B.) entspricht. Somit wird deutlich, dass sich das Potential alteritätstheoretischer Ideen nicht bei einer ‚Erweiterung' oder ‚Ergänzung' von Modellen, die auf universalistischen Denkweisen beruhen, entfalten kann, sondern nur, wenn die alteritätstheoretische Perspektive vollständig eingenommen wird (vgl. Honneth 2000, 153ff.; Stinkes 2012, 238ff.; Schnell 2001, 180ff.).

So ergeben sich aus der kritischen Auseinandersetzung mit den Werken Honneths bzgl. der Gerechtigkeit wichtige Schlussfolgerungen und Anregungen. Grundsätzlich ist die Berücksichtigung gerechtigkeitsrelevanter Aspekte insbesondere aus behindertenpädagogischer Perspektive dringendst geboten, schon allein, um exkludierende Effekte zu vermeiden. Wie die vorangegangenen Ausführungen gezeigt haben, ist Honneths Position dahingehend zu kritisieren, dass sie kein eindeutiges, stabiles und wirkungsvolles Gerechtigkeitsverständnis

---

[151] Honneth verweist darauf, dass „[…] mit der intersubjektiven Begegnung für Lévinas strukturell die Erfahrung einer moralischen Verantwortung verknüpft [ist], die die unendliche Aufgabe enthält, der Besonderheit der anderen Person durch immerwährende Fürsorge gerecht zu werden […]" (Honneth 2000, 162).

[152] Die Unterscheidung der radikalen von der relativen Differenz wird an späterer Stelle in der vorliegenden Arbeit erläutert. Es ist jedoch bereits vorab darauf hinzuweisen, dass sich die *radikale* Differenz auf die radikale Andersheit bezieht, die bei Lévinas als Alterität gedacht wird.

aufweist. Dies wurde u.a. dadurch deutlich, dass Honneth Anerkennung mit Gerechtigkeit gleichsetzt, obwohl jene, wie gezeigt wurde, sowohl ‚mehr' als auch ‚weniger' als diese sein kann; seine auf alteritätstheoretischen Annahmen beruhende Erweiterung der Anerkennungstheorie kann diese Aspekte weder auflösen oder beheben noch das (gerechtigkeitsrelevante) alteritätstheoretische Potential nutzen, das mit der Idee der radikalen Differenz des Anderen einhergeht.

Da gerechtigkeitsrelevante Fragen im behindertenpädagogischen Kontext so zentral sind, ist für eine andere Perspektive auf Anerkennung und Gerechtigkeit zu plädieren. Dementsprechend wird im weiteren Verlauf der Dissertation ein Verständnis von Anerkennung entwickelt, bei dem Gerechtigkeit eine wesentliche Rolle spielt: Die eigene Lesart der Anerkennung mündet dabei in eine bestimmte Gerechtigkeitsvorstellung. Vorab wird jedoch die kritische Würdigung mit einem kurzen Fazit aus behindertenpädagogischer Perspektive abgeschlossen.

### 3.5.1.8 Fazit

Honneths Anerkennungstheorie birgt trotz zahlreicher kritischer Aspekte – aus denen u.a. für Menschen mit Behinderung sehr riskante Effekte resultieren – ein großes Potential für die Behindertenpädagogik.

Dies besteht insbesondere in der zentralen Annahme, „dass Anerkennungsbeziehungen für Individuen und demokratische Gesellschaften gleichermaßen existenziell sind und von jedem Gesellschaftsmitglied in Formen des Kampfes eingefordert werden" (Moser 2012, 108). Anerkennung erstreckt sich folglich auf verschiedene Ebenen, ist demnach für die Einzelnen (Anerkennung als Grundbedürfnis) und die Gesellschaft (Anerkennung als Integrations-Medium) von zentraler Bedeutung.

In diesem Sinne

> hat die Honnethsche Einbeziehung der Thematik der Missachtungserfahrung (sowohl für das Individuum wie für die Gesellschaft) wichtige Hinweise für den Umgang und das Erleben von Behinderung und sozialen Exklusionen gegeben, die nicht nur auf der Ebene moralischer Empörung zu verhandeln sind, sondern insbesondere auch auf der Ebene eines gemeinsam geteilten gesellschaftlichen Demokratieverständnisses (ebd.).

Besonders hilfreich dafür sind – trotz der erwähnten teilweise sehr kritisch zu betrachtenden Aspekte – die drei von Honneth konzipierten Anerkennungsformen. An welcher Stelle – aus behindertenpädagogischer Perspektive betrachtet – Modifikationen empfehlenswert sind, wurde bereits kurz angedeutet und wird später ausführlicher beschrieben.

Die Theorie Honneths liefert für die Behindertenpädagogik überdies wichtige Hinweise für die Gestaltung der professionellen Interaktionen, Strukturen usw., denn Anerkennungserfahrungen führen nicht nur zu einem positiven Selbstbild, sondern befähigen in der Folge auch zu einer individuellen Lebensgestaltung – ein Aspekt, der für Menschen mit Behinderung zweifelsohne verstärkt zu verfolgen ist.

Gerade da die problematischen Aspekte der Anerkennungstheorie Honneths für marginalisierte Gruppen exkludierende Effekte bergen, kann die Beschäftigung mit ihr für bestimmte Risiken bzw. Schattenseiten der Anerkennung sensibilisieren.

Im Rahmen der kritischen Würdigung wurden in diesem Kontext z.B. Fragen der Reziprozität und Asymmetrie, des ideologischen Missbrauchs und der Gerechtigkeit diskutiert. Eine differenzierte Betrachtungsweise der Honneth'schen Anerkennungstheorie kann also exkludierende Effekte aufdecken und darauf aufbauend wichtige Hinweise für Modifikationen liefern.

Von zentraler Bedeutung ist im weiteren Verlauf des Promotionsvorhabens die Differenzierung in die drei Anerkennungsformen; sie werden entsprechend weiterentwickelt. Darüber hinaus sind weitere Aspekte erneut aufzugreifen, z.B. Symmetrie/Asymmetrie sowie Reziprozität; die aus der kritischen Würdigung Honneths resultierenden Schlussfolgerungen sind hierbei wichtig, da sie für diese Themen sensibilisieren.

Bis hierhin wurden also in der Auseinandersetzung mit Honneth und Lévinas die wesentlichen Grundlagen für die Entwicklung einer eigenen Lesart der Anerkennung geschaffen. Im Folgenden werden nun – basierend auf der Phänomenologie Emmanuel Lévinas' – alteritätstheoretische Grundannahmen skizziert. Aufbauend darauf und unter Hinzunahme der Anerkennungsformen nach Honneth, die modifiziert werden, wird schließlich in Kap. 3.5.3 die eigene alteritätsethische Lesart der Anerkennung entwickelt.

### 3.5.2 Alteritätstheoretische Grundannahmen zur Anerkennung

Auf der Grundlage Lévinas' wird eine Interpretation der Anerkennung möglich, die von einer nicht-reziproken Verantwortung her gedacht wird und aus der resultierend Beziehungen zwischen Subjekten – unter Bezug auf Martin Schnell – als „das Andere der Anerkennung" (vgl. Schnell 2004 und 2011) zu bezeichnen bzw. zu charakterisieren sind.[153] Anerkennung stellt in diesem Sinne eine Möglichkeit dar, der Verantwortung des Anderen nachzukommen, diese ‚auszufüllen'.

Die Phänomenologie Lévinas' bietet somit quasi die Grundlage und die ‚Inspiration' für eine von der Verantwortung her gedachte Anerkennung. Diese alteritätsethische Lesart der Anerkennung, die nun skizziert wird, beruft sich stark auf Markus Dederich, Thomas Bedorf, Martin Schnell sowie Ursula Stinkes.[154]

Aus der Phänomenologie Lévinas' ergeben sich für das zu entwickelnde Anerkennungsverständnis folgende charakteristische Grundannahmen: Von zentraler Bedeutung ist die Annahme, dass „[…] der andere Mensch […] in seiner Andersheit, Fremdheit und Singularität einen unausweichlichen ethischen Anspruch erhebt" (Dederich 2013a, 225). Die Alterität wird „im Sinne eines ‚ethischen Widerstandes'" (ebd.; Hervorhebung im Original, B.B.) gedacht, bei dem der Andere unverfügbar bleibt; der „Schematismus von Allgemeinem und Besonderem" (ebd.) – der z.B. der Honneth'schen Perspektive zugrunde liegt – wird auf diese Weise „hinterfragt und unterlaufen" (ebd.).

Die Unausweichlichkeit des Appells des Anderen begründet gleichzeitig die unabweisbare Verantwortung ihm gegenüber.[155] Einem aus alteritätstheoretischer Perspektive konzipierten Anerkennungsverständnis sind demnach in struktureller Hinsicht responsive und asymmetrische[156] Attribute zuzuweisen (vgl. Dederich 2011a, 107ff.; ebd. 2013a, 211ff.).[157]

---

153 Schnell erklärt: „Das Andere der Anerkennung ist meine Beziehung zum anderen Menschen, auf den ich einzugehen habe" (Schnell 2011, 31).
154 Die anerkennungstheoretische Perspektive Judith Butlers, die bereits kurz skizziert wurde, steht in der gleichen alteritätstheoretischen Tradition.
155 Die entsprechenden ausführlichen Erläuterungen wurden bereits in Kapitel 3.4 vorgenommen.
156 Dem Aspekt der Asymmetrie kommt eine wesentliche Bedeutung zu, da durch ihn exkludierende Effekte ausgeklammert werden – ganz im Gegensatz zu symmetrisch gedachten Beziehungen, an denen nicht alle Individuen einer Gesellschaft partizipieren können (vgl. Dederich 2001, 204f.). Es ist jedoch darauf zu verweisen, dass sich die Asymmetrie, die der Dyade inhärent ist, unter Einbezug des Dritten und der damit einhergehenden Gleichheit zu einem symmetrischen und reziproken Verhältnis wandelt. Dies wird an späterer Stelle näher betrachtet.
157 Ursula Stinkes (2012), Martin Schnell (2001, 2004, 2011) und Thomas Bedorf (2010) kann im Wesentlichen die gleiche Lesart attestiert werden.

### 3.5.2.1 Asymmetrie und Responsivität

Der vorursprüngliche Anspruch des Anderen ruft das Subjekt also – jenseits jeglicher Prinzipien der Reziprozität – in eine nicht-abweisbare Verantwortung, der in Form von Anerkennung nachzukommen ist. Der Andere ist demnach (in *ethischer* Hinsicht) stets ‚mehr' als das Subjekt.[158] Nach Dederich ist diese Asymmetrie somit ein „irreduzibler Moment interpersonaler Bezogenheit" (Dederich 2001, 207).

Gleichzeitig begründet die Vorursprünglichkeit des Anderen die Responsivität der Anerkennung. Da der Appell des Anderen unausweichlich ist, hat das Subjekt keine andere Wahl, als sich zu diesem zu verhalten, diesem zu ‚antworten'. Ein alteritätstheoretisch gedachter Anerkennungsakt kann demnach weder unabhängig vom Anspruch des Anderen erfolgen, noch diesem nicht-nachfolgend sein oder gar umgangen werden – er ist grundsätzlich und strukturell responsiv.

Auf diesen Grundlagen lässt sich eine Lesart der Anerkennung begründen, die ohne exkludierende Wirkungsmechanismen auskommen will. Denn anders als z.B. die Anerkennungstheorie Honneths, die aufgrund ihrer Attribute der Symmetrie[159] und Reziprozität Effekte des Ein- und Ausschlusses produziert, werden Anerkennungsverhältnisse im Rahmen eines alteritätstheoretisch begründeten Anerkennungsverständnisses nicht auf symmetrische bzw. reziproke Beziehungen zwischen als gleich gedachten Individuen limitiert (vgl. Dederich 2001 und 2011b). Dies ist besonders im behindertenpädagogischen Kontext von großer Bedeutung. Sobald der Anspruch des Anderen an das Subjekt ergeht, muss dieses jenen – auf welche Weise auch immer – erfassen. Dieser Vorgang der Identifizierung ist der Begegnung zwischen beiden eingeschrieben und hat weitreichende Folgen für ein alteritätstheoretisches Anerkennungsverständnis. Diese Konsequenzen werden nun näher betrachtet, wobei in diesem Kontext ebenfalls eine Auseinandersetzung mit dem Verhältnis des Erkennens und Anerkennens erforderlich sein wird.

### 3.5.2.2 Identifizierung und Identität

Eine alteritätsethische Lesart legt die Annahme zugrunde, dass der Andere sich dem Subjekt in seiner unendlichen Alterität stets entzieht und unverfügbar bleibt. Daher kann jener nie vollständig in seinem ‚Sein' erfasst (und anerkannt) werden. Vielmehr vollzieht sich eine *Identifizierung* des Anderen, die jedoch mit seiner (‚absoluten') *Identität* niemals deckungsgleich sein kann – denn der Andere ist im alteritätstheoretischen Sinne aufgrund seiner Unendlichkeit nicht greif- und beschreibbar. Er kann in der Identifizierung nicht aufgehen (vgl. Bedorf 2010, 118ff.; Dederich 2011a, 115ff.).

Diese Identifizierung bzw. der identifizierende Akt vollzieht sich unabdingbar vor einem gewissen Hintergrund, denn Interaktionen (oder *Begegnungen*) finden stets in einem – wie auch immer gearteten – gesellschaftlichen Rahmen statt. Die im jeweiligen sozialen Raum vorherrschenden Ordnungsgefüge, die das gesellschaftliche Zusammenleben organisieren und reglementieren, bestimmen demnach die kontextbedingte Identifizierung des Anderen; dieser wird somit ‚eingefügt', bestimmten Maßstäben oder Ordnungsschemata unterworfen. Jede Kategorisierung und Festlegung kann ihm in seiner Unbestimmbarkeit jedoch nicht gerecht

---

158 Stinkes bemerkt dazu: „[…] in einem ethischen Sinn handelt es sich in der konkreten Erfahrung des Fremden nicht zunächst um ein normatives Anerkennungsverhältnis innerhalb eines Bezugsverhältnisses, sondern um eine *radikale Fremdheit*, die mich in eine Verantwortung ruft" (Stinkes 2012, 244; Hervorhebung im Original, B.B.).

159 Wie bereits erklärt wurde, denkt Honneth die Anerkennungsform der *Liebe* jedoch explizit asymmetrisch.

werden bzw. muss seine radikale Differenz zwangsläufig zum Verschwinden bringen (vgl. Dederich 2011a, 107ff.). Bedorf charakterisiert die Identifizierung daher als „eine Festlegung des entzogenen absoluten Anderen auf einen erfassbaren sozialen Anderen" (Bedorf 2010, 141). Diese Begrifflichkeiten werden an späterer Stelle erneut aufgegriffen; vorerst ist jedoch der Bezug zwischen der Identifizierung und der Anerkennung herauszuarbeiten.

Ein alteritätstheoretisch begründetes Anerkennungsverständnis muss berücksichtigen, dass Anerkennung ohne Identifizierung des Anderen nicht möglich ist, sie gehen stets miteinander einher – schließlich wäre ein anerkennender Akt nicht ohne das identifizierte ‚Objekt' der Anerkennung möglich. Dies führt weiterhin zu der Einsicht, dass nicht nur die Begegnung mit dem Anderen stets im sozialen Raum zu verorten ist, sondern folglich ebenfalls alle Prozesse der Anerkennung bzw. Anerkennungsbeziehungen im Rahmen gesellschaftlicher Strukturen stattfinden. Das bedeutet, dass diese sich „nie in ‚Reinform'" (Dederich 2011a, 116; Hervorhebung im Original, B.B.) ereignen können, sondern immer im Kontext bestimmter Institutionen, Rollen und Werte stehen und nur in diesem zu lesen sind. Demnach sind es die gesellschaftlichen Ordnungsgefüge, die bestimmen, wer wie und wofür Anerkennung erhält. Daraus ist zu schlussfolgern, dass der Andere nur *in einer gewissen Hinsicht* anerkannt wird; es erfolgt ein kontextbedingtes ‚Einfügen' und somit eine Identifizierung – Dederich weist der Anerkennung daher „einen produktiven Charakter" (ebd., 116) zu. Der Andere wird in der ihm zugeschriebenen Identifizierung jedoch nie vollständig aufgehen, denn er kann in seiner Identität (im Sinne seiner unendlichen Alterität – als ‚er selbst') niemals erfasst werden. Bedorf äußert dazu:

> Radikal anders – *unendlich* – ist der Andere genau in dem Sinne, daß sein Erscheinen als solches, das *Daß* seines Auftretens, mit dem *Wie* der Rollen und Milieus nicht in eins zu setzen ist (Bedorf 2010, 138; Hervorhebungen im Original, B.B.).

Daraus resultiert einerseits die Einsicht, dass die Identifizierung eines Subjekts somit nicht als feststehende Größe zu erachten ist, sondern als „ein Streitfall der Interpretation" (ebd., 126) – schließlich vollziehen sich Anerkennungsprozesse „im Horizont eines Anerkennungsmediums" (ebd., 149), daher ist „die anerkennungsfähige Identität [des Anderen, Anm. B.B.] stets partiell oder inkohärent und nur vorläufig stabilisierbar" (ebd.).[160] Gleichzeitig wird deutlich, dass eine ‚vollständige' Anerkennung des Anderen unmöglich ist. Resümierend ist demnach festzuhalten, dass Anerkennungsprozesse stets ein Spannungsverhältnis zwischen *Identifizierung* und *Identität* implizieren (vgl. Bedorf 2010, 118ff.; Dederich 2011a, 115ff.).

Bedorf bezeichnet diesen spannungsgeladenen Umstand als „*Verdopplung der Identität*" (Bedorf 2010, 121; Hervorhebung im Original, B.B.) – schließlich kann Anerkennung nur dann beansprucht werden, wenn bereits eine Identität ‚vorhanden ist'; andererseits wird Identität, als Identifizierung, aber erst durch Anerkennung gestiftet.[161] An dieser Stelle wird nicht nur dem Umstand Rechnung getragen, dass tatsächlich von zwei ‚nicht-identischen Identitäten' auszugehen ist; damit einhergehend wird ebenfalls deutlich, dass diesbezüglich eine semantische Unterscheidung (*Identität* und *Identifizierung*) durchaus sinnvoll erscheint (vgl. ebd., 118ff.). In diesem Kontext empfiehlt Bedorf ebenfalls, eine Differenzierung in einen ‚primären' (oder *absoluten*) Anderen und einen ‚sekundären' (oder *sozialen*) Anderen vorzunehmen. Letzterer stellt lediglich eine bruchstückhafte, inkohärente und vorläufige Erfassung (oder *Identifizie-*

---

[160] Dazu Bedorf unter Bezug auf Düttmann: „Damit ist die Vorläufigkeit aller Anerkennungsprozesse betont, die sich nie in einem Zustand oder einem Resultat abschließen lassen" (ebd., 126).

[161] Bedorf führt dazu aus: „Wenn etwas anerkannt werden soll […], dann wird nicht nur bestätigt, was bereits bekannt ist, sondern es wird eine Identität gestiftet, die der Anerkennung bedarf" (Bedorf 2010, 121).

*rung*) des primären Anderen dar; daher ist es auch nur der sekundäre Andere, der Anerkennung erfahren kann (vgl. ebd., 137ff.).

Unter Verweis auf die soeben dargelegte alteritätsethische Lesart der Anerkennung ist schließlich dafür zu plädieren, diese als dreistellige Relation zu denken;[162] Bedorf äußert sich dazu folgendermaßen:

> Als *was* etwas oder jemand anerkannt wird, versteht sich nicht von selbst, sondern steht vielmehr in der Anerkennung auf dem Spiel. Dabei wird deutlich, daß die zweistellige Relation *x erkennt y an* das Verhältnis nur unzureichend beschreibt. Vielmehr handelt es sich um eine dreistellige Relation, in der *x y als z anerkennt*. Nur so kann der Tatsache Rechnung getragen werden, daß die anzuerkennende Identität nicht mit der Identität des Anerkannten zusammenfällt (Bedorf 2010, 121f.; Hervorhebungen im Original, B.B.).

Schnell denkt Anerkennung ebenfalls in dieser ‚Dreistelligkeit' und formuliert: „*Ich erkenne jemanden als etwas an.*" (Schnell 2011, 33; Hervorhebungen im Original, B.B.), wobei er erklärt, dass das Anerkennen (von *etwas*) eine aktive Tätigkeit darstellt, während der Beziehung, in der ich zum Anderen (als *jemand*) stehe, immer eine Passivität innewohnt, die Schnell – wie vorab erwähnt – als „das Andere der Anerkennung" (ebd.) bezeichnet.[163] Es handelt sich demnach um zwei verschiedene deutlich voneinander zu unterscheidende Dimensionen. Wie bereits unter Bezug auf Bedorf und Dederich erklärt wurde, wird auch hier erneut deutlich, dass der Andere ‚selbst' keine (komplette) Anerkennung erfahren kann; er kann lediglich im Sinne der ihm zugeschriebenen Eigenschaften anerkannt werden, denn der Andere ist nur als ‚*Jemand-als*' identifizier- und beschreibbar. Schnell führt weiter aus: „Dieser Jemand ohne die Verweisungsstruktur des ‚als', also *schlicht Jemand* ist uns somit nicht zur Identifizierung und zur Beschreibung gegeben" (ebd., 33; Hervorhebungen im Original, B.B.).

Kann der Andere nur in der Hinsicht anerkannt werden, in der er identifiziert wird – was an den Deutungsschemata und Ordnungsgefügen liegt, die jede Begegnung mit ihm zwangsläufig bestimmen –, führt dies unweigerlich zu der Frage nach dem Verhältnis des *Erkennens* und *Anerkennens*. Dieses wird im Folgenden betrachtet.

Laut Dederich besteht – im Kontext der hier eingenommenen alteritätstheoretischen Perspektive – durchaus die Möglichkeit, beide Dimensionen[164] *in analytischer Hinsicht* zu unterscheiden, sie sind jedoch „faktisch [...] im Prozess der Anerkennung untrennbar" (Dederich 2011a, 120). Demnach geht das eine dem anderen nicht voraus; vielmehr ist dem Erkennen und dem Anerkennen eine „Gleichursprünglichkeit" (Bedorf 2010, 148) zu attestieren, die im Folgenden erläutert wird (vgl. Bedorf 2010, 137ff.; Dederich 2011a, 120.).

Der anerkennende Akt kann sich verständlicherweise nur in der Hinsicht auf den Anderen beziehen, in der dieser erkannt wurde. Anerkennen ist demnach ohne Erkennen nicht möglich. Die Dimensionen stehen jedoch in einer besonderen Beziehung zueinander, denn das Anerkennen verlangt nach dem Erkennen genauso wie das Erkennen nach dem Anerkennen verlangt. Daher resultiert aus einem erkennenden ‚Akt' immer ein anerkennender, ohne dass dabei von einer Reihenfolge die Rede sein könnte. Bedorf erklärt dazu: „Wir beziehen uns immer schon anerkennend auf den Anderen, auch dann, wenn wir uns ‚bloß' seiner Existenz vergewissern wollen" (Bedorf 2010, 149; Hervorhebung im Original, B.B.). Der Identifizierung, der

---

162 Neben Bedorf sprechen sich auch u.a. Dederich, Schnell und Stinkes dafür aus.
163 Auch Stinkes bedient sich dieser Begrifflichkeit und bezeichnet die Begegnung mit dem Anderen als „[...] ein passives Geschehen, eine Widerfahrnis. Es ist das Andere der Anerkennung" (Stinkes 2012, 241).
164 Dieser Begriff wird unter Bezug auf Bedorf (2010) verwendet.

Andere unterworfen wird, wohnt demnach gleichzeitig ein Erkennen *und* ein Anerkennen des Anderen inne, denn dieser wird in einer gewissen Hinsicht – vor einem bestimmten Hintergrund – erkannt und dabei gleichzeitig *als jemand* anerkannt. Daher sind beide Dimensionen untrennbar und als gleichursprünglich zu denken (vgl. ebd. 137ff.; Dederich 2011a, 120).
*Dass* sich das Subjekt stets anerkennend verhält bzw. verhalten muss, wurde im Verlauf des vorliegenden Kapitels bereits dargelegt: Dies beruht auf der *ethischen Verbindlichkeit*, die aus der Vorursprünglichkeit des Anderen bzw. seines Appells resultiert, der an das Subjekt ergeht. *Wie* die Anerkennung auszugestalten ist, wurde hingegen im Rahmen der bisherigen Ausführungen noch nicht berücksichtigt – dies wird in Kapitel 3.5.2.4 erfolgen.[165] Vorher sind die Ausführungen zur Identifizierung des Anderen jedoch um einen wesentlichen Aspekt zu erweitern, um die *verkennende* Anerkennung.
Da der Andere aufgrund seiner Alterität schlichtweg nicht in der Identifizierung, der er unterworfen wird, komplett aufgehen kann, verbleibt stets ein nicht greifbarer Überschuss. Daraus resultiert jedoch nicht nur, dass seine Anerkennung niemals vollkommen möglich ist; nach Bedorf ist fortan jedem Prozess der Anerkennung das Merkmal einer *Verkennung* eingeschrieben. Schließlich erfährt der Andere nur in der bestimmten Hinsicht Anerkennung, in der er identifiziert wird. Da er in seiner radikalen Alterität jedoch niemals komplett erfasst werden kann, muss die Anerkennung zwangsläufig immer – so Bedorf – eine gewisse Verkennung darstellen.[166] Denn diese ist – auch in den Fällen, in denen sie durchaus als ‚erfolgreich' oder ‚geglückt' bezeichnet werden kann – lediglich eine Anerkennung des *identifizierten* Anderen, wodurch die „Andersheit des Anderen notwendigerweise limitiert [wird]" (Bedorf 2010, 146).[167] Gleichzeitig ist sie jedoch niemals eine „reine Verkennung, weil man sich zum völlig Verkannten gar nicht verhalten könnte" (ebd., 145).
Infolge dieser Überlegungen muss Anerkennung durchaus kritisch betrachtet werden. Sie „scheint […] nicht von vorne herein ein ethisches Gut darzustellen, sondern ist normativ neutral und kann durchaus problematische Effekte nach sich ziehen" (Dederich 2013a, 226). Diese ‚normative Neutralität' bezieht sich auf die Ausgestaltung – das *Wie* – der Anerkennung. Wichtig ist, dass – unter Anschluss an Bedorf – an dieser Stelle eine Differenzierung in ein ethisches und ein normatives Moment vorgenommen wird (vgl. Bedorf 2010, 210). In ethischer Hinsicht ist die Anerkennung nicht neutral, denn es besteht eine *ethische Verbindlichkeit* zum Anderen, das Subjekt ist für diesen verantwortlich – unter Verweis auf Lévinas ist dem Ethischen der Verantwortung somit eine gewisse Pränormativität eingeschrieben.[168] Normativ neutral ist die Anerkennung, da „[…] die verantwortliche Antwort nicht eine bestimmte Antwort präferiert oder nahelegt" (ebd., 148). Die Anerkennung hat Spielräume, muss nicht grundsätzlich wertschätzend sein, kann positiv

---

165 Es soll bereits an dieser Stelle (vorwegnehmend) darauf hingewiesen werden, dass Bedorf angesichts der vorangegangenen Überlegungen für einen Anerkennungsbegriff plädiert, nach dem *das Anerkennen* den Prozess umfasst, in dem der Andere anerkannt wird und *die Anerkennung* als das Resultat dieses anerkennenden Prozesses gilt (vgl. Bedorf 2010, 124).

166 Bedorf gibt an „daß jede Anerkennung den Anderen als Anderen notwendigerweise verkennt, weil sie ihn ‚bloß' als diesen oder jenen Anderen in das Anerkennungsmedium integrieren kann" (ebd., 145; Hervorhebung im Original, B.B.). Dieses Anerkennungsmedium resultiert aus den kontextbedingten Deutungsmustern, Interpretationen und dem Horizont des ‚Anerkennungsgebers'.

167 Es muss an dieser Stelle nachdrücklich darauf hingewiesen werden, dass Bedorf den Sinn des Begriff des ‚Verkennens' auf einer „strukturellen Ebene" (ebd., 146) verortet: „Verkennende Anerkennung ist also nicht als das Mißlingen eines im Prinzip abschließbaren Anerkennungsprozesses zu verstehen, der die Hindernisse in seiner Realisierung nicht zu überwinden vermag" (ebd.). Demnach beinhaltet das Verkennen „nicht die Möglichkeit eines Nicht-Verkennens, oder anders gesagt: einer Vollkommenheit […]" (ebd.).

168 An späterer Stelle wird dargelegt, dass die Anerkennung daher moralisch konnotiert ist.

oder negativ und individuell sehr unterschiedlich ausfallen. Daher muss sie auch in Verbindung mit Machtfragen diskutiert werden (vgl. ebd., 137ff.; Dederich 2013a, 224ff.; Schnell 2011, 31ff.). An späterer Stelle werden diese Aspekte vertiefend betrachtet; im Folgenden werden nun die Ergebnisse der alteritätstheoretischen Überlegungen der letzten Seiten zusammengefasst.

### 3.5.2.3 Zwischenfazit

Vorangehend wurde herausgearbeitet, dass der alteritätsethischen Lesart der Anerkennung eine unauflösliche Spannung eingeschrieben ist.
So wird in Anschluss an Lévinas einerseits die Annahme zugrunde gelegt, dass das Subjekt zum Anderen – aufgrund seiner radikalen bzw. unendlichen Alterität – in einer besonderen ethischen Beziehung steht, die durch Attribute der Responsivität und Asymmetrie gekennzeichnet sind. Demnach beruht die dem Anderen (bedingungslos) zu gewährende Anerkennung auf der *ethischen Verbindlichkeit*, der Verantwortung gegenüber jenem. Überdies verbietet sich im Rahmen einer solchen Lesart jegliche Kategorisierung des Anderen, dies würde seiner unendlichen Alterität Gewalt antun und dem Lévinas'schen Verständnis radikaler Differenz – diese wird im folgenden Kapitel näher erläutert – zuwiderlaufen.
Konsequent weitergedacht legen die skizzierten Grundannahmen jedoch andererseits die Schlussfolgerung nahe, dass das Erfassen des Anderen stets in einer bestimmten Hinsicht erfolgt, dass jener quasi von selbst in bestehende Strukturen und Ordnungen (des Subjekts) eingefügt wird und sich demnach in dem ‚Schematismus von Allgemeinem und Besonderem' bewegt. Die radikale Differenz des Anderen, so wie sie Lévinas denkt, wird auf diese Weise quasi missachtet. Gleichzeitig vollzieht sich auch die gewährte Anerkennung immer vor dem Deutungshorizont des Subjekts. Jene ist somit als dreistellige Relation zu denken, die stets unvollständig und inkohärent ist und die unumgänglich – so arbeitet Bedorf heraus – mit einer Verdopplung der Identität und einer Verkennung einhergehen muss. Daher darf Anerkennung nicht grundsätzlich als wertschätzend oder positiv erachtet werden; sie ist stets kritisch zu betrachten.
Diese Feststellung sowie die oben beschriebenen unauflöslichen Widersprüche und Spannungen, die einer alteritätsethischen Lesart der Anerkennung eingeschrieben sind, dürfen jedoch nicht dazu führen, dieses Vorhaben aufzugeben. Vielmehr muss aus dieser Interpretation „ein anspruchsvoller und zeitgemäßer Anerkennungsbegriff" (Dederich 2013a, 227) resultieren, so erklärt Dederich[169], der „sowohl das Problem machtgestützter Identifizierung und Subjektivierung als auch eine radikal gedachte Differenz in sich vereinigen können muss" (ebd.).
Dieses Vorhaben wird nun realisiert. Dazu werden zuerst auf Basis der soeben dargelegten Grundannahmen zentrale Elemente einer alteritätsethischen Lesart der Anerkennung herausgearbeitet, um schließlich darauf aufbauend in Kapitel 3.5.3 zu erläutern, wodurch sich Anerkennung demnach auszeichnet. Dabei wird immer wieder auf Ideen und Anregungen anderer Autoren, insbesondere von Markus Dederich, aber auch von Martin Schnell, Thomas Bedorf und Ursula Stinkes sowie Judith Butler und Steffen Herrmann zurückgegriffen.

### 3.5.2.4 Grundlagen einer alteritätsethischen Lesart der Anerkennung

Als zentrale Grundlage und Ausgangspunkt einer alteritätsethischen Lesart der Anerkennung ist die Annahme zu betrachten, dass „Anerkennung als Antwort auf einen legitimen ethischen Anspruch begriffen wird, den der Andere an mich richtet" (Dederich 2013a, 228). Anerkennung ist demnach – aufgrund der ethischen Beziehung zum Anderen, d.h. aufgrund der Verantwortung nach Lévinas – moralisch konnotiert. Diese Idee wird nun erläutert.

---

169 unter Bezug auf Lévinas und Waldenfels.

Die Annahme, dass der Andere mir vorgängig ist, an mich einen nicht abweisbaren Appell richtet, begründet das ethische Verhältnis, in dem ich zum Anderen stehe und dem ich mich nicht entziehen kann. Dederich formuliert dazu:

> Wichtig ist die Vorgängigkeit des Anspruchs, dem ich unausweichlich ausgesetzt bin, wie auch immer ich ihn aufnehme, deute und in Handlung umsetze. Ohne einen solchen Anspruch wäre es buchstäblich sinnlos, überhaupt von Anerkennung im Sinne eines ethischen Handelns gegenüber jemandem zu reden. […] Indem ich auf den Anspruch antworte, wende ich mich dem Anderen zu, und erst in dieser Zuwendung kommt die Anerkennung ins Spiel. Es ist die ethische Beziehung zum anderen, die Nicht-In-Differenz ihm gegenüber, die nach Anerkennung verlangt (Dederich 2013a, 228).

Der Begegnung mit dem Anderen wohnt somit eine *ethische Verbindlichkeit* inne – *dass* dem Anspruch des Anderen nachzukommen ist, ist unvermeidlich. Dieser Aspekt stellt im Rahmen einer alteritätstheoretischen Interpretation von Anerkennung eine zentrale Grundannahme dar. *Wie* nun diesem Anspruch nachkommen, *wie* die Anerkennung ausgestalten? Dem Subjekt steht diese Ausgestaltung zwar grundsätzlich frei, seiner Freiheit wohnt jedoch stets ein „Moment der Verantwortung" (Herrmann 2013, 172) inne – das Subjekt ist demnach für die Ausgestaltung der Antwort verantwortlich. Hermann erläutert dazu weiter:

> Das hat zur Folge, dass das Subjekt die Vorstellung eines Guten ausbildet, mit dessen Hilfe sich sein vergangenes und zukünftiges Tun begründen und rechtfertigen lässt. Wenn ein Subjekt in der Beziehung zu Anderen aber notwendig dazu aufgerufen ist, eine Vorstellung des Guten zu entwickeln, dann können wir sagen, dass seine Beziehung zu ihm zum Ursprung einer grundlegenden Moralität wird. In der Folge seiner *Verantwortung für* die *Antwort auf* den Anspruch des Anderen wird das Subjekt also dazu gebracht, eine *Verantwortung vor* dem Anderen zu übernehmen, wobei sich diese Übernahme auf konsistente Weise nur dadurch vollziehen kann, dass das Subjekt moralische Maßstäbe ausbildet, an denen es sein Antworthandeln orientiert. Aus der Responsibilität der Responsivität erwächst so auf ganz unmittelbare Weise ein Reich der Moralität – ein Reich, das freilich nur in dem Maße gedeiht und wächst, wie es die gesellschaftlichen Bedingungen dem Subjekt überhaupt ermöglichen, die ihm auferlegte Verantwortung zu übernehmen (ebd., 171; Hervorhebungen im Original, B.B.).

Auf diese Weise wird deutlich, dass Anerkennung nicht ‚wertneutral' ist – sie ist durch die ihr innewohnende Responsivität nicht nur formal notwendig, sie ist auch moralisch konnotiert. Grundlage ist die Begegnung mit dem Anderen; in diesem Sinne erklärt Herrmann,

> dass die Beziehung Von-Angesicht-zu-Angesicht nicht nur die Quelle einer mehr oder weniger formalen Konzeption von Verantwortung ist, sondern zugleich auch einen Maßstab enthält, an dem sich die Verantwortung bemisst: die Verletzbarkeit des anderen Menschen (ebd., 172f.).

Nach Lévinas wird diese Verletzlichkeit im Antlitz des Anderen und dem ihm eingeschriebenen Appell *‚Töte mich nicht! Verletz mich nicht!'* sichtbar bzw. spürbar. Herrmann stellt fest, „dass wir durch die Konfrontation mit Anderen zu moralischen Wesen werden, weil wir durch deren symbolische Verletzbarkeit unumgänglich in eine Beziehung der Verantwortung gestellt werden" (ebd., 208) und bezeichnet dies als „moralische Ausgesetztheit an Andere" (ebd.). Auch Butler verortet in der Beziehung zum Anderen die Erfahrung der Verletzlichkeit und Menschlichkeit. In dem Appell des Anderen liegt demnach ein Verlangen nach Schutz, Achtung und Wertschätzung. Im Rahmen einer anderen Interpretationsweise wäre in diesem Kontext ggf. eher von *Menschenwürde* und *Achtung vor dem menschlichen Leben* die Rede (vgl. Butler 2003, 94ff.; Fornefeld 2008, 128ff.; Herrmann 2013, 162ff.).

Unabhängig von den unterschiedlichen Lesarten der ethischen Beziehung zum Anderen (und den damit einhergehenden jeweiligen Bezeichnungen) ist die Antwort auf den Appell des Anderen durch die Begegnung mit diesem bestimmt. Das Subjekt hat zwar einen Gestaltungsfreiraum, seine Anerkennungsakte und Entscheidungen müssen sich jedoch stets am Maßstab der *Verletzlichkeit*, des *Menschseins*, der *Menschenwürde* messen lassen. An dieser Stelle wird sehr deutlich, dass die Ausgestaltung der Anerkennung bzw. die Art und Weise der Reaktion bzw. Antwort auf den Anderen gleichzeitig die Beziehungsgestaltung zu diesem darstellt (vgl. Bedorf 2010, 137ff.; Butler 2003, 94ff.; Herrmann 2013, 162ff.; Stinkes 2012, 238ff.).

Die vorangegangenen Ausführungen lassen bereits erahnen, dass eine Ausweitung auf die Figur des Dritten und das Feld der Gerechtigkeit an dieser Stelle notwendig ist. Schließlich ist das Subjekt in einem gesellschaftlichen Rahmen verortet und wird stets durch ‚viele Andere' in die Verantwortung gerufen.

Auch Stinkes plädiert – unter Verweis auf die *Inter*subjektivität – für eine Auseinandersetzung mit Gerechtigkeitsfragen und formuliert:

> Wir verhalten, handeln und gestalten als inter-subjektive Wesen. Sozial zu sein verlangt, dass wir immer auch in eine Sphäre der Gerechtigkeit, d.h. des Vergleichens von Unvergleichlichem, des Abwägens, kurz: des Politischen, eingebunden sind (Stinkes 2012, 241).

Dabei verweist Stinkes auf das bereits dargelegte Spannungsverhältnis: Die in der Alterität des Anderen begründete unendliche Verantwortung ist zugunsten des Dritten, der – aufgrund der Gleichursprünglichkeit – ebenfalls berücksichtigt werden muss, gewissermaßen zu missachten. Denn Unvergleichliches muss einem Vergleich unterzogen, unendliche Verantwortung (gegenüber dem singulären Anderen) muss limitiert werden. Auf diese Weise hält die Gleichheit, und somit letztendlich *Gerechtigkeit*, Einzug in die Begegnungen zwischen Subjekt, dem singulären Anderem und den vielen Anderen. Dabei sind Gleichheit und Gerechtigkeit keinesfalls identisch; grundsätzlich können sowohl Gleich- als auch Ungleichbehandlungen gerecht sein! *Gleichheit* wird in diesem Kontext in der Hinsicht hergestellt, dass die (unvergleichlichen) Ansprüche aller Anderen *verglichen* werden. Das Subjekt muss dann mithilfe von Gerechtigkeitsmaßstäben bewerten und entscheiden, welchem an es herangetragenen Anspruch es zuerst und in welcher Weise in Form von Anerkennung nachkommt. So werden Gerechtigkeitsmaßstäbe begründet, die das gesellschaftliche Zusammenleben regeln – es handelt sich hierbei um Normen, Werte und Institutionen. Diese beeinflussen, wie bereits dargelegt wurde, den Gestaltungsfreiraum des Subjekts hinsichtlich der Anerkennungsprozesse.

Im Folgenden werden die Zusammenhänge zwischen der Verantwortung, dem Dritten und der Gerechtigkeit auf den Punkt gebracht. Schnell erklärt:

> Ich stehe für den Anderen ein. Ob ich will oder nicht. Diese gelebte Verantwortung habe ich wiederum zu verantworten vor dem Gerichtshof der Gerechtigkeit. Sie macht sich bemerkbar in der Ordnung, in der wir uns befinden und zwar als dieser immer schon vorgängig. Der Anfang beim Anderen wird realisiert, nachdem er schon angefangen hat, also nachträglich (Schnell 2004, 83f.).

Mit Bedorf ist zu ergänzen:

> Will man dem Appell des Anderen, mit dem das Subjekt konfrontiert ist, gerecht werden, kann die Antwort nur auf der Ebene des Dritten erfolgen, auf der ebendieser Anspruch gerade nicht in seiner Unendlichkeit Geltung haben kann. Umgekehrt kann die Normativität im Sozialen nicht allein auf der vergleichenden Ebene der Pluralität von Dritten begründet werden, weil sie ihren Sitz in der

unendlichen Andersheit der absoluten Alterität hat und sich aus ihr speist. Normativ ist das soziale Feld nur, wenn es an das ethische Moment der Erfahrung des Anderen gebunden bleibt, wenn sich Sozialität der Intersubjektivität verdankt (Bedorf 2010, 210).

Die Ebene des Dritten eröffnet demnach die Möglichkeit des Gegenüberstellens und Abwägens, wodurch das Subjekt seiner Verantwortung für die vielen Anderen nachkommen und deren Ansprüche, die gleichzeitig an es (das Subjekt) ergehen und ja paradoxerweise nicht vergleichbar sind, vergleichen kann (und muss) – sie werden gewissermaßen ‚gefiltert'. Dafür sind Maßstäbe und Kriterien notwendig, die erst durch den Dritten entwickelt werden können – sie sind quasi die Voraussetzung, um handeln und um der Verantwortung für *den und die* Anderen nachkommen zu können.

Gleichzeitig ermöglicht die Figur des Dritten ebenfalls „[…] eine kritische Überprüfung des Anerkannten" (Schnell 2011, 40). Wichtig ist an dieser Stelle, dass die in diesem Kontext so relevanten Normen, Werte und Institutionen nicht als starre Regeln, Vorgaben oder Handlungsanweisungen zu erachten sind; vielmehr sind die oben beschriebenen Vorgänge stets im Sinne einer individuellen Bewertung zu gestalten. Hierbei sind sowohl der Dritte und somit Aspekte der Gerechtigkeit als auch die Rückbindung an die Beziehung zum Anderen – die Verantwortung für ihn in seiner Verletzlichkeit und somit die Besinnung auf die Menschlichkeit – zu berücksichtigen und erfordern ein stetig neues Vergleichen, Abwägen, Bewerten. Dadurch wird „[…] die Gerechtigkeit zu einem nicht abschließbaren Prozess" (Dederich 2013a, 256; vgl. dazu auch Bedorf 2010, 203ff.; Schnell 2011, 35ff.; Stinkes 2012, 238ff.).
Ergänzend ist hinzuzufügen, dass sich mit der Ausweitung der Dyade um den Dritten und der daraus resultierenden *Gleichheit* (die aufgrund der Unvergleichlichkeit der vielen Anderen eigentlich keine Gleichheit ist) ein ‚struktureller' Wandel in der Beziehung zum Anderen vollzieht. Jene ist nicht mehr durch Asymmetrie geprägt. Denn mit den Normen und Werten, die im Feld der Gerechtigkeit entstehen, gehen Symmetrie und Reziprozität einher.[170] Diese charakterisieren die Beziehungen der Gesellschaftsmitglieder, die Anerkennungsakte und -strukturen in einer Gesellschaft. Somit ist Anerkennung paradoxerweise gleichzeitig asymmetrisch und responsiv – in Hinblick auf die Dyade – und symmetrisch und reziprok – auf Ebene des Dritten bzw. der Gerechtigkeit (vgl. Dederich 2013b, 40; Stinkes 2012, 246ff.). Mit Stinkes muss im Kontext dieser Paradoxie allerdings auf Folgendes hingewiesen werden:

> Die Verantwortung des Einzelnen gegenüber dem Anderen widerspricht nicht der Sorge um Gerechtigkeit und die Gerechtigkeit als vergleichendes Abwägen von Sorge widerspricht nicht der Verantwortung (Stinkes 2011, 152).

Aus diesem Grunde bezeichnet Stinkes diese Merkmale als „[…] eine asymmetrische Verantwortung und symmetrische Andersheit des Anderen" (ebd.).
In der alteritätstheoretischen Interpretation von Anerkennung sind also *Verantwortung, Anerkennung* und *Gerechtigkeit* unmittelbar miteinander verwoben: Das Subjekt ist für den Anderen in unendlicher Weise verantwortlich und setzt diese Verantwortung in Form von Anerkennung um. Zur Anerkennung muss allerdings die Dimension der Gerechtigkeit hinzukommen. Denn alle Anerkennungsprozesse sowie Anerkennungsstrukturen und institutionelle Vorgänge sind stets im sozialen Raum verortet und erfahren erst auf dieser Ebene eine Bewertung bzw. einen

---

[170] Mit Stinkes ist darauf zu verweisen, dass dies auch das Subjekt bzw. das *Ich* einschließt: „Das Ich taucht […] in ein System symmetrischer Beziehungen: Es gibt also auch eine Gerechtigkeit, d.h. das Ich hat ein Recht auf symmetrische Anerkennung durch den anderen" (Stinkes 2011, 151).

Maßstab und somit die Möglichkeit der kritischen Überprüfung, müssen jedoch wiederum stets an die *ethische Verbindlichkeit* zurückgebunden werden (vgl. Schnell 2011, 23ff.).
Abschließend – und als weitere wichtige Grundlage einer alteritätsethischen Lesart der Anerkennung – ist der Begriff der Differenz zu erläutern. In der vorliegenden Arbeit sind die beiden (aus alteritätstheoretischer Perspektive) deutlich voneinander zu unterscheidenden Formen der Differenz relevant: die *radikale* und die *relative* Differenz. Auf den Differenzdiskurs wird im Folgenden hingegen nicht näher eingegangen;[171] es ist jedoch darauf hinzuweisen, dass sich die verschiedenen Strömungen und Schulen allesamt mit dem „Verhältnis von Allgemeinem und Besonderem" (Dederich 2013, 39) auseinandersetzen (vgl. ebd., 42ff.).
Die *radikale* Differenz bezieht sich auf die radikale Andersheit, die z.B. im Rahmen der Phänomenologie Lévinas' als Alterität gedacht wird. Andere philosophische Konzeptionen fassen die radikale Differenz hingegen auf eine andere Weise – entsprechend der verschiedenen Verständnisse und Perspektiven wird sie demnach mit unterschiedlichen Begriffen in Verbindung gebracht, z.B. „Singularität, Fremdheit, Alterität, das Nichtidentische und eine spezifische Auffassung von Andersheit" (ebd., 43). Diese Konzeptionen stimmen jedoch allesamt darin überein, „dass sie insofern radikal sind, als sie einen nicht positivierbaren Überschuss am Individuum andeuten, durch den der Schematismus von Allgemeinem und Besonderem unterlaufen wird" (ebd.).
Die *relative* Differenz bezeichnet hingegen eine „an konkreten empirischen Kriterien orientierte Andersheit" (ebd., 42). Diese Differenz tritt im Hinblick auf Menschen mit Behinderung zutage, wenn es z.B. um ihre Fähigkeiten, Kompetenzen und Beeinträchtigungen geht; auch die aktuellen gesellschaftlichen Tendenzen und damit einhergehenden Exklusionsrisiken für diese Personengruppe – diese Themen werden im Verlauf der Arbeit noch berücksichtigt – sind im Kontext der relativen Differenz zu betrachten. Sie resultiert dementsprechend aus Festlegungen: „Die Verschiedenheit zwischen Individuen ist insofern relativ, als sie auf eine übergreifende, die Vergleichs- und Unterscheidungsmerkmale liefernde Totalität (etwa: die Herrschaft, die Sprache oder die Kultur) bezogen bleibt" (ebd.).
Beide Formen der Differenz sind z.B. im Rahmen der oben beschriebenen Verknüpfung von Verantwortung, Anerkennung und Gerechtigkeit bedeutsam. Denn dabei ist nicht nur die Gleichheit der Subjekte relevant, sondern auch ihre Verschiedenheit – sowohl in Hinblick auf die Alterität, als auch auf die Unterschiedlichkeit, die unter Berücksichtigung gerechtigkeitsrelevanter Aspekte entscheidend ist.
Für die vorliegende Arbeit sind die radikale und die relative Differenz somit von wesentlicher Bedeutung. Im Folgenden werden diese und die anderen bis hierhin kurz skizzierten alteritätstheoretischen zentralen Aspekte nun in eine entsprechende Lesart der Anerkennung einfließen.

### 3.5.3 Die alteritätsethische Lesart der Anerkennung

Im vorliegenden Kapitel wird eine alteritätsethische Lesart der Anerkennung entwickelt, die nicht nur auf den dargelegten, auf der Phänomenologie Lévinas' basierenden Grundannahmen aufbaut;[172] sondern diese zudem mit Aspekten der Honneth'schen Anerkennungstheorie verknüpft. In diesem Sinne bilden die alteritätstheoretischen Grundannahmen die Basis der eigenen Lesart der Anerkennung; die anerkennungstheoretischen Aspekte nach Honneth dienen der Konkretisierung dieser alteritätstheoretischen Grundlage.

---

171 Dies tut z.B. Markus Dederich in ‚Philosophie in der Heil- und Sonderpädagogik' (2013, 37ff.).
172 und insbesondere unter Bezug auf Markus Dederich, Steffen Herrmann, Martin Schnell und Ursula Stinkes formuliert wird.

Zudem wird der Begriff ‚Anerkennung' von Honneth übernommen; allerdings wird er – durch die alteritätstheoretische Basis – anders interpretiert. Das entwickelte Verständnis von Anerkennung wird sich demnach deutlich vom Honneth'schen unterscheiden.

Die Verknüpfung der beiden theoretischen Linien scheint ein großes Potential zu bergen, denn so können die alteritätsethische Lesart der Anerkennung konkretisiert und damit Orientierungshilfen für die Gestaltung von Anerkennungsprozessen und -strukturen erweitert werden, allerdings ohne dass dabei die Grundsätze der Alterität verletzt würden. Im letzten Teil der Dissertation mündet die anerkennungsethische Reflexion in behindertenpädagogische Handlungsempfehlungen. Fest steht: Das dargelegte alteritätsethische Verständnis von Anerkennung wird nicht mithilfe starrer Vorgaben lebbar; vielmehr scheint ein entsprechender Habitus notwendig.

### 3.5.3.1 *Anerkennung*

Ausgangspunkt einer alteritätsethischen Lesart der Anerkennung bildet die Feststellung, dass jene als dreistellige Relation – *X erkennt y als z an* – zu denken ist. Der Andere kann somit nur in der Weise anerkannt werden, in der er erkannt, identifiziert wird.

Demzufolge ist der Prozess des Anerkennens, so ist unter Verweis auf Schnell[173] zu konstatieren, als aktiver, formativer zu erachten, der erst erfüllt ist „wenn ich jemanden als etwas behandle" (Schnell 2011, 40). In diesem Sinne ist der anerkennende Akt nicht lediglich ein „Erkennen von Eigenschaften" (ebd.), vielmehr „hat und nutzt [das Anerkennen, Anm. B.B.] einen Gestaltungsspielraum und ist in gewissem Sinne eine Stiftung dessen, was es anerkennt" (ebd.). Der Andere wird also vom Subjekt entsprechend seines eigenen Deutungshorizonts ‚als etwas Bestimmtes' erkannt und anerkannt und auf diese Weise – *als z* – gestiftet (vgl. ebd., 39ff.). An dieser Stelle tritt zu Tage, was auch Judith Butler konstatiert: Weder das Subjekt noch der Andere sind als ‚fertig' oder ‚abgeschlossen' zu begreifen, sondern als Ergebnis der sozialen Praktiken; darauf zielt auch Thomas Bedorf mit seinen Ausführungen zur Verdopplung der Identität ab.

Demnach ist Anerkennung – dies wird im Folgenden noch ausführlich erklärt –, als Akt zu begreifen, in dessen Rahmen (a) dem Anderen grundsätzlich ein positiver Wert zuzuschreiben ist, der die Alterität des Anderen jedoch gleichzeitig insofern schätzt, als ihm (b) ein Daseinsraums eröffnet wird (vgl. Dederich 2013a, 213ff.).

Im Folgenden sind diese beiden zentralen Merkmale der Anerkennung, die unter Bezug auf Dederich und Schnell entwickelt wurden, zu vertiefen.

Der Andere ist in seiner unendlichen Alterität (a) grundsätzlich als positiv zu erachten, d.h. das ‚z' – der Andere in Form der Identifikation, die ihm vor dem Deutungshorizont des Subjekts zugewiesen wird – ist per se in positiver Hinsicht zu stiften, hat grundsätzlich einen positiven Wert in der Welt des Subjekts, unabhängig davon, wie fremd, unverständlich oder ‚(moralisch) kritikbedürftig' der Andere in seinem ‚Sosein' erscheint.

Diese positive Stiftung vollzieht sich in dem Bewusstsein, „[…] dass man immer nur *Jemanden-als-…* identifizieren kann" (Schnell 2011, 33; Hervorhebung im Original, B.B.); der Andere in seiner unendlichen Alterität (als *Jemand*) ist nicht erfassbar. Demnach ist die Stiftung des Anderen (in seinem z) gleichermaßen der Prozess – *das Anerkennen* – sowie das Resultat – *die Anerkennung* (vgl. ebd., 31ff.; Dederich 2011a, 115ff.). Dem Anderen einen positiven Wert zuzuschreiben muss demzufolge mit einer Grundhaltung einhergehen, die versucht, diesen in erster Linie als *Menschen* zu identifizieren – und eben nicht als *behindert*, *arbeitslos* oder *krank*.

---

173 sowie Bedorf, Dederich und Stinkes.

Der Vollständigkeit halber und um Missverständnissen vorzubeugen ist darauf zu verweisen, wie die Begriffe ‚Wert' und ‚wertvoll' im Rahmen der Dissertation verwendet werden. Dabei handelt es sich nämlich nicht um bestimmte Qualitätsansprüche oder um Eigenschaften, die besonders geschätzt werden, als kostbar, nützlich und erstrebenswert gelten. Wie den vorausgehenden Ausführungen zu entnehmen ist, wird ein *Wert* – ganz im Gegenteil – jedem Menschen aufgrund seines *Menschseins* zugeschrieben. Daraus resultiert, dass jeder Mensch für den anderen und für die Gesellschaft als *wertvoll* zu erachten ist.

Um den Anderen nicht (bzw. möglichst ‚wenig') in die Identifikation ‚einzusperren', derer er durch das Erkennen und Anerkennen unterworfen wird, ist dafür zu plädieren, Anerkennungsprozesse so zu gestalten, dass (b) eine Haltung eingenommen wird, die versucht, dem Anderen einen Daseinsraum zu eröffnen – d.h. „sich selbst als jemanden, der vorrangig eigene Interessen und Ziele verfolgt und andere Menschen überwiegend im Lichte dieser eigenen Interessen und Ziele wahrnimmt, zurückzunehmen" (Dederich 2013a, 215).

Im Angesicht der Unverfügbarkeit des Anderen ist auf „herrschaftlichen Zugriff, Aneignung, Anpassungsdruck und Unterwerfung [...]" (Dederich 2011b, 13) zu verzichten und von Zuweisungen eines ethischen Werts aufgrund bestimmter Kriterien abzusehen. In diesem Sinne plädiert Dederich dafür,

> Prozesse der wechselseitigen Anerkennung so offen zu konzipieren, dass der andere Mensch als einzigartiges und von mir unendlich verschiedenes Wesen ‚freigegeben' wird. Dieses Freigeben des anderen Menschen beinhaltet unter bestimmten Umständen auch, ihn aus den Erwartungen der Wechselseitigkeit zu entlassen. Wenn es also darum geht, den anderen Menschen als Anderen anzuerkennen, dann erfordert dies ein sehr sensibles Bewusstsein dafür, dass jeder Versuch, mir diesen Anderen anzueignen, ihn auf das Bild, das ich mir von ihm gemacht habe, festzulegen, die Anerkennung sofort zerstört bzw. in Gewalt umkippen lässt (Dederich 2013a, 221 unter Verweis auf Gamm 2000, 214; Hervorhebung im Original, B.B.).

Die Spannungen und Widersprüche des bisher vorgelegten Verständnisses sind offensichtlich: Um die Alterität des Anderen zu achten, ist diesem ein Daseinsraum zu eröffnen, der frei von Kategorien und Herrschaft ist. Gleichzeitig muss Anerkennung jedoch stets mit einer Identifizierung des Anderen einhergehen – diese ‚Einordnung' stellt bereits eine Missachtung seiner Alterität dar.

Die eingenommene alteritäts- und anerkennungsethische Position ist sich dieser Paradoxien bewusst, ohne sie jedoch auflösen zu können. Die radikale Differenz des Anderen kann nie – weder in der Dyade, noch unter Hinzunahme des Dritten – komplett geachtet werden. Demnach sind die auf dem eigenen Deutungshorizont des Subjekts beruhenden Gefahren der *Verdopplung der Identität* und der *Verkennenden Anerkennung* nicht zu bannen.

Dederich betont allerdings, dass „der offensichtlich unausweichliche Moment der Verkennung, der jedem Anerkennungsakt innewohnt, kein hinreichender Grund [ist], die Ethik der Anerkennung obsolet zu machen" (Dederich 2013a, 230).[174] Schließlich erfordere die Beziehung zum Anderen und die Verantwortung für ihn in seiner Verletzlichkeit und Bedürftigkeit eine anerkennende Antwort. Die im Rahmen der vorgeschlagenen Lesart der Anerkennung eröffnete Perspektive führt in diesem Sinne – und unter Bezug auf Dederich – zu der „[...] Frage, ob diese Verkennung in harte, fixe, starre Zuschreibungen münden muss oder ob sie weich, offen reversibel, den Anderen immer wieder freigebend gestaltet werden kann" (ebd., 229).

---

174 Zumal eine Verkennung auch nicht eine vollständige Verfehlung sein muss. Schließlich ist es möglich, dass die Anerkennung, mit der das Subjekt dem Anderen begegnet, bei diesem ‚richtig' ankommt.

Denn resultierend aus der Verantwortung für den Anderen wird hier eine Anerkennung gedacht, die dem Gegenüber mit einer prinzipiell positiven und freilassenden Grundhaltung begegnet, bei der es keiner bestimmten ethischen Richtlinien oder Normen der Anerkennung bedarf; demnach werden auch Anerkennungsprozesse keinesfalls anhand bestimmter Regeln oder Vorgaben als ‚moralisch positiv' bewertet. Vielmehr ist eine Grundhaltung der Offenheit und Wertschätzung der Vielfalt des menschlichen Lebens erforderlich, die den Anderen in seiner unendlichen Alterität achtet, sich ihm – in seiner Verletzlichkeit und Bedürftigkeit – aber auch verantwortlich fühlt und Anerkennungsprozesse dementsprechend individuell gestaltet. Entsprechend dieser Lesart könnte die Besinnung auf die *Menschlichkeit* – unter Verweis auf Butler – gleichermaßen als Voraussetzung und Ziel der Anerkennung erachtet werden.

Diese anerkennungstheoretische Interpretation muss allerdings stets, so ließen die vorangegangenen Ausführungen evtl. bereits erahnen, mit einer kritischen Haltung gegenüber der Anerkennung einhergehen. Unter Bezug auf Schnell wird dies verdeutlicht:

> Das Andere der Anerkennung, also das Faktum der ethisch relevanten Beziehung zum Anderen [...] verweist auf eine zu leistende Anerkennung, die, weil sie zu leisten ist und dabei Spielräume hat, nicht per se wertschätzend sein muss. Anerkennung bedarf kritischer Beurteilung! (Schnell 2011, 34).

Anerkennung darf nicht grundsätzlich als ‚normativ positiv' – im Sinne eines befürwortenden, wertschätzenden Aktes – charakterisiert werden; schließlich gibt es (die bereits erwähnten) „[...] Spielräume, in welcher Hinsicht oder als wer oder was jemand anerkannt oder verkannt wird, und es steht nicht von vorne herein fest, dass Anerkennung auch wertschätzend ist" (Dederich 2013a, 228 unter Verweis auf Schnell 2011a, 34). In dieser Hinsicht kann der Anerkennung eine *normative* Neutralität zugewiesen werden, die aus der Alterität des Anderen resultiert. Die Begegnung mit dem Anderen begründet allerdings gleichzeitig eine *ethische Verbindlichkeit*, die dazu führt, dass Anerkennung zwar *normativ*, aber nicht *ethisch* neutral ist; d.h. gleichzeitig, dass sie moralisch konnotiert ist.

Demnach ist dafür zu plädieren, Anerkennung resultierend aus der Verantwortung für den Anderen und seiner Verletzlichkeit auszugestalten – ihm demzufolge einen positiven Wert zuzuschreiben und einen Daseinsraum zu eröffnen. Gleichzeitig vollzieht sich die Anerkennung stets individuell, nutzt Spielräume – schließlich ist sie grundsätzlich als vorläufig und begrenzt zu charakterisieren. Daher gibt es – wie bereits mehrfach angeführt wurde – keine Regeln oder Vorschriften; diese könnten den Anderen in seiner unendlichen Alterität nicht vollständig erfassen. Schließlich erfährt der Andere stets nur in der Hinsicht Anerkennung, in der er identifiziert wird. Somit verbleibt eine gewisse Spannung innerhalb der Anerkennung (vgl. Bedorf 2010, 137ff; Dederich 2011a, 121f.; ebd. 2013a, 224ff.).

Anerkennung kann demnach sowohl ‚positiv' als auch ‚negativ' und individuell sehr unterschiedlich ausfallen. Damit unterscheidet sich die vorliegende alteritätstheoretische Interpretation von Anerkennung grundlegend von anderen anerkennungstheoretischen Positionen – z.B. der Theorie Honneths. Der Sozialphilosoph differenziert schließlich zwischen Anerkennung als positivem und Missachtung als negativem Akt.

Bedorf fasst einen alteritätstheoretisch gedachten Anerkennungsbegriff – mit all seinen Spannungen und Paradoxien – folgendermaßen zusammen:

> Die Anerkennung des Anderen ist stets nur eine *Anerkennung* des *sozialen Anderen* und in diesem Sinne eine *Verkennung* seiner *absoluten Andersheit*. Die Identität, die durch die Anerkennung dem Anderen zugewiesen wird, ist stets nur eine inkohärente und vorläufige Identität, welche die Anders-

heit notwendig auf eine sozialkompatible Variante reduziert. Daher bleibt Anerkennung stets eine riskante Gabe, die in ihrer spezifischen Realisierung nur *eine* mögliche Antwort auf den Anderen darstellt. Die in der Anerkennung *fungierende Normativität* bezieht sich auf das Wie des Antwortens und enthält zugleich eine Identitätszuweisung an den Anderen und eine Definition der Situation, in der der Anerkennungsprozeß sich abspielt (Bedorf 2010, 212; Hervorhebungen im Original, B.B.).

Dies unterstreicht, wie notwendig es ist, Anerkennung kritisch zu prüfen. Schließlich birgt Anerkennung – daran ist u.a. unter Verweis auf Butler zu erinnern – stets die Gefahr von Macht und ethischer Gewalt. Das, was auf den ersten Blick ‚moralisch richtig' erscheint, kann zu Gewalt und Exklusion führen, den Anderen eben nicht ‚freilassen'. Aus diesem Grund sind die Betrachtung und Bewertung unter Gerechtigkeitsgesichtspunkten sowie die stetige Rückbindung der Anerkennung an die *ethische Verbindlichkeit* bzw. die Verantwortung für den Anderen und die Achtung seiner radikalen Differenz von zentraler Bedeutung. Diese kontinuierliche Rückbindung – d.h. die Besinnung auf die *Menschlichkeit* – ist ganz wesentlich, damit die Dimension des Dritten, also das Feld der Gerechtigkeit, nicht ‚unmenschlich' und ungerecht wird.

All diese Aspekte berücksichtigend verzichtet die im Rahmen der Dissertation zu entwickelnde alteritätsethische Lesart der Anerkennung ausdrücklich darauf, Vorgaben für ein ‚angemessenes' oder ‚richtiges' anerkennendes Verhalten zu formulieren, denn:

Das Ethische, das sich im Anspruch des Anderen zeigt, auf den das Subjekt antwortet, gleicht einem formalen Appell, dem nicht ausgewichen werden kann. Er ist formal und daher nicht inhaltlich definiert; weder in Form einer Ethik des guten Lebens noch in der einer Moral, die bestimmte universalisierbare Regeln zu formulieren gestattet. Was sich im Sozialen geltend macht, ist vielmehr ein Überschuß der Alterität über die gleichsetzende Ebene des Sozialen, der einen ethischen Anspruch im Sozialen repräsentiert (Bedorf 2010, 211).

Demnach ist die Verantwortung bzw. die *ethische Verbindlichkeit*, aus der Anerkennungsakte des Subjekts resultieren, eben gerade nicht in Kategorien, Hierarchien und (normative) Vorgaben einzuschließen. Wie dargelegt wurde, widerspricht dies jedoch keineswegs der Notwendigkeit, Anerkennungsprozesse und -strukturen zu überprüfen; dies ist, im Gegenteil, ein zentraler Bestandteil von Anerkennung und muss stets aufs Neue vorgenommen und ausgelotet werden. Bevor im Folgenden die bis zu dieser Stelle entwickelte Lesart der Anerkennung im Kontext der Behindertenpädagogik betrachtet wird – wobei sich die Ausführungen stark an dem von Markus Dederich aus der Perspektive einer *verkennenden Anerkennung* entwickelten Denkansatz orientieren[175] –, soll abschließend der Zusammenhang zwischen Verantwortung, Anerkennung und Gerechtigkeit betrachtet werden.

Es wurde bereits an anderer Stelle kurz darauf verwiesen, dass die im Rahmen der vorliegenden Arbeit entwickelte Lesart der Anerkennung zeigt, wie *Verantwortung* (nach Lévinas) und *Gerechtigkeit* zusammengedacht werden können; *Anerkennung* dient dabei quasi als Bindeglied. Die Verantwortung stellt die ethische Basis dar, die durch die Anerkennung konkretisiert wird und letztendlich zu gerechteren Verhältnissen führt. Es handelt sich dabei um einen dreigliedrigen Prozess (Verantwortung – Anerkennung – Gerechtigkeit), der dynamisch ist. Schließlich muss immer wieder ausgelotet werden, *was* gerecht ist, d.h. es ist eine stetige Rückbesinnung auf die Verantwortung für den singulären Anderen notwendig, wobei gleichzeitig die unvergleichlichen Ansprüche der vielen Anderen miteinander verglichen werden müssen.

---

175 Dederich bezieht sich seinerseits auf Adorno, Seel und Gamm (vgl. Dederich 2011).

Hier wird die zentrale Bedeutung des dynamischen Prozesses bestehend aus Verantwortung – Anerkennung – Gerechtigkeit offenbar: Denn die Figur des Dritten und die gleichzeitige Rückbindung an die Verantwortung für den singulären Anderen berücksichtigt sowohl gerechtigkeitsrelevante Aspekte als auch die *ethische Verbindlichkeit*. Das stetige Abwägen der unendlichen und unvergleichlichen Ansprüche des singulären Anderen und der vielen Anderen soll dementsprechend die Gefahr der ethischen Gewalt – die z.B. aus starren moralischen Vorgaben und Richtlinien resultiert – genauso eindämmen, wie Ungerechtigkeiten vermieden werden sollen.

### *3.5.3.2 Konsequenzen für die Behindertenpädagogik*

Dederich plädiert dafür, sich dem Anderen in seiner Andersheit zu nähern und diese zu akzeptieren, ihn aber gleichzeitig freizugeben, ohne ihn zu vereinnahmen. Dies muss mit einer neuen Haltung – und in diesem Sinne mit einem Bewusstseinswandel – einhergehen, die den Anderen nicht auf bestimmte identitätskonstitutive Merkmale festlegt, sondern sich seiner Andersheit, die immer unendlich bleibt, bewusst ist. Dederich dazu: „Der Überschuss der Nichtidentität (bzw. Andersheit/Unendlichkeit) bedeutet insofern eine Nichtexklusivität, als er den in der Anerkennung auf eine bestimmte Hinsicht festgelegten Anderen zwar fixiert, aber nicht in eine Identität einsperrt" (Dederich 2011a, 123; vgl. ebenfalls ebd. 2013a, 229ff.). Für den behindertenpädagogischen Kontext stellt diese Perspektive eine deutliche Bereicherung in Bezug auf das Verständnis von Behinderung dar: Die Beurteilung des Phänomens *Behinderung*, die auch heute noch zumeist anhand gesellschaftlich vorgegebener Maßstäbe und Normalitätserwartungen erfolgt, die der Heterogenität und Vielschichtigkeit des Phänomens nicht gerecht werden, lässt sich mit dieser Sichtweise überwinden, indem der Einzelne nicht auf eine spezifische Identität *festgelegt* wird.[176] Vielmehr plädiert Dederich unter Bezug auf Scully dafür, „die individuellen Erfahrungen und die mit ihnen verknüpften subjektiven Wahrheiten von Menschen zu würdigen" (Dederich 2011a, 125). Allerdings kann auch eine solche Annäherung an Menschen mit Behinderung die Verkennung im Sinne Bedorfs nicht umgehen – der Anerkennung bleibt eine unauflösbare Spannung eingeschrieben (vgl. ebd.).[177]
Weiterhin eröffnet die grundlegende Ausrichtung der Ethik Lévinas', die den Anderen und nicht das Subjekt selbst an den Beginn jeglicher Interaktion, Kommunikation und Anerkennung stellt, dem behindertenpädagogischen Bereich eine neue ungewohnte Perspektive. Demnach steht am Anfang jeder Begegnung mit einem Menschen mit Behinderung dessen unausweichlicher Anspruch an sein Gegenüber. Die Übernahme von Verantwortung für den Anderen – in seiner Verletzlichkeit und Schutzbedürftigkeit – stellt eine Notwendigkeit dar (die immer für den Anderen zu übernehmen ist – es gibt keine Möglichkeit, sich dagegen zu entscheiden) und verändert den Charakter der Beziehung zu Menschen mit Behinderung: Anerkennende Handlungen von – im Fall des Promotionsvorhabens – professionell Tätigen stellen somit keine Unterstützung o.ä. eines Hilfebedürftigen dar, sondern sind vielmehr unvermeidliche Akte.
Zwar bleibt die Ausgestaltung der anerkennenden Interaktionen auch weiterhin vom eigenen Deutungshorizont (der Akteure) abhängig, trotzdem verändert der neue Zugang die Gestaltung der Beziehungen zu Menschen mit Behinderung grundlegend. Darin besteht der wertvolle

---

176 Im Rahmen der kritischen Würdigung Honneths wurde bereits auf den strategischen Nutzen (im politischen Kontext), aber auch auf die Risiken verwiesen, die mit einer Festlegung ‚kollektiver Identitäten' einhergehen.
177 Dazu Dederich: „Jedoch eröffnet sie die Möglichkeit zu einem zumindest teilweise entfunktionalisierten Erkennen des Anderen, wie es von Seel (2004) in Anlehnung an Adorno in Aussicht gestellt wird" (ebd.).

Beitrag für den behindertenpädagogischen Bereich: Der Mensch mit Behinderung als *der Andere* steht mit seinem unausweichlichen Anspruch nun tatsächlich im Mittelpunkt bzw. am Anfang aller Handlungen und ist hinsichtlich seiner Bedürfnisse anzuerkennen, wobei die Anerkennungsprozesse und -strukturen im Sinne der Verantwortung für den Anderen positiv wertschätzend auszufüllen sind.

Auch die Ausweitung auf die Figur des Dritten stellt einen weiteren wesentlichen Beitrag für die im Rahmen des Promotionsvorhabens behandelte Thematik dar. Dederich formuliert: „Anerkennung des Anderen kann nur auf der Ebene des Dritten erfolgen" (Dederich 2011a, 121) und meint damit, dass die Ausgestaltung des anerkennenden Prozesses (das *Wie* der Anerkennung) durch den gesellschaftlichen Kontext determiniert ist. Die Notwendigkeit eines gesellschaftlichen Wandlungsprozesses mit dem Ziel einer Anerkennung von Menschen mit Behinderung in der Gesellschaft wird dadurch besonders herausgestellt. Dieser Aspekt führt unmittelbar zu der UN-BRK, die einen gesellschaftlichen Bewusstseinswandel in genau diesem Sinne fordert.

Auf diese Weise wird deutlich, dass die skizzierte Lesart der Anerkennung durchaus dafür geeignet scheint, die Umsetzung der Forderungen, Ziele und Maßnahmen der Konvention zu verfolgen. Denn sie begründet *offene* Anerkennungsverhältnisse, die alle Menschen einschließen, ohne sie dabei einzuordnen oder zu klassifizieren. In diesem Sinne erfahren alle Mitglieder einer Gesellschaft – auf Grundlage der *ethischen Verbindlichkeit* bzw. Verantwortung und anhand von Gerechtigkeitsgrundsätzen – Anerkennung.

Eine durch eine solche Grundhaltung der Anerkennung geprägte Gesellschaft zeichnet sich durch Offenheit für Fremdheit und Andersartigkeit aus; sie bietet einen Raum, in dem Menschen mit unterschiedlichsten Lebenskonzepten und -philosophien gemeinsam leben können. Einer Realisierung eines solchen (gesellschaftlichen) Ideals – darauf weist Dederich ebenfalls deutlich hin – stehen allerdings viele Schwierigkeiten entgegen (vgl. Dederich 2001, 220f.). Darüber hinaus kann dieses Ideal sich eines gewissen utopischen Charakters nicht gänzlich erwehren (vgl. Dederich 2001, 204ff.; ebd. 2011a, 115ff.; ebd. 2013a, 229ff.).

Diese Einwände sollen jedoch dem Vorhaben, eine anerkennungs- und alteritätsethische Grundlage für behindertenpädagogische Handlungsempfehlungen zu entwickeln, keinen Abbruch tun. Schließlich stellt es nach wie vor die Möglichkeit in Aussicht, die Umsetzung der Forderungen und Ziele der UN-BRK in einer durchaus geeigneten und überzeugenden Weise zu verfolgen.

Zu diesem Zweck wird die bis hierhin dargelegte alteritätsethische Lesart der Anerkennung im Folgenden um eine zusätzliche Facette erweitert bzw. konkretisiert.

### 3.5.3.3 *Konkretisierung: Anerkennungsformen und -sphären nach Honneth*

Wie bereits zu Beginn des Kapitels 3.5.3 erläutert wurde, werden nun einige Aspekte der Honneth'schen Anerkennungstheorie erneut aufgegriffen. Dies scheint deswegen an dieser Stelle von so zentraler Bedeutung, da die bisher entwickelten alteritätstheoretischen Grundlagen im Wesentlichen auf der Phänomenologie Lévinas' beruhen – diese versteht sich allerdings als eine ‚Ethik vor der Ethik' und sieht demnach keine Hinweise im Sinne klarer Vorgaben oder Konkretisierungen vor – vielmehr verbietet sie diese sogar!

Die im Rahmen des Promotionsvorhabens zu entwickelnde Interpretation der Anerkennung soll jedoch dem Anspruch genügen, die Ausgestaltung der Verantwortung entsprechend einer alteritätstheoretisch gedachten Anerkennung näher zu erläutern, ohne dabei allerdings Regeln, Vorgaben oder Kategorien zu entwickeln.

Die Anerkennungstheorie Honneths dient in diesem Sinne der Konkretisierung und stellt somit eine Grundlage für den Entwurf von Orientierungshilfen für die Ausgestaltung von Anerkennungsprozessen dar. Dabei scheint die Honneth'sche Differenzierung in Anerkennungsformen bzw. -sphären als Grundlage für Handlungsorientierung gebende Anhaltspunkte sehr geeignet zu sein, da sie Aufschluss darüber gibt, „welche Dimensionen das Konstrukt ‚Anerkennung' beinhaltet" (Kaletta 2008, 30; Hervorhebung im Original, B.B.) bzw. beinhalten kann. Auf diese Weise wird das Hinzudenken vergleichsweise konkreter Handlungsebenen der Anerkennung in den folgenden drei Hinsichten ermöglicht:
1. *emotionale Zuwendung und Empathie*
2. *rechtliche Anerkennung*
3. *solidarische Wertschätzung*

Es muss allerdings an dieser Stelle darauf verwiesen werden, dass (positive) Anerkennungserfahrungen – anders als bei Honneth – im Rahmen des Promotionsvorhabens keineswegs als Grundvoraussetzungen für eine ‚unbeschädigte Identität' erachtet werden; schließlich wird entsprechend einer alteritätstheoretischen Perspektive (und dabei z.B. unter Anschluss an Butler) nicht von einer ‚fertigen', ‚starren Identität' ausgegangen. Sie wird vielmehr im Sinne der *Verdopplung der Identität* (nach Bedorf) als Resultat sozialer Praktiken und somit als ‚fragil' und ‚flüchtig' gedacht.

Gemäß der vorliegenden alteritätsethischen Lesart der Anerkennung resultiert die Forderung nach bzw. Verpflichtung zur Anerkennung aus der Verantwortung für den Anderen in seiner Verletzlichkeit; sie basiert nicht, wie bei Honneth, auf dem Prinzip der Symmetrie und Reziprozität.

Die grundlegenden Differenzen zur Theorie Honneths[178] stehen dem Vorhaben, die Untergliederung in die drei Formen der Anerkennung zu adaptieren, jedoch nicht entgegen. Schließlich wird die Verantwortung für den Anderen (und somit auch die zu ‚gewährende' Anerkennung) als unendlich und alle Lebensbereiche und -aspekte umfassend erachtet. Eine Differenzierung in Anerkennungsformen und -sphären kann demnach nur als hilfreiche Schablone zur Orientierung dienen.

Die nun folgende Adaption der drei Anerkennungsformen bzw. -sphären wird eine Interpretation aus der Perspektive der dargelegten alteritätsethischen Lesart der Anerkennung darstellen. Dabei werden auch die im Rahmen der kritischen Würdigung Honneths vorgenommenen Anmerkungen und Einwände berücksichtigt.

### 3.5.3.3.1 Emotionale Zuwendung und Empathie

Entsprechend der vorliegenden alteritätsethischen Lesart der Anerkennung ist dafür zu plädieren, die erste Anerkennungsform, die bei Honneth i.d.R. als *Liebe* bezeichnet wird, nun als *emotionale Zuwendung und Empathie*[179] zu charakterisieren. Denn somit können in dieser Sphäre nicht nur Interaktionen mit den Menschen verortet werden, zu denen eine ‚nahe', ‚tiefe' (Liebes-)Beziehung besteht; durch die vorgenommene Erweiterung können dort auch die Begegnungen mit *allen Anderen* stattfinden.

---

178 Bei der Vielzahl an Kritikpunkten und Differenzen bzgl. der Theorie Honneths ist allerdings ausdrücklich darauf hinzuweisen, dass der Grundannahme, wonach Anerkennungserfahrungen in den drei Sphären zu einem positiven Selbstbild verhelfen, nicht widersprochen wird.

179 Dies erfolgt unter Anlehnung an Dederich, der diese Anerkennungsform allerdings lediglich als *emotionale Zuwendung* bezeichnet (vgl. Dederich 2011b, 12).

Auf diese Weise kann sich die Anerkennung – wie sie im Sinne der vorliegenden alteritätstheoretischen Perspektive entwickelt wurde – in der direkten Interaktion mit dem Gegenüber ereignen; und zwar in einer grundsätzlich emotional zugewandten, bejahenden und wertschätzenden Form, die dem Anderen mit Empathie begegnet. Somit kann die Anerkennung im Sinne einer Haltung, bei der dem Anderen grundsätzlich ein positiver Wert zugeschrieben und jenem ein Daseinsraum eröffnet wird, gegenüber jedem Interaktionspartner direkt und ganz unmittelbar eingenommen werden – schließlich besteht eine Verantwortung gegenüber allen Anderen, unabhängig von der ‚Intensität' oder ‚Art' der Beziehung, in der man zu diesem steht. Wie bereits im Rahmen der kritischen Würdigung Honneths erwähnt wurde, ist eine solche Interpretation der *emotionalen Anerkennung* insbesondere in Hinblick auf den (professionellen) behindertenpädagogischen Kontext von Interesse. Eine entsprechende Konkretisierung wird im Rahmen des Kapitels 4.3.2 vorgenommen.
Die Sphäre der ‚direkten' Anerkennung im Rahmen unmittelbarer Interaktionen ist durch die Anerkennung auf gesellschaftlicher Ebene zu ergänzen. Dabei wird im Folgenden zuerst die Sphäre des Rechts betrachtet.

### 3.5.3.3.2  Rechtliche Anerkennung

Der Aspekt der *rechtlichen Anerkennung* ist insbesondere im Kontext des Promotionsvorhabens von großer Bedeutung – schließlich stellt die UN-BRK mit ihren Zielen, Maßnahmen und Forderungen den zentralen Ausgangspunkt der Arbeit dar.
Allerdings schlagen sich die grundsätzlichen Unterschiede zwischen der Position Honneths und einer alteritätstheoretischen Perspektive auch in der rechtlichen Sphäre nieder: Wie oben bereits ausführlich erläutert, legt Honneth dieser ein Rechtsverständnis zugrunde, das auf den Prinzipien der Universalität, Symmetrie und Reziprozität beruht. Damit geht u.a. die Position einher, dass sich Menschen in modernen Gesellschaften nur dann als autonom handelnd und sozial geschätzt und in diesem Sinne als moralisch zurechnungsfähig begreifen können, wenn sie über ein gewisses Maß an sozialem Lebensstandard – im Wesentlichen ökonomische Sicherheit und kulturelle Bildung – verfügen. Dies stellt letztendlich die nötige Voraussetzung für die Partizipation an Aushandlungsprozessen gesellschaftlicher Normen dar. In behindertenpädagogischer Hinsicht ist dieses Rechtsverständnis stark kritikwürdig, denn es beinhaltet Benachteiligungs- und Exklusionsmechanismen für Menschen mit Behinderung und andere marginalisierte Gruppen, die aufgrund der gesellschaftlichen Maßgaben und ihrer entsprechenden Position häufig ohnehin unter erschwerten Bedingungen leben müssen.
Aus alteritätstheoretischer Perspektive ergibt sich ein anderes Rechtsverständnis. So schlägt sich die Anerkennung in dieser Sphäre in der Form nieder, dass sie es dem Anderen ermöglicht, sich in seinem ‚Sosein', in seiner Alterität in der Gesellschaft entfalten zu können – dies muss unter der Wahrung der Menschenwürde und dem Schutz seiner Verletzlichkeit erfolgen. Von ganz zentraler Bedeutung sind in diesem Kontext ebenfalls die Aspekte, die bereits im Rahmen der Auseinandersetzung mit der Figur des Dritten bzw. mit der Gerechtigkeit angeführt wurden. Denn die asymmetrische Dyade wandelt sich unter dem Einfluss des Dritten zu einer Gruppe (Gesellschaft) vieler Anderer, deren Ansprüchen nur mithilfe von Vergleichen nachzukommen ist, womit Symmetrie und Reziprozität einhergehen. Formal ähneln sich die Honneth'sche und die alteritätstheoretische Position in dieser Hinsicht; letztere unterscheidet sich jedoch gravierend durch den zentralen Aspekt der Rückbindung an die Verantwortung für den Anderen, d.h. an die *ethische Verbindlichkeit*. Diese ermöglicht immer wieder die Über-

prüfung der gesellschaftlichen Normen und Werte anhand der Achtung der Verletzlichkeit und des Schutzes der Menschlichkeit bzw. der Menschenwürde.

Die Sphäre der *rechtlichen Anerkennung* wird somit einerseits durch den Anderen in seiner Alterität und der Verantwortung für ihn, andererseits aber ebenfalls durch den Dritten und die Forderung nach Gleichheit der vielen Anderen bestimmt. Anerkennung auf rechtlicher Ebene muss demnach letztendlich mit einer Begrenzung der Freiheit jedes Einzelnen einhergehen; diese ist an der Stelle erforderlich, wo der Schutz anderer Gesellschaftsmitglieder in ihrer Verletzlichkeit bzw. ihrer Menschenwürde zu priorisieren ist. Welche (Schutz-)Bedürfnisse und Ansprüche bevorzugt behandelt werden, ergibt sich aus dem Vergleich der verschiedenen Positionen unter Gerechtigkeitsaspekten und unter stetiger Rückbindung an die Verantwortung für den Anderen. Demzufolge stehen sich stets zwei Positionen spannungsgeladen gegenüber: die Verantwortung für den Anderen in seiner Alterität und die Gerechtigkeit entsprechend der Figur des Dritten. Durch die Anerkennung werden beide zusammengebunden, ohne die Spannung jedoch auflösen zu können bzw. zu wollen. Denn die beiden sich gegenüberstehenden Positionen ermöglichen erst eine Überprüfung der Anerkennung und der Gerechtigkeit. Letztendlich kann auf diese Weise schließlich auch dem Problem der *ethischen Gewalt* (siehe dazu z.B. Butler) begegnet werden.[180]

Ergänzend zur Anerkennung auf rechtlicher Ebene ist allerdings die *solidarische Zustimmung bzw. Zuwendung* von großer Bedeutung,

> weil die rechtliche Anerkennung die Einklagbarkeit von Rechten ermöglicht und eine Mindestsicherung gewährt, jedoch nicht automatisch zu einer Bejahung und wertschätzenden Integration von Personen führt. Die Abschaffung von Diskriminierung führt noch nicht zu positiven Einstellungen (Dederich 2001, 214).

Daher ist die dritte Anerkennungssphäre im Folgenden zu betrachten.

### 3.5.3.3.3 Solidarische Wertschätzung

Die dritte Form der Anerkennung nach Honneth wurde bereits ausführlich kritisch betrachtet, wobei auch auf die Risiken, die mit einem solchen Anerkennungsverständnis – insbesondere in Hinblick auf Menschen mit Behinderung – einhergehen, deutlich verwiesen wurde. Unter Berücksichtigung dieser Einwände wird nun eine alteritätsethisch fundierte Form der solidarischen Anerkennung – die *solidarische Wertschätzung* – entwickelt.

Wird der dritten Anerkennungssphäre die (vorab dargestellte) anerkennende Haltung zugrunde gelegt, die sich dadurch auszeichnet, dass dem Anderen ein positiver Wert zugeschrieben und ein Daseinsraum eröffnet wird, so resultiert daraus, dass jeder Mensch mit all seinen Besonderheiten, seinen Eigenschaften, seinen Fähigkeiten, kurz: in seinem ‚Sosein', als wertvolles Mitglied der (jeweiligen) Gesellschaft erachtet wird. Anerkennung wird dem Einzelnen gerade nicht für bestimmte Eigenschaften und Leistungen, die der Verfolgung gesellschaftlicher Ziele dienen, zuteil – vielmehr wird er in seiner Gesamtheit, Einzigartigkeit und Andersheit anerkannt (vgl. Dederich 2001, 214ff.). Schließlich muss Anerkennung, so erklärt Dederich,

---

[180] Die UN-BRK kann als Instrument zur Wahrung bzw. Durchsetzung der rechtlichen Anerkennung von Menschen mit Behinderung interpretiert werden (gleichzeitig berücksichtigt sie allerdings auch die emotionale und solidarische Anerkennung im hier vorgeschlagenen Sinne). An dieser Stelle soll allerdings nicht näher auf die Konvention eingegangen werden, da dies im Rahmen der Handlungsempfehlungen ausführlich getan wird.

Menschen auch und gerade in ihrer Andersheit einbeziehen, in den Bereichen, in denen sie mir vielleicht rätselhaft und fremd bleiben, in denen ich keine Produktivität oder keinen ökonomischen Nutzen erwarten darf. Anerkennung darf nicht an individuelle Eigenschaften gebunden werden, da sie sonst dem Prinzip der Achtung vor der Würde des Anderen widerspricht (Dederich 2006, 39).

Die Grundlage dieser Haltung stellt die Verantwortung für den Anderen in seiner Verletzlichkeit und Schutzbedürftigkeit dar. Sie schlägt sich in der bereits dargelegten Weise in den Normen und Werten einer Gesellschaft nieder, wobei sie in einem kontinuierlichen Spannungsverhältnis zu Aspekten der Gleichbehandlung bzw. Gerechtigkeit steht.

Eine Gesellschaft, die sich grundsätzlich an einer solchen Lesart der Anerkennung orientiert, schließt niemanden aus. Denn alle Gesellschaftsmitglieder stellen in ihrem ‚Sosein' einen wertvollen Beitrag zur gesellschaftlichen Vielfalt dar, sind gerade in ihrer Fremdheit und Unterschiedlichkeit bereichernd.

Jedes Knüpfen von Anerkennung an Bedingungen (an Leistungen bzw. die Erfüllung bestimmter Ziele) würde hingegen eine Missachtung des Anderen in seiner Alterität darstellen; denn eine Orientierung an allgemeingültigen Wertmaßstäben – also an Normen und Werten, die nicht an die *ethische Verbindlichkeit* und die Verletzlichkeit zurückgebunden werden – kann dem Anderen nie gerecht werden. Stinkes formuliert dementsprechend:

> Nimmt man die Erfahrung des Menschen als anderen ernst, so zeigt sich, dass die Faktizität einer zwischenmenschlichen Nähe, dieses unmittelbare Aufeinanderverweisen, jeder Vermutung über eine einseitige subjektive Leistung vorausgeht (Stinkes 2011, 149f.).

Anerkennung in Form *solidarischer Wertschätzung* darf demnach nicht an einzelne Eigenschaften geknüpft werden! Schließlich würde dies riskante Mechanismen in einer Gesellschaft hervorrufen:

> Die Gefährdung individueller Integrität beruht hier auf der Nichtanerkennung bzw. Herabwürdigung individueller oder kollektiver Lebensweisen und der damit verbundenen wertenden – genauer: entwertenden – Verweigerung an sozialer Zustimmung (Dederich 2001, 216).

In einer solchen Gesellschaft bleibt *solidarische Anerkennung* insbesondere Menschen mit Behinderung häufig versagt; sie werden somit strukturell benachteiligt und aus den gesellschaftlichen Prozessen ausgeschlossen.

Daher ist nachdrücklich (in der oben beschriebenen Weise) für eine *solidarische Wertschätzung* zu plädieren, die alle Menschen grundsätzlich in ihrer vollständigen Individualität und radikalen Differenz anerkennt und somit als wichtige und wertvolle Mitglieder einer Gesellschaft erachtet. Erst dann können die Achtung und die Rechte, die ihnen im Rahmen der rechtlichen Sphäre formal zuerkannt werden, im tatsächlichen gesellschaftlichen Leben in der Form spürbar werden, dass sie als Teil der Gesellschaft bejaht, wertgeschätzt und inkludiert werden. Die vorangegangenen Ausführungen verdeutlichen, wie fruchtbar die Verknüpfung der beiden Theoriestränge – die alteritätstheoretischen Grundlagen nach Lévinas und die anerkennungstheoretischen Aspekte nach Honneth – für das Promotionsvorhaben ist.

Es bedarf an dieser Stelle jedoch einer weiteren Ergänzung: Um der Ethik der Verantwortung und der alteritätsethischen Lesart der Anerkennung einen pädagogischen Rahmen zu geben, wird im Folgenden ein (alteritätstheoretisches) Bildungsverständnis skizziert. Auf dieser pädagogischen Grundlage werden schließlich in Kapitel 4 die Handlungsempfehlungen für die Praxis entwickelt.

## 3.5.3.4 Bildung

Innerhalb der Behindertenpädagogik wird das Bildungsverständnis in Deutschland insbesondere seit 1945 intensiv diskutiert und stetig weiterentwickelt (vgl. Stinkes 2008, 86f.). Dies schlägt sich auch in der UN-BRK nieder – dort ist das Recht auf Bildung für Menschen mit Behinderung im Artikel 24 formuliert.

Bildung wird darin in direkten Bezug zu immer wieder in der Konvention auftauchenden Schlüsselbegriffen gesetzt und dementsprechend z.B. als Voraussetzung für die Entfaltung eines Bewusstseins der Würde, des Selbstwertgefühls, der Menschenrechte und Grundfreiheiten und der menschlichen Vielfalt sowie für die Befähigung zur Teilhabe an einer freien Gesellschaft verstanden; aber auch als Grundlage für die Entfaltung der Persönlichkeit, der Begabungen und der Kreativität sowie der geistigen und körperlichen Fähigkeiten (vgl. Art. 24 UN-BRK). Dem Artikel 24 galt und gilt in der (deutschen) Öffentlichkeit besonders viel Aufmerksamkeit, denn er hat direkte und weitreichende Auswirkungen auf das schulische Bildungssystem (die ‚inklusive Beschulung'). Doch auch für die stationären Wohneinrichtungen der Behindertenhilfe ist das Recht auf Bildung natürlich von zentraler Bedeutung. Diesem Umstand tragen die folgenden Ausführungen Rechnung, indem sie ein Bildungsverständnis skizzieren, das den späteren Handlungsempfehlungen als pädagogischer Rahmen dienen soll.

Dieses Bildungsverständnis geht auf Ursula Stinkes zurück, die in ihrem Beitrag in dem von Barbara Fornefeld herausgegebenen Buch *Menschen mit Komplexer Behinderung* einen Bildungsbegriff entwirft, dem die gleichen Annahmen bzw. das gleiche Subjektverständnis zugrunde liegen, wie der im Rahmen des Promotionsvorhabens entwickelten alteritätstheoretischen Perspektive.

Stinkes nimmt eine Perspektive der *Leiblichkeit* ein, mit der zentrale Aspekte wie Asymmetrie, Abhängigkeit, Responsivität, Verletzbarkeit und Verantwortung einhergehen – diese Begriffe wurden im Rahmen der vorliegenden Arbeit bereits erläutert. *Bildung* ist dementsprechend in Beziehungen eingebettet: „Der andere Mensch gehört meiner Situation an, wie ich der seinen. Anders gesagt: Selbst- und Fremdhandeln sind miteinander verwoben" (Stinkes 2008, 99). Wie bei Lévinas ist auch hier die Verantwortung für den Anderen Grundlage bzw. Ausgangspunkt des Handelns, was selbstverständlich pädagogisches Handeln einschließt, das Stinkes als „Beziehungshandeln" (ebd., 99) bezeichnet. Das eigene Handeln ist somit – aufgrund der Asymmetrie und Responsivität der Beziehung – die Bedingung für das Handeln des Anderen und somit die Grundlage für *Bildung*.

Dementsprechend begreift Stinkes *Bildung* nicht als „ein Sich-selbst-Bilden" (ebd., 100), sondern als

> [...] einen Prozess, eine Bewegung des Bezuges in Verhältnissen und auf Verhältnisse. Das heißt, der Mensch wird genötigt, sich zu sich selbst im Kontext einer Welt der Anforderungen zu verhalten und seinem Leben eine Form, eine Gestalt, einen Ausdruck zu geben (ebd.).

Stinkes verweist jedoch darauf, dass diese Perspektive auf *Bildung* nicht mit dem Grundverständnis einer Entwicklung vom ‚Nicht-Können' zum ‚Können' einhergehe. Selbst wenn gewisse Lernprozesse durchlaufen würden, dienten diese nicht dem Zweck, „[...] mehr oder weniger Mensch zu werden. Bildung hat nicht die Menschwerdung zum Ziel. Bildung gibt Antworten auf die Not und die Nötigung, das Leben führen zu müssen" (ebd., 100).[181]

---

[181] In diesem Sinne fordert Stinkes ebenfalls, dass *Bildung* „[...] nicht länger als ‚Konkurrenzvokabel' zur Erziehung oder Ausbildung herangezogen werden [darf]" (ebd., 103; Hervorhebung im Original, B.B.).

Voraussetzung für die Entfaltung von *Bildung* seien, so erklärt Stinkes weiter, sogenannte „*bildende Verhältnisse*" (ebd., 102; Hervorhebung im Original, B.B.). Dabei handele es sich um „[...] kulturelle, soziale, gesellschaftliche, institutionelle, interaktionale u.ä. *Bedingungen*" (ebd.; Hervorhebung im Original, B.B.), die Grundvoraussetzung dafür seien, dass „die Menschen sich gestalten und sich stabilisieren können" (ebd.).[182]
Um diese Ansprüche an *Bildung* erfüllen zu können, sind

> Verhältnisse zu schaffen und zu erhalten, in denen der Andere ob seiner Andersheit nicht ausgegrenzt, abgestoßen oder gar verletzt wird, in denen Ressourcen und Unterstützungspotentiale offen stehen und niemand aufgrund gewaltförmiger Beziehungen verletzt wird (ebd., 102f.).

Dies ist die Grundlage, damit Menschen sich zu sich und der Welt verhalten und ihr Leben individuell formen, gestalten und sich ausdrücken können. *Bildung*, wie sie Stinkes entwirft, zielt somit „[...] auf ein Verhalten zu Verhältnissen ab, d.h. sie ist endlich ‚tauglich' für das Leben [...]" (ebd., 103).
Für die behindertenpädagogische Praxis hat dieses Bildungsverständnis unmittelbare Auswirkungen; so konstatiert Fornefeld in ihrem Beitrag ‚*Aufgabe der Behindertenpädagogik*' in dem Buch ‚*Menschen mit Komplexer Behinderung*':

> Nicht der Mensch mit Komplexer Behinderung ist unfähig zur Bildung. Es sind vielmehr die strukturellen Bedingungen von Institutionen, die keine bildenden Verhältnisse zulassen, die Bildung verhindern. Der Pädagoge darf sich nicht länger als Erfüllungsgehilfe des Versorgungssystems sehen, weil er dann seiner eigentlichen Bestimmung als Lebensbegleiter und Mittler zwischen den Menschen mit Komplexer Behinderung, Kultur, Natur und Gesellschaft nicht gerecht wird (Fornefeld 2008, 162f.).[183]

Fornefeld entwickelt davon ausgehend einen Ansatz zur Realisierung des lebenslangen Bildungsanspruchs von Menschen mit Komplexer Behinderung, den sie mit dem ‚*Konzept des guten Lebens*'[184] und dem ‚*Capability-Approach*' verknüpft und damit eine gerechtigkeitstheoretische Perspektive eröffnet.[185] Diese Vorgehensweise bzw. die Resultate werden für die vorliegende Arbeit jedoch nicht weiter nachvollzogen und genutzt. Trotzdem ist die sehr kurz

---

182 Stinkes verweist in diesem Kontext auf „Einwirkungsmöglichkeiten als *politisch notwendige Illusionen*" (ebd., 102; Hervorhebung im Original, B.B.) und führt dabei einige behindertenpädagogische Leitprinzipien an, die auch in der UN-BRK von zentraler Bedeutung sind, nämlich „Teilhabe, Integration, Normalisierung, Autonomie" (ebd.).

183 Fornefeld erfasst die aktuelle Situation in vielen stationären Wohneinrichtungen allerdings folgendermaßen: „Unter dem Druck des sich reformierenden Versorgungssystems ist die Behindertenpädagogik im außerschulischen Bildungsbereich zu einer Hilfsdisziplin geworden, die sozialpolitische Vorgaben, wirtschaftliche Interessen und bürokratische Reglements in Institutionen umzusetzen hat" (ebd., 161). Dementsprechend gehe es „[i]m Alltag der Einrichtungen [...] um Leistungstypen, Hilfebedarfsgruppen und Pflegebedarfe. Das Teamgespräch kreist eher um Fragen von Gruppenstrukturen und Dienstplänen als um pädagogische Fragen der Gestaltung von institutionellen Bildungsprozessen" (ebd., 162).

184 Fornefeld erklärt die hinter dem Begriff des ‚*guten Lebens*' stehenden Grundannahmen und interpretiert diese folgendermaßen für die Behindertenpädagogik: „Mit der Tugendethik des ‚guten Lebens' lässt sich die behindertenpolitische Leitkategorie ‚Lebensqualität' ethisch als Streben nach einem ‚sinnerfüllten und menschenwürdigen Leben' bestimmen" (ebd., 171; Hervorhebungen im Original, B.B.).

185 Ausgehend von dem ‚*Fähigkeiten-Konzept*' von Martha Nussbaum und Amartya Sen und unter Hinzunahme der (behindertenpädagogischen) Ergänzungen des ‚*Capability-Approach*' durch den Philosophen Ulrich Steckmann entwickelt Fornefeld ein Verständnis und identifiziert entsprechende Aufgabenfelder der Behindertenpädagogik.

beschriebene Perspektive Fornefelds für die folgenden Ausführungen (u.a. zu Institutionen bzw. Organisationen der Behindertenhilfe) und für die zu entwickelnden Handlungsempfehlungen von großem Interesse und verdeutlicht, wie wichtig das skizzierte Bildungsverständnis für die Behindertenpädagogik ist.

Perspektivisch ist in Hinblick auf die Handlungsempfehlungen bereits an dieser Stelle festzuhalten, dass das Bildungsverständnis als pädagogischer Rahmen dient, der alle Lebensbereiche umfasst. Dies resultiert aus der grundlegenden und zugleich zentralen Annahme, dass *Bildung* „Antworten auf die Not und die Nötigung, das Leben führen zu müssen" (Stinkes 2008, 100), gibt. In Hinblick auf die Lebens- bzw. Handlungsbereiche müssen – entsprechend des skizzierten Bildungsverständnisses und der alteritätsethischen Lesart der Anerkennung – grundsätzlich *bildende Verhältnisse* (im oben beschriebenen Sinne) geschaffen werden – zumindest in dem Maß, in dem es der professionellen bzw. behindertenpädagogischen Praxis möglich ist. Dementsprechend sollen alle im Rahmen der Handlungsempfehlungen dargelegten Vorschläge auf *bildende Verhältnisse* hinwirken. Schließlich stellen diese die Voraussetzung für Menschen mit Komplexer Behinderung dar, sich zu sich und der Welt verhalten und ein individuell geformtes und gestaltetes Leben führen zu können, das Ausdruck der eigenen Persönlichkeit ist.

Bis zu dieser Stelle wurden die theoretischen Grundannahmen, die für das Promotionsvorhaben von zentraler Bedeutung sind, hergeleitet, dargelegt und diskutiert. Da die vorliegende Arbeit mit dem Ziel verbunden ist, Handlungsempfehlungen für die pädagogische Praxis zu formulieren, soll nun eine Auseinandersetzung mit dem Feld und der Zielgruppe, für die sie bestimmt sind, erfolgen.

Zu diesem Zweck ist es notwendig, sich mit der aktuellen (gesellschaftlichen) Situation von Menschen mit Behinderung und den Herausforderungen für die Behindertenpädagogik sowie mit Institutionen bzw. Organisationen zu beschäftigen; dies wird im Verlauf des Kapitels 4 erfolgen, um schließlich in die Handlungsempfehlungen zu münden.

Eröffnet wird die behindertenpädagogische Handlungsebene mithilfe der folgenden Ausführungen zur behindertenpädagogischen Professions- und Professionalisierungsforschung.

# 4 Professionelles Handeln in der Behindertenpädagogik

Nachdem in Kapitel 3 eine sehr ausführliche Auseinandersetzung mit theoretischen Aspekten stattfand, soll der Fokus nun auf die Verknüpfung von Theorie und Praxis gerichtet werden. Hierfür wird im Folgenden die Professionalisierungsdebatte/-forschung betrachtet. Dabei wird u.a. das große Potential der alteritätsethischen Lesart der Anerkennung für die Professionalisierung der Behindertenpädagogik herausgearbeitet. Der Transfer – die Einführung dieser theoretischen Annahmen in der Praxis – steht in Form der zu entwickelnden Handlungsempfehlungen schließlich am Ende der Dissertation.

Anhand dieser kurzen Skizze wird ein Anliegen der vorliegenden Arbeit deutlich: Sie leistet einen Beitrag zum Professionalisierungsdiskurs, soll also an der Professionalisierung der Behindertenpädagogik mitwirken.

Der Transfer der Theorie in die Praxis – d.h. die Entwicklung von auf Theorie gründenden praktischen Handlungsempfehlungen – resultiert aus der Annahme, dass die behindertenpädagogische Praxis in qualitativer Hinsicht von diesem Vorhaben profitiert, d.h. an Professionalität gewinnt. Gleichzeitig wirkt die Praxis jedoch auch auf die Disziplin ein und verändert diese – die Bereiche beeinflussen sich wechselseitig. Um eine Professionalisierung der Behindertenpädagogik zu erzielen, müssen dementsprechend die Theorie und die Praxis berücksichtigt und eben auch verknüpft werden. Dies wird im Folgenden näher betrachtet und erläutert.

## 4.1 Professions- und Professionalisierungsforschung

Die Behindertenpädagogik[186] beschäftigt sich seit Ende des 20. Jahrhunderts zunehmend mit dem Feld der Professions- und Professionalisierungsforschung (vgl. Horster u.a. 2005; Greving 2011). Dies kommt u.a. in den behindertenpädagogischen „vergleichsweise jungen explizit professions- und professionalisierungsbezogenen Publikationen" (Horster u.a. 2005, 7)[187] in dem Fach zum Ausdruck.

Nach Horster u.a. ist der Diskurs durch folgende „drei Fragen zu Selbstverständnis und Auftrag der Sonderpädagogik" (ebd., 7) geprägt:

> Was ist Sonderpädagogik? Was kann Sonderpädagogik? Was soll Sonderpädagogik? (ebd., 7f).

Damit wird die aktuelle Entwicklung deutlich, bei der „[...] die relevanten Probleme des Faches und die Fragen des Faches an sich selbst unter dem Dach des Professionalisierungsdiskurses diskutiert [werden], oder doch zumindest unter Bezug auf ihn" (ebd., 8). Die folgende

---

[186] Zur besseren Übersichtlichkeit und Einheitlichkeit wird – wie bereits zu Beginn der vorliegenden Arbeit erwähnt – diese Bezeichnung im Folgenden durchgängig verwendet, auch wenn die Literatur teilweise von der Heil-, Sonder- oder Geistigbehindertenpädagogik spricht. In wörtlichen Zitaten werden die entsprechenden Originalbezeichnungen hingegen übernommen.

[187] Horster u.a. nennen in diesem Kontext z.B. Veröffentlichungen von Andrea Dlugosch, Christian Lindmeier, Vera Moser und Kerstin Rock.

Auseinandersetzung mit dem Diskurs wird dies zeigen – nicht zuletzt weil vorliegende Arbeit selbst einen Beitrag zu diesem Diskurs leistet.
Zunächst müssen jedoch zentrale Begrifflichkeiten geklärt werden.

### 4.1.1 Begriffsklärung

Horster u.a. definieren *Professionen* als „eine bestimmte Klasse von Berufen, das heißt sie lassen sich durch bestimmte typische Merkmale von anderen Berufen unterscheiden, die keine Professionen sind" (Horster u.a. 2005, 9). Teilweise bezeichnet dieser Ausdruck jedoch auch die ‚Praxis' – d.h. das professionelle Handlungsfeld – dieser Berufsgruppen. Der Begriff der Profession wird in dieser Bedeutung im Folgenden allerdings – um keine Missverständnisse und Unsicherheiten hervorzurufen – nur dann genutzt, wenn sich dieser Sinn eindeutig aus dem Kontext erschließt, z.B. als ‚Gegenstück' der Disziplin. Hauptsächlich wird der Ausdruck *Profession* – insbesondere im vorliegenden Kapitel – entsprechend der oben erläuterten Definition (als Berufsklasse mit charakteristischen Merkmalen) verwendet. Der Prozess, in dem ein Beruf sukzessive mehr professionstypische Merkmale annimmt, wird hingegen als *Professionalisierung* bezeichnet (vgl. ebd.).

Von der *Professionalisierung* ist der Prozess der *professionellen Entwicklung* zu unterscheiden. Dieser stellt einen Verlauf dar, in dessen Rahmen ein Praktiker zunehmend professionsspezifische Kompetenzen und Fachwissen erwirbt, um eine Entwicklung oder Verbesserung seiner professionellen Praxis zu erzielen (vgl. Dlugosch 2005, 28 unter Verweis auf Hoyle 1991). Diese beiden Prozessbegriffe – die *Professionalisierung* und die *professionelle Entwicklung* – sind nach Dlugosch im Kontext des Begriffes der *Professionalität* zu verorten. Sie erklärt, unter Verweis auf Hoyle, dass sich die *Professionalität* „sowohl der Makro- als auch der Mirkoebene zuordnen lässt und einen erreichten oder zu erreichenden Zustand darstellt, also prä- oder deskriptiven Beschreibungen folgt" (ebd. unter Verweis auf Hoyle 1991).[188]

Professionen heben sich insofern von anderen beruflichen Beschäftigungen ab, als mit ihnen gewisse Grundsätze bzw. Verbindlichkeiten einhergehen, z.B. in Hinblick auf professionsspezifisches – teilweise akademisches – Fach- und Methodenwissen. Dieses weist allerdings bzgl. seiner Anwendung keine bzw. lediglich eine schwache Standardisierungsfähigkeit auf, da das professionelle Handeln i.d.R. stark individuell ausgerichtet ist. Somit ist eine direkte Umsetzung des professionstypischen Fachwissens kaum möglich. Dies stellt einen der zentralen Unterschiede zwischen Professionen und Nicht-Professionen dar (vgl. Dlugosch 2005, 30ff.; Greving u.a., 2005, 9f.).

Dlugosch fasst dies folgendermaßen zusammen:

> Im Unterschied zu anwendungsbezogenen Berufen, ist in Face-to-face-Situationen, die z.B. für pädagogische Berufe charakteristisch sind, situationsadäquates und sensibles Wissen und Können in Relation zueinander notwendig. Diese ‚Figur professionellen Handelns' bleibt schwer zu beschreiben und bezieht sich mit gesteigerter Begründungsverpflichtung auf allgemeine Wissensbestände, ohne die Spezifik des Einzelfalls aufzugeben und birgt in sich daher widersprüchliche Anforderungen (Dlugosch 2009, 253; Hervorhebung im Original, B.B.).[189]

---

188 Dlugosch bezieht sich aber auch auf Nittel, der Professionalität als „die besondere Qualität einer personenbezogenen Dienstleistung auch über den institutionellen Komplex der anerkannten Professionen hinaus" (Nittel 2004, 350) begreift. Entsprechend dieser Perspektive gilt Professionalität also nicht mehr als exklusives Merkmal von Professionen.

189 Dlugosch verweist an dieser Stelle auf Nittel, der betont, dass Professionalität nicht nur Professionen innewohne, sondern grundsätzlich für viele Berufe charakteristisch sei (vgl. Dlugosch 2009, 253f. unter Verweis auf Nittel 2004, 350f.).

Doch nicht nur die Differenzierung in professionelle und nicht-professionelle[190] Berufe ist von Bedeutung; auch auf die Unterschiede innerhalb der Professionen – z.B. in Hinblick auf ihr ‚Ansehen' bzw. ihren gesellschaftlichen Status – muss verwiesen werden. So gibt es

> traditionelle, *etablierte* […] Berufe (Arzt, Rechtsanwalt, Geistlicher usw.), die über ein hohes Maß an Ausbildungsniveau und Einfluss verfügen. Charakteristisch für sie ist die Fachautorität […], weitgehende Autonomie bezüglich der Bestimmung von Normen und Standards, erarbeitete berufliche Normen […], Kontrolle durch eigene Gremien und Vertrauenswürdigkeit der Öffentlichkeit gegenüber der erbrachten Dienstleistung (Greving u.a. 2005, 362; Hervorhebung im Original, B.B.).

Daneben existieren Professionen, die aus unterschiedlichen Gründen (noch) nicht über einen solchen Status verfügen. Die Behindertenpädagogik wird von einigen Autoren (z.B. Greving u.a. 2005) zu jenen Berufen gezählt, wobei darauf verwiesen wird, dass zwar zunehmend mehr Professionalisierung innerhalb des Fachs zu verzeichnen sei, sie jedoch sicherlich (noch) nicht zu den ‚etablierten' Professionen zähle (vgl. ebd., 358ff.). Auch Moser ordnet die „(sonder-)pädagogische Profession als sogenannte Semi-Profession ein[…]" (Moser 2004, 309f.). Vereinzelt diskutieren einige Autoren hingegen sehr kritisch, darauf verweist Dlugosch (2005), ob die Charakterisierung als Profession bzw. Semi-Profession für die Pädagogik überhaupt zutreffend sei; sie gibt jedoch ebenfalls an, dass diese Kritik auf Fehlinterpretationen beruhe und distanziert sich davon (vgl. Dlugosch 2005, 30f.).

Das vorliegende Kapitel dient nicht dem Zweck, die Frage nach der Behindertenpädagogik als Profession zu erörtern, denn es verfolgt nicht die Absicht, sich zu positionieren. Vielmehr soll die Debatte mit den folgenden Worten Dlugoschs kommentiert werden:

> Für den Fokus auf eine professionelle Entwicklung ist es weniger bedeutsam, inwieweit einer Berufsgruppe das Label ‚Profession' verliehen wird, sondern welche Anforderungen sich über die (Aufgaben-) Struktur der Tätigkeit ergeben (Dlugosch 2005, 31; Hervorhebung im Original, B.B.).

Im Sinne dieser handlungs- bzw. prozessorientierten Perspektive wird auch der mit dem Promotionsvorhaben einhergehende Beitrag zur Professionalisierung der Behindertenpädagogik entwickelt.

Das folgende Kapitel 4.1.2 skizziert nun sowohl den professionstheoretischen Diskurs in der Behindertenpädagogik als auch in der Erziehungswissenschaft, da die behindertenpädagogische Disziplin in dieses Feld eingebettet ist.

### 4.1.2 Der professionstheoretische Diskurs

#### 4.1.2.1 *Themen, Fragestellungen und Aufgaben im Diskurs*

Horster u.a. (2005) schreiben der Professions- und Professionalisierungsforschung grundsätzlich ein großes Potential zu und begrüßen demnach die entsprechenden (oben beschriebenen) Entwicklungen, die sie in der Behindertenpädagogik erkennen. Im Rahmen des Diskurses, so erklären die Autoren, seien einige der folgenden Probleme, Fragestellungen und Aufgaben der (Profession der) Behindertenpädagogik[191] von zentraler Bedeutung:
- Konstitution und Anerkennung als Wissenschaft,
- Abgrenzung von anderen Fächern und Positionierung im großen Feld der Erziehungswissenschaft,

---

190 Professionell im Sinne von Professionen und entsprechend der im Vorfeld vorgenommenen Begriffsdefinition.
191 Die Autoren verwenden in ihren Ausführungen stets den Begriff ‚Sonderpädagogik'.

- Probleme bei der Ausbildung,
- Aufzeigen von und Umgang mit Widersprüchen und Paradoxien im praktischen Handeln (vgl. Horster u.a. 2005, 7).

Wie die vorangegangenen Ausführungen bereits erahnen lassen, ist die Theorie-Praxis-Thematik – mit anderen Worten die Verknüpfung von Disziplin und Profession – im Rahmen der Professions- und Professionalisierungsforschung von zentraler Bedeutung. Aus diesem Grund soll dieser Aspekt im Folgenden kurz betrachtet werden.
Moser und Sasse (2008) charakterisieren das Verhältnis von Disziplin und Profession als spannungsreich und sich wechselseitig beeinflussend. In diesem Sinne handele es sich bei den beiden Bereichen um eigenständige Felder, die jedoch stets miteinander verknüpft seien.[192] Die Praxis sei in diesem Sinne auf die im disziplinären Sektor entwickelten Theorien angewiesen, denn diese dienten als „theoretische Orientierungsfolien" (Moser u.a. 2008, 18) für die Arbeit; gleichzeitig ermögliche erst „die empirische Untersuchung und […] die Reflexion pädagogischer Praxis" (ebd.) eine Theorieentwicklung. Aus diesem wechselseitigen Verhältnis zwischen Theorie und Praxis dürfe jedoch nicht resultieren, dass die beiden Bereiche verschmölzen oder dass die Disziplin den Praktikern *vollständig umsetzbare* Theorien liefern könne, „denn **der Theoriebildung liegt ein Erkenntnis-, kein praktisches Wirksamkeitsinteresse zugrunde**" (ebd., 18; Hervorhebungen im Original, B.B.), betonen Moser u.a. (vgl. ebd., 16ff.).
Trotzdem muss mit professioneller Kompetenz stets *theoriegeleitetes Handeln* einhergehen – dies meint jedoch keine (direkte) *Umsetzung der Theorie*. Das große Potential dieser funktionalen Differenz von Theorie und Praxis liegt darin, dass die Disziplin eine Perspektive einnimmt, aus der das pädagogische Handeln hinterfragt, kritisiert und in der Folge modifiziert werden kann. Dieser Aufgabe stellt sich die Professions- und Professionalisierungsforschung mit der Entwicklung von Professionstheorien. Dabei handelt es sich um „grob skizzierte Theorien, die die beruflichen Besonderheiten einer Profession aus unterschiedlichen Perspektiven erfassen" (Moser 2005, 87) und „die besondere gesellschaftliche Aufgabe der jeweiligen Profession, wie auch ihre Handlungsmuster und Zielsetzungen in den Blick [nehmen]" (ebd.). Der vorliegende Rahmen lässt allerdings keine Beschäftigung mit einzelnen behindertenpädagogischen Professionstheorien zu; stattdessen werden im Folgenden die Wurzeln, Einflüsse und Entwicklungslinien der Professions- und Professionalisierungsforschung – u.a. in Bezug auf die Behindertenpädagogik – skizziert.

### 4.1.2.2 Wurzeln, Einflüsse und Entwicklungslinien
Da der behindertenpädagogische Professions- und Professionalisierungsdiskurs zu wesentlichen Teilen auf der Professions- und Professionalisierungsforschung der Erziehungswissenschaften basiert, wird nun zuerst überblicksartig die Entwicklung in diesem Feld skizziert, um im Anschluss auf die Behindertenpädagogik einzugehen.

---

192 Ackermann verweist entsprechend auf die verschiedenen Interessen von Disziplin und Profession und begründet dies u.a. damit, „dass beide Bereiche sich nach und nach erst auseinander differenziert haben bzw. sich in ihren unterschiedlichen Funktionen erst einmal konstituieren mussten" (Ackermann 2013, 178).
Überdies macht er darauf aufmerksam, dass in der Allgemeinen Pädagogik, im Unterschied zur Behindertenpädagogik, „[…] dieser Prozess des Auseinanderdriftens von Disziplin und Profession bereits terminologisch aufgegriffen [ist], wenn hier zwischen Erziehungswissenschaften, die auf die Disziplin verweist und Pädagogik, die eher den gesamten Handlungszusammenhang pädagogischer Berufe meint, unterschieden wird" (ebd.).

Die Wurzeln der Professions- und Professionalisierungsforschung liegen – dies betrifft alle Disziplinen bzw. Fächer – in der Soziologie, deren Beschäftigung aus einem grundlegenden Interesse an Berufen resultiert.[193] Professionen bilden – dies wurde bereits erklärt – eine bestimmte Klasse von Berufen (vgl. Horster u.a. 2005, 9ff.).
Laut Horster u.a. sind im Rahmen der soziologischen Theoriebildung der Professions- und Professionalisierungsforschung zwei bedeutende, wenn auch recht unterschiedliche Traditionslinien zu nennen: die angloamerikanische und die deutsche.

*Angloamerikanische soziologische Theorielinie*
Die angloamerikanische soziologische Theorielinie, als deren bedeutendster Vertreter Talcott Parsons gilt, analysiert die Charakteristik der *professions* auf Grundlage empirischer Befunde und beschäftigt sich mit ihrer gesellschaftlichen Bedeutung. Diese lasse sich jedoch, so Parsons, nicht auf Basis der Motive oder der angestrebten Ziele der *professions* ergründen; er konstatiert stattdessen:

> Ihre gesellschaftliche Bedeutung gewinnen sie vielmehr ganz entschieden auf der Ebene komplexer institutioneller Strukturen, im Ausbalancieren verschiedener sozialer Kräfte und im Ausüben bestimmter Funktionen im Gesamt [sic!] der jeweiligen Gesellschaftsstruktur […] (ebd., 12).

Neben der Bedeutung der *professions* fokussiert sich die angloamerikanische Theorielinie ebenfalls stark auf die Identifizierung ihrer zentralen Merkmale (vgl. Dlugosch 2009, 252). Ein wesentliches Verdienst Parsons ist dabei die Fokussierung auf „Persönlichkeitsmerkmale und Rollen, die während der beruflichen Sozialisation entwickelt werden" (Lindmeier 2013, 296). In der Folge Parsons' entwickelt sich der Terminus *professions* schließlich nach und nach zu einem fachsprachlichen Begriff. In diesem Sinne ist es der angloamerikanischen soziologischen Theoriebildung zu verdanken, dass dieser heute „objektiviert, formalisiert und in übergreifenden Theorien implementiert [ist]" (Horster u.a. 2005, 12).

*Deutsche soziologische Theorielinie*
Die deutsche soziologische Theorielinie beschäftigt sich hingegen nicht hauptsächlich in empirischer Weise mit Professionen, „[…] sondern setzt[] auf die Bestimmung professionstypischer Charakteristika und stellt[] den Begriff der Professionen nicht gesondert in Frage, was zu vielfältigen, auch widersprüchlichen, Lesarten im Diskurs führt[]" (Dlugosch 2009, 252f.). Besonders großen Einfluss auf die erziehungswissenschaftliche (sowie behindertenpädagogische) Professions- und Professionalisierungsforschung im deutschsprachigen Raum nimmt Niklas Luhmann, der sich wiederum (zumindest teilweise) an theoretischen Überlegungen Parsons orientiert bzw. auf deren Basis eigene Theorien entwickelt (vgl. Horster u.a. 2005, 13f.). Luhmann definiert Professionen als „Element gesellschaftlicher Differenzierung" (ebd., 13), das – aus einer historischen Perspektive betrachtet – recht neu ist. Er beschreibt „Übergänge von einer Gesellschaftsformation zur anderen" (ebd.), wobei er einen Dreischritt identifiziert: „von segmentären (Haushalte, Familien und Dörfer) über stratifikatorische (in Hierarchien organisierte) zu modernen, funktional differenzierten Gesellschaften" (ebd., 14 unter Bezug auf Luhmann). In diesem Kontext verkörpern Professionen, so erklären Horster u.a., „ihrerseits ein neues gesellschaftliches Differenzierungsprinzip, das Differenzierungsprinzip nach Sach-

---

193 Horster u.a. erklären dazu: „Berufe lassen sich grob gesprochen als eine spezifische Erscheinungsform des Sozialen auffassen, als ein besonderer Typus gesellschaftlich überformter Handlungen und Tätigkeiten, die von Akteuren in einem institutionalisierten und erwerbskonnotierten Rahmen ausgeübt werden" (Horster u.a. 2005, 9).

gesichtspunkten" (ebd.). In diesem Sinne haben sich in den letzten Jahrhunderten Professionen entwickelt, deren Zugangsvoraussetzungen nicht in einer bestimmten Herkunft, sondern in speziellen Fachkompetenzen und -wissen bestehen (vgl. ebd., 13ff.).

Luhmann und Parsons sind mit ihren zentralen professionstheoretischen Erkenntnissen nicht nur von *grundlegender* Bedeutung für die aktuelle erziehungswissenschaftliche Professions- und Professionalisierungsforschung; darüber hinaus sind durchaus teilweise sehr enge *Verknüpfungen* zwischen der soziologischen Professions- und Professionalisierungsforschung – insbesondere im Rahmen der deutschen Theorielinie – und den Erziehungswissenschaften zu verzeichnen (vgl. Horster u.a. 2005, 15). Dies sollen die folgenden Ausführungen verdeutlichen.

Die aktuelle erziehungswissenschaftliche Professions- und Professionalisierungsforschung lässt sich, nach Dlugosch (2009), in drei zentrale Positionen untergliedern – (1) systemtheoretische, (2) interaktionistische und (3) strukturtheoretische Ansätze –, die nun skizziert werden:

1)
Systemtheoretische Ansätze orientieren sich an der soeben beschriebenen Luhmann'schen Position und betrachten Professionen in diesem Sinne als „Übergangsphänomen funktional differenzierter Gesellschaften" (Dlugosch 2009, 254). In diesem Kontext ist exemplarisch auf Rudolf Stichweh zu verweisen, der konstatiert, dass Professionen „[…] auf einem Wissensbestand [basieren], der sich auf existentielle Problemlagen von Personen bezieht" (Combe u.a. 2002, 31 unter Verweis auf Stichweh 1994). Die zentrale Aufgabe der Professionen ist somit die von den professionell Tätigen geleistete Unterstützung bei der Bearbeitung und Bewältigung der Probleme der Adressaten bzw. Empfänger. Systemtheoretisch formuliert weisen Professionen demnach eine strukturerhaltende bzw. -stabilisierende oder -verändernde Funktion auf (vgl. ebd., 31f.).

2)
Als ein Vertreter interaktionistischer Ansätze ist Fritz Schütz zu nennen, der sich – insbesondere im Kontext der Sozialarbeit – auf „unaufhebbare Paradoxien oder Widersprüche, insbesondere im Spannungsfeld von Interaktion und Organisation, die empirisch erschlossen werden" (Dlugosch 2009, 254), fokussiert. Vor allem fordert Schütz, die im Handlungsfeld der Professionen auftretenden Antinomien zu akzeptieren. Überdies empfiehlt er in Hinblick auf die teilweise sehr unterschiedlichen, paradoxen und spannungsreichen Anforderungen, mit denen der professionell Tätige konfrontiert wird (die einerseits aus der ‚praktischen' Arbeit mit den Klienten, andererseits aus den ‚organisationsinternen' Anforderungen des Arbeitgebers resultieren), „[…] die Einrichtung entsprechender Selbstvergewisserungsinstanzen, wie etwa der Supervision" (Combe u.a. 2002, 33).

3)
Im Rahmen strukturtheoretischer Ansätze ist die „pädagogische Professionstheorie" (Ackermann 2013, 177) Ulrich Oevermanns zu nennen, bei der unter Rekurs auf das Modell Parsons „das Arbeitsbündnis als Aushandlungsort von spezifischen und unspezifischen, d.h. diffusen, Sozialbeziehungen" (Dlugosch 2009, 255) konstruiert wird. Oevermanns Ansatz ist für die Erziehungswissenschaften von zentraler Bedeutung, da er

> […] die Funktion der pädagogischen Profession innerhalb des gesellschaftlichen Kontextes herausgearbeitet und gezeigt hat, dass professionelles Handeln geradezu als Strukturerfordernis im Prozess gesellschaftlicher Modernisierung fungiert: die Profession ermöglicht für die ‚Laien' die Bewältigung der Krisen ihrer Lebenspraxis, indem sie diese stellvertretend deutet und handelnd bewältigt (Ackermann 2013, 177; Hervorhebung im Original, B.B.).

Somit identifiziert Oevermann die sich auf der Handlungsebene vollziehenden Interaktionen zwischen den Akteuren als zentrales Element bzw. als ‚Kern' der pädagogischen Praxis, wobei er eine therapeutische Perspektive einnimmt. Die stellvertretende Deutung zielt auf die Entwicklung von Autonomie und Selbständigkeit der (Leistungs-) Empfänger in ihrer Lebenspraxis ab. Darüber hinaus

> werden aus dieser Perspektive aber auch die in der Lebenspraxis eingelassenen Antinomien und daraus resultierenden paradoxalen Handlungsanforderungen deutlich, die im professionellen Handeln in zugespitzter Form auftauchen und letztlich dazu führen, dass der Strukturkern professionellen Handelns mit Riskanz und Ungewissheit sowie mit einer geringen Steuerbarkeit verbunden ist (ebd.).

Um diese „[…] Riskanz und Anfälligkeit dieser Beziehung für Abhängigkeit erzeugende Dynamiken kontrollieren und reflektiert handhaben zu können" (Lindmeier u.a. 2007, 215), konzipiert Oevermann „[…] anhand der idealtypischen Rekonstruktion des therapeutischen Settings die Struktur eines *professionellen Arbeitsbündnisses* […]" (ebd., Hervorhebung im Original, B.B.).

Der Ansatz Oevermanns betont somit deutlich die Funktion der pädagogischen Profession für die Gesellschaft und stellt gleichzeitig die komplexen, teilweise diffusen Anforderungen an die Pädagogen und ihre daraus resultierenden nötigen (professionellen) Kompetenzen heraus.[194] Nicht zuletzt dieser Leistung ist es sicherlich geschuldet, dass das Modell Oevermanns nicht nur in den Erziehungswissenschaften von großer Bedeutung ist (vgl. Horster u.a. 2005, 15ff.), sondern auch in der Behindertenpädagogik einen „variantenreiche[n] Transfer" (Dlugosch 2005, 36) erfahren hat.[195]

Ungeachtet der Unterschiede der drei vorgestellten Ansätze lässt sich mit ihrer Hilfe ein „Strukturkern professionellen pädagogischen Handelns" (Lindmeier 2013, 303) identifizieren:

- „Alle Ansätze begreifen professionelles Handeln im Kontext von Modernisierung und in makrosozialen Zusammenhängen und weisen auf die damit verbundene Zunahme von Komplexität hin.
- Alle drei Ansätze thematisieren, dass das professionelle Handeln weder wissenschaftlich steuerbar, noch bürokratisch lenkbar bzw. expertokratisch aus allgemeinen Regelsätzen ableitbar ist. Das bedeutet nicht, dass Wissensbestände und Regeln obsolet werden, sondern dass ihre Anwendung nicht in Form von Handlungsroutinen möglich ist, sondern der Anwendung in jedem Einzelfall bedarf.
- Kennzeichnend für diese Handlungsstruktur sind die Vermittlungsleistungen zwischen den widersprüchlichen Anforderungen, sowohl hinsichtlich der Ansprüche der Beteiligten, der organisatorischen Rahmenbedingungen und der Gestaltung eines Arbeitsbündnisses.
- Professionelles Handeln im pädagogischen Feld muss daher als eigener Handlungstypus mit einer spezifischen Handlungsstruktur begriffen werden […]. Typisch für diese Handlungsstruktur sind Ungewissheit hinsichtlich der Zielerreichung, Fehleranfälligkeit und nicht grundsätzlich aufhebbare Paradoxien" (ebd., 303; Aufzählungszeichen im Original, B.B.).

Aus diesem Grund ist u.a. die Reflexivität des professionellen Handelns von zentraler Bedeutung (vgl. Dlugosch 2009, 255). Dieser Punkt wird im Resümee erneut aufgegriffen.

---

194 Besonders häufig äußert sich Oevermann zur Pädagogik in der Schule.
195 Unter Verweis auf Dlugosch ist jedoch auch zu erwähnen, dass Oevermann gleichzeitig „im Diskurs vielfältige Entgegnungen provoziert [hat]" (Dlugosch 2009, 255).

### 4.1.2.3 Die behindertenpädagogische Professions- und Professionalisierungsforschung

Auf Basis der skizzierten Professions- und Professionalisierungsforschung in den Erziehungswissenschaften nahm der behindertenpädagogische Professionsdiskurs vor ca. 15 Jahren seinen Anfang. Somit ist dieser noch sehr jung, es können keine ‚Traditionslinien' identifiziert werden. Es ist allerdings möglich, wesentliche Vertreter des Professionalisierungsdiskurses auszumachen – in der Literatur wird insbesondere auf Andrea Dlugosch, Vera Moser und Kerstin Rock sowie auf Christian Lindmeier und Hiltrud Loeken verwiesen.[196]

Vera Moser schreibt den Arbeiten von Dlugosch, Rock und Loeken eine besondere Rolle zu, denn diese fänden

> [...] Anschluss an die aktuell gehandelten strukturfunktionalistischen, system- und strukturtheoretischen Professionstheorien. Diese aus sonderpädagogischer Perspektive entwickelten Überlegungen dienen nun dazu, sonderpädagogisches Handeln in ihren Strukturlogiken zu beschreiben, um es beobachtbar zu machen und damit der wissenschaftlichen Reflexion überhaupt zur Verfügung stellen zu können. Zugleich übernehmen professionstheoretische Forschungen auch eine Präzisierung sonderpädagogischen gegenüber sozial- und allgemein schulpädagogischem Handeln (Moser 2005, 87).

In diesem Zusammenhang identifiziert Moser folgende Themen und Problemlagen in Hinblick auf das professionelle Handeln in der Behindertenpädagogik, die Gegenstand der o.g. Arbeiten seien:

- Die behindertenpädagogischen Dilemmata, die sich aus den Aufgaben der Förderung und Stellvertretung ergeben, die ihrerseits auf dem charakteristischen Merkmal der eingeschränkten Autonomie der Klientel beruhen,
- die starke Fokussierung auf den Einzelnen und „die nicht deutlich genug akzentuierte Doppelmandatschaft (Klientel-Institution) der professionell Tätigen" (ebd., 88),
- die Verfolgung der Integration als ein zentrales Leitziel der Behindertenpädagogik bei „gleichzeitiger Verbesonderung" (ebd.).

Moser plädiert darüber hinaus für eine professionstheoretische Auseinandersetzung in Form „systemtheoretischer und strukturfunktionalistischer Überlegungen" (ebd.), um die besondere Charakteristik der Disziplin herauszuarbeiten.

Diese und andere Positionen im Professions- und Professionalisierungsdiskurs können an dieser Stelle nicht vertieft werden. Trotzdem konnten die vorangegangenen Ausführungen dem Leser hoffentlich einen groben Überblick über die Debatte verschaffen.

Im Folgenden ist von zentralem Interesse, wo sich das Anliegen und das Ziel des Promotionsvorhabens in die behindertenpädagogische Professions- und Professionalisierungsforschung einordnen lassen. Zu diesem Zweck wird skizziert, inwiefern anerkennungstheoretische Gesichtspunkte im pädagogischen und insbesondere im behindertenpädagogischen Diskurs bislang berücksichtigt werden. Im Anschluss daran wird das große Potential dieser Aspekte für die Behindertenpädagogik herausgearbeitet.

---

196 In diesem Kontext ist ebenfalls Otto Speck zu nennen. Dieser attestiert der Sonder-/Heilpädagogik bereits Anfang der 1990er Jahre eine Legitimationskrise und stellt die Profession und Disziplin insgesamt in Frage – u.a. aufgrund eines ‚Theorie-Praxis-Problems' (vgl. Speck 1990, 2008). In seinem Buch ‚*Chaos und Autonomie in der Erziehung*' (1997) beschäftigt er sich umfassend, so erklärt Fornefeld, mit den „[...] chaotisch werdenden Erziehungsphänomene[n] in einer komplexeren Welt" (Fornefeld 2008, 10), woraus die Forderung Specks nach einem Umdenken der Pädagogik resultiere (vgl. ebd.; Speck 1990, 1997, 2008).

### 4.1.3 Professions- und Professionalisierungsforschung und Anerkennung

Im Rahmen der Erziehungswissenschaften finden sich einige anerkennungstheoretisch fundierte Deutungsvorschläge bzw. Modelle des professionellen Handelns. Zu nennen ist z.B. der 2002 von Benno Hafeneger u.a. herausgegebene Band *‚Pädagogik der Anerkennung',* der u.a. Beiträge von Micha Brumlik, Annedore Prengel und Werner Helper (gemeinsam mit Angelika Lingkost) enthält. Werner Helper spricht sich überdies z.B. in seinem gemeinsam mit Arno Combe verfassten Aufsatz *‚Professionalität'* dafür aus, „Anerkennung als Strukturmoment der Professionalität" (Combe u.a. 2002, 43) zu diskutieren. Auch der Ansatz der *‚Pädagogik der Anerkennung'* nach Ottfried Schäffter[197] (vgl. dazu z.B. ebd. 2009, 171ff.) ist in diesem Kontext relevant.

In Hinblick auf die Behindertenpädagogik ist zu konstatieren, dass sie bzw. ihre professionelle Ausrichtung im Verlauf der letzten ca. 50 Jahre durch verschiedene zentrale Leitprinzipien bestimmt wurde – in diesem Kontext sind insbesondere die Stichwörter *Normalisierung*, *Integration*, *Selbstbestimmung*, *Empowerment* sowie – noch immer besonders aktuell – *Teilhabe*, *Partizipation* und *Inklusion* zu nennen (vgl. Ackermann 2013, 172ff.; Fornefeld 2008, 14ff.). Die Übernahme einer anerkennungstheoretischen Perspektive, die seit ca. 15 Jahren im behindertenpädagogischen Bereich von einigen Autoren empfohlen wird, wirft ein neues Licht auf die Profession und die Disziplin sowie auf die aktuellen Leitprinzipien (s.o.). Im behindertenpädagogischen Kontext empfehlen insbesondere die bereits in einiger Ausführlichkeit rezipierten und zitierten Autoren Markus Dederich, Barbara Fornefeld, Hans-Uwe Rösner, Martin W. Schnell und Ursula Stinkes eine anerkennungstheoretische Ausrichtung des Fachs (in einer theoretischen und praktischen Hinsicht), wobei sie dies überwiegend auf Grundlage einer entsprechenden Anerkennungsethik formulieren.

Neben den genannten Personen sind weitere Vertreter der Behindertenpädagogik zu nennen, die eine anerkennungstheoretische Perspektive empfehlen; so diskutiert z.B. Karl-Ernst Ackermann – der an Dederich (2012) anschließt – eine „‚Antizipierende Anerkennung' als implizite Leitvorstellung der Profession" (Ackermann 2013, 181; Hervorhebung im Original, B.B.). Auch Detlef Horster (2009) und Dieter Katzenbach (2004) thematisieren Behinderung auf Basis anerkennungstheoretischer Grundlagen (vgl. Dederich 2013c).

Die erstgenannten Autoren jedoch können als Hauptvertreter einer anerkennungstheoretischen bzw. anerkennungsethischen Linie innerhalb der Behindertenpädagogik betrachtet werden, die sich insbesondere durch eine kritische und sehr differenzierte Betrachtungsweise der Anerkennungsthematik und einzelner Anerkennungstheorien auszeichnet.

Das vorliegende Promotionsvorhaben schließt an diese Autoren an. Es möchte also einen Beitrag zur Professionalisierung der Behindertenpädagogik leisten, der in dieser Tradition steht. Zu diesem Zweck wird in den folgenden Kapiteln erläutert, welche Aufgaben und Herausforderungen die Behindertenpädagogik bewältigen muss, um schließlich auf der alteritätsethischen Lesart der Anerkennung gründende allgemeine Vorschläge für Theorie und Praxis zu entwickeln. Deren Konkretisierung wird schließlich in Form der praktischen Handlungsempfehlungen vorgenommen.

### 4.1.4 Resümee und Ausblick

Nun soll kurz dargelegt werden, warum eine Einbeziehung ethischer bzw. anerkennungstheoretischer Perspektiven für die (Professionalisierung der) Behindertenpädagogik so bedeutsam ist. Dies stellt ein Fazit des vorliegenden Kapitels zur Professions-/ Professionalisierungsforschung

---

[197] Schäffter bezieht sich auf Krassimir Stojanov, der den *Bildungsbegriff* in einer anerkennungstheoretischen Weise interpretiert (vgl. Stojanov 2006).

bzw. -debatte sowie einen Ausblick auf den weiteren Verlauf der Dissertation dar.
Mit Dederich ist zu konstatieren, dass die Behindertenpädagogik

> in Forschung und Praxis nicht ohne normative Wertbasis auskommen [kann]. Bildung und Erziehung erfolgen immer auf etwas hin, auf eine antizipierte Zukunft, die durch gegenwärtiges Handeln, den gegenwärtigen Prozess der Erziehung, Bildung, Förderung, therapeutischen Begleitung oder Assistenz angestrebt wird (Dederich 2003, 62).

Er formuliert sogar: „Pädagogik *ist* angewandte Ethik." (ebd., 63; Hervorhebung im Original, B.B.), und auch Fornefeld stellt fest, dass „[p]ädagogisches Handeln [...] immer wertgeleitetes Handeln [ist]" (Fornefeld 2008, 131 unter Verweis auf ebd. 1995, 151f.; vgl. dazu z.B. auch Rösner 2012; Schnell 2011; Stinkes 2008 und 2012).

Unter Verweis auf die verschiedenen Forderungen, Problemlagen und Fragen, mit denen die Behindertenpädagogik konfrontiert ist (und die im Folgenden noch skizziert werden), betrifft eine ihrer wohl zentralsten Aufgaben den Themenkomplex *Inklusion und Exklusion bzw. Ein- und Ausschluss* (vgl. Dederich 2003, 64). Die Behindertenpädagogik steht nämlich

> vor einer sozialethischen Doppelaufgabe [...]: Auf der einen Seite muss ihr Ziel eine nicht ausgrenzende Ethik und ein inklusiver Ethos sein, der Formen gerechten und solidarischen Zusammenlebens aller Menschen ohne erzwungene Separation ermöglicht. Da den inklusiven Tendenzen der Gegenwart exklusive gegenüberstehen, d.h. ein Ringen um Ein- und Ausschluss im Gange ist, muss sie sich auf der anderen Seite für Schutzbereiche stark machen (ebd., 64).

Mit dieser Aufgabe geht auch die Forderung an das Fach einher, die (u.a. gesellschaftlichen) Gegebenheiten, Umstände und Probleme zu reflektieren und mögliche Alternativen aufzuzeigen. Dies kann allerdings „[...] nur gelingen, wenn die wissenschaftliche wie die praktische Geistigbehindertenpädagogik zu einer immer wieder neuen Selbst-reflexion, Selbstkritik und Selbstaufklärung bereit ist" (ebd., 65; vgl. auch Fornefeld 2008, 161ff.).

An dieser Stelle kann unmittelbar an den „Strukturkern professionellen pädagogischen Handelns" (Lindmeier 2013, 303) angeschlossen werden, den Lindmeier – wie vorab bereits dargelegt wurde – aus den drei vorgestellten bedeutenden Ansätzen der Professions-/Professionalisierungsforschung herausliest. Denn die Merkmale, die Lindmeier auf dieser Basis für das professionelle pädagogische Handeln identifiziert, machen die kritisch-selbstreflexive Haltung der Pädagogik (in Theorie und Praxis) notwendig.

Neben dieser kritischen Selbstbetrachtung darf die Behindertenpädagogik allerdings (wie gesagt) nicht die Reflexion des gesellschaftlichen, sozialpolitischen und gesetzlichen Kontextes – in den sie selbstverständlich eingebettet ist – versäumen. Dementsprechend darf sie sich

> [...] nicht allein auf die alltäglichen Erfordernisse der pädagogischen Praxis konzentrieren. [...] Die Geistigbehindertenpädagogik braucht nicht nur eine klare normative Orientierung, sondern muss sich insofern auch als kritische Theorie der Gesellschaft verstehen, da sie ansonsten Gefahr läuft, unbemerkt und möglicherweise ungewollt in den Sog gesellschaftlicher Entwicklungstendenzen zu geraten, die ihrem fundamentalen normativen Selbstverständnis entgegenlaufen [...] (Dederich 2003, 68).

Die folgenden Kapitel werden vertiefend auf diese Themen und Problemlagen eingehen: Es werden ausgewählte gesellschaftliche Entwicklungen und aktuelle Bedingungen sowie deren Auswirkungen für Menschen mit Behinderung und die Konsequenzen (d.h. in erster Linie: die Aufgaben) für die Behindertenpädagogik dargelegt. Mithilfe der entwickelten alteritätsethischen Lesart der Anerkennung soll im Anschluss daran eine Perspektive aufgezeigt werden, mit der die Behindertenpädagogik ihrem Auftrag und ihren Aufgaben – vor dem Hintergrund der skizzierten Gegebenheiten – nachkommen kann. Hierfür gilt:

> Die gesuchte Ethik muss dem Anderen, unabhängig von objektivierbaren Qualitäten, spezifischen Eigenschaften, gesellschaftlichem Nutzen oder verrechenbaren Präferenzen eine starke Position einräumen. Eine Voraussetzung dafür ist, den angestrebten Schutzbereich um die Verletzlichkeit des menschlichen Leibs herum aufzubauen. Eine weitere Voraussetzung dafür, den Anderen ethisch zu würdigen, ist die Konstruktion einer Theorie, die den Schutz, die Bewahrung und Förderung der *Integrität* des Anderen begründet. Diese Integrität muss die Ebene der Leiblichkeit, die Psyche und das soziale bzw. die äußeren Lebensumstände umfassen, d.h. gesellschaftliche, politische, rechtliche und ökonomische Rahmenbedingungen berücksichtigen, die in Bezug auf das Problem der Gerechtigkeit, für ein gelingendes Leben des Einzelnen und für seine soziale und gesellschaftliche Anerkennung und Partizipation unerlässlich sind (Dederich 2003, 75; Hervorhebung im Original, B.B.).

Auf diese Weise könnte die Behindertenpädagogik nicht nur ihren Aufgaben und Zielen – inkl. der Forderungen der UN-BRK – nachkommen, sondern auch die vorab angedeuteten Herausforderungen und Probleme des Fachs bewältigen – z.B. die ‚doppelte' Funktion, ‚Behinderung' als Konstrukt selbst hervorzubringen und gleichzeitig gegen ‚Verbesonderung' anzukämpfen. Als Basis für die Behindertenpädagogik genutzt, kann die alteritätsethische Lesart der Anerkennung also einen Professionalisierungsprozess des Faches befördern.

## 4.2 Die Aktuelle Situation von Menschen mit Behinderung

### 4.2.1 Einleitung

Eine wesentliche Voraussetzung von Professionalisierungsprozessen der Behindertenpädagogik ist die Berücksichtigung des aktuellen gesellschaftlichen Kontextes, schließlich – so geben Greving und Gröschke im Vorwort ihrer Publikation *‚Das Sisyphos-Prinzip'* an – sind es

> […] die sozialen Verhältnisse und gesellschaftlichen Bedingungen, die über Chancen und Grenzen, Optionen und Risiken des professionellen Handelns als soziale und heilpädagogische Arbeit zur Reform und Humanisierung dieser gesellschaftlichen Verhältnisse wesentlich bestimmen (Greving u.a. 2002, 7).

Eine entsprechende Auseinandersetzung ist demnach zwingend notwendig, um die (gesellschaftliche) Situation von Menschen mit Behinderung zu erfassen und somit die Herausforderungen der Gegenwart, mit denen die Behindertenpädagogik konfrontiert ist, zu identifizieren. Auf diese Weise werden inhaltliche Probleme und Rahmenbedingungen offenkundig, mit denen sich das Fach auseinandersetzen muss; gleichzeitig ergeben sich daraus die Aufgaben der Behindertenpädagogik. Greving und Gröschke weisen allerdings darauf hin, „dass die gesellschaftlichen Rahmenbedingungen für Reformen in der Behindertenhilfe und Rehabilitation unübersichtlicher, widersprüchlicher und insgesamt wohl schwieriger geworden sind" (ebd.). Dies unterstreicht jedoch nur umso mehr die Notwendigkeit einer gesellschaftsanalytischen Perspektive (vgl. ebd., 7f.; Gröschke 2002 9ff.).
Aus diesem Grund beschäftigt sich das vorliegende Kapitel lediglich mit einer ausschnitthaften Betrachtung des gesellschaftlichen Ist-Zustands bzw. der aktuellen Entwicklungen und Trends. Eine umfassende Darstellung der Wandlungsprozesse inkl. der Auswirkungen auf die Politik und die Lebenssituation von Menschen mit Behinderung würde den Rahmen der vorliegenden Arbeit weit überschreiten. Daher wird im Folgenden lediglich ein bestimmter Schwerpunkt skizziert: die *Individualisierung*. Dieser Aspekt wird aus der Vielzahl der aktuellen Entwicklungsprozesse und Tendenzen ausgewählt, da er für Menschen mit Behinderung besonders

weitreichende Folgen und Risiken nach sich zieht – dies wird insbesondere im Rahmen der Ausführungen in Kap. 4.2.3 deutlich. Die behindertenpädagogischen Konsequenzen, d.h. die daraus resultierenden notwendigen Aufgaben des Fachs, werden schließlich – auf Basis der alteritätsethischen Lesart der Anerkennung – im Kapitel 4.3 abgeleitet.

Selbstverständlich erheben die einzelnen und stark verkürzten Ausschnitte und Schlussfolgerungen keinen Anspruch auf Vollständigkeit. In diesem Sinne stellt die Perspektive, die im Folgenden eingenommen wird, lediglich eine von vielen Deutungsmöglichkeiten der aktuellen gesellschaftlichen Entwicklungen dar.

### 4.2.2 Gesellschaftliche Entwicklungen

Die westlichen Gesellschaften durchlaufen seit einigen Jahrzehnten einen rasanten und tiefgreifenden Wandel in nahezu allen Lebensbereichen. Um dieses Phänomen zu deuten, wurden unterschiedliche soziologische Theorien entwickelt. Die prominentesten sind das Konzept der ‚*Reflexiven oder Zweiten Moderne*' von Ulrich Beck[198] sowie Ansätze, die mit dem Begriff ‚Postmoderne'[199] operieren – einer der wohl bekanntesten Vertreter im deutschsprachigen Raum ist Wolfgang Welsch (vgl. Dederich 2002a, 33ff. und 2002b, 175ff.).

Der Begriff der ‚Postmoderne' wird teilweise recht unterschiedlich gedeutet; unter Anlehnung an Dederich gilt er im vorliegenden Kontext als

> eine Chiffre für vielfältige Veränderungsprozesse, die zu einer Freisetzung und Entfaltung von Möglichkeiten und Entwicklungstendenzen führen, die in der Moderne selbst angelegt sind. Sie bildet damit nicht einen Gegensatz der Moderne, sondern läßt sich als ihre Konsequenz begreifen (Dederich 2002a, 34).[200]

Die Postmoderne, so erklärt Dederich weiter, stehe damit

> […] gleichermaßen für den Zugewinn an Freiheiten und alte Sicherheiten auflösende Erosionsprozesse, für chancenreiche Individualisierung und die gesellschaftliche Produktion neuer biographischer Risiken, für eine Öffnung gegenüber einer Vielfalt an Lebensformen und für Verteilungskämpfe um knappe (bzw. knapp gehaltene) Ressourcen (ebd., 33).

Über die Moderne hinaus geht die Postmoderne insofern, als sich eine Vielfalt unterschiedlicher Werte und Normen entwickelt. Damit geht allerdings die „Logik des einen Maßstabs" (ebd., 34) verloren, denn die Pluralität der Postmoderne „[…] geht an die Wurzeln und betrifft die elementarsten Fragen" (ebd., 34). Somit verlieren auch die grundsätzlichen und allgemeingültigen ‚Wahrheiten' ihre Grundlage und ihre Relevanz. Die logische Folge ist, dass „die allgemeine Begründbarkeit, Anerkennung, Verbindlichkeit von Normen, Werten, Maßstäben, Kriterien usw. […] durch die beschriebenen Prozesse nachhaltig erschüttert [ist]" (ebd., 36). Dies betrifft alle Lebensbereiche der gegenwärtigen westlichen Gesellschaften und birgt Chancen, aber auch viele Risiken (vgl. ebd., 33ff.; Gröschke 2002, 9ff).[201]

---

198 ‚*Risikogesellschaft*' (1986).
199 Allerdings ist ‚postmodern' nicht nur die Bezeichnung für eine soziologische Deutungstheorie, sondern auch ein häufig bemühter und breit diskutierter Begriff in den verschiedenen Kulturwissenschaften. Populärwissenschaftlich wird er als Sammelbegriff für verschiedene Stilrichtungen in Musik, Literatur sowie bildender und darstellender Kunst verwendet und mitunter als Epochenbezeichnung gebraucht.
200 Dederich bezieht sich dabei auf Welsch (1994), aber auch auf den Soziologen Zygmunt Baumann (1995).
201 Dederich erläutert dazu, dass die Postmoderne aus soziologischer Sicht: „[…] durch die Herausbildung vielfältiger nebeneinander existierender Lebensstile und Lebensformen angezeigt [ist], durch Individualisierung, durch eine Vervielfachung nebeneinander existierender Sozialstile, (Teil-)Kulturen, Wertorientierungen, politischer,

Diese werden durchaus unterschiedlich bewertet. Der entsprechende theoretische Diskurs ist längst nicht mehr nur auf die postmodernen Ansätze beschränkt, sondern erfolgt im Rahmen einer Vielzahl verschiedenster soziologischer Gesellschaftsanalysen und -konzepte, die – entsprechend der unterschiedlichen soziologischen Wurzeln und ‚Schulen' – entweder „vornehmlich die Krisentendenzen, Konfliktpotentiale und Risikomomente im Leben der modernen Gesellschaft betonen" (Gröschke 2002, 24) oder im Gegensatz dazu eher die neuen – wenn auch riskanten – Freiheitspotentiale unterstreichen.

Soziologen, deren Analysen, Theorien und Modelle im Rahmen dieses Diskurses von zentraler Bedeutung sind und derer man sich immer wieder bedient, sind u.a. Pierre Bourdieu, Michel Foucault, Niklas Luhmann sowie Jürgen Habermas und Axel Honneth, der mit seiner Anerkennungstheorie einen wichtigen Beitrag zur Gesellschaftsanalyse und -kritik liefert.

Wie bereits vorab skizziert wurde, deutet Honneth die gesellschaftlichen Individualisierungstendenzen als *soziale Pathologien* (vgl. Honneth 2011b, 44). Die Freisetzung des Einzelnen erscheint dann als pathologische Komponente, denn jener ist zunehmend durch Selbstbezüglichkeit (‚Selbstbehauptung' und ‚Selbstachtung'; vgl. ebd.) charakterisiert – gemeinsame Normen und Werte in der Gesellschaft werden immer brüchiger, erodieren zusehends. Das Leistungskriterium als zunehmend wichtige Anerkennungsnorm gewinnt hingegen an Bedeutung (vgl. ebd., 37ff.).

Auch Ulrich Beck nimmt eine zentrale Rolle im oben erwähnten Diskurs ein, grenzt sich aber deutlich von postmodernen Positionen ab. Beck legt in seinem 1986 veröffentlichten Werk ‚*Risikogesellschaft*' den Bruch innerhalb der Moderne dar, der durch das Ende der klassischen Industriegesellschaft und die Entwicklung der ‚Risikogesellschaft' markiert wird, die nun die sog. ‚Zweite Moderne' – oder ‚reflexive Moderne' – charakterisiert (vgl. Beck 1986).

Mit der Bezeichnung ‚Risikogesellschaft' trägt Beck den verhältnismäßig neuen Umständen Rechnung, die das „[…] ‚zivilisatorische Selbstgefährdungspotential', dass [sic!] der wissenschaftliche und technologische Fortschritt und die industriell erzeugten globalen Risiken mit sich gebracht haben" (Gröschke 2002, 26; Hervorhebung im Original, B.B.). Darüber hinaus spielen für Beck jedoch auch die Risiken in Hinblick auf die veränderten Bedingungen der Lebenswelt und -gestaltung der Gesellschaftsmitglieder eine wesentliche Rolle (vgl. Beck 1986, 12ff., Gröschke 2002, 26f.; Schäper 2006, 33).[202]

Diese Risiken stehen in einem unmittelbaren Zusammenhang mit dem zentralsten Element der Zweiten Moderne, mit der *Individualisierung*. Da sich der vorliegende Abschnitt der Arbeit bewusst auf diese konzentriert, wird die Theorie Becks im Folgenden etwas eingehender betrachtet.[203]

---

weltanschaulicher, sozialer Überzeugungen und kultureller Praktiken. Hiermit geht eine Pluralisierung, und Auffächerung individueller Lebenshorizonte, moralischer Orientierungen und Erwartungen an das Leben einher" (ebd., 37f.).

202 In seinem 1997 veröffentlichten Buch ‚Was ist Globalisierung?' erweitert Beck diesen Begriff sogar zur ‚Weltrisikogesellschaft' und identifiziert drei verschiedene Arten globaler Risiken:
 1. „*reichtumsbedingte* ökologische Zerstörung und technisch-industrielle Gefahren (wie das Ozonloch, der Treibhauseffekt, aber auch die unvorhersehbaren und unkalkulierbaren Folgen der Gentechnik und der Fortpflanzungsmedizin)" (Beck 1997, 76; Hervorhebung im Original, B.B.).
 2. „*armutsbedingte* ökologische Zerstörung und technisch-industrielle Gefahren" (ebd.; Hervorhebung im Original, B.B.), so z.B. „das Abholzen der tropischen Regenwälder" (ebd.).
 3. „*Massenvernichtungswaffen*" (ebd., 77; Hervorhebung im Original, B.B.), die „[…] Gefahren regionaler und globaler Selbstvernichtung durch nukleare, chemische oder biologische Waffen […]" (ebd.) bergen.

203 Dabei muss allerdings darauf verwiesen werden, dass eine andere Perspektive auch zu einer anderen favorisierten Theorie bzw. zu einer sehr kritischen Auseinandersetzung mit Beck führen könnte.

Die Individualisierung ist nach Beck in drei analytische Dimensionen zu differenzieren: (1) *Freisetzungsdimension*, (2) *Entzauberungsdimension*, (3) *Kontroll- bzw. Reintegrationsdimension*. Die Individualisierung ist demnach (1) ein Prozess der „*Herauslösung* aus historisch vorgegebenen Sozialformen und -bindungen im Sinne traditionaler Herrschafts- und Versorgungszusammenhänge" (Beck 1986, 206; Hervorhebung im Original, B.B.), der (2) mit einem „*Verlust von traditionalen Sicherheiten* in Hinblick auf Handlungswissen, Glauben und leitende Normen" (Beck 1986, 206; Hervorhebung im Original, B.B.) einhergeht, gleichzeitig aber auch (3) „eine *neue Art der sozialen Einbindung*" (Beck 1986, 206; Hervorhebung im Original, B.B.) darstellt.[204]

Die Gesellschaftsmitglieder stehen somit vor ganz neuen Herausforderungen der Lebensführung und -gestaltung:

> Individualisierung bedeutet in diesem Sinne, daß die Biographie der Menschen aus vorgegebenen Fixierungen herausgelöst offen, entscheidungsunabhängig und als Aufgabe in das Handeln jedes einzelnen gelegt wird. Die Anteile der prinzipiellen entscheidungsverschlossenen Lebensmöglichkeiten nehmen ab, und die Anteile der entscheidungsoffenen, selbst herzustellenden Biographie nehmen zu. Individualisierung von Lebenslagen und -verläufen heißt also: Biographien werden ‚selbstreflexiv'; sozial vorgegebene wird in selbst hergestellte und herzustellende Biographie transformiert (Beck 1986, 216; Hervorhebung im Original, B.B.).

Demnach obliegt den Gesellschaftsmitgliedern nun selbst die Verantwortung für ihr Leben. Dies entspricht einer deutlichen Verlagerung von Verantwortlichkeiten: Zeigte sich die (Erste) Moderne noch verantwortlich für den Einzelnen – was darauf zurückzuführen ist, dass häufig die gesellschaftlichen Umstände und Notlagen als Ursachen der Probleme des Einzelnen erachtet wurden –, so trägt in der Zweiten Moderne jeder selbst und vollständig die Verantwortung für seine Erfolge und sein Scheitern, für Risiken und Konsequenzen seiner Entscheidungen und seines Handelns (vgl. ebd., 208ff.; Dederich 2002a, 41f. und 2002b, 176ff.).

Diese ‚polyoptionale'[205] Gesellschaft bietet den Individuen nicht mehr die Halt gebenden Normen und Werte, die früher das Leben strukturierten; an ihre Stelle ist eine Vielzahl an Möglichkeiten der Lebensgestaltung und Handlungen getreten. Dementsprechend sind die Gesellschaftsmitglieder heute dazu gezwungen, Entscheidungen selbst zu treffen und für die Folgen einzustehen. Die Voraussetzung für die Fähigkeit zur Entscheidung (sowie für deren Umsetzung) bilden entsprechende Ressourcen, z.B. psychosozialer Natur. Dabei handelt es

---

204 Diese soziale Einbindung wird durch Beck anhand folgender Merkmale charakterisiert:
1. „*Der oder die einzelne selbst wird zur lebensweltlichen Reproduktionseinheit des Sozialen.* [...] die Individuen werden innerhalb und außerhalb der Familie zum Akteur ihrer marktvermittelten Existenzsicherung und ihrer Biographieplanung und -organisation" (vgl. Beck 1986, 209; Hervorhebungen im Original, B.B.).
2. „*Standardisierung* [...]: *Eben die Medien, die eine Individualisierung bewirken, bewirken auch eine Standardisierung.* [...] Die entstehenden Individuallagen sind durch und durch *(arbeits)marktabhängig*" (vgl. Beck 1986, 210; Hervorhebungen im Original, B.B.).
3. „*Sie* [die Individuallagen, Anm. B.B.] *übergreifen die getrennten Bereiche des Privaten und die verschiedenen Sphären des Öffentlichen.* [...] *Sie haben das widersprüchliche Doppelgesicht institutionenabhängiger Individuallagen.* [...] Die freigesetzten Individuen werden arbeitsmarktabhängig und *deshalb* bildungsabhängig, konsumabhängig, abhängig von sozial-rechtlichen Regelungen und Versorgungen [...]. Dies alles verweist auf die *institutionenabhängige Kontrollstruktur* von Individuallagen. Individualisierung wird zur *fortgeschrittensten* Form markt-, rechts-, bildungs- usw. -abhängiger Vergesellschaftung" (vgl. Beck 1986, 210; Hervorhebungen im Original, B.B.).

205 Dieser eher funktionale Begriff wird nicht nur bei Beck, sondern auch in vielen anderen Deutungsansätzen verwendet.

sich u.a. um Kompetenzen zur Entwicklung von Stärken und Vorstellungen, aber auch um die Fähigkeit zur Antizipation. Menschen, die nicht mit diesen Ressourcen ausgestattet sind, können die gesellschaftliche Optionalität nur sehr eingeschränkt nutzen (vgl. Dederich 2002a und 2002b; Gröschke 2002; Schäper 2006, 33ff.).
Überdies geht mit dem gesellschaftlichen Trend zur Individualisierung ein weiteres Risiko einher – so führt die individuelle Verantwortlichkeit für die eigene Biografie zur Konzentration auf sich selbst und zu Vereinzelung. Beck erklärt dazu:

> In der individualisierten Gesellschaft muß der einzelne entsprechend bei Strafe seiner permanenten Benachteiligung lernen, sich selbst als Handlungszentrum, als Planungsbüro in bezug auf seinen eigenen Lebenslauf, seine Fähigkeiten, Orientierungen, Partnerschaften usw. zu begreifen (Beck 1986, 217).

Beck erklärt weiter, dass in der durch Individualisierungsprozesse geprägten Gesellschaft

> […] ein *aktives Handlungsmodell des Alltags* [gefordert ist], das das Ich zum Zentrum hat, ihm Handlungschancen zuweist und eröffnet und es auf diese Weise erlaubt, die aufbrechenden Gestaltungs- und Entscheidungsmöglichkeiten in bezug auf den eigenen Lebenslauf sinnvoll kleinzuarbeiten. Dies bedeutet, daß hier hinter der Oberfläche intellektueller Spiegelfechtereien für die Zwecke des eigenen Überlebens ein *ichzentriertes Weltbild* entwickelt werden muß, das das Verhältnis von Ich und Gesellschaft sozusagen auf den Kopf stellt und für die Zwecke der individuellen Lebenslaufgestaltung handhabbar denkt und macht (ebd., 217f.; Hervorhebungen im Original, B.B.).

Mit den gesellschaftlichen Wandlungsprozessen ist demnach nicht nur ein erhöhtes Risiko in Hinblick auf Lebensgestaltung und Biografie der Gesellschaftsmitglieder verbunden, gleichzeitig werden dadurch Prozesse der Selbstbezüglichkeit und der Vereinzelung vorangetrieben, die wiederum Effekte auf das Zusammenleben innerhalb der Gesellschaft haben (vgl. Beck 1986). Der tiefgreifende gesellschaftliche Wandel, der sich in den letzten Jahrzehnten vollzogen hat und in die Gesellschaft der *Postmoderne* bzw. der *Zweiten Moderne* führte, ist nicht umkehrbar; vielmehr stellen die mit dem Stichwort ‚Individualisierung' beschriebenen Wandlungen und Entwicklungen dynamische und nicht aufhaltbare Prozesse dar. Daher ist, wie eingangs bereits erläutert wurde, eine entsprechende Auseinandersetzung der Behindertenpädagogik dringend erforderlich:

> Angesichts tiefgreifender Transformationsprozesse in der Gesellschaft und ihrer aktuellen und potentiellen Auswirkungen auf das Projekt der pädagogischen Behindertenhilfe sind gesellschaftsbezogene Reflexionen dringend geboten; vor allem dann, wenn diese Transformationsprozesse in Richtung Umbau oder Abbau des Sozial- und Wohlfahrtsstaates laufen (Gröschke 2002, 29).

Ergänzend zu Gröschke ist grundsätzlich und ganz allgemein dafür zu plädieren, geschützte Räume – Schutzbereiche, quasi ‚Inseln' – zu schaffen,[206] in denen andere ‚Wahrheiten' und ‚Regeln' gelten, in denen singulär und punktuell andere Entwicklungen ihren Verlauf nehmen: Orte, die sich den oben beschriebenen gesellschaftlichen Wandlungsprozessen und Tendenzen

---

206 Diese Forderung ist nicht mit dem Plädoyer Markus Dederichs und Martin W. Schnells für einen ‚ethischen Schutzbereich' gleichzusetzen. Die Autoren fordern, einen „Schutzbereich um die Verletzlichkeit des menschlichen Leibs herum aufzubauen" (Dederich 2003, 75), der „alle Menschen einschließt" (Schnell 2011, 26). Zwar wird diese Meinung auch im Rahmen des Promotionsvorhabens vertreten, doch sind an dieser Stelle ergänzend dazu Schutz- und Schonräume im ‚örtlichen' Sinn gemeint.

ein wenig entziehen.[207] Grundsätzlich besteht diese Chance, denn mit der Polyoptionalität und Individualität der Gesellschaft geht auch ihre Offenheit für alternative Lebensentwürfe und Lebensräume einher – dafür sind spirituelle Gemeinschaften oder alternative Kommunen die besten Beispiele.

Neben Dieter Gröschke haben im Rahmen der Behindertenpädagogik außer den bereits aufgeführten Autoren Heinrich Greving und Markus Dederich weitere behindertenpädagogische Vertreter eine gesellschaftsanalytische Perspektive in ihre fachspezifischen Arbeiten einbezogen, so z.B. Walter Thimm, Otto Speck, Barbara Fornefeld, Ursula Stinkes und Wolfgang Jantzen. Bevor weitere Vorschläge für die Behindertenpädagogik entwickelt werden, sollen im Folgenden zunächst die Effekte der beschriebenen gesellschaftlichen Wandlungsprozesse auf die Sozial- und Behindertenpolitik, auf Menschen mit Behinderung und auf die behindertenpädagogische Theorie und Praxis skizziert werden, wobei u.a. die Rolle und die Aufgaben des Fachs in den Blick zu nehmen sind.

### 4.2.3 Die Folgen der Individualisierungstendenzen

Der skizzierte gesellschaftliche Wandel schlägt sich auch in der Sozial- und Behindertenpolitik und der Behindertenpädagogik nieder, was nun skizziert wird. Dabei liegt der Fokus weiterhin auf dem Aspekt der *Individualisierung* und ihren Konsequenzen.

Fornefeld identifiziert die im Jahr 2003 erschienene *Agenda 2010* als „Wendepunkt sozialstaatlicher Verantwortung" (Fornefeld 2008, 11), denn mit ihr vollzog sich ein gravierender Wandel des Sozialstaats und somit auch der Hilfesysteme für Menschen mit Behinderung. In diesem Sinne seien es nun die folgenden vier Motive, „die die aktuellen Entwicklungen der Pädagogik und Rehabilitation von Menschen mit geistiger Behinderung sowie der Behinderten- und Sozialpolitik bestimmen:

- Teilhabe verwirklichen
- Gleichstellung durchsetzen
- Selbstbestimmung ermöglichen
- Lebensqualität sichern" (ebd., 17).

Diese werden, so erklärt Fornefeld weiter, im SGB IX[208] und SGB XII[209] umgesetzt und prägen auch das neue Verständnis von Behinderung entsprechend der ICF[210] (vgl. ebd.; Dederich 2008, 31f; Schäper 2006, 115f.).

Diese Entwicklungen korrespondieren mit dem sich in der Behindertenhilfe seit den 1990er Jahren vollziehenden ‚Paradigmenwechsel' (vgl. Fornefeld 2008, 15), in dessen Rahmen u.a. Leitprinzipien wie *Empowerment, Selbstbestimmung und Autonomie, Integration und Inklusion* sowie *Teilhabe* zu zentralen Größen der Behindertenpädagogik in Theorie und Praxis wurden. Die *Selbstbestimmung* ist aufgrund ihrer zentralen Bedeutung besonders hervorzuheben: Dederich verweist darauf, dass sie „[…] für zahlreiche Fachvertreter [der Behindertenpädagogik,

---

207 Diese neuen ‚geschützten Räume' haben allerdings kaum noch etwas mit den herkömmlichen z.T. immer noch existierenden ‚Schutz- und Schonräumen' traditioneller Großeinrichtungen der Behindertenhilfe, die sich i.d.R. am Rande der Gesellschaft befinden, gemein. Insbesondere die wechselseitige ‚Durchlässigkeit' zu den umgebenden Sozialräumen sowie die Freiwilligkeit des Aufsuchens und Verweilens in diesen Räumen stellen einen wesentlichen Unterschied dar.
208 Sozialgesetzbuch IX – Rehabilitation und Teilhabe (2001)
209 Sozialgesetzbuch XII – Sozialhilfe (2003), das das Bundessozialhilfegesetz ablöste.
210 International Classification of Functioning, Disability and Health der Weltgesundheitsorganisation WHO (2001).

Anm. B.B.] einen Dreh- und Angelpunkt der sogenannten ‚Paradigmendiskussion' bildet"
(Dederich 2001, 201; Hervorhebung im Original, B.B.). Dementsprechend wird sie auch für
die folgenden Ausführungen besonders relevant sein. In diesem Kontext sind eine Definition
und eine begriffliche Abgrenzung zur *Autonomie* notwendig:

> *Autonomie* […] wird im Zusammenhang mit Unabhängigkeit, Selbstverwaltung und Entscheidungsfreiheit thematisiert. Das Verständnis von *Selbstbestimmung* wird aus der Beschreibung von Abhängigkeiten und Formen von Fremdbestimmung behinderter Menschen gewonnen (Fornefeld 2008, 120f.; Hervorhebungen im Original, B.B.).

Fornefeld verweist jedoch ebenfalls darauf, dass beide Begriffe in der Fachsprache häufig eine synonyme Verwendung finden (vgl. ebd.).
Aus den die *Selbstbestimmung* und *Autonomie* betonenden und fördernden behindertenpädagogischen sowie sozial- und behindertenpolitischen Bestrebungen, die in den letzten Jahrzehnten zu verzeichnen sind, resultieren grundsätzlich durchaus positive Effekte in Hinblick auf die Lebenssituation von Menschen mit Behinderung bzw. auf ihre gesellschaftliche Rolle und Wahrnehmung in der Gesellschaft. Das Recht auf ein selbstbestimmtes, nach persönlichen Vorstellungen gestaltetes Leben in Freiheit ist ohne Zweifel ein wesentlicher Teil der *Menschenwürde* und ist daher – dies ist unverzichtbar und unstrittig – auch Menschen mit Behinderung zuzuerkennen.
Aus der durch die Pädagogik vorgenommenen Interpretation der *Selbstbestimmung* resultiert dementsprechend der Grundsatz bzw. die Haltung, „[…] den Menschen mit Behinderung nicht länger zum Objekt pädagogischer Bemühungen zu machen, sondern ihn als Subjekt seiner eigenen Entwicklung zu erkennen" (ebd., 122f.; vgl. auch Stinkes 2000, 169ff.).
Der Paradigmenwechsel beförderte – dies wird nun sehr deutlich – ein wesentliches Umdenken innerhalb der Behindertenpädagogik, das sich bis heute in Theorie und Praxis niederschlägt. Das Leitprinzip der Selbstbestimmung ist aus dieser Perspektive betrachtet von großer Bedeutung und birgt wichtiges positives Potential. Gleichzeitig wird es innerhalb des fachlichen Diskurses jedoch auch zunehmend kritisch betrachtet (vgl. z.B. ebd., 120ff.; Dederich 2001, 201ff.; Stinkes 2000, 169ff.).[211]
Diese Besorgnis richtet sich auf die Gesamtheit der skizzierten Entwicklungen in Sozial- und Behindertenpolitik, aber auch in der Behindertenpädagogik, denn:

> Sorge bereitet der zu beobachtende Reformdruck gepaart mit behindertenpolitischem Aktionismus, der allein ökonomischen Wertmaßstäben folgt, Grundwerte einer humanen Gesellschaft ignoriert und damit den Anspruch aller Menschen mit Behinderung auf Selbstbestimmung und gesellschaftliche Teilhabe aus den Augen verliert. […] Die Eingliederungshilfe ist zur Befähigungshilfe geworden. Die Kernaussage des Gesetzes ‚ambulant *vor* stationär' wird bei genauer Betrachtung von Kostenträgern oft in ‚ambulant *statt* stationär' umformuliert, um die ambulante Unterbringung und die Auflösung großer Einrichtungen zu forcieren (Fornefeld 2008, 18f.; Hervorhebungen im Original, B.B.).

Unter dem Deckmantel von *Selbstbestimmung* und *Teilhabe* werden demnach Maßnahmen verbucht, die mit den ursprünglichen wichtigen und wertvollen Kerngedanken dieser Ideen nicht mehr viel gemein haben. Auf diese Weise verschärft sich die Situation von Menschen mit Behinderung (vgl. ebd. 2008, 14ff.; Dederich 2001, 201ff.).
Die gravierenden Risiken für diese Personengruppe, die aus dem gesellschaftlichen Wandel und den sozial- und behindertenpolitischen sowie behindertenpädagogischen Entwicklungen

---

211 Fornefeld verweist dabei z.B. auf Rösner (2002).

der letzten Jahrzehnte resultieren, werden nun skizziert, wobei das Leitprinzip der *Selbstbestimmung* besonders wichtig wird. Denn auf diese Weise lässt sich aufzeigen, dass die Behindertenpädagogik teilweise *selbst* die Risiken verschärft, mit denen Menschen mit Behinderung zunehmend konfrontiert werden.

### 4.2.4 Risiken für Menschen mit Behinderung und die Rolle der Behindertenpädagogik

#### 4.2.4.1 Menschen mit Komplexer Behinderung

Die folgenden Ausführungen beziehen sich auf einen bestimmten – allerdings sehr heterogenen – Personenkreis innerhalb der Gruppe von Menschen mit geistiger Behinderung: auf *Menschen mit Komplexer Behinderung*. Diese Bezeichnung geht auf das von Barbara Fornefeld veröffentlichte Werk ‚*Menschen mit Komplexer Behinderung. Selbstverständnis und Aufgaben der Behindertenpädagogik*' (2008) zurück. Es handelt sich bei dieser Gruppe um

> […] Personen mit geistiger Behinderung, die innerhalb der Gesamtpopulation der Menschen mit Behinderung vom System als die angeblich Leistungsschwächsten übersehen werden. Sie unterscheiden sich in ihren Schädigungen und Beeinträchtigungen stark voneinander, nicht aber in der Komplexität ihrer Lebensbedingungen (Fornefeld 2008, 10).

Demnach ist die Rede von einer „Gruppe von Menschen, die angesichts sozialpolitischer Neuerungen, gesellschaftlicher Marginalisierungsprozesse und Umgestaltungen des Hilfesystems zu den Verlierern des Reformprozesses werden" (ebd., 14).[212] Daher müssen sich die Sozial- und Behindertenpolitik sowie die Behindertenpädagogik gerade mit dieser Personengruppe beschäftigen und sich für diese besonders verantwortlich fühlen (vgl. ebd. 9ff.).[213]

#### 4.2.4.2 Risiken durch die Forderung nach Selbstbestimmung

Die aktuelle Lebenssituation von Menschen mit (Komplexer) Behinderung wird durch die bereits beschriebenen gesellschaftlichen Wandlungsprozesse, die mit dem Stichwort *Individualisierung* zusammengefasst werden können, unmittelbar beeinflusst. Mit dem Umbau der Hilfesysteme und den damit einhergehenden Forderungen der Wirtschaftlichkeit ist *Selbstbestimmung* zur Verpflichtung geworden:

> Durch die Übernahme ökonomischen Denkens in die Behindertenversorgung wird *Selbstbestimmung bzw. Autonomie zur Pflicht für Menschen mit Behinderung*. Von ihnen wird heute ‚gefordert', dass sie d.h. sie müssen, ihren Beitrag zur Integration in die Gesellschaft und zur Teilhabe an der Gesellschaft leisten (Fornefeld 2008, 123; Hervorhebungen im Original, B.B.).

Dass dies insbesondere für Menschen mit Komplexer Behinderung tendenziell schwirig bis unmöglich ist, dürfte nicht überraschen. Die Pflicht zur Übernahme von Verantwortung

---

212 Es geht bei dieser Bezeichnung jedoch „[…] ausdrücklich nicht um eine neue Klassifikation von Behinderung, sondern um die Bezeichnung einer von Missachtung und Aussonderung bedrohten Personengruppe" (ebd., 10).

213 Dementsprechend werden die zu entwickelnden Handlungsempfehlungen für einen Bereich der Behindertenpädagogik entworfen, der zukünftig vermutlich zunehmend der Ort sein wird, an dem überwiegend Menschen mit Komplexen Behinderungen leben: der stationäre Wohnbereich. Wie bereits angedeutet wurde und im Folgenden weiter auszuführen ist, ist dieser Trend auf die dargelegten aktuellen sozial- und behindertenpolitischen Entwicklungen und ihre exkludierenden Effekte für Menschen mit Komplexer Behinderung zurückzuführen. Denn dadurch, dass sich z.B. Menschen mit einer Körper-, Lern- oder einer leichten bis mittelgradigen geistigen Behinderung immer mehr Möglichkeiten eines autonomen selbstbestimmten Lebens in der eigenen Wohnung eröffnen, sind stationäre Wohnangebote zunehmend den Menschen mit Komplexer Behinderung vorbehalten.

für das eigene selbstbestimmte Leben wird allerdings nicht nur aufgrund z.B. kognitiver, körperlicher, psychischer Voraussetzungen erschwert bzw. teilweise verunmöglicht, überdies befördern die sozial- und behindertenpolitischen Entwicklungen selbst die Exklusion dieser Personengruppe, denn:

> Ihre Problemlage [von Menschen mit Komplexer Behinderung, Anm. B.B.] ergibt sich *nicht allein* aus der Schwere ihrer Beeinträchtigungen, sondern sie ist insbesondere Resultat der Veränderungen der Hilfesysteme. Menschen mit Komplexer Behinderung leben heute unter Bedingungen zunehmenden institutionellen Ausschlusses und Gefährdungen ihrer Lebensqualität (Fornefeld 2008, 14; Hervorhebung im Original, B.B.).

Denn von den positiven Aspekten und Vorteilen des sozialstaatlichen Umbaus profitieren Menschen mit z.B. Körper- oder Lernbehinderung sicherlich häufig – aber: „Die Anderen, die Schwächeren oder die Schwierigen werden ausgeschlossen, was zu einer Zwei-Klassen-Behindertenversorgung führt" (ebd., 9). Diese befördert gleichermaßen Abwertung und Exklusion von Menschen mit komplexer Behinderung (vgl. ebd., 120f.; Dederich 2008, 31ff.; Dederich 2010, 11ff.; Schäper 2006, 33ff.).

Diese Effekte reproduzieren sich u.U. stets aufs Neue und behalten die Exklusion einer bestimmten Personengruppe (*Menschen mit Komplexen Behinderungen*) auf diese Weise bei. Denn in Folge einer bestimmten Sozialisation, die spöttisch und karikierend z.B. als ‚All-Inclusive-Versorgung und -Unterbringung' bezeichnet werden kann, bleibt es Menschen versagt, die Übernahme von Verantwortung für das eigene Leben zu erlernen. Langes Verweilen erwachsener Menschen mit (Komplexer) Behinderung in der elterlichen Wohnung in klassischen Eltern-Kind-Rollen sind in diesem Zusammenhang genauso anzuführen wie institutionelle Barrieren bzw. Grenzen der Selbstbestimmung durch Abläufe, Strukturen usw.

Solche und ähnliche Umstände laufen der Verpflichtung zur *Selbstbestimmung* von Menschen mit Komplexer Behinderung demnach direkt entgegen, schließlich bedarf dies entsprechender – im Rahmen der Sozialisation zu erwerbender – Ressourcen und Kompetenzen. Auf diese Weise wird die gesellschaftliche Teilhabe erheblich erschwert und das Exklusionsrisiko von Menschen mit Komplexer Behinderung verschärft, denn diese können den Normen der Individualisierung i.d.R. nicht (vollständig) entsprechen. Demnach befördert die Behindertenpädagogik selbst diese Entwicklung (vgl. dazu u.a. Fornefeld 2008, 120ff.; Dederich 2002a und 2002b).

Aufbauend auf diesen Ausführungen folgt nun eine ausführlichere Auseinandersetzung mit der Behindertenpädagogik. Auf diese Weise wird dargelegt, dass Menschen mit Komplexer Behinderung häufig nicht nur durch institutionelle Grenzen an einem selbstbestimmten Leben gehindert werden (s.o.), sondern dass die behindertenpädagogische Theorie und Praxis überdies *selbst* in Hinblick auf ihr Verständnis von *Selbstbestimmung* und den Umgang mit diesem Prinzip kritisch zu betrachten sind.

### 4.2.4.3 Die Rolle der Behindertenpädagogik

Im Fachdiskurs wird die Rolle der Behindertenpädagogik teilweise sehr kritisch diskutiert – z.B. durch Markus Dederich, Barbara Fornefeld, Hans-Uwe Rösner, Otto Speck oder Ursula Stinkes. So muss sie sich u.a. den Vorwurf gefallen lassen, Tendenzen einer „[…] stets […] aufs Neue wiederholten Überakzentuierung von individueller Kompetenz, Akteurschaft, Selbstbestimmung und Autonomie" (Stinkes 2011, 154)[214] aufzuweisen.

---

214 Stinkes spricht allerdings nicht von der *Behindertenpädagogik*, sondern von der *Geistigbehindertenpädagogik*.

Daraus resultiert, dass

> [...] unter der Hand immer eine identitätstheoretische Fiktion mitschwingt: Prinzipiell ist es möglich, dass der Mensch sich selbst bestimmen, sich und seine Welt gestalten kann. Die Idee der Steigerung hält den Menschen buchstäblich in Bewegung: er hört im Grunde nie auf, noch mal anzufangen, gerade weil nie erreicht wird, was als Ideal vorgedacht wurde, nämlich Selbstbestimmung und Autonomie (ebd., 155).

Das propagierte Idealbild des selbstbestimmten, sein Leben individuell gestaltenden Subjekts zieht demnach gefährliche Effekte nach sich – führt es doch bei Menschen mit Komplexer Behinderung häufig sicher

> nicht zum erwünschten Selbstbewusstsein und Selbstvertrauen, sondern provoziert aufgrund des illusionären Charakters permanenten Selbstmangel und Selbstabwertung, denn in dieser Perspektive genügt man nie. Schwerer wiegt, dass Selbst- und Miteinandersein sich voneinander lösen können und Bedingtheit und Angewiesenheit in der Folge nur noch als Unfreiheit (Fremdbestimmung) gebrandmarkt werden (ebd., 154).

Neben dem Umstand, dass die Behindertenpädagogik somit selbst – mehr oder weniger ‚aktiv' – Mechanismen der Exklusion und Abwertung (s.o.) produziert (vgl. dazu auch Fornefeld 2008, 120f.), werden nun ebenfalls Effekte sichtbar, die eine starke Selbstbezüglichkeit beim Einzelnen befördern und die mit einem bestimmten – kritikbedürftigen – Verständnis von *Selbstbestimmung,* Fremdbestimmung und Abhängigkeiten einhergehen.

So führt die Überbetonung der *Selbstbestimmung* dazu, dass die Fremdbestimmung als nicht wegzudenkender Teil des (Zusammen-)Lebens ignoriert wird – was aus „soziologischer und sozialphilosophischer Perspektive wie in leibphänomenologischer Hinsicht" (Dederich 2001, 202) überhaupt nicht möglich bzw. nicht denkbar ist. Unter Bezug auf u.a. Dederich (2001), Fornefeld (2008) und Stinkes (2011) ist das in der Behindertenpädagogik teilweise stark (über-)betonte Verständnis von *Selbstbestimmung* demnach sehr kritisch zu bewerten, denn diese „[...] läuft (so begründet und legitim sie historisch sein mag) Gefahr, ein unangemessenes Bild vom Menschen zu entwerfen" (Dederich 2001, 202).

Resultierend aus diesen Überlegungen ist demnach eine Ergänzung des Verständnisses von *Selbstbestimmung* um eine anthropologische Komponente dringend geboten. Dementsprechend ist jene unmittelbar und ‚originär' mit Fremdbestimmung verwoben:

> Um selbstbestimmt leben zu können, ist der Mensch auf den anderen angewiesen. Als soziales und leibliches Wesen verwirklicht sich der Mensch nicht allein, sondern in der Gemeinschaft mit anderen, an die er seine Wünsche, Bedürfnisse oder Einstellungen richtet. Die Entgegnung des anderen, seine Antwort auf die eigene Äußerung macht es erst möglich, dass sich der Mensch als selbstbestimmt erfährt (Fornefeld 2008, 124).

Diese anthropologische Perspektive der Angewiesenheit auf den Anderen bzw. der Verwobenheit der Menschen lässt die *Selbstbestimmung* in einem völlig anderen Licht erscheinen. Nun ist sie

> [...] mehr als nur Artikulation oder Durchsetzung eigener Bedürfnisse. Sie ergibt sich aus einem interpersonalen Dialog [...], aus einem zwischenleiblichen Dialog, der sich durch Reziprozität und Responsivität auszeichnet. Dieser Dialog ist von existentieller Bedeutung für den Menschen (ebd., 126).

Reziprozität – die allen Beziehungen zwischen Menschen innewohnende Wechselseitigkeit – sowie Responsivität – das Antwortereignis, das jeder Begegnung eingeschrieben ist – ermöglichen demnach erst ein selbstbestimmtes Verhalten der Menschen.

Auf diese Weise wird die Bedeutung der Fremdbestimmung offenbar – die *Selbstbestimmung* ohne jene zu denken ist nicht möglich. Schließlich bilden „Selbstbestimmung und Fremdbestimmung […] ein kaum auflösbares Spannungsfeld, in dem Menschen Widersprüchlichkeiten, Ambivalenzen, Antinomien und Aporien erleben" (Dederich 2001, 203).

Ein diese Umstände vernachlässigendes Verständnis von *Selbstbestimmung* ist deshalb sehr kritisch als unzureichend, zu einseitig und riskant zu bewerten. Denn die Überbetonung der *Selbstbestimmung* befördert Tendenzen, die die Fremdbestimmung – fälschlicherweise – als deren negatives Gegenstück kennzeichnen und die die natürliche Verwobenheit, Angewiesenheit und auch Verletzlichkeit der Menschen – mit anderen Worten: seine Sozialität – aus dem Blick verlieren.[215] Dementsprechend ist auch das Idealbild des ausschließlich sich ‚selbstbestimmenden', individuell sein Leben gestaltenden Subjekts sehr kritisch zu reflektieren. Schließlich birgt die Orientierung an jenem die Gefahr einer starken Selbstbezüglichkeit, denn: „In diesem Szenario ist kaum Platz für den Anderen, denn beständig ist man dabei, seinen eigenen Platz zu finden" (Stinkes 2011, 155). Die Verwobenheit der Menschen wird auf diese Weise ignoriert, sogar missachtet – was nicht nur aus alteritäts- bzw. anerkennungstheoretischer Perspektive eine kritikwürdige Tendenz darstellt[216] (vgl. ebd., 151ff.; Dederich 2001, 201ff.; Fornefeld 2008, 120ff.).

Überdies gerät der Einzelne somit gleichzeitig aus dem Blick, denn er wird in seiner Individualität gerade nicht betrachtet und berücksichtigt; seine Verletzlichkeit und Abhängigkeit von anderen erscheint in diesem Kontext sogar tendenziell als Defizit. Stinkes bringt dies folgendermaßen auf den Punkt:

> Gesellschaftliche Leitbilder hoher Individualisierung und hoher Idealität nehmen eher zu, so dass wechselseitige Angewiesenheit und soziale Bedingtheit immer deutlicher als Schmälerung der Existenz des (behinderten) Menschen verstanden werden und nicht als Zeichen menschlicher Würde. Das hat den fatalen Effekt, dass Sozialität als homogenes Kollektiv durch Teilhabe an einem übergeordneten Ganzen verstanden wird (Stinkes 2011, 152).

Zusammenfassend kann nicht oft genug betont werden, dass die zentrale Komponente des menschlichen Zusammenlebens – die Verwobenheit, das Aufeinander-Angewiesensein – auf diese Weise völlig vernachlässigt bzw. sogar als defizitär markiert wird. Dies ist eine beunruhigende Tendenz, denn: „Gegenseitige Angewiesenheit, Verpflichtung und positive Wertschätzung sind Qualitäten, die wichtig für eine gelingende Identitätsarbeit sind" (Dederich 2001, 203) – dies wurde in ähnlicher Weise bereits im Rahmen der Ausführungen zur Anerkennungstheorie Honneths erläutert (vgl. ebd., 201ff.; Stinkes 2011, 151ff.).

Die Behindertenpädagogik sollte auf Basis der exemplarisch skizzierten gesellschaftlichen Entwicklungen, die insbesondere für Menschen mit Komplexen Behinderungen gravierende

---

215 Dederich identifiziert unter Verweis auf Richard Sennet (‚Der flexible Mensch', 2000) in diesem Kontext „eine Tendenz, die zum Programm der Flexibilisierung gehört, nämlich eine subtile Negativbewertung von Abhängigkeit, Bindung und Verpflichtung. Wo schnelle, kaum vorhersehbare Veränderungen zur Normalität werden und eine Fragmentierung des eigenen Lebens erfolgt, scheint Selbstbestimmung die Lösung der Wahl zu sein" (Dederich 2001, 203). Sie werde einerseits als Möglichkeit wahrgenommen, aus der zunehmend als bedrohlich erlebten Abhängigkeit zu anderen Menschen zu entfliehen; auf diese Weise werde aber auch „[…] das Bewusstsein dafür ausgelöscht, dass Abhängigkeit ein menschliches Grundfaktum ist" (ebd., 203 unter Verweis auf Sennet 2000).

216 In einem solchen Kontext ist dies nicht nur ‚kritikwürdig', vielmehr verbietet sich sogar jede Tendenz in eine solche Richtung, da mit ihr stets eine Vernachlässigung bzw. Missachtung des Anderen und der Verantwortung für ihn einhergehen müsste. Dementsprechend betont Dederich in diesem Kontext sehr deutlich, „[…] dass ein Primat der Autonomie und Selbstbestimmung […] in ethischer Hinsicht fragwürdig ist" (Dederich 2001, 202).

Risiken bergen, aufgefordert werden, einerseits eine aufmerksame und kritische Haltung gegenüber diesen Wandlungsprozessen einzunehmen, sich andererseits aber auch selbst in Hinblick auf die geschilderten Tendenzen und Effekte innerhalb der Theorie und Praxis sehr kritisch zu reflektieren.

Aus diesen Gründen und angesichts ihrer unmittelbaren partnerschaftlichen, unterstützenden und stellvertretenden Funktion für Menschen mit Komplexer Behinderung muss sich die Behindertenpädagogik den beschriebenen Risiken und kritikbedürftigen Effekten stellen und diesen – im Sinne der Verantwortung für Menschen mit Komplexer Behinderung – entgegenwirken (vgl. Stinkes 2011, 151ff.):

> In Anbetracht der vorherrschenden Gleichgültigkeit den Ansprüchen von Menschen mit Komplexer Behinderung gegenüber und der Schwierigkeit, Gerechtigkeit für sie zu realisieren, muss das Versorgungssystem sich solidarisch mit der Personengruppe zeigen (Fornefeld 2008, 144).

Es wird dafür plädiert, dieses Vorhaben auf der Grundlage einer *Besinnung auf die Menschlichkeit* – d.h. das Angewiesensein aufeinander bzw. die Abhängigkeit voneinander und die Verantwortung für den Anderen – auszurichten und zu gestalten.

Dederich stellt das große Potential einer solchen Vorgehensweise heraus:

> Durch eine Anthropologie des bedürftigen Menschen und die ethisch wichtige Dimension der Fürsorge kommen Verflechtungen, Bindungen und die Bedeutung der Zugehörigkeit zu sozialen Netzwerken in den Blick, aber auch Lern-, Lebens- und Arbeitsbedingungen, die körperliche, psychische und soziale Integrität bewahren, wiederherstellen oder herbeiführen. Verantwortung, Achtung und Solidarität sind Aspekte dieser zu entwickelnden sozialen Qualität, weil sie das Wiederfinden von Vertrauen und das ‚Heilen' der Brüche und Risse in einer individuellen Sinnstruktur, der Vereinzelung, der Scham des Scheiterns, des Misstrauens ermöglichen (Dederich 2001, 202; Hervorhebung im Original, B.B.).

Auf dieser Grundlage werden im folgenden Kapitel die Konsequenzen für die Behindertenpädagogik weitergedacht.

## 4.3 Konsequenzen für die behindertenpädagogische Disziplin und Profession

Bevor die Handlungsempfehlungen für die Behindertenpädagogik in Kap. 4.3.3 dargelegt werden, wird in Kap. 4.3.1 zusammengefasst, vor welchen aktuellen Aufgaben und Herausforderungen die Behindertenpädagogik steht, um in Kap. 4.3.2 die daraus resultierenden Konsequenzen für Theorie und Praxis herauszuarbeiten. Kapitel 4.3.3 beinhaltet schließlich nicht nur die Handlungsempfehlungen, sondern führt zu Beginn wichtige grundlegende Erkenntnisse über Institutionen bzw. Organisationen, also über das professionelle (Handlungs-)Feld, in das die behindertenpädagogische Praxis eingebettet ist, auf. Bei allen Ausführungen wird die alteritätsethische Lesart der Anerkennung von zentraler Bedeutung sein.

### 4.3.1 Herausforderungen und Aufgaben sowie alteritäts- und anerkennungsethische Ausrichtung

Zentraler Ausgangspunkt der folgenden Überlegungen ist die Beobachtung, dass die aktuellen gesellschaftlichen und politischen Entwicklungen und Wandlungsprozesse Risiken für Menschen mit (Komplexer) Behinderung bergen. In diesem Sinne drohen dieser Personengruppe – zumindest in Hinblick auf Trends der Individualisierung – verstärkt Gefahren der Exklusion und Abwertung, die durch die Behindertenpädagogik teilweise befördert werden. Dies wurde vorab skizziert (vgl. dazu das gesamte Kapitel 4.2.).

Angesichts dieser Feststellung ist es eine – wenn nicht sogar *die* – zentrale Aufgabe der Behindertenpädagogik, den aus dem gesellschaftlichen Wandlungsprozess resultierenden Effekten und Forderungen der Gesellschaft aktiv entgegenzuwirken und diese für Menschen mit Komplexer Behinderung abzufedern und zu entschleunigen, um sie auf ein Maß zu bringen, an dem jene langsam wachsen können. Denn die allgemeingültigen Maßstäbe und Ansprüche können und dürfen für diesen Personenkreis nicht in aller Härte gelten und umgesetzt werden; sie sind vielmehr mit dem Ziel zu transformieren, auch für diese Menschen positive Impulse bereitzuhalten:

> Angesichts der Schwierigkeiten der Integration von Menschen mit Komplexer Behinderung in ein System, in dem sie zunehmend zu Störfaktoren werden, ist die (Geistig-)Behindertenpädagogik aufgefordert, sich neu zu positionieren. Sie darf sich nicht länger als Ausführungsorgan sozial- und bildungspolitischer Vorgaben verstehen, sondern muss sich auf ihre genuin pädagogischen Aufgaben besinnen und sich für die Bedürfnisse und Rechte dieser Klientel stärker einsetzen (Fornefeld 2008, 26f.).

Dies beinhaltet, wie bereits mehrfach erwähnt wurde, auch eine *selbst*kritische Reflexion der behindertenpädagogischen Theorie und Praxis in Hinblick auf diskriminierende und exkludierende Tendenzen und Effekte für Menschen mit (Komplexer) Behinderung (vgl. Dederich 2002a und 2002b; Fornefeld 2008; Stinkes 2011).

Die Behindertenpädagogik kann diesen Herausforderungen – in *Besinnung auf die Menschlichkeit* – mit Hilfe der alteritätsethischen Lesart der Anerkennung begegnen: Auf dieser Basis[217] kann sie – dies wird im Folgenden dargelegt – ihre Aufgaben und Funktionen realisieren, denn:

> Nicht das Verschweigen, sondern die *Anerkennung* der nicht normalisierbaren Individualität und Eigenart des Menschen mit Komplexer Behinderung ist Aufgabe der Behindertenpädagogik, damit ihm Gerechtigkeit widerfährt (Fornefeld 2008, 131; Hervorhebung im Original, B.B.).

Die Perspektivübernahme, bei der der Andere in seiner Unfassbarkeit, Unendlichkeit, Fremdheit in den Mittelpunkt tritt und die Verantwortung ihm gegenüber begründet wird, ist demnach von zentraler Bedeutung für die Behindertenpädagogik, denn auf dieser Grundlage kann sie ihrem Auftrag und ihrer Pflicht gegenüber Menschen mit Komplexen Behinderungen nachkommen und gegenläufige, riskante Effekte vermeiden bzw. diesen entgegenwirken. Fornefeld erklärt weiter:

> Der Ausschluss und die Diskriminierung von Menschen mit Komplexer Behinderung lassen sich durch die Betonung ihrer Gleichheit allein nicht vermeiden. Wenn die Behindertenpädagogik sich nicht dem Vorwurf aussetzen will, selbst zum Ausschluss der Schwächsten beizutragen, muss sie endlich den Mut aufbringen zur Eigenart und Differenz des Menschen mit Komplexer Behinderung zu stehen! (ebd., 131).

An dieser Stelle muss nachdrücklich darauf hingewiesen werden, dass die genannte Differenz eine *relative* ist. Im o.g. Zitat wird dementsprechend dafür plädiert, die (an Kriterien, z.B. ‚Fähigkeiten' gebundenen) Unterschiede, die Menschen mit (Komplexer) Behinderung gegenüber Menschen ohne Behinderung aufweisen, (positiv) anzuerkennen. Gleichzeitig sind Menschen mit (Komplexer) Behinderung in ihrer Alterität – ihrer *radikalen* Differenz – zu

---

[217] wobei auch die anthropologische Grundannahme der *Verwobenheit der Menschen* als Prämisse gelten muss.

achten. An dieser Stelle zeigt sich sehr deutlich, dass die alteritätsethische Lesart der Anerkennung sowohl die radikale als auch die relative Differenz würdigt.
Die entwickelte Lesart ist jedoch nicht im Sinne eines zusätzlichen behindertenpädagogischen Leitprinzips zu begreifen, das in einer ergänzenden Weise berücksichtigt wird – vielmehr muss ein tiefgreifendes Umdenken in Hinblick auf die Leitprinzipien der Behindertenpädagogik erfolgen, die um eine entsprechende alteritäts- und anerkennungsethische Grundlage zu ergänzen sind, denn:

> Die Anerkennung geht den Forderungen der Leitprinzipien immer voraus. Selbstbestimmung wird für den Menschen nicht möglich sein, wenn er in seiner unmittelbaren Umgebung keine Wertschätzung für das erfährt, was er ist. Die Inklusion aller ist leicht zu fordern, aber nur einzulösen, wenn man die Eigenheit von Menschen mit Behinderung schätzt und anerkennt. Teilhabe von Menschen mit Behinderung kann nur gelingen, wenn der Teilzuhabende als Mensch gewollt ist (Fornefeld 2008, 141).

Demnach ergeht an die Behindertenpädagogik die Forderung, *grundsätzlich* diese alteritäts- und anerkennungsethische Perspektive einzunehmen und sich *darauf basierend* auszurichten. Denn es geht um ein *Verständnis* vom Anderen, von der Begegnung mit ihm und der Verantwortung für ihn.
Einen Vorschlag zur – zumindest teilweisen – Umsetzung dieser Forderung stellen die im Rahmen der vorliegenden Arbeit zu entwickelnden Handlungsempfehlungen dar. Allerdings, darauf wurde bereits mehrfach hingewiesen, lassen sich diese nicht direkt aus den grundlegenden alteritätstheoretischen Annahmen der Phänomenologie Lévinas' ableiten – dies verbietet sich bzw. ist grundsätzlich nicht möglich. Denn Empfehlungen, die sich auf den Umgang mit einer bestimmten Personengruppe bzw. auf das Verhalten im Rahmen dieser Settings beziehen, stellen bereits eine Festlegung dar. Es besteht keine Möglichkeit, diese zu vermeiden, denn bereits der Umgang mit dem Anderen als ‚etwas' ist eine Setzung – wodurch seine Alterität jedoch missachtet wird. Daher möchte Lévinas seine Phänomenologie nicht als ‚Ethik' verstanden wissen, sondern als dieser vorgelagert.
Das Vorhaben, seine Theorie für die Behindertenpädagogik fruchtbar zu machen, erfordert allerdings eine solche Festlegung. An dieser Stelle ist deutlich darauf hinzuweisen, dass die Handlungsempfehlungen auf der entwickelten alteritätsethischen Lesart der Anerkennung fußen, die zwar auf Grundlage der Phänomenologie Lévinas basieren, dieser jedoch nicht gleichzusetzen ist.
Entsprechend der alteritätstheoretischen Grundannahmen sind in Hinblick auf die Handlungsempfehlungen folgende Aspekte zu beachten:
1. Der Andere ist nicht greifbar, er entzieht sich stets. Er ist kontingent. Daher formuliert Waldenfels: „[…] einer ist dem andern immer nur *auf der Spur*" (Waldenfels 1990, 53; Hervorhebung im Original, B.B.). Dies resultiert aus der Unendlichkeit des Anderen.
2. Der Zugang zum Anderen kann stets lediglich ausschnitthaft, perspektivisch sein. Er wird vor einem bestimmten Hintergrund identifiziert, der durch die eigenen Erfahrungen, Deutungsmuster usw. geprägt ist: *X erkennt y als z an!*

Angesichts der genannten Aspekte verbietet sich daher – quasi in doppelter Weise – der Anspruch, auf den Anderen zugreifen zu wollen. Einerseits ist der Andere in seiner Unendlichkeit nicht greifbar, andererseits entspricht seine Identifikation stets nur einer Vorstellung seiner, die aus der persönlichen Perspektive des Gegenübers resultiert – Aus diesem Grunde werden im vorliegenden Rahmen keine Handlungs*anweisungen*, sondern Handlungs*empfehlungen* entwickelt, die der *Orientierung* dienen sollen.

Trotzdem besteht eine grundsätzliche Verantwortung für den Anderen – es muss demnach gehandelt werden. Daraus resultierend ergeben sich Fragen nach den Maßstäben und Kriterien des Handelns. Orientierung dafür gibt, wie bereits gezeigt wurde, die Figur des Dritten, denn erst der Vergleich mit den vielen Anderen ermöglicht ein ‚in ein Verhältnis setzen'. Der Dritte erlaubt es, die Begegnung mit dem singulären Anderen bzw. die Verantwortung für ihn in der sozialen Welt zu verorten und macht Anerkennung somit erst möglich. Daher sind diese Grundannahmen für die behindertenpädagogische Theorie und Praxis entscheidend.

Schließlich spielen die stetige Präsenz bzw. die kontinuierliche Auseinandersetzung mit der alteritätsethischen Lesart der Anerkennung sowie die besondere Fokussierung auf den Menschen mit Komplexer Behinderung (als den *Anderen*) für die Behindertenpädagogik eine zentrale Rolle, denn:

> Soll der weitere Ausschluss von Menschen mit Komplexer Behinderung vermieden werden, müssen die an der Versorgung Beteiligten sich der identitätsbildenden Bedeutung von Anerkennung bewusst werden. Das heißt, die Institution (das System), die Profession (die Mitarbeiter) und die Betroffenen (die Menschen mit Komplexer Behinderung) müssen in den Trialog über Anerkennung eintreten, indem sie die Ansprüche des Anderen wahrnehmen, ernst nehmen und beantworten […] (Fornefeld 2008, 141).

Auf diese Weise wird deutlich, dass sich eine alteritäts- und anerkennungsethische zentrale Grundlage der Behindertenpädagogik gleichermaßen in Disziplin und Profession niederschlagen muss und weitreichende Folgen nach sich zieht. Demnach sind es nicht nur die Leitprinzipien, sondern u.a. auch das professionelle Selbstverständnis, das Rollenverhalten und professionelle Handeln, die institutionellen Strukturen und Interaktionen, die entsprechend modifiziert werden müssen.

Dieser Neuerungsprozess stellt die Behindertenpädagogik – Disziplin und Profession gleichermaßen – vor große Herausforderungen, wobei zwischen Theorie und Praxis – insbesondere im Licht der vorgeschlagenen alteritätsethischen Lesart der Anerkennung – ein innerer Zusammenhang besteht. Denn der eine Teilbereich entwickelt handlungsleitende Grundlagen und Prinzipien (die sog. *Leitprinzipien* der Behindertenpädagogik), die im anderen – im Sinne einer ‚praktischen' Umsetzung – zu verwirklichen sind. Durch die vorgeschlagene anerkennungsethische Basis werden Theorie und Praxis besonders stark aneinander gebunden, denn es wird für eine bestimmte *Perspektive* auf das menschliche Zusammenleben bzw. eine entsprechende *Grundhaltung* plädiert, die sich unmittelbar im professionellen Umgang niederschlagen und dort gelebt werden müssen. Dies stellt u.a. das besondere Potential der alteritätsethischen Lesart der Anerkennung dar, denn durch den erforderlichen engen Austausch zwischen Disziplin und Profession – die stetige Rückbindung, das Abwägen und Diskutieren – kann „[d]er mangelnde Dialog zwischen Behindertenpolitik, praktischer und wissenschaftlicher Behindertenpädagogik […]" (Fornefeld 2008, 129), der bislang zu verzeichnen ist, ggf. aufgebaut, intensiviert und verbessert werden.

In dem Wissen, dass es stets Überlappungen, Wechselwirkungen und Beeinflussungen gibt (und geben muss), unternimmt das folgende Kapitel den Versuch, einzelne Handlungsbereiche der Theorie und Praxis zu identifizieren und – aufbauend auf der anerkennungsethischen Basis – entsprechende Konsequenzen für die Praxis zu formulieren.

### 4.3.2 Konsequenzen für Disziplin und Profession

#### 4.3.2.1 Eine erste Orientierung

Die Disziplin muss den behindertenpädagogischen Diskurs aus Perspektive einer alteritätsethischen Lesart der Anerkennung bestreiten, was einige Vertreter bereits realisieren.[218] Darüber hinaus ist auch die Einbeziehung anderer gesellschaftswissenschaftlicher Disziplinen unabdingbar, denn:

> Wissenschaftlich betriebene Heilpädagogik in reformpraktischer Absicht kann nicht nur pädagogische Handlungs- und Beziehungswissenschaft sein, sondern muss auch als – kritische – Sozial- und Gesellschaftswissenschaft betrieben werden (Gröschke 2002, 10).

Auf diesen Aspekt wurde bereits in den Kapiteln 4.1 und 4.2 hingewiesen. So wurde u.a. anhand der kritischen Auseinandersetzung mit der *Selbstbestimmung* – einem, wenn nicht sogar *dem* zentralen behindertenpädagogischen Leitprinzip – ausführlich veranschaulicht, dass sich die Disziplin selbst – auf Basis einer alteritätsethischen Lesart der Anerkennung – kritisch hinterfragen und reflektieren muss, um die aktuellen gesellschaftlichen Wandlungsprozesse sowie die sozial- und behindertenpolitischen Entwicklungen im Sinne der Menschen mit Komplexer Behinderung ‚auffangen' zu können. Dabei sind, dies wurde ebenfalls bereits dargelegt, insbesondere der Abbau des Sozialstaats und die Gefahr der Überbetonung der *Selbstbestimmung* von zentraler Bedeutung.

Aus diesem Grund ergeht an die Disziplin die Forderung, sich auf einer Meta-Ebene und unter Einbeziehung geisteswissenschaftlicher (u.a. philosophischer) Perspektiven und Denkweisen diesen kritisch-reflexiven Aufgaben zu stellen, die einen zentralen Schwerpunkt ihres Tätigkeitsfeldes bilden. Auf diese Weise kann die Theorie der Praxis schließlich Handlungsorientierung bieten und in diesem Sinne die Grundlage für eine Reflexionsfähigkeit des konkreten Handlungsgeschehens in der Praxis bilden – eine ihrer wesentlichen Aufgaben.

Somit wird deutlich, dass die behindertenpädagogischen Leitprinzipien – als *die* zentralen Elemente der Disziplin – entsprechend neu auszurichten sind. Im Sinne einer alteritätsethischen Lesart der Anerkennung sind dabei stets die individuellen Voraussetzungen der Klientel zu berücksichtigen. Dementsprechend müssen die Leitprinzipien bereits in dem Bewusstsein entworfen werden, dass z.B. die institutionellen Strukturen im Leben von Menschen mit Komplexer Behinderung, ihre potentiellen Erfahrungen, aber auch ihre materiellen und psychosozialen Ressourcen berücksichtigt werden. Dadurch wird dem Anderen – in seiner unendlichen Alterität – ein Daseinsraum eröffnet. Auf diese Weise liefert die Disziplin eine zentrale Grundlage, auf deren Basis das konkrete Handlungsgeschehen in der Praxis alteritäts- und anerkennungsethisch zu gestalten ist – die enge Verknüpfung und (wechselseitige) Beeinflussung der beiden Bereiche wird an dieser Stelle deutlich.

Eine weitere wichtige Aufgabe der Disziplin liegt in der aktiven Mitgestaltung des sozial- und behindertenpolitischen Diskurses, wobei sich die Behindertenpädagogik besonders dazu verpflichtet fühlen muss, den eigenen Leitprinzipien Geltung zu verschaffen, damit diese behindertenpolitisch zur Realität werden. Im Rahmen von Beiträgen in der Fachliteratur, der Beteiligung in politischen Gremien usw. muss sich die Disziplin – auf Basis einer alteritäts- und anerkennungsethisch geprägten Selbstreflexion – entsprechend deutlich positionieren und auf

---

[218] Zu nennen sind insbesondere Markus Dederich, Barbara Fornefeld, Ursula Stinkes, Martin Schnell und Hans-Uwe Rösner.

diese Weise ihrer Verantwortung für Menschen mit Komplexer Behinderung nachkommen. In diesem Kontext ist auch die Umsetzung der UN-BRK von ganz zentraler Bedeutung. Zusammenfassend ist festzuhalten, dass die Neuausrichtung der Disziplin auf Basis einer alteritätsethischen Lesart der Anerkennung und entsprechend der bis hierhin dargelegten Ausführungen insbesondere in Hinblick auf die folgenden Aspekte zu fordern ist:
- Kritische Selbstreflexion der Disziplin
- Überprüfung und Modifizierung der behindertenpädagogischen Leitprinzipien – unter Berücksichtigung der individuellen Voraussetzungen von Menschen mit Komplexer Behinderung
- Mitgestaltung des sozial- und behindertenpolitischen Diskurses[219]

Diese Aspekte werden im Folgenden nicht weiter konkretisiert, denn die zu entwickelnden Handlungsempfehlungen werden sich ausschließlich auf die behindertenpädagogische Praxis beziehen. Es soll jedoch nicht der Eindruck entstehen, dass die Disziplin nicht von ganz zentraler Bedeutung in diesem Kontext sei – die enge Verknüpfung zwischen Theorie und Praxis wurde schließlich bereits herausgestellt und betont, überdies wurden Konsequenzen der entwickelten alteritätsethischen Lesart der Anerkennung für die Disziplin aufgezeigt.

Die Fokussierung auf die praktischen Handlungsempfehlungen resultiert aus dem grundsätzlichen mit dem Promotionsvorhaben verbundenen Anliegen, alteritätsethische Grundannahmen der Anerkennung insbesondere für die behindertenpädagogische Praxis fruchtbar zu machen, um eine ‚Brücke' zwischen Theorie und Praxis zu schlagen, d.h. ihren Dialog zu verbessern. Überdies wurden ausführliche alteritäts- und anerkennungsethische Empfehlungen für die Disziplin bereits von Markus Dederich in seinem 2013 veröffentlichten Buch ‚*Philosophie in der Heil- und Sonderpädagogik*' geliefert.

Im Folgenden wird nun eine grobe Orientierung in Bezug auf die behindertenpädagogische Praxis vorgenommen. Entsprechend ihrer engen Verknüpfung mit der Disziplin schlagen sich die im Rahmen der Theorie entwickelten Grundlagen und Prinzipien auch dort nieder – dies wird nun kurz dargelegt.

Auch eine auf der alteritätsethischen Lesart der Anerkennung basierende behindertenpädagogische Praxis (Profession) muss sich im Rahmen der grundsätzlichen und tiefgreifenden Umgestaltung der Behindertenpädagogik verändern – schließlich schlägt sich die (neue) anerkennungsethische Grundhaltung in Hinblick auf all ihre Teilaspekte nieder. Daher müssen alle in der Praxis Tätigen diese Haltung im Sinne einer ‚Sicht auf das menschliche Zusammenleben' verinnerlichen, sich selbst kritisch reflektieren und – wenn nötig – Veränderungen initiieren, denn (so ist unter Verweis auf Fornefeld hervorzuheben):

> In der Lebenswelt kommt die nicht gedachte, sondern die tatsächliche Einstellung dem Menschen mit Komplexer Behinderung gegenüber, zum Tragen. Im unmittelbaren Umgang mit ihnen, in unserem Verhalten, können wir unsere wirkliche Einstellung ihnen gegenüber nicht mehr leugnen. Hier können wir zeigen, ob wir sie tatsächlich wertschätzen und solidarisch mit ihnen sind (Fornefeld 2008, 131).

---

219 Die Behindertenpädagogik – und auch Menschen mit Behinderung selbst – beteiligen sich z.B. gegenwärtig an der Erarbeitung des Bundesteilhabegesetzes. Dieses wird gemeinsam mit Vertretern aus Politik und anderen beteiligten Akteuren (z.B. Sozialversicherungsträgern) im Rahmen einer ‚Arbeitsgruppe Bundesteilhabegesetz' konzipiert und ist darauf ausgerichtet, „die Eingliederungshilfe zu einem modernen Teilhaberecht weiterzuentwickeln" (Bundesministerium für Arbeit und Soziales 2014). Auf diese Weise soll das deutsche Recht entsprechend der UN-BRK gestaltet werden.

Somit wird sehr deutlich, dass eine schlichte ‚Ergänzung' der professionellen Praxis durch die Idee der Anerkennung weder sinnvoll noch möglich ist – denn dies wäre keine Anerkennung (im alteritätsethischen Sinn). Vielmehr muss die alteritätsethische Lesart der Anerkennung *die* zentrale, alles prägende Grundlage der Praxis sein.

In diesem Sinne muss eine Haltung eingenommen werden, die in der Annahme gründet, dass der Mensch mit Komplexer Behinderung (also der *Andere*) – mit seinen individuellen (und teilweise sogar ‚unendlichen') Ansprüchen – den Pädagogen zur Verantwortung ruft und somit den Ausgangspunkt des Verhaltens des Pädagogen und seiner pädagogischen Handlungen bildet. Eine behindertenpädagogische Praxis, die auf einer alteritätsethischen Lesart der Anerkennung basiert, denkt demnach ‚vom Anderen her' – ohne dabei jedoch den Dritten – und somit Aspekte der Gerechtigkeit zu vergessen. In diesem Sinne verbieten sich allgemeingültige Prämissen und Vorgehensweisen, festgelegte pädagogische Muster und starre Strukturen und Regularien. Vielmehr ist es nun Auftrag der Behindertenpädagogik, den Appellen des Anderen sensibel und unvoreingenommen zu lauschen, ihn ernst zu nehmen und den professionellen behindertenpädagogischen Bereich entsprechend zu gestalten. Dies darf jedoch eben gerade *nicht* in eine Praxis münden, die den Menschen mit Komplexer Behinderung – im Sinne der skizzierten überbetonten *Selbstbestimmung* – überfordert bzw. ‚sich selbst überlässt'. Vielmehr muss es Ziel der professionellen Praxis sein, ihm Unterstützung bei seiner *individuellen* Lebensgestaltung anzubieten, indem Wege und Möglichkeiten aufgezeigt und beschritten werden, die seinen Vorlieben, Wünschen und Ressourcen entsprechen und seine Potentiale fördern.

So wird deutlich, dass die behindertenpädagogische Praxis grundlegende Neuerungen und Entwicklungsprozesse vorantreiben muss. Neben dem pädagogischen Handeln, das sich stark an den behindertenpädagogischen Leitprinzipien orientiert und somit Zeuge der engen Verknüpfung von Disziplin und Profession ist, resultieren aus einer alteritäts- und anerkennungsethischen Grundlegung der professionellen Praxis z.B. ebenfalls kritisch-reflexive Fragen und konkrete Veränderungsprozesse in Hinblick auf Selbstverständnis und Rollenverhalten der Mitarbeiter sowie auf Strukturen, Rahmenbedingungen und die Gestaltung von Interaktionen innerhalb einer Organisation.

Die wichtigsten Teilaspekte der professionellen Praxis, die auf Basis einer alteritätsethischen Lesart der Anerkennung und entsprechend der bis hierhin dargelegten Ausführungen kritisch reflektiert und ggf. verändert werden müssen, sind somit:

- Rollenverhalten[220] und professionelles Selbstverständnis[221]
- Professionelles pädagogisches Handeln[222]
- Interaktion und Kommunikation
- Institutionelle Strukturen und Settings.

Wichtig ist, dass die *kontinuierliche* und sehr *(selbst-)kritische* Reflexion dieser Aspekte Teil der alltäglichen Praxis wird.

Bevor die genannten Handlungsbereiche – durch die Formulierung von Handlungsempfehlungen – einer anerkennungsethischen Konkretisierung unterzogen werden, wird im Folgenden zunächst auf die drei bereits skizzierten Anerkennungsformen Bezug genommen.

---

[220] Hier ist das ‚typische', durch die Unternehmenskultur geprägte und nicht reflektierte Verhalten in einer Einrichtung gemeint.

[221] Hier ist die professionelle Haltung gemeint, die aus einer Reflexion der eigenen Funktion und Rolle im pädagogischen Kontext resultiert.

[222] Hier ist das ziel- und ergebnisorientierte intentionale Verhalten des Pädagogen gemeint.

## 4.3.2.2 Drei Formen der Anerkennung

In Kap. 3.5.5.3.3 wurde bereits skizziert, wie sich die drei Anerkennungsformen aus alteritätstheoretischer Sicht charakterisieren lassen. Zwar können die Formen und Sphären in analytischer Hinsicht voneinander getrennt betrachtet werden, in Hinblick auf die Teilbereiche und einzelnen Aspekte der Theorie und Praxis sowie die entsprechenden Konsequenzen und Handlungsempfehlungen sind jedoch i.d.R. Überschneidungen, enge Zusammenhänge und Wechselwirkungen zu verzeichnen, so dass häufig keine eindeutigen Trennungen möglich sind.

Daher wird folgende Vorgehensweise gewählt: Zuerst werden kurz die wesentlichen Merkmale der drei alteritätstheoretischen Anerkennungsformen umrissen, wobei bereits anhand einzelner Beispiele Bezüge zur Disziplin und Profession hergestellt werden. Schließlich erfolgt in Kap. 4.3.3 die Präsentation konkreter Handlungsempfehlungen für die Praxis, die sich jedoch überwiegend nicht auf einzelne Anerkennungsformen bzw. -sphären beziehen.

### 4.3.2.2.1 Emotionale Zuwendung und Empathie

Die erste Form der Anerkennung, so wurde bereits erläutert, vollzieht sich im unmittelbaren Nahbereich, in der direkten Begegnung, Interaktion und Kommunikation mit dem Menschen mit Komplexer Behinderung. Der Mitarbeiter tritt ihm grundsätzlich *emotional zugewandt und empathisch* gegenüber; seine Haltung ist überdies durch Wertschätzung, Achtung und Bejahung des Anderen in seiner Alterität und Individualität geprägt. Auf diese Weise wird jedem Interaktionspartner – unabhängig von Art und Umfang der Beeinträchtigung – Anerkennung in Form der Zuschreibung eines positiven Werts und Eröffnung eines Daseinsraums zuteil. Dieser Aspekt ist im professionellen Kontext von ganz zentraler Bedeutung, denn:

> Für die (heil-)pädagogische Arbeit ist Anerkennung der Andersheit des Anderen und die Annahme der vom Anderen erteilten Verantwortung unverzichtbar. [...] Das Antworten auf den Anderen gehört zu den wichtigsten Aufgaben des Pädagogen (Fornefeld 2008, 142).

Grundvoraussetzung dafür ist eine entsprechende Haltung des Mitarbeiters:

> Damit die Antwort des Pädagogen in Wertschätzung erfolgt und nicht in Gewalt und Leid für den Menschen mit Komplexer Behinderung mündet, muss sich der Pädagoge der Bedeutung von Anerkennung bewusst werden (ebd.).

Demnach ist eine umfassende Auseinandersetzung mit den Grundsätzen der alteritätsethischen Lesart der Anerkennung und – vor diesem Hintergrund – mit einer kontinuierlichen kritischen Reflexion des professionellen Selbstverständnisses, des Rollenverhaltens innerhalb des jeweiligen institutionellen Rahmens, aber auch mit Themen wie Macht, Asymmetrie und Abhängigkeit dringend notwendig. Diese sind die zentralen Voraussetzungen, um den direkten Nahbereich in der behindertenpädagogischen Praxis im Sinne der Anerkennung zu gestalten.

Es muss allerdings sehr deutlich darauf hingewiesen werden, dass hier nicht für eine Verpflichtung der Mitarbeiter zu emotionaler Anerkennung in Form von *Liebe* plädiert wird. Auch im professionellen Kontext kann dies nicht gefordert werden.

Es geht vielmehr um die Entwicklung von Empathie, die den Menschen mit Komplexer Behinderung innerhalb der alltagsweltlichen Bezüge uneingeschränkte Wertschätzung, Annahme und Respekt emotional vermittelt, die o.g. ‚Daseinsräume' durch Abbau unnötiger Regeln und Verbote sowie die Erschließung von Handlungsspielräumen schafft und schließlich das Verhältnis von Nähe und Distanz sensibel ausbalanciert.[223]

Dementsprechend werden Menschen mit Komplexer Behinderung als gleichwertige Interaktions- und Kommunikationspartner ernst genommen: Sind z.B. herkömmliche Formen verbaler Kommunikation nicht nutzbar, so müssen alternative und individuelle Methoden und Medien zum Einsatz kommen. Der Mensch mit Komplexer Behinderung wird dabei nicht als defizitär oder ‚problematisch' erachtet, vielmehr gelten seine Voraussetzungen und Fähigkeiten als Ausgangspunkt der Interaktion, wobei es die Aufgabe der professionell Tätigen ist, Wege der Kommunikation zu eröffnen, die schließlich gemeinsam mit dem Menschen mit Komplexer Behinderung beschritten werden. Dies ist in einer zugewandten, geduldigen und den Anderen wertschätzenden Form zu tun. Von wesentlicher Bedeutung ist darüber hinaus, dass der Mitarbeiter die eigenen Überzeugungen, Vorstellungen, Ideen und Wünsche bei der Interaktion und Kommunikation in den Hintergrund stellt und offen und bereitwillig die Fähigkeiten, Interessen, Vorlieben und Ressourcen des Menschen mit Komplexer Behinderung (an-)erkennt, unterstützt und fördert. Im Kapitel *Interaktion und Kommunikation* wird dies aufgegriffen und vertieft betrachtet.

Dem Menschen mit Komplexer Behinderung wird somit grundsätzlich ein positiver Wert zugeschrieben[224] und ein Daseinsraum eröffnet[225]. Diese Grundsätze sind auch in Hinblick auf das professionelle pädagogische Handeln wegweisend – dieses wird allerdings zusätzlich und in tiefgreifender Weise durch die disziplinären Leitprinzipien bestimmt.

An diesem Punkt tun sich gravierende Spannungen und besondere Herausforderungen auf, mit denen die professionelle Praxis sich unbedingt auseinandersetzen muss: So muss bei der Interaktion mit dem Menschen mit Komplexer Behinderung und der Anerkennung seiner Bedürfnisse nicht nur der Aspekt der Gerechtigkeit – verkörpert in der Figur des Dritten – berücksichtigt werden, der professionell Tätige muss darüber hinaus weitere Aspekte unterschiedlicher Natur beachten und so ausbalancieren, dass in verschiedenen Hinsichten ein angemessenes Maß gefunden wird: So ist z.B. sehr sensibel darauf hinzuwirken, dass der Mensch mit Komplexer Behinderung ein *selbstbestimmtes* Leben (in der Gesellschaft) führen kann, dabei aber weder überfordert noch exkludiert wird; auch ein angemessenes Verhältnis von Nähe und Distanz, von ‚Fürsorge' und/oder Stellvertreterschaft für den Menschen mit Komplexer Behinderung und der Unterstützung seiner ‚Eigenständigkeit' ist zu wahren. Demnach muss der professionell Tätige stets in verschiedensten Hinsichten reflektieren und abwägen.

Dies führt zu einer Polarität innerhalb des professionellen behindertenpädagogischen Feldes: dem Verhältnis von *Autonomie* und Abhängigkeit, das insbesondere im Rahmen stationärer Wohnangebote (der Behindertenhilfe) von großer Relevanz ist. So sind starke emotionale Abhängigkeiten zwischen den Menschen mit Komplexer Behinderung und den Mitarbeitern –

---

223 So kann z.B. – auf Basis der alteritätsethischen Lesart der Anerkennung – von Mitarbeitern verlangt werden, dass eventuelle negative Gefühle gegenüber Bewohnern (Antipathie, Ekel, ‚Genervtsein', schlechte Laune) nicht das professionelle Handeln und die Interaktion und Kommunikation mit dem Menschen mit Komplexer Behinderung bestimmen. Stattdessen muss der Mitarbeiter versuchen, sich in sein Gegenüber einzufühlen, auf den Anderen und seine Bedürfnisse einzugehen, denn der Mensch mit Komplexer Behinderung ist der Mittelpunkt des Handelns und Agierens. Auf diese Weise können die o.g. Prinzipien der *emotionalen Zuwendung und Empathie* realisiert und wirksam werden.

224 Jener ist ein gleichwertiger Interaktionspartner, dem der Mitarbeiter mit Achtung, Wertschätzung und empathischer Zugewandtheit begegnet.

225 Der Mensch mit Komplexer Behinderung wird in seiner Alterität und Individualität geachtet und anerkannt; seine Vorstellungen und Ideale sind ernst zu nehmen und als handlungsleitend für die Interaktion zu erachten.

gerade im Kontext der ersten Anerkennungsform (aber auch teilweise bei der *rechtlichen Anerkennung*) – nach Möglichkeit zu vermeiden. Denn jene bergen die Gefahr, der *Autonomie* und *Selbstbestimmung* sowie einer individuellen Lebensgestaltung der Menschen mit Komplexer Behinderung – zugunsten verstärkter Abhängigkeiten und (unbewusstem) Machtmissbrauch durch die Mitarbeiter – entgegenzulaufen. Aus diesem Grund ist die professionelle Beziehung im Sinne eines ausgewogenen Verhältnisses von Nähe und Distanz zu gestalten und regelmäßig kritisch zu reflektieren.

*4.3.2.2.2 Rechtliche Anerkennung*

Die Relevanz der *rechtlichen Anerkennung* für das Promotionsvorhaben resultiert nicht nur daraus, dass sie die zweite der drei grundlegenden Anerkennungsformen der Theorie Honneths darstellt, auf die hier zurückgegriffen wird. Der Aspekt der *rechtlichen Anerkennung* ist für die gesamte Behindertenpädagogik von ganz zentraler Bedeutung, die durch die Unterzeichnung der UN-BRK – *dem* wesentlichen Instrument zur Wahrung des Schutzes der Menschenrechte von Menschen mit Komplexer Behinderung – nochmals deutlich gesteigert wurde.

Allerdings ist dabei unbedingt zu beachten, dass die Rechte, die Menschen mit (Komplexer) Behinderung garantiert werden, nicht nur *formal zu gewähren* sind – im Sinne einer formalen Gleichheit vor dem Gesetz – sie müssen auch umgesetzt werden. D.h. die *Wahrnehmung der Rechte* stellt erst die tatsächliche *rechtliche Anerkennung* dar. Demnach müssen die Forderungen der Konvention konkret umgesetzt werden, um eine wirksame *rechtliche Anerkennung* von Menschen mit Komplexer Behinderung erreichen zu können. Insbesondere die Behindertenpädagogik muss sich daher sehr intensiv und umfassend mit der Realisierung dieser Forderungen beschäftigen – in Theorie und Praxis.

In diesem Sinne ist in erster Linie ganz allgemein zu fordern, dass sich alle im behindertenpädagogischen Feld Tätigen – die Theoretiker und die Praktiker – mit den zentralen menschenrechtlichen Grundlagen, die in der UN-BRK formuliert sind, umfassend auseinandersetzen. Ziel ist die Sensibilisierung dieser Personengruppe für diese Themen.

Darauf aufbauend muss sich die behindertenpädagogische Disziplin mit der Wahrnehmung der Menschenrechte insbesondere in kritisch-reflexiver Weise hinsichtlich gesellschaftlicher, sozial- und behindertenpolitischer Barrieren für Menschen mit (Komplexer) Behinderung beschäftigen und ihr Verständnis von *Selbstbestimmung, Autonomie* und Abhängigkeit (s.o.) reflektieren. Demnach ergeht, wie bereits erwähnt wurde, an die behindertenpädagogische Disziplin die Forderung, sich auf Basis einer alteritätsethischen Lesart der Anerkennung neu zu positionieren, dementsprechend auch ihre Leitprinzipien zu modifizieren sowie auf politischer Ebene zu agieren.

Auch die professionelle Praxis muss – auf Grundlage der UN-BRK und der alteritäts- und anerkennungsethischen Basis – eine sehr bewusste Auseinandersetzung mit der Frage nach Möglichkeiten bzw. Hindernissen der tatsächlichen Wahrnehmung der Menschenrechte für Menschen mit (Komplexer) Behinderung führen. In diesem Sinne muss sie die einzelnen Teilaspekte bzw. Bereiche der Praxis – ähnlich wie oben dargelegt – kritisch reflektieren, woraus ggf. eine entsprechende Modifikation resultiert. Auch die behindertenpädagogischen Leitprinzipien finden an dieser Stelle direkten Eingang in die Praxis – hier wird demnach erneut die enge Verknüpfung von Theorie und Praxis offenbar.

Im Kontext der *rechtlichen Anerkennung* ist das bereits oben diskutierte Leitprinzip der *Selbstbestimmung* wiederum aufzugreifen, allerdings wird es hier anders bewertet. Nachdem *Selbstbestimmung* bislang überwiegend sehr kritisch beurteilt wurde, muss das Prinzip nun deutlich positiv unterstrichen werden. Schließlich ergibt die Rechteperspektive ohne Selbstbestimmung keinen Sinn! Die Betonung der Rechte ist nur dann sinnvoll, wenn der Mensch mit (Komplexer) Behinderung auch (irgendwann) dazu in der Lage ist, diese Rechte auszufüllen. Daher muss er dazu befähigt werden, seine individuellen Ressourcen auszuschöpfen, d.h. es müssen *bildende Verhältnisse* geschaffen werden.

Allerdings tut sich hier erneut ein Spannungsfeld auf: Die *rechtliche Anerkennung* im Sinne der *Selbstbestimmung* von Menschen mit Komplexer Behinderung muss zweifelsohne durch die Behindertenpädagogik aktiv unterstützt werden und auch in Hinblick auf die Umsetzung der Konvention muss die Behindertenpädagogik den bereits erwähnten Forderungen nachkommen, doch darf daraus keine Überforderung von Menschen mit Komplexer Behinderung resultieren. Das Recht auf ein selbstbestimmtes Leben darf nicht zur Belastung für diesen Personenkreis werden bzw. exkludierende Effekte befördern (siehe oben).

Demnach muss die behindertenpädagogische Disziplin und Profession dringend dazu aufgefordert werden, einen sehr bewussten Umgang mit dem beschriebenen Spannungsfeld zu gewährleisten. Insbesondere die behindertenpädagogische Praxis muss sich daher u.a. bewusst mit der tatsächlichen Bedeutung der Wahrnehmung der Menschenrechte in alltäglichen Settings und Situationen auseinandersetzen und kritisch überprüfen, in welchen Hinsichten Menschen mit Komplexen Behinderungen jene ggf. verwehrt bleiben. Dies kann in institutionellen bzw. organisationalen (und familiären) Settings z.B. eine freie Meinungsäußerung gegenüber Mitarbeitern (und Eltern) betreffen, die häufig aufgrund bestehender Abhängigkeitsverhältnisse verhindert wird; auch die Entscheidungsfreiheit in Hinblick auf die eigene Lebensgestaltung wird häufig (strukturell sowie ‚direkt' in der Interaktion) eingeschränkt. Da dies insbesondere im Kontext stationärer Wohneinrichtungen für Menschen mit geistiger Behinderung wichtige Themen sind, müssen sich gerade die Wohnangebote in Hinblick auf die Bereiche überprüfen, in denen die Forderungen der UN-BRK und deren Umsetzung noch nicht selbstverständlich sind – dies kann z.B. die Bereiche Essen und Trinken, Alkohol, Sexualität, Partnerschaft oder Freizeitgestaltung betreffen. Die Handlungsempfehlungen werden sich u.a. mit diesen Themen beschäftigen.

Zusammenfassend ist festzuhalten, dass im beschriebenen Spannungsfeld eine ausgewogene Balance zwischen der *Selbstbestimmung* und der Wahrnehmung der Rechte einerseits und den individuellen Abhängigkeiten, Bedürfnissen und Bedarfen anderseits gewährleistet werden muss, indem die Lebenswelt des Menschen mit Komplexer Behinderung durch die professionelle behindertenpädagogische Praxis entsprechend des individuellen Hilfebedarfs, des Grades der Behinderung und des Grades der Abhängigkeit gestaltet wird.

Allerdings muss für die wirksame Realisierung der in der UN-BRK formal gewährten Rechte von Menschen mit Komplexer Behinderung eine weitere Dimension berücksichtigt werden: die *solidarische Wertschätzung*. Denn durch die *rechtliche Anerkennung* werden Diskriminierungen zwar *formal* vermieden, doch führt dies nicht automatisch dazu, dass Menschen mit Komplexer Behinderung *tatsächlich* in der Gemeinschaft bzw. Gesellschaft als gleichwertige Mitglieder wertgeschätzt und anerkannt werden. Daher muss die Form der *rechtlichen Anerkennung* stets um die *solidarische Anerkennung* ergänzt werden (vgl. Dederich 2001, 214).

### 4.3.2.2.3 Solidarische Wertschätzung

Für eine ‚umfassende' Anerkennung muss also zusätzlich die dritte Anerkennungsform, die *solidarische Wertschätzung*, berücksichtigt werden. Der Andere wird dabei in seiner Individualität und Alterität, in seinem vollständigen ‚Sosein' anerkannt, wertgeschätzt und als (wichtige)

Bereicherung der Gemeinschaft erachtet. Die Anerkennung ist in diesem Sinne gerade *nicht* an seine Eigenschaften – und demnach auch nicht, anders als bei Honneth, an den Leistungsbegriff – geknüpft.

Aufgabe der Behindertenpädagogik ist es, diese Überzeugung in Theorie und Praxis, aber auch in die Gesellschaft zu tragen. Diese Notwendigkeit ergibt sich nicht nur aus einer alteritätsethischen Lesart der Anerkennung, auch die UN-BRK bringt die „Anerkennung des wertvollen Beitrags, den Menschen mit Behinderungen zum allgemeinen Wohl und zur Vielfalt ihrer Gemeinschaften leisten und leisten können" (Präambel (m) UN-BRK) zum Ausdruck und fordert einen entsprechenden gesellschaftlichen Bewusstseinswandel.

Für die Disziplin ergibt sich daraus erneut die Aufgabe, sich selbstkritisch zu reflektieren und insbesondere in Hinblick auf die Leitprinzipien und die Beteiligung am fachlichen und politischen Diskurs entsprechend zu positionieren. Darauf aufbauend muss sich die professionelle Praxis ebenfalls kritisch überprüfen und neu ausrichten.

In diesem Sinne ist nicht nur dafür zu plädieren, Menschen mit Komplexer Behinderung aktiv dabei zu unterstützen, am gesellschaftlichen Leben teilzuhaben und ihnen immer wieder entsprechende (Freizeit-)Angebote zu unterbreiten; die *Anerkennung auf solidarisch-wertschätzender Ebene* beginnt bereits in alltäglichen Interaktionen und Settings. So wird Menschen mit Komplexer Behinderung z.B. durch ein respektvolles, wertschätzendes und unterstützendes Verhalten u.a. in Hinblick auf die Wahrung der Privat- und Intimsphäre, *Selbstbestimmung* bei Genussmitteln, Kleiderwahl und Freizeitgestaltung sowie Ausleben sexueller Wünsche signalisiert, dass sie als gleichwertige Interaktions- und Gemeinschaftsmitglieder erachtet werden. *Solidarische Wertschätzung* zeigt sich dann dadurch, dass Menschen mit Komplexer Behinderung nicht anders behandelt werden als nicht-behinderte Gesellschaftsmitglieder.

Dreh- und Angelpunkt ist demnach die Grundhaltung der Mitarbeiter, denn ihr Verhalten und Handeln ist Ausdruck dieses Habitus. Daher bedarf es immer wieder der Auseinandersetzung mit der UN-BRK und mit alteritäts-, anerkennungs- und bildungstheoretischen Grundannahmen und Ideen, um sich selbst und die Behindertenpädagogik andauernd kritisch zu reflektieren.

In diesem Sinne ist beim Mitarbeiter z.B. eine Auseinandersetzung „[…] mit den eigenen Gefühlen und Einstellungen dem Menschen mit Komplexer Behinderung gegenüber, d.h. mit seinen moralischen Werten […]" (Fornefeld 2008, 143) erforderlich. Gefühle von innerer Abwehr, Ekel und Scham dürfen dementsprechend nicht verdrängt werden; vielmehr soll der Mitarbeiter auf Grundlage der folgenden Annahmen reflektieren:

> Das, was ihn am Anderen erschrecken lässt, liegt nicht im behinderten Menschen allein, sondern auch in ihm selbst, in seinem Erleben von Differenz. Der Pädagoge muss dieses Fremderleben als Teil seiner selbst ernst nehmen und es zulassen, weil es die Voraussetzung für eine offene, akzeptierende Haltung dem Menschen mit Behinderung gegenüber ist (ebd.).

Dies ist die Basis für eine *Grundhaltung der Anerkennung*, die wiederum die Voraussetzung für die *solidarische Wertschätzung* von Menschen mit Komplexer Behinderung bildet. Denn:

> Indem der Pädagoge über sich selbst und sein Verhalten nachdenkt, beginnt er anders zu handeln, was dem behinderten Menschen die Möglichkeit gibt, sich als Person anders zu erfahren (ebd.).

Die folgenden Handlungsempfehlungen werden in verschiedensten Hinsichten versuchen, eine Orientierung und Vorschläge zu liefern, um Menschen mit Komplexer Behinderung die Sphäre der *solidarischen Wertschätzung* zu eröffnen. Eine deutliche Trennung von den anderen beiden Anerkennungsformen ist allerdings häufig nicht möglich und i.d.R. auch nicht nötig, da alle drei Formen – dies haben die vorangegangenen Ausführungen deutlich gezeigt – sehr eng miteinander verwoben sind.

### 4.3.3 Handlungsempfehlungen für die behindertenpädagogische Praxis

#### *4.3.3.1 Einleitung*

Bis hierhin wurden alle Grundlagen für die Entwicklung der Handlungsempfehlungen dargelegt und diskutiert, gebündelt und konkretisiert. Um das Ziel des Promotionsvorhabens nicht aus dem Blick zu verlieren, ist nun eine Rückbesinnung auf den Ausgangspunkt der Dissertation notwendig. Es soll geprüft werden, ob eine alteritätsethisch konzipierte Lesart der Anerkennung als Basis für Umsetzungsprozesse der UN-BRK geeignet erscheint. Aus diesem Grund ist es an dieser Stelle erforderlich, erneut auf die Konvention zurückzukommen.

Die UN-BRK, so wurde bereits dargelegt, ist Ausdruck eines tiefgreifenden Perspektivwechsels, auf den sich die unterzeichnenden Mitgliedsstaaten vertraglich festgelegt haben. Indem es zum obersten Ziel erklärt wird, Menschen mit (Komplexer) Behinderung in den vollen Genuss der Menschenrechte und Grundfreiheiten gelangen zu lassen, erfährt die rechtliche Position von Menschen mit Komplexer Behinderung eine nachdrückliche Aufwertung. Diese wird durch die Betonung der Menschenwürde und des Werts, den jene für die Gesellschaft haben, ergänzt. Weitere zentrale Elemente der Konvention stellen die gesellschaftliche Teilhabe in allen Lebensbereichen und die Chancengleichheit dar.

Aus der Beschäftigung mit der Konvention resultiert schnell der Eindruck, dass der durch die UN-BRK eingenommene neue Blick auf Menschen mit Komplexer Behinderung und die daraus resultierenden Folgen und Forderungen nicht übereinstimmen und häufig sogar im deutlichen Gegensatz zu den bisherigen institutionellen Traditionen sowie der Praxis und Kultur vieler stationärer Wohneinrichtungen der Behindertenhilfe stehen.[226]

Wird die Konvention tatsächlich ernst genommen, so resultiert daraus ein Perspektivwechsel mit gravierenden Folgen für die Organisationen: Die Schutz- und Schonwelten, als die sich viele Einrichtungen konstituiert haben – entsprechend der Vorstellung, eine Lebenswelt für Menschen mit (Komplexer) Behinderung zu schaffen, die vor allem durch Bewahrung, Behüten, Schutz und Fürsorge (z.T. auch durch ‚Förderung') geprägt ist –, müssen nun geöffnet und durchlässig werden.[227]

Es ist derzeit noch nicht abzusehen, was dies im Einzelnen bedeutet. Gewiss ist allerdings, dass es nicht ausschließlich um eine räumliche Öffnung gehen kann (wie z.B. im Rahmen der Dezentralisierung und Regionalisierung großer Komplexeinrichtungen durch Schaffung kleiner gemeindezentriert gelegener Wohneinrichtungen), sondern um ein völlig neues Bild von Menschen mit (Komplexer) Behinderung und eine Neubestimmung der Ziele und Schwerpunkte der pädagogischen Arbeit mit nachhaltigen Auswirkungen auf die Strukturen und die Unternehmenskulturen der Einrichtungen.

---

226 Sicherlich ist unstrittig, dass bereits tiefgreifende Wandlungs- und Veränderungsprozesse in den Einrichtungen der Behindertenhilfe begonnen haben. Zum einen ist in diesem Zusammenhang allerdings zu diskutieren, inwieweit die Resultate dieser Veränderungen mit dem ‚Geist' und den Forderungen der UN-BRK übereinstimmen; zum anderen wäre zu prüfen, inwieweit die von gewachsenen Traditionen, Kulturen, impliziten Annahmen und Deutungsmustern stark geprägten institutionellen Settings tatsächlich grundlegenden Veränderungen zugänglich gemacht werden können.

227 Später wird noch darauf eingegangen, dass Funktionen der Schutz- und Schonräume – allerdings in ganz anderer Weise – auch in Zukunft weiterhin benötigt werden.

Denn die Ansprüche auf bzw. Forderungen nach dem *Genuss der Grundfreiheiten*, einer *gleichberechtigten Teilhabe*, Chancengleichheit und Befähigung sowie der Appell zu Respekt, Wertschätzung und Anerkennung sowie der besonderen Aufwertung der Behinderung als Ausdruck der Vielfalt des Lebens stärken die Position von Menschen mit Komplexer Behinderung auf einzigartige Weise und erfordern, sofern die Umsetzung der Konvention *tatsächlich* (!) erfolgen soll, eine tiefgreifende Modifikation der professionellen Praxis und der betreuenden Einrichtungen.[228]

Die im Folgenden zu entwickelnden Handlungsempfehlungen sollen eine erste Orientierung für eine solche Neuausrichtung geben. Es ist deutlich zu betonen, dass es sich dabei nicht um Vorgaben, sondern um Ideen und Vorschläge handelt, die in eine gewisse Richtung weisen; die konkrete Ausgestaltung obliegt der behindertenpädagogischen Praxis.

Die Handlungsempfehlungen werden für die professionell Tätigen konzipiert, dementsprechend beziehen sie sich zu großen Teilen direkt auf das professionelle Handeln, das Selbst- und Rollenverständnis der Mitarbeiter usw.; sie zielen aber auch – allerdings nur ‚beschränktem Umfang' – auf einen Umbau der Einrichtungen in organisationaler bzw. struktureller Hinsicht ab. Wenn im Folgenden von Vorschlägen für die *behindertenpädagogische Praxis* die Rede ist, schließt dies beide Aspekte – die professionelle ‚Handlungspraxis' und die organisationale Ebene, d.h. die Einrichtung – ein.

Ziel der Handlungsempfehlungen ist es, im Sinne der UN-BRK Ressourcen und Potentiale von Menschen mit Komplexer Behinderung zu erschließen und auszuschöpfen, um ihnen damit zu mehr *Selbstbestimmung* und einer möglichst weitgehenden individuellen Lebensgestaltung zu verhelfen. Zu diesem Zweck müssen ihnen Möglichkeiten eröffnet werden, die Übernahme von Verantwortung für das eigene Handeln und langfristig für das eigene Leben zu erlernen – allerdings ohne sie zu überfordern. Aus diesem Grunde müssen die Mitarbeiter stets die Begleitung und – bei Bedarf – eine unterstützende Intervention gewährleisten.

Deshalb sind Einrichtungen für Menschen mit Komplexer Behinderung (insbesondere im Bereich ‚*Wohnen*') als geschützte Orte zu gestalten, die Erfahrungs-, Entwicklungs-, Entfaltungs- und Lernmöglichkeiten bereithalten. Auf diese Weise können die Anforderungen der Gesellschaft an ihre Mitglieder für Menschen mit Komplexer Behinderung relativiert, begrenzt und somit entsprechend der individuellen Voraussetzungen und Potentiale strukturiert werden.

Im Rahmen der Handlungsempfehlungen für die behindertenpädagogische Praxis wird im Folgenden dementsprechend häufig für z.B. ‚Lern- oder Trainings-Angebote' sowie für die Schaffung von Situationen, in denen verschiedene Optionen zur Auswahl gestellt werden, plädiert. Menschen mit Komplexer Behinderung erhalten auf diese Weise in einem ‚geschützten Raum' die Chance, sich individuell zu entwickeln und eigene Entscheidungen zu treffen – beides Grundlagen für eine individuelle Lebensgestaltung.

Um Missverständnissen vorzubeugen, ist darauf hinzuweisen, dass diesen ‚geschützten Räumen' kein Prinzip der Fürsorge und Bewahrung, das die Einrichtungen der Behindertenhilfe lange Zeit prägte, zugrunde liegt. Es geht zwar um Schutz, aber eben nicht darum, Menschen mit Komplexer Behinderung Dinge ‚abzunehmen', sie zu ‚bewahren'; die Perspektive ist eine andere: Menschen mit Komplexer Behinderung sind selbst die Regisseure ihres Lebens, benötigen jedoch aufgrund der gesellschaftlichen Realitäten an einigen Stellen mehr Unterstützung und mehr Schonräume als Menschen ohne Behinderung. Dies ist jedoch keinesfalls mit einem

---

228 Theresia Degener formuliert dazu: „Die Umsetzung der BRK wird tief greifende strukturelle und institutionelle Veränderungen in Deutschland mit sich bringen, wenn sie ernsthaft betrieben werden soll" (2009a, 283).

entmündigenden Fürsorge-Prinzip gleichzusetzen, das häufig defizitorientiert ist und insbesondere die Asymmetrien in den Einrichtungen der Behindertenhilfe verstärkt.[229]

Den Handlungsempfehlungen liegt folgende methodische Vorgehensweise zugrunde: Im Kapitel 4.3.3.5 – *‚Konkrete Handlungsempfehlungen'* werden einige zentrale Artikel und Paragrafen aus der UN-BRK ausgewählt, die für den Lebensbereich *‚Wohnen'* besonders relevant sind. Diese werden zu mehreren Themenbereichen zusammengefasst, um eine Struktur zu schaffen, mit deren Hilfe die Handlungsempfehlungen für den stationären Wohnbereich[230] übersichtlich dargestellt werden können. Selbstverständlich werden dabei stets die Perspektive der alteritätsethischen Lesart der Anerkennung sowie das skizzierte Bildungsverständnis (nach Stinkes) zugrunde gelegt. Die behindertenpädagogische Praxis darf jedoch keinesfalls aus ihren Kontexten herausgelöst betrachtet werden – dadurch würde der Realitätsbezug verloren gehen. Da sie in institutionellen bzw. organisationalen Lebenswelten verortet ist, ist eine Auseinandersetzung mit diesen *Institutionen* bzw. *Organisationen*[231] notwendig, bei der Rahmenbedingungen, Gegebenheiten, Besonderheiten, Spannungsfelder sowie Risiken für Menschen mit Komplexer Behinderung, die dort leben, aufgedeckt und kurz skizziert werden. Damit ist die Hoffnung verbunden, im Anschluss adäquate und wirksame Handlungsempfehlung zu entwickeln, um Impulse zur Umsetzung der UN-BRK geben zu können.

### 4.3.3.2 Institutionen bzw. Organisationen

#### 4.3.3.2.1 Einleitung

Menschen mit Komplexer Behinderung verbringen ihr Leben i.d.R. teilweise oder vollständig in verschiedenen Einrichtungen der Behindertenhilfe – von der integrativen Kindertagesstätte und dem Frühförderzentrum über die Förderschule und die WfbM bis hin zum stationären oder (eher selten) ambulant unterstützten Wohnen. Diese Einrichtungen stellen dementsprechend die Lebensräume von Menschen mit Komplexer Behinderung dar (vgl. Fornefeld 2008, 164).[232] Die Institutionen bzw. Organisationen[233] der Behindertenhilfe müssen allerdings nicht nur die – leider bislang zu wenig artikulierten – Bedürfnisse, Erwartungen und Wünsche dieser Personengruppe (der Leistungsempfänger)[234] möglichst umfassend erfüllen, sie werden genauso

---

229 Der Aspekt der Asymmetrie wird an späterer Stelle näher betrachtet.
230 Wenn im Folgenden vom ‚stationären Wohnbereich' die Rede ist, sind damit sog. ‚Wohnstätten' gemeint; dies umfasst keine kleinen Wohneinheiten mit der Charakteristik von Wohngemeinschaften (z.B. sog. ‚Außenwohngruppen').
231 Die Begriffe werden im folgenden Kapitel diskutiert und geklärt.
232 Meist können sie sich ihre Lebensräume allerdings nicht selbst aussuchen. In Hinblick auf stationäre Wohneinrichtungen stellt es sich z.B. folgendermaßen dar: Selbst wenn angenommen wird, dass Menschen mit Komplexer Behinderung – ohne Beeinflussung durch ihr Umfeld, z.B. Angehörige oder Mitarbeiter – bewusst die von ihnen präferierte Wohneinrichtung auswählen, so können sie doch nicht darüber entscheiden, mit welchen Menschen sie ihre Lebenswelt teilen – Spätestens bei Mitarbeiter- und Mitbewohner-Nachbesetzungen sind die diesbezüglichen Entscheidungsmöglichkeiten der Menschen mit Komplexer Behinderung häufig sehr stark eingeschränkt oder gar nicht vorhanden. Dementsprechend ist der Eingriff in die Selbstbestimmung in Hinblick auf stationäre Wohneinrichtungen – die Orte, die für viele Menschen mit Komplexer Behinderung das Wohnumfeld, das Zuhause darstellen – besonders tiefgreifend.
233 Die Begriffsklärung, aus der die Identifizierung der zu präferierenden Bezeichnung der Einrichtungen der Behindertenhilfe resultiert, wird im Laufe des vorliegenden Kapitels erfolgen. Bis dahin wird die Formulierung ‚Institution bzw. Organisation' genutzt, wenn von diesen Einrichtungen die Rede ist.
234 Es ist zu vermuten, dass Menschen mit Komplexer Behinderung häufig nicht selbst diesen Part übernehmen, sondern durch ihre Angehörigen vertreten werden, die dabei sicherlich nicht selten eigene Wünsche formulieren und die Perspektive des behinderten Angehörigen somit ggf. in den Hintergrund tritt.

mit Erwartungen der Mitarbeiter, der Leitungen, der Angehörigen und gesetzlichen Betreuer sowie der Gesellschaft konfrontiert. Gleichzeitig befinden sie sich in einem unauflöslichen Spannungsverhältnis zwischen Vorgaben und Anforderungen der Kostenträger einerseits (die z.B. in den Leistungs-, Vergütungs- und Qualitätsvereinbarungen fixiert werden) und staatlichen Regulierungsvorgaben (Heimgesetze, Arbeitsrecht, Gesundheitsschutz, Hygiene, Brandschutz, Umweltschutz) andererseits.[235] Zudem unterliegen sie oft ihren eigenen, spezifischen Systemdynamiken, die manchmal als nur begrenzt beeinflussbar erscheinen.

Diese ‚von außen' an die Institution bzw. Organisation herangetragenen Anforderungen stellen – zusammen mit den begrenzten zur Verfügung stehenden ökonomischen (finanziellen, materialen und personalen) Ressourcen – diese vor große Herausforderungen; sie schlagen sich u.a. in bestimmten organisationalen Strukturen und Bedingungen sowie ‚Zwängen', denen alle Akteure der Einrichtung – in erster Linie Bewohner und Mitarbeiter – ausgeliefert sind, nieder. Dies wird im Rahmen des vorliegenden Kapitels erläutert.

Die Auseinandersetzung mit Institutionen bzw. Organisationen der Behindertenpädagogik wird seit vielen Jahren durch zahlreiche Vertreter der behindertenpädagogischen Disziplin geleistet – zu nennen sind an dieser Stelle exemplarisch u.a. Iris Beck (1994, 1996[236]), Iris Beck und Heinrich Greving (2011), Barbara Fornefeld (2008), Heinrich Greving und Dieter Gröschke (2002), Wolfgang Jantzen (1999[237], 2003), Monika Seifert, Barbara Fornefeld und Pamela Koenig (2001), Georg Theunissen (1998, 1999, 2000), Elisabeth Wacker (1998[238], 2002) sowie Gudrun Wansing (2006).[239]

---

[235] Der Umstand, dass die Organisation in (sozial-)politische und (sozial-)rechtliche Vorgaben eingebettet ist, geht mit verschiedenen spannungsreichen und konflikthaften Aspekte einher: U.a. spiegelt sich das Spannungsverhältnis „im Konflikt zwischen einer vorrangig auf soziale Gerechtigkeit […] und solidarische Verpflichtungen setzenden und einer vorrangig auf individuelle Freiheit und Verantwortung setzenden Bildungs- und Sozialpolitik wider, die jeweils bessere oder schlechtere Rahmenbedingungen für die Bekämpfung sozialer Ungleichheit generieren" (Beck u.a. 2011, 52f.).

Gleichzeitig übernimmt die Organisation – neben ihrer Leistungserbringung für Menschen mit Komplexer Behinderung – auch eine „Kontrollfunktion insbesondere für die Frage, was überhaupt als Problem erkannt und damit anerkannt und was dementsprechend nicht beachtet wird" (ebd., 54). Damit wird die Hilfe für Menschen mit Komplexer Behinderung in einen ‚Rahmen gepresst', in dem es klar definierte Problemlagen und nur begrenzte Unterstützungsleistungen gibt (vgl. ebd., 53), die dem Menschen mit Komplexer Behinderung in seiner Individualität vermutlich häufig nicht gerecht werden können. Somit ist die Behindertenpädagogik selbst an der Konstruktion von ‚Behinderung' beteiligt.

Auch Dederich weist auf diesen Umstand hin, indem er konstatiert, dass die Aufgabe der Behindertenpädagogik zwar die Unterstützung und der Schutz eines bestimmten exkludierten bzw. benachteiligten Personenkreises (Menschen mit Komplexer Behinderung) sei; dies tue sie jedoch „unter Rückgriff auf Begriffe und Konzepte von Abnormität, Abweichung und Abartigkeit, die menschliches Behindertsein als anthropologische Minusvariante kenntlich machen und dadurch verobjektivieren. Pointiert formuliert: Sie bringt das ‚Übel', für das sie zuständig ist, mit hervor" (Dederich 2003, 67; Hervorhebung im Original, B.B.). Dederich verweist weiterhin auf Rösner, der ebenfalls Kritik an der Behindertenpädagogik übt, indem er ihr eine „Allergie vor dem Anderen" (Rösner 2002, 23) attestiert. Daher fordert Rösner: „Insofern sollte die doppelte und paradoxe Aufgabe der Heilpädagogik darin bestehen, sich kritischer als bisher in der Funktion als machtvolles Medium zur Konstruktion von Behindertsein zu reflektieren und zugleich behinderte Menschen im Kampf gegen festlegende Identitätszuschreibungen zu unterstützen" (ebd.). In diesem Zusammenhang sind auch die Überlegungen Judith Butlers von Interesse (vgl. dazu Kapitel 3.1).

[236] gemeinsam herausgegeben mit Düe, Willi/Wieland, Heinz.

[237] gemeinsam herausgegeben mit Lanwer-Koppelin, Willehad/Schulz, Kristina.

[238] gemeinsam verfasst mit Wetzler, Rainer/Metzler, Heidrun/Hornung, Claudia.

[239] Die in den Klammern stehenden Jahreszahlen verweisen auf einzelne Werke der Autoren, die lediglich stellvertretend für ihre Auseinandersetzung mit o.g. Thematik ausgewählt wurden.

Allen Vertretern ist die kritische Reflexion institutioneller bzw. organisationaler Gesichtspunkte genauso gemein, wie die Betonung und Berücksichtigung der großen Bedeutung institutioneller bzw. organisationaler Bedingungen, Effekte und Risiken für Menschen mit (Komplexer) Behinderung und die behindertenpädagogische Praxis. Innerhalb dieses Diskurses gibt es eine breite Spanne unterschiedlicher Auslegungen, Tendenzen und Denkrichtungen. Auf möglichst weitgehende De-Institutionalisierungsforderungen, für die sich u.a. Wolfgang Jantzen – sicherlich einer der bedeutendsten Vertreter der Debatte – engagiert, wird im Rahmen der Ausführungen nicht eingegangen, dies würde den Rahmen der vorliegenden Arbeit überschreiten.[240]

Auf Beiträge von Barbara Fornefeld (2008) sowie Iris Beck und Heinrich Greving (2011), die einen Perspektivwechsel und eine Neuausrichtung der Institutionen fordern und somit eine wichtige Grundlage für die noch zu entwickelnden Handlungsempfehlungen darstellen, wird allerdings im weiteren Verlauf des Kapitels eingegangen.

Im Folgenden wird eine Auseinandersetzung mit den charakteristischen Merkmalen von Institutionen und Organisationen vorgenommen. Auf diese Weise wird u.a. sichtbar, wodurch sie sich voneinander unterscheiden und warum stationäre Wohneinrichtungen der Behindertenhilfe, unter Anlehnung an Iris Beck u.a., grundsätzlich als *Organisationen* – und nicht als *Institutionen* – begriffen werden können (vgl. Beck u.a. 2011, 60).[241] Allerdings ist zu ergänzen, dass „Organisationen im Feld der Behindertenpädagogik hochgradig institutionell eingebettet sind" (ebd., 48). Aus diesem Grund müssen im Folgenden die Merkmale, Besonderheiten, ‚Zwänge' usw. sowohl von Organisationen als auch von Institutionen skizziert werden, um darauf aufbauend schließlich einige wesentliche Merkmale behindertenpädagogischer Einrichtungen darlegen und analysieren zu können.

Ziel ist es, die Bedingungen, unter denen sich Bewohner und Mitarbeiter in der Organisation bewegen, aufdecken, erfassen und erklären zu können. Dabei sollen insbesondere die Risiken für Menschen mit Komplexer Behinderung, aber auch die Chancen und Grenzen der Organisation (mit ihren Strukturen, Rollen, Normen und Werten) aufgezeigt und analysiert werden. Im Rahmen der im Anschluss zu entwickelnden Handlungsempfehlungen, die Orientierung für die Umsetzung der Forderungen der UN-BRK geben sollen, werden schließlich Möglichkeiten aufgezeigt, wie die behindertenpädagogische Praxis innerhalb der organisationalen ‚Zwänge' agieren kann, wo Chancen bestehen, Strukturen und Kulturen zu verändern oder ‚aufzuweichen'; das typische Rollenverständnis und -verhalten (insbesondere der Mitarbeiter) ist dabei von besonderer Relevanz.

Vorab ist darauf hinzuweisen, dass das breite Feld der Institutions- und Organisationstheorien, das zahlreiche teilweise sehr unterschiedliche Perspektiven, (Grund-) Annahmen und Definitionen umfasst, im Folgenden nicht abgebildet werden kann. Zwar wird versucht, allgemein anerkannte Merkmale und Charakteristika der Institutionen und Organisationen darzulegen, trotzdem soll an dieser Stelle darauf verwiesen werden, dass auch andere Definitionen und Interpretationen vertreten werden. Die hier geführte institutions- und organisationstheoreti-

---

240 Es ist jedoch darauf zu verweisen, dass die De-Institutionalisierungsdebatte seit den 1980er Jahren geführt wird. Ihre ‚radikalsten' Vertreter fordern den vollständigen Abbau behindertenpädagogischer Einrichtungen; demgegenüber plädieren allerdings auch viele Autoren für kleine, gemeindezentrierte Wohneinheiten für Menschen mit Behinderung (vgl. Jantzen 1999; Theunissen 1998). Das Promotionsvorhaben soll nicht den Zweck erfüllen, sich in dieser Debatte zu positionieren, schließlich sollen Handlungsempfehlungen entwickelt werden, die für die *aktuelle* Situation in den behindertenpädagogischen Wohneinrichtungen bestimmt sind. An späterer Stelle wird diese Thematik erneut aufgegriffen.

241 Deshalb wird im Anschluss an die Begriffsklärung nur noch der Begriff *Organisationen* verwendet, wenn von den Wohneinrichtungen der Behindertenhilfe die Rede ist.

sche Auseinandersetzung orientiert sich zu großen Teilen an der von Beck und Greving (2011) eingenommenen Perspektive, wobei darauf hinzuweisen ist, dass sich die Autoren vorwiegend auf eine systemtheoretische Lesart von Institutionen und Organisationen berufen.

*4.3.3.2.2 Begriffliche Abgrenzung*
Eine einheitliche Definition und Abgrenzung der Begriffe ‚Institution' und ‚Organisation' ist, dies wurde soeben bereits angedeutet, nicht ganz einfach und insbesondere die Bezeichnung ‚Institution' unterliegt in der Alltagssprache unterschiedlichen Deutungen und Verwendungsweisen. Auch in den Sozialwissenschaften sind beide Begriffe „nicht trennscharf in ihrer Formulierung und eindeutig in ihrer Verwendung" (Gukenbiehl 2010, 146). Beck u.a. beklagen dementsprechend, dass sie „in der Theorie und Praxis der Behindertenpädagogik […] teilweise unhinterfragt, als gleichsam aus sich heraus verständliche Kategorien, teilweise im Rahmen bestimmter theoretischer Ansätze verwandt [werden]" (Beck u.a. 2011, 31).

Institutionen können – nach Gukenbiehl – ganz allgemein als „eine Sinneinheit von habitualisierten Formen des Handelns und der sozialen Interaktion, deren Sinn und Rechtfertigung der jeweiligen Kultur entstammen und deren dauerhafte Beachtung die umgebende Gesellschaft sichert" (Gukenbiehl 2010, 146), verstanden werden. Beck u.a. bedienen sich ebenfalls dieser Definition, betonen noch stärker die Regelhaftigkeit von Institutionen und verweisen darauf, dass jene insbesondere „bedeutsame Bereiche des menschlichen Zusammenlebens und hieran geknüpfte Handlungserwartungen" (Beck u.a. 2011, 31) regeln. Weiterhin ergänzen sie, dass es bei Institutionen „nicht um Einzelfälle mit u.U. kurzfristiger Geltung, sondern um übergreifend und längerfristig verbindliche Regelungen für Handlungsbereiche und für Gruppen geht" (ebd., 32). Institutionen sind somit eine Zusammenfassung von Normen mit dem Zweck, „gruppenbezogene Interessen zu erfüllen" (ebd.); darüber hinaus gehen Institutionen stets mit bestimmten Rollen einher. Als Institutionalisierung ist dementsprechend der „Prozess der Formierung von aufeinander bezogenen Handlungen und der Herausbildung von sozialen Rollen zur Sicherung gemeinschaftlicher Interessen" (ebd.) zu bezeichnen.

‚Typische' Institutionen sind z.B. solche der Kommunikation (Begrüßung und Verabschiedung), des Zusammenlebens (z.B. in der Familie), der Erziehung, Betreuung und Pflege (Kindergarten, Seniorenheim), aber auch solche der Feiern und Feste (z.B. in religiöser Hinsicht: Messe, Gottesdienst usw.) (vgl. Gukenbiehl 2010, 147).

Hingegen zeichnen sich Organisationen nach Gukenbiehl durch die folgenden zentralen Merkmale aus; sie sind
- […] bewusst und meist auch planvoll zur dauerhaften Erreichung eines bestimmten Ziels oder eines bestimmten Zwecks gebildet worden;
- sie besitzen eine gedanklich geschaffene und allgemeinverbindlich festgelegte Ordnung oder Struktur;
- mit ihrer Hilfe sollen die Aktivitäten der Mitglieder und die verfügbaren Mittel so koordiniert werden, dass die Erreichung eines Ziels auf Dauer gewährleistet wird (Gukenbiehl 2010, 155).

Zu diesem Zweck verfügen Organisationen meist über Regelwerke, eine bestimmte formelle Struktur, die die Zielerreichung – durch die Sicherung der Arbeitsteilung[242] und der nötigen

---
[242] Die Arbeitsteilung ist eines der wesentlichen Merkmale der Organisation, wie sie im Bürokratiemodell nach Max Weber, der als einer der Begründer der Organisationssoziologie anerkannt ist, charakterisiert wird (vgl. Beck u.a. 2011, 38; Kühn 2004, 317ff.; Sanders u.a. 2006, 19ff.).

Kooperationen – beständig gewährleisten soll.²⁴³ Die dauerhaft verfolgten Ziele sind i.d.R. als offizielle Organisationsziele in Satzungen, geltenden gesetzlichen Vorschriften o.ä. fixiert und somit allgemein bekannt. Neben diesen formellen gibt es jedoch auch informelle – d.h. nicht offizielle bzw. bekannte – Ziele, die innerhalb der Organisation i.d.R. nicht weniger bedeutsam für die Zielerreichung sind. Häufig ergänzen sich die Ziele gegenseitig, können jedoch auch zu Zielkonflikten führen (vgl. ebd., 154ff.).²⁴⁴

Organisationen sind z.B. Behörden (Ämter, Verwaltungen), Verbände oder Vereine (Sportverein, Studentenverbindungen), Unternehmen (Konzerne, Handwerksbetriebe, Privatschulen), Einrichtungen des Gesundheits- und Sozialwesen (Krankenhäuser, Versicherungen, Arztpraxen), Parteien usw. (vgl. ebd., 154).

Wie ist es zu erklären, dass insbesondere in Hinblick auf soziale Einrichtungen (z.B. die der Behindertenhilfe) beide Begriffe – die ‚Institution' und die ‚Organisation' – mit ihren jeweiligen Konnotationen, Funktionen, Zielen und Zwecken, usw. relevant bzw. zutreffend sind und mitunter synonym verwendet werden? Es gibt dafür vermutlich die verschiedensten Gründe – zwei der wichtigsten sollen im Folgenden angeführt und kurz erläutert werden: Der Einfluss der Theorie der *totalen Institution* nach Erving Goffman und die Entwicklung der Institutionen zu Organisationen.

### 4.3.3.2.3 Institutionen

Wie anhand der beispielhaft aufgeführten Institutionen (s.o.) bereits deutlich wurde, umfassen Institutionen häufig nicht nur Regeln, die sich auf Interaktionen, Handlungen und Handlungserwartungen beziehen; darüber hinaus unterliegen sie nicht selten der „Konnotation mit einer sichtbaren materiellen Raumgestaltung, einer ‚Einrichtung' im Sinne eines Gebäudes und noch spezieller einer ‚Großeinrichtung' (‚Anstalt') […]" (Beck u.a. 2011, 31; Hervorhebungen im Original, B.B.). In Hinblick auf die Bezeichnung sozialer Dienste und Einrichtungen als Institutionen ist der Einfluss Erving Goffmans vermutlich von großer Bedeutung. Der amerikanische Soziologe prägte mit seinem wohl bekanntesten Werk *‚Asyle. Über die Situation psychiatrischer Patienten und anderer Insassen'* (1972)²⁴⁵ den Begriff der ‚totalen Institution' und trug somit vermutlich zum Wandel der sozialen Einrichtungen bei (vgl. Beck u.a. 2011).

Goffman definiert soziale Einrichtungen als „Räume, Wohnungen, Gebäude oder Betriebe, in denen regelmäßig eine bestimmte Tätigkeit ausgeübt wird" (Goffman 1972, 15) und verweist darauf, dass jene (die Einrichtungen) alltagssprachlich als *Anstalten* bezeichnet würden. Der englische Begriff *institutions* wird in der deutschen Übersetzung von ‚Asyle' sowohl für *soziale Einrichtungen* als auch für *Anstalten* verwendet. Beck u.a. verweisen darauf, dass Goffman unmissverständlich herausstelle, dass Institutionen „regelnd auf das Leben der Mitglieder zugreifen und einwirken" (Beck u.a. 2011, 31), wodurch deutlich würde, „dass es über die materielle Einheit hinaus wesentlich um Regeln im menschlichen Zusammenleben geht, die eine Ordnung bewirken und für mehr als einen Einzelnen verbindlich sind" (ebd.).

---

243 Somit wird der Eindruck „eines geordneten Gefüges von Stellen, Mitteln und Handlungsweisen" (ebd.) erweckt. Mit diesem „Bild der formellen oder Soll-Struktur einer Organisation, das vielfach in ‚Organigrammen' festgehalten wird" (ebd., 156f.; Hervorhebung im Original, B.B.), geht die Vorstellung einher, dass dieses Regelwerk als „das feste Gerippe der Organisation" (ebd., 157) gelte.

244 Mit Gukenbiehl ist an dieser Stelle zu ergänzen: „Von diesen formellen und informellen Zielen sind jedoch die persönlichen Motive derjenigen zu unterscheiden, die in der Organisation tätig sind oder die mit ihr in Beziehung treten sowie die geplanten und die ungeplanten Effekte, die dann tatsächlich zustande kommen […]" (Gukenbiehl 2010, 156).

245 Im Englischen erschien das Buch bereits 1961.

Goffman beschäftigt sich nun mit einer bestimmten Form der Institution, der sogenannten *totalen Institution*. Ihr Hauptmerkmal ist die „Handhabung einer Reihe von menschlichen Bedürfnissen durch die bürokratische Organisation ganzer Gruppen von Menschen – gleichgültig ob dies ein notwendiges oder effektives Mittel der sozialen Organisation unter den jeweiligen Bedingungen ist oder nicht" (Goffman 1972, 18). Dementsprechend streben *totale Institutionen* im Goffman'schen Sinne, so erklären Beck u.a., „die völlige Unterordnung menschlicher Bedürfnisse und der individuellen Lebensführung unter eine bürokratische Organisation, auf Ordnung, Kontrolle und Macht [...] [an]" (Beck u.a. 2011, 31). Damit gehen charakteristische Merkmale der *totalen Institution* einher – wie z.B. die „Beschränkungen des sozialen Verkehrs mit der Außenwelt sowie der Freizügigkeit, die häufig direkt in die dingliche Anlage eingebaut sind, wie verschlossene Tore [...]" (Goffman 1972, 15f.).

Goffman begreift u.a. folgende Einrichtungen als *totale Institutionen*: Altersheime und Waisenhäuser, Psychiatrien (von Goffman – provokant (?) – als ‚Irrenhäuser' bezeichnet), Gefängnisse und Kriegsgefangenen- oder Konzentrationslager sowie Kasernen und Internate, aber auch Klöster (vgl. Goffman 1972, 16). Auch behindertenpädagogische Wohneinrichtungen lassen sich in diese Aufzählung einreihen.

Dementsprechend sind die soziologischen Erkenntnisse Goffmans für die kritische Auseinandersetzung mit Merkmalen der stationären Wohneinrichtung, die im Verlauf des vorliegenden Kapitels stattfinden wird, auch heute noch von großer Bedeutung. Im Folgenden wird jedoch zuerst kurz skizziert, wie sich die Entwicklung von Institutionen zu Organisationen vollzieht.

### 4.3.3.2.4 *Entwicklung von Institutionen zu Organisationen*

Viele Einrichtungen weisen sowohl institutionelle als auch organisationale Merkmale auf, was u.a. darauf zurückzuführen ist, dass Institutionen zuweilen eine „zweckrationale Umformung in Richtung Organisation [erfahren]" (Beck u.a. 2011, 34). Dies trifft z.B. auf Einrichtungen der Behindertenhilfe zu, wie im Folgenden kurz dargelegt wird.

Der Umgang mit Menschen mit (geistiger bzw. Komplexer) Behinderung in unserer Gesellschaft durchlief einen gewissen Institutionalisierungsprozess – es bildeten sich bzgl. der Gestaltung der Hilfe und Unterstützung „anerkannte und relativ dauerhafte aufeinander bezogene Sinneinheiten" (ebd.) heraus. Diese schlugen sich in verschiedener Hinsicht nieder: Neben formellen (z.B. in Hinblick auf Recht und Gesetz) entwickelten sich informelle (im Rahmen der Familie) Institutionen, die bis heute bestehen.

Doch es blieb nicht allein bei diesen Institutionen; denn, so erklären Beck u.a.: „Wenn kollektive Handlungsfähigkeit notwendig wird oder dafür als notwendig erachtet wird und sich Entscheidungsaufgaben zur Interessensdurchsetzung stellen, beginnt die zweckrationale Umformung in Richtung Organisation" (Beck u.a. 2011, 34). Auf diese Weise entstanden die Einrichtungen der Behindertenhilfe als Organisationen, die allerdings eine starke institutionelle Basis und Prägung aufweisen.[246]

### 4.3.3.2.5 *Organisationen*

Einige zentrale Merkmale von Organisationen wurden bereits grob skizziert (s.o.). Im Folgenden sollen weitere organisationale Aspekte aufgezeigt werden, um auf dieser Basis ein besseres Verständnis der Einrichtungen der Behindertenhilfe bzw. der stationären Wohneinrichtungen zu erlangen.

---

[246] Beck u.a. verweisen darauf, dass dies vermutlich generell auf Organisationen zutrifft, was sie auf die „starke Verrechtlichung nahezu jedes gesellschaftlichen Bereiches, aber auch [auf] die vielen Organisationen zugrunde liegenden Leitbilder und Verfassungen" (ebd.) zurückführen.

Neben den bereits dargelegten Zielen sind Organisationen durch formelle und informelle Strukturen gekennzeichnet. Die formellen Strukturen umfassen den offiziellen Aufbau (Hierarchien, Funktionen und Beziehungen) und die vorgegebenen Abläufe; sie beschreiben, wie die Organisationsziele erreicht werden sollen, regeln arbeitsteilige Prozesse und Kooperationen.[247] Dementsprechend wird die Organisation durch sog. Strukturierungsprinzipien – z.B. die Art der Hierarchie sowie den Grad der Formalisierung, Zentralisierung und Spezialisierung – charakterisiert (vgl. Kauffeld u.a. 2014, 462ff.; Gukenbiehl 2010, 156ff.).

Die Strukturen, die das Geschehen in der Organisation tatsächlich abbilden, sind jedoch die informellen Strukturen. In dieser „Ist-Struktur" (Gukenbiehl 2010, 157) zeigt sich, wie Vorgänge und Abläufe in der Realität vonstattengehen, wie kommuniziert wird, wer Entscheidungen trifft usw. Die Organisation wird demnach durch ihre Mitglieder, deren Beziehungen und individuelle Ziele und Motive (die durchaus nicht immer mit den offiziellen Organisationszielen übereinstimmen), d.h. durch die „Nicht-Regelbarkeit menschlicher Verhaltensweisen" (Greving 2000, 24), geprägt (vgl. ebd., 24f.; Gukenbiehl 2010, 156ff.; Kauffeld u.a. 2014, 461f.).

Demnach wird das Funktionieren einer Organisation zu wesentlichen Teilen durch die Kommunikation zwischen ihren Mitgliedern bestimmt. Da die Vermittlung bzw. der Austausch von Informationen für das Organisationshandeln von so zentraler Bedeutung ist, existieren in den meisten Organisationen bestimmte offizielle Regeln der Kommunikation. Diese formelle Kommunikation wird allerdings durch die informelle ergänzt – diese ist „[…] ein nicht vorgeschriebener, spontaner, ungesteuerter Informationsaustausch, der jeweils von der Initiative und dem Wollen der Kommunikationspartner abhängt" (Kühn 2004, 348).

In Organisationen treten immer wieder kommunikative Mängel auf der Sach- und Beziehungsebene auf, die regelmäßig dazu führen, dass wichtige Informationen nicht (rechtzeitig) weitergegeben werden, was eine Störung der Abläufe in der Organisation nach sich zieht. Dies steht in engem Zusammenhang mit den Rollenstrukturen[248] – auch hierbei existieren formelle und informelle Rollen; z.B. nimmt nicht jede Führungskraft, die offiziell die ‚Entscheidungsmacht' hat, diese Rolle auch tatsächlich ein – die wirklichen ‚Entscheider' können in Organisationen andere Personen sein. Dementsprechend bilden die in der Aufbauorganisation dargestellten Hierarchien (z.B. in Organigrammen) i.d.R. nicht (vollständig) die Realität ab; Mitarbeiter nehmen in Organisationen häufig andere oder zusätzliche Rollen ein, z.B. die des ‚Entscheiders', der ‚Macherin', des ‚Pessimisten' usw. Diese Rollen haben wiederum unmittelbaren Einfluss auf die Kommunikation in Organisationen.

Die Kommunikation ihrerseits ist – genau wie die anderen organisationsstrukturellen Merkmale – untrennbar mit der Organisationskultur verbunden. Diese umfasst die in der Organisation vorherrschenden Normen und Werte; sie „können […] sowohl bewusst als auch unbewusst sein, sich manifestieren und dadurch sichtbar werden" (Kauffeld u.a. 2014, 464). Die bewussten Werte können z.B. im Leitbild abgebildet werden; dabei ist jedoch fraglich, ob es sich wirklich um von der Organisation und ihren Mitgliedern verinnerlichte Werte handelt oder um solche, zu denen man sich lediglich öffentlichkeitswirksam bekennt, ohne tatsächlich dementsprechend zu agieren. In jedem Fall haben die „Kultur einer Organisation

---

247 Die sog. ‚Aufbau- und Ablauforganisation' bildet diese formalen Strukturen – z.B. mithilfe von Organigrammen und Dienstanweisungen – ab (vgl. Kauffeld u.a. 2014, 461).
248 An dieser Stelle wird lediglich die Rollenstruktur in Hinblick auf die Arbeitsteilung (die Mitarbeiter) betrachtet. Die Rollenverteilung zwischen Mitarbeitern und Bewohnern stationärer Wohneinrichtungen der Behindertenhilfe wird hingegen im weiteren Verlauf des Kapitels kritisch reflektiert.

und ihre sichtbaren wie auch unbewussten Facetten […] großen Einfluss auf die Angehörigen der Organisation: Sie dienen als Verhaltensmaßstab, geben Orientierung […]" (ebd., 466). Die Organisationskultur steht in besonderer (wechselseitiger) Verbindung mit der organisationalen Kommunikation, denn jene formt diese in einer bestimmten Weise, wodurch die Kommunikation die Kultur ihrerseits immer wieder hervorbringt; d.h. die Kultur weist ein bestimmtes Muster auf, das durch die Kommunikation quasi immer wieder reproduziert wird. Inwiefern dieses sowie die anderen der genannten organisationalen Merkmale für Menschen mit Komplexer Behinderung, die in stationären Wohneinrichtungen leben, von Bedeutung sind, wird im Folgenden dargelegt, wenn – auf Basis der skizzierten Merkmale von Institutionen und Organisationen – einige konkrete Aspekte und Rahmenbedingungen stationärer Wohneinrichtungen aufgezeigt werden, die für die Bewohner riskante Effekte nach sich ziehen können.

#### 4.3.3.2.6 Organisationale Aspekte von Wohneinrichtungen der Behindertenhilfe

Organisationen verfügen über klare Rollenverteilungen und -zuweisungen, die in sozialen Einrichtungen (an dieser Stelle ist an die Charakteristik der *totalen Institutionen* nach Goffman zu erinnern) für einen Teil der Mitglieder (die ‚Insassen') mit besonders riskanten Effekten einhergehen können.[249]

Auch stationäre Wohneinrichtungen sind – aufgrund ihrer Strukturen, Rollen und ‚Kultur' – grundsätzlich durch eine strukturelle (und somit nicht auflösbare) Asymmetrie[250] zwischen Bewohnern und Mitarbeitern charakterisiert – und zwar in verschiedener Hinsicht.

So geht mit den institutionell vorgegebenen Rollen eine ungleiche Verteilung in Hinblick auf Wissen und Kompetenzen einher. Mitarbeiter sind häufig ‚im Vorteil', ‚wissen mehr' und haben ein höheres Maß an bzw. ganz andere Handlungs- und Entscheidungsmöglichkeiten.[251] Zudem sind sie in der Rolle, über die Zuteilung von Ressourcen zu entscheiden – z.B. in Hinblick auf Zeit, emotionale Zuwendung und Interesse(nsbekundung) am Bewohner. Das Abhängigkeitsverhältnis, in dem der Bewohner zum Mitarbeiter steht, ist deshalb entsprechend ausgeprägt. In engem Zusammenhang damit steht die ‚praktische' Abhängigkeit der in den Einrichtungen der Behindertenhilfe lebenden Bewohnern von den dort Tätigen. Denn diese sind qua Rolle (sowie durch ihr Wissen und ihre Kompetenzen (s.o.)) für die Erbringung der Unterstützungsleistungen zuständig. Aufgrund der (z.B. körperlichen und/oder kognitiven) Immobilität des Menschen mit Komplexer Behinderung ist dieser somit zur Bewältigung seines Alltags und zur Gestaltung seines Lebens auf die Mitarbeiter angewiesen. Auch hierbei ist die ‚Ressourcen-Verteilung' (Ermöglichung von *Teilhabe*, zeitliche Ressourcen usw.) von großer Bedeutung. Des Weiteren besteht häufig eine Asymmetrie, die aus einem unterschiedlichen Ausmaß gegen-

---

249 Goffman formuliert dazu: „In totalen Institutionen besteht eine fundamentale Trennung zwischen einer großen, gemanagten Gruppe, treffend ‚Insassen' genannt, auf der einen Seite, und dem weniger zahlreichen Aufsichtspersonal auf der anderen. Für den Insassen gilt, daß er in der Institution lebt und beschränkten Kontakt mit der Außenwelt hat. Das Personal arbeitet häufig auf der Basis des 8-Stundentages und ist sozial in die Außenwelt integriert" (Goffman 1972, 18; Hervorhebung im Original, B.B.).

250 Diese Asymmetrie ist nicht mit der Symmetrie/Asymmetrie im Rahmen alteritätstheoretischer Überlegungen (z.B. bei Lévinas) zu verwechseln, denn dabei handelt es sich um eine *ethische* Ungleichheit.

251 Goffman beschreibt dies folgendermaßen: „Wie das Gespräch über die Grenze, so ist auch die Weitergabe von Informationen, besonders von Informationen über die Pläne des Stabes, für die Insassen beschränkt. Es ist typisch, daß der Insasse von den Entscheidungen, die sein Geschick betreffen, keine Kenntnis erhält. In jedem Fall […] gibt dieses Vorenthalten von Informationen dem Stab besondere Voraussetzungen für die Distanz von den und die Kontrolle über die Insassen" (Goffman 1972, 20).

seitiger psycho-emotionaler Abhängigkeiten resultiert. Da die Mitarbeiter der Wohneinrichtungen häufig wesentliche Hauptbezugspersonen der dort lebenden Menschen mit Komplexer Behinderung sind, sind diese vermutlich psycho-sozial und emotional abhängiger von der Bestätigung, Aufmerksamkeit und Zuwendung der Mitarbeiter als diese von jenen. Denn für die Mitarbeiter stellen die Bewohner vermutlich i.d.R. nicht den wesentlichen Kern ihres persönlichen Netzwerks – das häufig aus Familie und Freunden besteht und stabilisierende sowie selbstwertfördernde Effekte (z.B. durch Wertschätzung, Anerkennung und emotionale Nähe) hat – dar.[252] Diese asymmetrische Beziehung geht mit einer mitunter sehr starken emotionalen Abhängigkeit einher.

Verstärkt wird diese häufig, wenn kein adäquates Nähe-Distanz-Verhältnis zwischen Mitarbeitern und Bewohnern existiert. Dies läuft allerdings dem grundsätzlichen Ziel der Unterstützungsleistung entgegen, das darin besteht, Menschen mit Komplexer Behinderung zu zunehmender und größtmöglicher Selbstbestimmung und Selbständigkeit zu verhelfen. Eine unprofessionell übersteigerte Nähe und starke emotionale Abhängigkeit führen tendenziell eher dazu, dass es Bewohnern schwerer fällt, ihren eigenen Willen zu formulieren und diesen (gegenüber den Mitarbeitern) konsequent zu vertreten.

Das asymmetrische Verhältnis zwischen Mitarbeitern und Bewohnern wird durch die dargelegten Strukturen und die Kultur der Organisation aufrecht erhalten bzw. verstärkt, wie anhand der folgenden Aspekte exemplarisch dargestellt werden soll.

Die stationäre Wohneinrichtung reduziert mit ihren festen Strukturen und klaren Rollenverteilungen – die letztendlich aus dem vorab definierten Zweck der Organisation resultieren – Komplexität und schafft Handlungssicherheit. Dies vereinfacht für alle Beteiligten das gemeinsame Leben und Handeln in der Organisation und ermöglicht somit letztendlich ihr Funktionieren; gleichzeitig ist die Institution dadurch jedoch starr, freiheitseinschränkend und repressiv (vgl. Beck u.a. 2011).

Für die Bewohner hat dies u.a. folgenden Effekt:

> […] die Feststellung, daß der ganze Tagesablauf von Insassen totaler Institutionen vorgeplant wird, bedeutet auch, daß ihre wesentlichen Bedürfnisse vorgeplant werden müssen (Goffman 1972, 21).

Das Merkmal der *Planung* ist Organisationen grundsätzlich inhärent. Im stationären Wohnbereich ist der Dienstplan ein zentrales Planungsinstrument, das die Arbeitszeit und den -einsatz der Mitarbeiter regelt, die Tagesabläufe der Bewohner damit stark temporär strukturiert und folglich ihren Alltag und ihre Leben unmittelbar beeinflusst.[253] Obwohl ihre Bedürfnisse damit ‚vorgeplant' werden,[254] – ein Tatbestand, der auch aus alteritäts- und anerkennungsethischer Perspektive überaus kritikwürdig erscheint, der eine selbstbestimmte Lebensgestaltung und -führung grundsätzlich erschwert und die Abhängigkeit der Bewohner verschärft – ist der vollständige Verzicht auf diese Strukturierung nicht möglich. Sie gehört zu den grundlegenden Rahmenbedingungen in stationären Wohneinrichtungen. Dies darf keinesfalls verschleiert oder

---

252 Wie im Rahmen der anerkennungstheoretischen Ausführungen bereits dargelegt wurde, hat die Anerkennung auf emotionaler Ebene einen großen Einfluss auf das Selbstvertrauen und somit auf das positive Selbstbild von Menschen.

253 Dies kann sich auf alle Lebensbereich auswirken; z.B. resultiert aus den Dienstplänen häufig der Umstand, dass die Bewohner zu bestimmten Zeiten ihre Hauptmahlzeiten einnehmen oder ihre Körperhygiene durchführen müssen.

254 Bei einem solchen Bedürfnis kann es sich z.B. um den spontanen Wunsch handeln, einkaufen zu gehen, ein ausgiebiges Bad zu nehmen oder abends eine Bar oder Disko zu besuchen.

beschönigt werden – dadurch würde das Bild dieser Einrichtungen verklärt und eine objektive Erfassung der Situation verhindert. Gleichzeitig muss jedoch vermieden werden, sich mit dieser Situation ‚abzufinden'; unabhängig von der Tatsache, dass diese Planungsstrukturen nicht vollständig auflösbar sind, müssen Versuche unternommen werden, die Dienstplanstruktur dahingehend zu flexibilisieren, dass den Bedürfnissen der Bewohner mehr Rechnung getragen wird. Im Rahmen der Handlungsempfehlungen wird dieser Aspekt erneut aufgegriffen, um anhand von Beispielen entsprechende Handlungsorientierung für Mitarbeiter zu geben.

Ein weiteres wesentliches Merkmal stationärer Wohneinrichtungen der Behindertenhilfe, das den Alltag der dort lebenden Menschen kennzeichnet, ist die Kommunikation. Wie bereits erwähnt wurde, ist diese ein wichtiger Bestandteil des Funktionierens der Organisation, d.h. sie ist für die Erfüllung des Organisationszwecks von zentraler Bedeutung. In Bezug auf stationäre Wohneinrichtungen bedeutet dies aus ‚zweckrationaler' Sicht, dass der individuelle ‚Betreuungsablauf' zu gewährleisten ist (die jeweiligen Einrichtungen haben ergänzend dazu i.d.R. ihre entsprechenden eigenen Organisationsziele, z.B., dass die Bewohner möglichst selbstbestimmt leben sollen, dass sie sich in der Wohneinrichtung ‚zu Hause' fühlen sollen usw.).

Die individuelle Betreuung der Bewohner resultiert nicht ‚automatisch' aus den organisationalen Strukturen und Rahmenbedingungen; vielmehr erfordert sie ein hohes Maß an Austausch zwischen den Beteiligten.[255] Treten Störungen in der Kommunikation auf – werden Informationen also nicht rechtzeitig, nicht vollständig oder gar nicht weitergegeben – so kann sich dies unmittelbar auf den Bewohner, seinen Alltag und seine Lebensgestaltung auswirken. Dies kann ein breites Spektrum – z.B. von persönlichen Vorlieben und Abneigungen über Allergien und chronische Erkrankungen bis hin zu geplanten Aktivitäten – umfassen.

Die genannten organisationalen Strukturen, dies sollte anhand der Dienstplanstruktur und der Kommunikation exemplarisch dargestellt werden, verstärken die Abhängigkeit des Bewohners von der Organisation; zudem spielt stets der Aspekt der *Macht* eine Rolle.

Die Ausführungen zu den *totalen Institutionen* nach Goffman ließen bereits erahnen, dass *Macht* in sozialen Einrichtungen grundsätzlich ein Thema ist – insbesondere dort, wo starke Asymmetrien und große Abhängigkeiten auftreten, also z.B. bei Menschen mit Komplexer Behinderung, die in stationären Wohneinrichtungen leben (s.o.). Dementsprechend weist Stinkes darauf hin, „dass im pädagogischen Handeln die Pädagog/inn/en eine Macht innehaben. Pädagogisches Handeln steht immer wieder in Gefahr, die Macht in Richtung Gewalt zu missbrauchen" (Stinkes 2008, 99).

Die Darlegung der Ideen Judith Butlers zu diesem Thema erfolgte bereits zu Beginn des Kapitels 3. Ergänzend dazu sollen an dieser Stelle nun in einer sehr verkürzten Weise einige zentrale Gedanken von Michel Foucault zur *Macht* skizziert werden, da sie für das vorliegende Praxisfeld von großem Interesse sind.[256]

Das Lebenswerk Michel Foucaults ist durch die Auseinandersetzung mit Fragen der Macht geprägt, die er u.a. in Hinblick auf verschiedene *totale Institutionen* untersuchte.[257] Es ist bei ihm allerdings genaugenommen nicht von *Macht* die Rede,[258] sondern von *Machtbeziehungen*

---

[255] An dieser Stelle ist die Kommunikation zwischen den Mitarbeitern – insbesondere in Hinblick auf den Informationsaustausch – gemeint; die Kommunikation zwischen Mitarbeitern und Bewohnern wird später gesondert betrachtet.

[256] Darüber hinaus ist darauf zu verweisen, dass sich im behindertenpädagogischen Bereich z.B. Wolfgang Jantzen (2003), Hans-Uwe Rösner (2002) und Martin W. Schnell (2001) mit Fragen der *Macht* und *Gewalt* auseinandersetzen.

[257] u.a. die Institutionen des Gefängnisses und der Psychiatrie.

[258] Denn: „Die Macht, das existiert nicht" (Foucault 2003, 396).

zwischen Individuen.²⁵⁹ Die Ausübung von *Macht*, so erklärt Foucault weiter, ereignet sich als Handlung, die sich nicht direkt auf den anderen Menschen bezieht, sondern auf dessen Handeln: „Macht existiert nur als Handlung, auch wenn sie natürlich innerhalb eines weiten Möglichkeitsfeldes liegt, das sich auf dauerhafte Strukturen stützt. Das heißt auch, dass Macht nicht auf Konsens beruht" (Foucault 2013, 255).²⁶⁰

Was Machtbeziehungen jedoch als wesentliche Voraussetzung benötigen, ist die Freiheit der involvierten Subjekte, d.h. ein gewisses Repertoire an möglichen Reaktionen und Handlungsweisen. Die ‚Partner' unterscheiden sich jedoch durch die Führung, die die einen über die anderen übernehmen können, voneinander; allerdings ist jene niemals vollständig, erzwungen oder gewaltvoll (vgl. ebd., 333ff.).

Dementsprechend ist „Macht [...] nicht so sehr etwas, was jemand besitzt, sondern vielmehr etwas, was sich entfaltet" (ebd. 1994, 38). Sie hat einen höchst produktiven Charakter, ist jedoch nicht deutlich bzw. herausgelöst als ‚etwas', ‚bestimmbar' oder ‚greifbar' – sondern allgegenwärtig (vgl. ebd. 1989, 113ff.).²⁶¹

Diese *Allgegenwart der Macht* vermittelt – gemeinsam mit den Komponenten der *Macht als Beziehung*, der *Macht als Handlung* und der Voraussetzung der Freiheit der Subjekte – den Eindruck, dass die Foucault'sche Perspektive für die Behindertenpädagogik von großem Interesse und für das Promotionsvorhaben sehr gewinnbringend sein könnte.²⁶² Im Rahmen der Handlungsempfehlungen wird dieser Aspekt erneut aufgegriffen, um Mitarbeitern Handlungsorientierung für den Umgang mit *Macht* und die Vermeidung von *Machtmissbrauch* zu geben. Eine Dimension der Organisation, die bei Foucault (und auch bei Goffman) fehlt, wird von Lévinas mithilfe der Figur des Dritten eingeführt. Im Anschluss wird kurz dargelegt, inwiefern sie für (behindertenpädagogische) Organisationen relevant ist und wo ihr großes Potential liegt. Auf diese Weise eröffnet sich – durch die Betrachtung der typischen organisationalen Merkmale aus alteritätstheoretischer Perspektive nach Lévinas –die Perspektive der Gerechtigkeit. Wie bereits dargelegt wurde, liegt Organisationen grundsätzlich ein bestimmter Zweck zugrunde – im vorliegenden Kontext stellt dieser die Betreuung von Menschen mit Komplexer Behinderung (im Rahmen einer Wohneinrichtung) dar; die Betreuungsleistung wird durch andere Personen (Mitarbeiter) durchgeführt. Um das Funktionieren der Organisation

---

259 So erklärt Foucault: „Wenn wir von der Macht der Gesetze, der Institutionen oder der Ideologien sprechen, dann meinen wir damit immer, dass ‚manche Menschen' Macht über andere ausüben. Der Ausdruck ‚Macht' bezeichnet eine Beziehung unter ‚Partnern'" (Foucault 2013, 252; Hervorhebungen im Original, B.B.). Dementsprechend bezeichnet Foucault die Macht als „[...] ein mehr oder weniger organisiertes, mehr oder weniger in Gestalt einer Pyramide angeordnetes, mehr oder weniger koordiniertes Bündel von Relationen" (ebd. 2003, 396f.).

260 Foucault unterscheidet dementsprechend deutlich zwischen Macht, Gewalt und Konsens. Macht sei „[...] nicht als solche eine Gewalt, die sich nur versteckte, oder ein Konsens, der stillschweigend verlängert würde." (ebd., 256). Weiter erklärt er: „Tatsächlich können Machtverhältnisse ebenso mit einer rechtlichen oder faktischen Übereinkunft einhergehen, wie sie möglicherweise von Gewalt oder Zwang begleitet sind; entscheidend ist jedoch, dass diese Elemente eine Machtbeziehung nicht konstituieren." Sie sind demnach nicht „[...] deren Existenzbedingung oder Prinzip" (ebd., 337).

261 Dieser ‚produktive Charakter' wirkt sich in Einrichtungen der Behindertenhilfe z.B. dadurch aus, dass die Machtbeziehungen in Institutionen den ‚typischen Behinderten' als spezifische Subjektformation mit produzieren (vgl. Beck u.a. 2011, 58). Dieser Aspekt wird im abschließenden Unterkapitel aufgegriffen.

262 Schließlich wird auf diese Weise deutlich, dass die *Macht* nicht vieler ‚Bedingungen' und Voraussetzungen bedarf, nicht in einem bestimmten Erscheinungsbild auftrifft, sondern sich auf einer Beziehungsebene des Agierens vollzieht. In Hinblick auf Menschen mit Komplexer Behinderung, die in stationären Wohneinrichtungen leben, verstärkt sich aus dieser Perspektive der Eindruck, dass die Möglichkeiten, die ohnehin grundsätzlich vorhandene Asymmetrie und Abhängigkeit durch *Machtmissbrauch* (durch Mitarbeiter) auszunutzen und zu intensiviert, nicht gering sind.

gewährleisten zu können, bedarf es der beschriebenen Strukturen und Kulturen (im Sinne von Normen und Werten, ‚typischen' Verhaltensweisen usw.) – d.h. bestimmter ‚Regelhaftigkeiten'. In vielen verschiedenen Hinsichten – auf struktureller und kultureller Ebene, in formeller und informeller Weise – wird den Ansprüchen des Einzelnen demnach bereits auf der ‚Systemebene' begegnet. Somit wird Unvergleichliches bereits ‚formell' verglichen bzw. gleichgesetzt; dies umfasst direkt oder indirekt alle (Rahmen-)Bedingungen in der Einrichtung, z.B. die Regelungen, denen im Wohnstättenvertrag und im Arbeitsvertrag von den jeweiligen involvierten Parteien zugestimmt wird.

Diese Aspekte schlagen sich natürlich auch auf der ‚Handlungsebene' (z.B. in der Interaktion zwischen Mitarbeitern und Bewohnern) nieder; denn diese ist in die Organisation eingebettet und wird somit in hohem Maße durch die vorherrschenden Strukturen, Bedingungen, Regeln, Normen und Werte usw. bestimmt. Gleichzeitig muss auf dieser Ebene kontinuierlich Unvergleichliches verglichen und die Verantwortung für die vielen Anderen abgewogen werden; damit wird die Verantwortung für den (singulären) Anderen allerdings begrenzt.[263]

So wird deutlich, dass die im Rahmen der alteritätsethischen Lesart der Anerkennung begründete Verantwortung für den und die Anderen stets unter Berücksichtigung des (organisationalen) Kontextes, in den sie eingebettet ist, betrachtet werden muss. Mit Dederich kann dies folgendermaßen zusammengefasst werden:

> Dass allein eine relationale Verantwortungsethik für die Begründung ethischer Entscheidungen nicht reicht, zeigt folgende Überlegung: Eine konkrete Handlung mag ausschließlich durch die vom konkreten anderen Menschen ausgehenden Ansprüche und durch situationsspezifische Merkmale des gegebenen Kontextes motiviert sein. Allerdings ist die Beziehung zwischen Menschen in pädagogischen, therapeutischen oder pflegerischen Kontexten immer institutionell (d.h. u.a. symbolisch) vermittelt. Dies bedeutet, dass die ethische Situation von Angesicht zu Angesicht bereits von institutionellen Regeln, Normen, Kommunikations- und Beziehungsstilen, gesellschaftlichen Aufträgen an diese Institution, organisatorischen Abläufen, normativ wirksamen Konzeptionen, möglichen personellen, sächlichen, räumlichen, zeitlichen oder anderen Mangelerscheinungen und anderem mehr durchdrungen ist, zumindest aber in deren Wirkungs- und Bannkreis situiert ist. Aus diesem Grund ist eine reine Verantwortungsethik des angedeuteten Typs, trotz ihrer zentralen Stellung, nicht nur nicht ausreichend, sondern in dieser reinen Form auch nicht haltbar (Dederich 2003, 76f.).

Daraus resultiert nicht nur die Schlussfolgerung, dass die organisationalen Rahmenbedingungen bei der Begegnung zwischen Menschen mitgedacht werden müssen – denn die Beziehungen, die Interaktionen und das Handeln der Akteure in Organisationen werden sowohl durch die einzelnen konkreten Situationen und Beteiligten als auch durch die organisationalen Strukturen, die Kultur usw. bestimmt; gleichzeitig wird ein großes Potential der Figur des Dritten für die Behindertenpädagogik offenbar. Denn mithilfe des Dritten wird eine ethische Dimension in der Organisation sichtbar, die eine Überprüfung in Hinblick darauf erlaubt, wie gerecht die Organisation ist – sie dient quasi der ‚Analyse'. Diese analytische Funktion stellt wiederum die Grundlage dafür dar, gerechte(re) Verhältnisse in der Organisation zu schaffen. Damit hat die Figur des Dritten zwei Bedeutungen bzw. ist auf zwei Ebenen zu fassen. Zum einen bezieht sie sich auf die ethische Bedeutung der vielen Anderen, die einen Vergleich des

---

[263] Die unauflösliche Spannung, die der Verantwortung für den singulären und die vielen Anderen und somit offensichtlich auch der Figur des Dritten innewohnt, wurde bereits im Rahmen der Rezeption der Phänomenologie Lévinas' erörtert. So wurde dargelegt, dass der singuläre Andere und die vielen Anderen als ‚gleichursprünglich' gedacht werden; das Subjekt ist ihnen dementsprechend grundsätzlich gleichermaßen verantwortlich.

Unvergleichlichen erzwingen – dies könnte als die ‚normative' Ebene des Dritten bezeichnet werden. Zum anderen – dies ist quasi die ‚analytische' Ebene – dient sie dazu, organisationale Strukturen daraufhin zu prüfen, ob sie gerecht sind; sie zeigt somit ein regulatives Prinzip an, durch das Organisationen gerechter werden können.

Diese Gerechtigkeit steht zwar in einem Spannungsverhältnis zu der unendlichen Verantwortung für den singulären Anderen; dies ist jedoch, folgt man Lévinas, grundsätzlich notwendig für die Schaffung gerechter(er) Verhältnisse.

Zudem darf nicht vergessen werden, dass Gerechtigkeit nicht mit Gleichheit gleichzusetzen ist! Vielmehr muss geprüft werden, wann eine Gleich- oder eine Ungleichbehandlung gerecht ist. Die Figur des Dritten ist Grundlage dieser Überprüfung, sowohl in Hinblick auf die konkrete Handlungs- als auch auf die organisationale Ebene. So ist immer wieder und an vielen Stellen ein Vergleichen und Abwägen notwendig, wobei es kein ‚Richtig' und ‚Falsch' geben kann, denn die Appelle der Anderen rufen das Subjekt zur Verantwortung und können – aufgrund ihrer Unvergleichbarkeit – nicht verglichen werden. Dementsprechend kann nie Gewissheit darüber bestehen, ob ‚richtig' gehandelt wird oder nicht; es ist ein stetiges Bewegen zwischen Polen, das immer wieder aufs Neue ausgelotet und anhand gerechtigkeitsrelevanter Maßstäbe bewertet werden muss (z.B. beim zeitgleichen Auftreten verschiedener Probleme oder Konflikte zwischen mehreren Personen). Daher ist die Gerechtigkeit aus alteritätstheoretischer Sicht als gerechte Gleichbehandlung der Ungleichen zu begreifen.

Bevor sich im Folgenden ein Fazit der vorangegangenen organisationstheoretischen Kapitel (in Hinblick auf stationäre Wohneinrichtungen der Behindertenhilfe) anschließen wird, soll an dieser Stelle bereits – ein wenig vorausgreifend – dargelegt werden, welchen interessanten Ausblick die Figur des Dritten erlaubt. Denn sie eröffnet nicht nur die o.g. Möglichkeiten der ‚gerechteren' Organisation; gleichzeitig birgt sie insofern ein großes Potential für die Behindertenpädagogik, als sie eine Perspektive aufzeigt, aus der Organisationen weder idealisiert (im Sinne ‚lernender Organisationen', bei denen den Mitgliedern viel Verantwortung übertragen wird), noch zu kritisch bzw. pessimistisch (im Sinne eines Plädoyers für die Abschaffung von Organisationen) betrachtet werden. Jenseits dieser einseitigen Diskurse ergibt sich durch die alteritätstheoretische Perspektive die Möglichkeit, die Strukturen und die sich in Organisationen bewegenden Individuen zusammendenken.

#### 4.3.3.2.7 Fazit und Ausblick

Resümierend kann festgehalten werden, dass Organisationen über positive Aspekte verfügen, die zu würdigen und anzuerkennen sind, aber auch über Schattenseiten und Risiko-Bereiche, deren Kenntnis von wesentlicher Bedeutung für alle involvierten Akteure ist. Für die stationären Wohneinrichtungen der Behindertenhilfe soll dies im Folgenden kurz skizziert werden. Einerseits sind diese Einrichtungen Orte, die auf eine bestimmte Aufgabenerfüllung und Zielerreichung, die mitunter von wichtiger gesellschaftlicher Bedeutung ist, ausgerichtet sind. Dementsprechend können jene z.B. in Hinblick auf das Gelingen bestimmter Entwicklungsprozesse der Individuen (z.B. in Kindergarten, Schule usw.) oder bzgl. der Unterstützung bei der Lebensführung und -gestaltung bestimmter Personengruppen (z.B. in Einrichtungen der Behindertenhilfe) besonders geeignet sein.

Im Rahmen der Beschreibung der Ziele der Handlungsempfehlungen wurde z.B. dargelegt, dass stationäre Wohneinrichtungen als Schutzräume zu begreifen sind. Damit ist nicht nur der Schutz vor den Anforderungen der Gesellschaft gemeint. Überdies geben das festgelegte Rollenverhalten und die zugrunde liegenden Gesetze und Verträge allen Akteuren Rechte und

Pflichten vor, die nicht kontinuierlich neu ausgehandelt werden müssen (z.B. der Heimvertrag, in dem z.B. das Recht auf ein Einzelzimmer, auf Vollversorgung und medizinische Versorgung geregelt ist); dies hat stabilisierende, schützende und entlastende Effekte.

Andererseits sind diese Planbarkeit und Verlässlichkeit, die die organisationalen und formellen institutionellen Unterstützungsmöglichkeiten für Menschen mit Komplexer Behinderung aufweisen – und die die Abhängigkeiten von informellen Formen der Institutionen (z.B. Hilfe durch die Familie) reduzieren – jedoch nicht nur von Vorteil für die Betroffenen. Neben die Abhängigkeitsverhältnisse, die Organisationen produzieren, treten weitere „dysfunktionale[] Wirkungen organisierter Hilfe: Bürokratisierung, Expertokratisierung, zu enge Spezialisierung, Entmündigung, Verregelung, Ferne von den tatsächlichen Problemlagen und der Lebensführung der Betroffenen, Motivations- und Rollenkonflikte für die Mitarbeiter" (Beck u.a., 55). Somit stehen den positiven Seiten dieser Organisationen unmittelbar ihre negativen und riskanten Aspekte gegenüber, die insbesondere aus ihren Strukturen, Rollen und ‚Kulturen' resultieren und sich u.a. deutlich in ‚Zwängen' (gegenüber allen Organisationsmitgliedern) niederschlagen, wie dies z.B. anhand der Betrachtung der Dienstplanstruktur stationärer Wohneinrichtungen verdeutlicht wurde. Fehlende personelle, materielle und finanzielle Ressourcen – zumindest für die genannten Einrichtungen ganz typische Probleme – verstärken diese ‚Zwänge' und erschweren gleichzeitig die Erfüllung des Organisationszwecks.

Dementsprechend laufen stationäre Wohneinrichtungen grundsätzlich stets Gefahr, restriktiv und starr, die Entwicklung der Mitglieder einschränkend, ja sogar entwürdigend und demütigend zu sein. Schließlich verhindern die inhärenten ‚Zwänge', die von inhumanisierender Wirkung sein können, mitunter Individualität, schränken die Rechte und Grundfreiheiten der Organisationsmitglieder ggf. (stark) ein und können somit eine (massive) Verletzung der Würde der dort lebenden (aber auch der dort tätigen) Menschen bewirken.[264] D.h. durch die Ausübung dieser ‚Zwänge' – die stets auch im Kontext asymmetrischer und machtvoller Beziehungen stehen – drohen behindertenpädagogische Wohneinrichtungen (genauso wie alle Organisationen), den Einzelnen zu missachten bzw. nicht anzuerkennen. Dieses Risiko wächst mit der Größe der Einrichtung und ist insbesondere für die dort lebenden Menschen mit Komplexer Behinderung – aufgrund der beschriebenen Asymmetrie und Abhängigkeit – groß. Beck u.a. beschreiben einen solchen strukturellen Missachtungsprozess, der häufig aus den Strukturen, Rollen und Kulturen – d.h.: den ‚Zwängen' – dieser Einrichtungen resultiert, folgendermaßen:

> Die Anpassung der ‚Insassen' an ihren Objektstatus, der auch die Einschränkung der Bedürfnisverwirklichung mit der Folge der Frustration umfasst, geschieht über Kontrolle, Belohnungs- und Strafsysteme und Persönlichkeitsveränderung. Abwehrreaktionen stellen den Ausgangspunkt für Sanktionen dar und berauben damit den Insassen seiner Selbstschutzfunktion; sie werden automatisch hervorgerufen, aber nicht als Auseinandersetzung mit der Situation, sondern als Ausdruck des ‚Wesens' des Insassen interpretiert. Asymmetrie und Hierarchie bilden konstitutive Organisationsmerkmale (Beck u.a. 2011, 58; Hervorhebungen im Original, B.B.).[265]

---

[264] Der Philosoph Avishai Margalit, auf den bereits zu Beginn des Kapitels 3 kurz eingegangen wurde, beschäftigt sich z.B. mit demütigenden Effekten von Institutionen. Barbara Fornefeld nimmt, wie im Folgenden dargelegt wird, in ‚Menschen mit Komplexer Behinderung' (2008) ebenfalls auf den Philosophen Bezug und entwickelt u.a. darauf aufbauend ihre Überlegungen und Forderungen bzgl. der (Um-)Gestaltung der Einrichtungen der Behindertenhilfe.

[265] Vgl. dazu auch Theunissen (Hrsg.) (2000), insbesondere den eigenen Beitrag Theunissens „Wohneinrichtungen und Gewalt – Zusammenhänge zwischen institutionellen Bedingungen und Verhaltensauffälligkeiten als ‚verzweifelter' Ausdruck von Selbstbestimmung."

Das Risiko solcher missachtenden, verdinglichenden und dehumanisierenden Prozesse, die sich direkt gegen die dort lebenden Menschen mit Komplexer Behinderung richten und – um bei dem präferierten Anerkennungsschema nach Honneth zu bleiben – auf allen drei Ebenen Anerkennung vorenthalten, ist in stationären Wohneinrichtungen hoch. Zwar ist, so erklären Beck u.a., „Dehumanisierung […] mehr als eine ‚nicht intendierte' Folge der systemtheoretisch beschriebenen Verselbständigung der Organisation; strukturell bereitet diese aber der Verdinglichung den Boden" (ebd.; Hervorhebung im Original, B.B.). Damit können in den stationären Wohneinrichtungen in ihrer derzeit bestehenden Form auch die Forderungen der UN-BRK nicht erfüllt werden.

Beck u.a. fordern angesichts der strukturellen und kulturellen Bedingungen dieser Einrichtungen, die riskante de-humanisierende Effekte auf die dort lebenden Menschen nach sich ziehen können, eine Form der Organisationsveränderung bzw. -entwicklung, an deren Beginn die Reflexion der Gegebenheiten steht:

> Das Aufbrechen der Verdinglichung als Humanisierungsprozess (De-Institutionalisierung) bedeutet in allererster Linie ein Reflexiv-Werden dieser Prozesse (reflexive Institutionalisierung). Damit ist nicht der Abbau aller Hilfen gemeint oder die ‚Auflösung' von Anstalten ohne Alternativen hinsichtlich der im Einzelfall notwendigen Unterstützungsleistungen, auch wenn in radikalen Interpretationen damit eine komplette De-Professionalisierung intendiert war (Beck u.a. 2011, 58f.; Hervorhebung im Original, B.B.).

Dementsprechend müssten sowohl auf der Systemebene „dysfunktionale Wirkungen" (ebd., 59) reduziert sowie die „Humanisierung der Verhältnisse nach innen und nach außen" (ebd.) initiiert werden. Die Autoren identifizieren für diesen Prozess die folgenden Maßnahmen:
a) gleichberechtigte (subjektorientierte) Interaktionschancen, die Möglichkeit, sich Typisierungen zu widersetzen durch die Aufhebung einseitiger Zuschreibungsmacht (Ordnungsstruktur);
b) die Möglichkeit der Auseinandersetzung mit Rollen als eben nicht naturgegeben, sondern als sozial und historisch geworden (rehistorisierende Struktur des Wissens). Dies bezieht sich auf die Rollen der Professionellen ebenso wie auf die Reduktion von Behinderung auf Defizit, Natur oder Schicksal;
c) die Verdeutlichung der (häufig unerkannten) Strukturen und der Regeln als Handlungsbedingungen und ihre dem eigentlichen Zweck der Hilfe angemessene Ausgestaltung;
d) eine Veränderung der Machtverteilung und der Kontrolle und zwar auf allen relevanten Ebenen (ebd.).

Damit plädieren sie für Reflexionen auf system- und auf handlungsbezogener Ebene, „um Handlungsspielräume ebenso wie Grenzen realistisch erkennen zu können" (ebd.).

Fornefeld verfolgt einen ähnlichen Ansatz, wenn sie – bezugnehmend auf Margalits Ansatz der demütigenden Institutionen – darauf verweist, dass Einrichtungen der Behindertenhilfe häufig in zweifacher Weise demütigende Effekte für Menschen mit Komplexer Behinderung nach sich ziehen: durch strukturelle Rahmenbedingungen und durch das Verhalten der Betreuer (vgl. Fornefeld 2008).

Institutionelle Demütigung resultiere dementsprechend z.B. aus Missachtung der „Persönlichkeits- und Privatsphäre" (ebd., 166) und „führt zu Entmenschlichung" (ebd., 167). Vermieden werden können diese demütigenden (institutionellen) Effekte allerdings durch „die Anerkennung des Menschen als Menschen" (ebd., 168). Menschen mit Komplexer Behinderung müssen demnach – durch eine entsprechende konzeptionelle Ausrichtung – in den Mittelpunkt des institutionellen Handelns gerückt werden.[266] Dafür müsse „das Bewusstsein für die Bedeutung ethischer Werte für den heilpädagogischen Alltag geschärft werden" (ebd., 169).[267] Durch den Ansatz Fornefelds eröffnet sich unmittelbar eine ethisch-normative Perspektive, die im Folgenden – vor dem Hintergrund der dargelegten Merkmale von Organisationen – der Formulierung von *allgemeinen Empfehlungen* für stationäre Wohneinrichtungen dienen soll; diese stellen eine erste Orientierung und Grundlage für die später zu entwickelnden *Handlungsempfehlungen* für die behindertenpädagogische Praxis dar.

Damit wird ein Perspektivwechsel vollzogen – denn für die bis zu dieser Stelle vorgenommene institutions- und organisationstheoretische Analyse wurde ein beschreibender bzw. rekonstruierender – dabei aber auch teilweise kritischer – Zugang zu der Thematik gewählt.

Die in diesem Rahmen gewonnenen Ergebnisse, die zentrale Erkenntnisse bzgl. der Charakteristik stationärer Wohneinrichtungen geliefert haben, werden bei den folgenden Empfehlungen genauso berücksichtigt, wie die Forderungen der UN-BRK und (wie bereits erwähnt) die kurz skizzierten Ansätze nach Beck u.a. und Fornefeld.

In diesem Sinne wird den Wohneinrichtungen dringend empfohlen, sich bzgl. ihrer Strukturen und Kulturen – d.h. in Hinblick auf ihre ‚Zwänge', denen alle Organisationsmitglieder unterliegen – sehr kritisch zu untersuchen und zu reflektieren; dies schließt insbesondere (unbewusstes) Rollenverhalten sowie unbewusste Strukturen und Regeln ein.

Es ist dringend dafür zu plädieren, die Reflexion auf eine ethische Grundlage zu stellen – z.B. auf die alteritätsethische Lesart der Anerkennung, die sich dafür besonders empfiehlt. Davon ausgehend müssen konzeptionelle Neuausrichtungen – die sich z.B. im Leitbild, in Konzeptionen und/oder Qualitätsmanagementsystemen niederschlagen – vorgenommen werden, die eine kontinuierliche Reflexion und Auseinandersetzung aller Organisationsmitglieder mit den o.g. Merkmalen und ‚Zwängen' der Einrichtung einschließt.

Daraus resultieren entsprechende Prozesse, die z.B. Menschen mit Komplexer Behinderung in der Einrichtung „gleichberechtigte (subjektorientierte) Interaktionschancen" (Beck u.a. 2011, 59) eröffnen; die es ermöglichen, die ‚Zwänge' der Organisation als solche zu begreifen und – wenn nötig und möglich – nach Wegen zu suchen, auf andere geeignetere Weise den Organisationszweck zu erfüllen;[268] die *Machtbeziehungen* aufdecken und auf die Vermeidung von *-missbrauch* hinwirken usw.

Basis für diese Reflexions- und Umgestaltungsprozesse, die sich sowohl auf struktureller Ebene als auch auf der Handlungsebene vollziehen, ist eine ethische Grundhaltung (z.B. die vorge-

---

266 Fornefeld erklärt dazu: „Der Mensch mit Komplexer Behinderung ist zu allererst als Mensch und nicht als ‚Fall' zu sehen. […] Der Mensch mit Komplexer Behinderung darf nicht in Kosten-Nutzen-Berechnungen von Fallpauschale oder Pflegeleistungen übersehen werden. Werten Verantwortliche in Einrichtungen der Behindertenhilfe Fragen von Finanzierbarkeit oder Qualitätssicherung höher als den Anspruch auf Bildung und Unterstützung, verstärkt sich die Gefahr institutioneller Demütigung für Menschen mit Komplexer Behinderung. Die Institution wird hierdurch zu einem *exkludierenden Schutzbereich* […]" (Fornefeld 2008, 168; Hervorhebungen im Original, B.B.).

267 Fornefeld plädiert an dieser Stelle für eine Hinzunahme des ‚capabilities approach' von Martha Nussbaum und Amartya Sen, den sie mit einem Bildungsverständnis zusammen denkt, der dem von Ursula Stinkes, das bereits erläutert wurde, entspricht (vgl. ebd., 161ff.).

268 Ggf. können benachteiligende Effekte von ‚Zwängen' – z.B. die Asymmetrie und Abhängigkeit, die die Beziehung zwischen Bewohnern und Mitarbeitern charakterisiert – nicht vollständig abgebaut werden; allerdings können die Handlungsempfehlungen dazu verhelfen, diese Effekte abzumildern (z.B. können sie den professionell Tätigen Handlungsorientierung bzgl. der Vermeidung unnötiger bzw. zusätzlicher Abhängigkeiten und dem Missbrauch von Macht(beziehungen) liefern).

schlagene alteritäts- und anerkennungsethische), die auch das bereits vorgestellte Bildungsverständnis einschließt.

Durch die skizzierte Vorgehensweise wird die Figur des Dritten – entsprechend der bereits beschriebenen Aspekte zum Dritten (s.o.) – in der Organisation berücksichtigt; Ziel ist die gerechtere Gestaltung der Wohneinrichtung.

Mit den Handlungsempfehlungen wird eine mögliche Konkretisierung der Umsetzung solcher Prozesse in stationären Wohneinrichtungen vorgeschlagen. Wie bereits dargelegt wurde, handelt es sich dabei um Vorschläge für die behindertenpädagogische Praxis, die den Mitarbeitern als Handlungsorientierung dienen sollen; dies sind jedoch ausdrücklich keine ‚Vorgaben' oder ‚Regeln'.

### 4.3.3.3 Die Handlungsempfehlungen im Spannungsfeld zwischen der alteritätsethischen Lesart der Anerkennung und der organisationalen Realität

Nachdem bis zu dieser Stelle die wesentliche theoretische Basis für die Handlungsempfehlungen konzipiert, die Vorgehensweise für ihre Entwicklung dargelegt und das soziale Gefüge, in dem sie verortet sind, beschrieben wurden, wird nun eine kurze Rückbesinnung auf das Ziel der Handlungsempfehlungen bzw. des Promotionsvorhabens vorgenommen. Von dieser Stelle aus lassen sich die Rahmenbedingungen und besonderen Spannungen bzgl. der weiteren Vorgehensweise, d.h. der Entwicklung der Handlungsempfehlungen, herausarbeiten.

Ziel der Handlungsempfehlungen ist es, auf Grundlage alteritäts- und anerkennungstheoretischer Annahmen Vorschläge für die behindertenpädagogische Praxis zu entwickeln, um diese im Sinne der UN-BRK umzugestalten. Dabei sind nicht nur die Forderungen der Konvention von Bedeutung, sondern selbstverständlich auch die alteritätsethische Lesart der Anerkennung (mit ihren zentralen Merkmalen) sowie die Organisation mit ihren Realitäten, d.h. mit ihren typischen Eigenschaften und ‚Zwängen'.

Die folgenden Ausführungen sollen das Spannungsfeld, in dem sich die Handlungsempfehlungen befinden, herausarbeiten. Zu diesem Zweck wird zuerst skizziert, inwiefern die Handlungsempfehlungen eine alteritätstheoretische Charakteristik aufweisen, um in einem zweiten Schritt die Organisation mit ihren unveränderlichen Merkmalen dazu in Beziehung zu setzen; dabei werden die Erkenntnisse, die im letzten Kapitel gewonnen wurden, berücksichtigt.

Die Handlungsempfehlungen basieren ganz ausdrücklich auf der entwickelten alteritätsethischen Lesart der Anerkennung. Diese zeigt sich besonders deutlich darin, dass es sich bei den Handlungsempfehlungen explizit nicht um Vorgaben oder Anweisungen handelt. Vielmehr sollen sie den Mitarbeitern eine Orientierung bieten, sie weisen quasi – auf Grundlage der entwickelten Lesart der Anerkennung – nur in eine Richtung. Der konkrete Weg muss von den Akteuren jedoch selbst gewählt und beschritten werden. Durch diese ausdrücklich flexible und individuelle Vorgehensweise wird die radikale Differenz des Anderen gewürdigt bzw. berücksichtigt; der Andere gilt demnach nicht als Einzelner unter Vielen!

Somit bildet der ‚Kern' der Lévinas'schen Phänomenologie – der unabweisbare Appell des Anderen und die Verantwortung für ihn – die zentrale Grundlage der Handlungsempfehlungen. Er wird nicht nur dort sichtbar, wo den persönlichen Bedürfnissen und Wünschen von Menschen mit Komplexer Behinderung möglichst umfassend nachgekommen wird, sondern u.a. auch dort, wo ihnen (z.B. zu ihrem ‚Schutz') Dinge vorenthalten oder nicht ‚abverlangt' werden – dies muss selbstverständlich genau abgewogen und mit den Betroffenen kommuniziert werden. Auf diese Weise kann u.a. eine Überforderung – z.B. durch radikale *Selbstbestimmung* um jeden Preis – vermieden werden.

Aber auch die Berücksichtigung der Ansprüche der anderen Anderen können der Grund dafür sein, dem singulären Anderen etwas (z.B. Aufmerksamkeit) vorzuenthalten. Dort tritt die Figur des Dritten zu Tage, die eine Überprüfung bzgl. der Gerechtigkeit und Ungerechtigkeit der Verhältnisse ermöglicht. Diese Figur ist von zentraler Bedeutung bei der alteritätsethischen Lesart der Anerkennung und qualifiziert diese als besonders geeignet für die Gestaltung von Wohneinrichtungen für Menschen mit Komplexer Behinderung – schließlich treffen dort ohne Unterlass verschiedenste unvergleichbare Ansprüche der vielen Akteure aufeinander, die paradoxerweise des Vergleichs bedürfen.

Diese wesentlichen alteritätstheoretisch geprägten Merkmale der Handlungsempfehlungen erlauben nicht nur Rückschlüsse auf die alteritäts- und anerkennungstheoretische Basis, sie verdeutlichen gleichzeitig, warum die entwickelte Lesart der Anerkennung für den Bereich der wohnbezogenen Dienstleistung für Menschen mit Komplexer Behinderung besonders geeignet erscheint. Denn die eingenommene Perspektive ermöglicht einen sensiblen und verantwortungsvollen Umgang mit dem Einzelnen (dem singulären Anderen) und der Gruppe (den vielen Anderen), der ausdifferenziert und trotzdem stets aufs Neue individuell abzuwägen ist, der die Gestaltung gerechterer Verhältnisse und Strukturen ermöglicht.

Allerdings muss deutlich betont werden, dass auch eine grundsätzliche Ausrichtung und ‚Verinnerlichung' der alteritätsethischen Lesart der Anerkennung – die in der behindertenpädagogischen Organisation z.B. mit Konzepten, die diese Ethik umfassend berücksichtigen, einhergeht – die Spannungen, die der Verantwortung für den Anderen nach Lévinas innewohnen, niemals gänzlich überwinden kann. Denn grundsätzlich kann dem Appell des Anderen nie vollständig nachgekommen werden, die Verantwortung für ihn ist unendlich – zumal die vielen Anderen ebenfalls Ansprüche haben, so dass der Vergleich des Unvergleichlichen stets gerecht und ungerecht zugleich ist.

Neben den Spannungen, die der alteritätsethischen Lesart der Anerkennung ‚per se' innewohnen, sind die Handlungsempfehlungen durch Spannungen geprägt, die aus der Verknüpfung mit der Organisation resultieren. Um ein realistisches Bild des komplexen Spannungsfeldes, in dem sich die Handlungsempfehlungen befinden, erhalten zu können, ist es daher notwendig, sich die organisationalen Bedingungen – d.h. die Realitäten – (erneut) ins Bewusstsein zu rufen. Die Organisation ist durch charakteristische Merkmale geprägt – sie reichen von einer bestimmten Zielbestimmung und -gruppe über formelle und informelle Strukturen (z.B. Hierarchien, Kommunikationswege usw.) bis hin zu Werten und einer ‚organisationseigenen Kultur'. Dementsprechend wohnen der Organisation bestimmte Regelhaftigkeiten und ‚Zwänge' inne, die sich mitunter spannungsreich gegenüberstehen, jedoch niemals gänzlich aufgelöst werden können – schließlich charakterisieren sie die Organisation als solche.

Die stationäre Wohneinrichtung für Menschen mit Komplexer Behinderung – als die Organisation, die im Rahmen der Handlungsempfehlungen thematisiert wird – beinhaltet, wie ausführlich erläutert wurde, viele ‚Zwänge' und mitunter sehr komplexe Spannungsfelder. Aus diesen ‚Zwängen' (die sich wiederum z.T. aus den Organisationszwecken ergeben) resultiert z.B. das vorherrschende (oftmals unbewusste) Rollenverständnis und -verhalten der Organisationsmitglieder.[269] Behindertenpädagogische Wohneinrichtungen sind – so ist unter Verweis auf Erving Goffman deutlich herauszustellen – durch eine Rollenverteilung charakterisiert, die mit den Kategorien ‚Bewohner vs. Mitarbeiter' bzw. ‚Leistungsempfänger vs. Leistungserbringer' und ‚Mensch ohne Behinderung' vs. ‚Mensch mit Komplexer Behinderung'

---

269 Dieses prägt seinerseits in sehr hohem Maße die *‚Interaktion und Kommunikation'* und das *‚pädagogische Handeln'*; auf diese Aspekte wird im folgenden Kapitel näher eingegangen.

einhergeht; und zwar strukturell, kulturell und somit auch auf der Handlungsebene.[270] Die entsprechende Asymmetrie der Beziehung zwischen Bewohner und Mitarbeiter wurde bereits ausführlich dargelegt; an dieser Stelle ist allerdings erneut deutlich auf die entsprechenden sehr unterschiedlichen Rollen zu verweisen, die ein Agieren auf ‚gleicher Augenhöhe' nahezu verunmöglichen.[271]

Denn der Alltag der Wohneinrichtung erschafft zusätzlich zu den genannten Kategorien bzw. als unmittelbare Folge daraus die unterschiedlichsten Rollen: der Mitarbeiter als Zuhörer, als Pädagoge, als Assistent, als Pfleger, als Freund usw. – mit den entsprechenden Pendants auf Seiten des Menschen mit Komplexer Behinderung. Diese Rollenvielfalt verstärkt die Abhängigkeit des Bewohners (auf den verschiedensten Ebenen) sowie das asymmetrische Verhältnis zum Mitarbeiter. Überdies muss erneut darauf hingewiesen werden, dass das damit einhergehende Rollenverhalten dann besonders riskant ist, wenn es in der Organisation unreflektiert bleibt.[272] Diese typischen ‚Zwänge' behindertenpädagogischer Wohneinrichtungen stehen in unmittelbarem Zusammenhang mit den organisationalen Spannungsfeldern bzw. verstärken oder erschaffen sie gar.[273] Ein spannungsreiches Verhältnis, das bereits an früherer Stelle in der Dissertation skizziert wurde, betrifft z.B. die *Selbst- und Fremdbestimmung* sowie *Individualisierung*. Darüber hinaus sind auch die Spannungen zwischen den strukturellen Grenzen der Organisation und den individuellen Grenzen der Menschen mit Komplexer Behinderung zu berücksichtigen, die die Komplexität des Feldes noch zusätzlich steigern. An dieser Stelle zeigt sich die grundsätzliche radikale Differenz (Alterität!) von Systemen (Menschen, Organisationen) und die Unmöglichkeit, sie – aufgrund ihrer unterschiedlichen ‚Logiken' bzw. ‚Zwänge' – vollständig übereinbringen zu können; dementsprechend können die Spannungen nicht aufgehoben werden.

Daraus soll jedoch nicht der Schluss folgen, dass alle Einrichtungen der Behindertenhilfe vollständig aufzulösen seien; gleichzeitig dient die vorliegende Arbeit aber auch nicht der Legitimation dieser Einrichtungen. Abseits dieser Forderungen und Positionen verfolgt das Promotionsvorhaben das Anliegen, die bestehenden Organisationen, die momentan nicht wegzudenken sind, zu gestalten, indem die vielen vorhandenen Ressourcen, Möglichkeiten und Spielräume erschlossen und genutzt werden, um schließlich eine deutliche Veränderung der Einrichtungen zu bewirken. Denn grundsätzlich muss man mit ihnen momentan (noch) leben – allerdings nicht so, wie sie gegenwärtig sind.

Darüber hinaus muss darauf verwiesen werden, dass mit dem Promotionsvorhaben nicht der Anspruch an die behindertenpädagogische Praxis einhergeht, die alteritätsethische Lesart der Anerkennung vollständig und ‚lückenlos' ‚umzusetzen' oder zu ‚realisieren'. Es geht um

---

270 Interaktionen zwischen den Menschen mit Komplexer Behinderung, zwischen den Mitarbeitern und mit anderen Personengruppen (z.B. Angehörige) werden in diesem Rahmen nicht betrachtet.

271 An späterer Stelle wird im Rahmen der Handlungsempfehlungen auf das Beispiel des Verwaltens und der Auszahlung des persönlichen Geldes (des Barbetrags) der Bewohner durch die Mitarbeiter an jene eingegangen. Diese Struktur erzeugt ein ungleiches – sogar absurdes – Verhältnis, denn der erwachsene Mensch mit Komplexer Behinderung gerät somit (scheinbar?) in die Rolle eines Kindes, dem ‚Taschengeld' (diese Formulierung wird tatsächlich nach wie vor in vielen Wohneinrichtungen der Behindertenhilfe verwendet; die Kostenträger nutzen hingegen i.d.R. die offiziellen Bezeichnungen ‚Barbetrag' oder ‚Eigengeld') zugeteilt wird.

272 Im Rahmen des ersten Teils der Handlungsempfehlungen – den *‚Grundlagen und Grundaussagen'* – wird das Rollenverhalten und das professionelle Selbstverständnis vertieft betrachtet. Dort wird auch gezeigt, dass beide Aspekte von grundlegender Bedeutung für das Geschehen, Handeln und Verhalten in der Einrichtung sind.

273 Darüber hinaus ergeben sich daraus aus Perspektive einer alteritätsethischen Lesart der Anerkennung starke Spannungen, denn die strukturelle Asymmetrie steht im unmittelbaren Widerspruch zu den anerkennungsethischen Überlegungen. Resultierend aus den gegebenen Rahmenbedingungen werden somit positive anerkennende Verhältnisse sowie anerkennende Interaktionen häufig erschwert, eingeschränkt und sogar verhindert.

die Verinnerlichung dieser Perspektive auf den Anderen (z.B. den Menschen mit Komplexer Behinderung), auf die Beziehung mit ihm und auf die Welt. Durch diese ‚alteritätsethische Brille' erscheinen Interaktionen, Handlungen, Regelungen, Strukturen, Kulturen usw. in der Organisation in einem neuen Licht, sind zu überprüfen und ggf. zu modifizieren.

Es kann jedoch kein ‚Endzustand' erreicht werden – vielmehr werden stets Spannungen und Paradoxien existieren. Doch gerade sie sind es, die den kontinuierlichen Überprüfungsprozess der Gerechtigkeit mithilfe der Figur des Dritten in Gang halten. D.h. dieser immerwährende Spannungsbogen eröffnet erst die Chance, stetig ‚weiterzumachen', die Bestrebungen im Sinne der alteritätsethischen Lesart der Anerkennung zu verfolgen.

Dementsprechend sollen trotz der Spannungen innerhalb der Grenzen (der Organisationen und der Menschen mit Komplexer Behinderung) die möglichen Spielräume erschlossen und genutzt werden. Wie zahlreich diese sind, versuchen die Handlungsempfehlungen zu zeigen. Des Weiteren ist in Hinblick auf die Ausdehnung derzeit bestehender Grenzen aufmerksam und sensibel zu verfahren, denn diese sind häufig nicht starr! Auf diese Weise können Menschen mit Komplexer Behinderung, die in stationären Wohneinrichtungen leben, neue Handlungs- und Freiräume eröffnet werden. Dies würde den Forderungen der UN-BRK entsprechen.

Nachdem das Feld, in dem sich die folgenden Handlungsempfehlungen bewegen und das so komplex und spannungsreich ist, bis zu dieser Stelle skizziert wurde, muss abschließend auf einen weiteren unverzichtbaren Aspekt verwiesen werden: Die Tatsache, dass die Handlungsempfehlungen lediglich der Orientierung dienen und nicht als Vorgabe und Regelwerk fungieren, erfordert (seitens der Leitung) ein hohes Maß an Kommunikation mit der Mitarbeiterschaft – auf diesen Aspekt wird im Rahmen der Handlungsempfehlungen näher eingegangen.

Durch die Kommunikation und das Eingehen auf die Mitarbeiter können Missverständnisse und Überforderung genauso vermieden werden wie Frustration und Demotivation. Daher bedarf es der Erläuterung aller relevanten theoretischen und praktischen Aspekte – d.h. der alteritätsethischen Lesart der Anerkennung, des Bildungsverständnisses, der wesentlichen organisationalen Aspekte und der konkreten Handlungsempfehlungen – sowie einer Sensibilisierung der Mitarbeiterschaft. Dies schließt auch die Thematisierung der Rollen in Organisationen ein, deren zentrale Bedeutung für das Geschehen innerhalb behindertenpädagogischer Einrichtungen vorab skizziert wurde.

Insbesondere muss die Mitarbeiterschaft behindertenpädagogischer Wohneinrichtungen auch dahingehend sensibilisiert werden, dass der Mensch mit Komplexer Behinderung – im Sinne der alteritätsethischen Lesart der Anerkennung – der Ausgangspunkt aller Handlungen und Überlegungen ist. Ein vermeintliches ‚Gut-Meinen' auf Basis von Vorannahmen, eigenen Deutungsmustern und Erfahrungen muss zugunsten der Offenheit für den Anderen in den Hintergrund treten. Zwar sind die eigenen Deutungen und Sinnzuschreibungen der Mitarbeiter sicherlich nicht auflösbar, doch sie können bewusst als solche angenommen werden, um eine Überpräsenz und zu starke Einflussnahme auf die Begegnung und Interaktion mit dem Anderen zu vermeiden. Gleichzeitig muss der Mensch mit Komplexer Behinderung zu einer individuellen Lebensgestaltung befähigt werden. Die folgenden Vorschläge sollen eine Orientierung dafür liefern.

### 4.3.3.4 Zentrale allgemeingültige Grundlagen der Handlungsempfehlungen

Die Handlungsempfehlungen, die sich im Folgenden auf verschiedene Handlungs- bzw. Lebensbereiche beziehen werden, weisen zahlreiche Gemeinsamkeiten auf. So dienen sie allesamt nicht nur dem Zweck, Wohneinrichtungen der Behindertenhilfe im Sinne der UN-BRK und auf Basis der entwickelten alteritätsethischen Lesart der Anerkennung (um)zugestalten; daneben gelten für sie dieselben allgemeingültigen Grundlagen bzgl. der Themenbereiche ‚Interaktion und Kommunikation' sowie ‚pädagogisches Handeln', die im Folgenden – auf alteritäts- und anerkennungsethischer sowie bildungstheoretischer Basis – entwickelt werden.

### 4.3.3.4.1 Interaktion und Kommunikation

Die beiden vielleicht elementarsten Komponenten der direkten Betreuung von Menschen mit Komplexer Behinderung sind die Interaktion und die Kommunikation. Sie sind so grundsätzlicher Natur, dass sie stets Bestandteil der Begegnung zwischen Bewohnern und Mitarbeitern sind. Daher sind die folgenden allgemeingültigen Grundlagen den konkreten Handlungsempfehlungen vorgelagert.

Die Interaktion und Kommunikation mit Menschen mit Komplexer Behinderung müssen, so ist auf Basis der UN-BRK und der alteritätsethischen Lesart der Anerkennung zu fordern, grundsätzlich würdevoll und wertschätzend gestaltet werden; d.h. der Mitarbeiter begegnet dem Anderen als ‚Menschen' und nicht als ‚Bewohner' und spiegelt ihm auch genau das wider. Dazu ist es notwendig, den Menschen mit Komplexer Behinderung gerade bei der alltäglichen Interaktion zu signalisieren, dass sie als Interaktions- und Kommunikationspartner wichtig und wertvoll sind.[274] Dies trägt sicherlich häufig zu einer Stärkung des Selbstbewusstseins bei, woraus positive Effekte auf das Selbstbild resultieren. Überdies ist darauf zu verweisen, dass diese (positiven) Anerkennungserfahrungen wohlmöglich auch Missachtungserfahrungen (siehe Honneth), die i.d.R. nicht vollständig zu vermeiden sind, ‚kompensieren' können.

Die Mitarbeiter müssen ihre Interaktionen demnach dahingehend untersuchen und kritisch hinterfragen, ob diese den Menschen mit Komplexer Behinderung gegenüber durch Empathie, Respekt, Wertschätzung – d.h. durch die Achtung ihrer Alterität – geprägt sind. Insbesondere der Umstand, dass Mitarbeiter häufig die wesentlichen (oder gar einzigen) nahen Kommunikationspartner von Menschen mit Komplexer Behinderung in Wohneinrichtungen der Behindertenhilfe sind, unterstreicht diese Notwendigkeit.

Deshalb müssen sowohl die Inhalte als auch die ‚Art und Weise' der Kommunikation überprüft werden. Die Mitarbeiter müssen sich fragen, ob sie dem Gegenüber mit einer positiven emotionalen Haltung begegnen und dabei ermutigend, tröstend, unterstützend auftreten – und somit einer Grundhaltung der Anerkennung Ausdruck verleihen. Zeigen sie in diesem Sinne ebenfalls ein ehrliches Interesse an ihrem Gegenüber, den Befindlichkeiten, Emotionen, Gedanken, Bedürfnissen und Wünschen? Die Kommunikation der Mitarbeiter wird demnach auch explizit auf die enthaltenen Appelle, Kommandos und Aufforderungen (*„Beeil dich! Es ist schon spät und du musst in die Werkstatt!"*) hin untersucht – sowohl bzgl. ihrer Häufigkeit (Überwiegen sie in der Kommunikation oder sind sie ein kleiner Teil dessen?) als auch auf die Formulierung der Aufforderungen (‚Der Ton macht die Musik!'). Lieblose Kommandos – z.B. aus Ermangelung an Zeit – verhelfen den Bewohnern sicherlich weder dazu, sich als geachtete erwachsene Personen zu empfinden und dementsprechend ein positives Selbstbild aufbauen bzw. aufrechterhalten (d.h. stärken) zu können, noch sich in ihrem Wohnumfeld wohlzufühlen. Gleichzeitig müssen Menschen mit Komplexer Behinderung selbstverständlich zur aktiven Teilnahme an der Interaktion und Kommunikation ermutigt und befähigt werden, was letztendlich zu einer selbstbestimmten individuellen Lebensführung und -gestaltung verhilft

---

274 Daher werden in der Kommunikation nicht nur Alltagsabläufe, sondern ebenfalls z.B. teilnehmende Bemerkungen berücksichtigt: Ein Kommentar wie *„Geht Ihnen das Wetter auch so auf die Nerven wie mir?"*, signalisiert Menschen mit Komplexer Behinderung z.B. ganz eindeutig, dass sie als Interaktionspartner wertgeschätzt werden.

und sich somit ebenfalls positiv auf das Selbstwertgefühl und das eigene Selbstbild auswirkt. Demnach, so wurde bis hierhin kurz herausgearbeitet, kommt den Mitarbeitern stationärer Wohneinrichtungen die wichtige Aufgabe zu, ihre Interaktion und Kommunikation mit Menschen mit Komplexer Behinderung auf Basis der alteritätsethischen Lesart der Anerkennung sehr kritisch zu überprüfen und ggf. zu modifizieren.

Interaktion und Kommunikation sind allerdings auch im Kontext von *Bildung* zu begreifen. Im Rahmen des bereits dargelegten Bildungsverständnisses von Ursula Stinkes wird ebenfalls gefordert, Menschen mit Komplexer Behinderung in ihrer Alterität anzuerkennen und wertzuschätzen. Dies wird durch die Schaffung *bildender Verhältnisse* konkretisiert, die den Personen (im vorliegenden Kontext: den Bewohnern) positive Anerkennungserfahrungen sowie Zugang zu Ressourcen und Unterstützungsmöglichkeiten eröffnen. Dies ist Voraussetzung für eine selbstbestimmte individuelle Lebensführung und -gestaltung (vgl. Stinkes 2008, 102ff.). Somit ermöglicht es diese bildungstheoretische Perspektive, die Interaktion und Kommunikation – d.h. die alltägliche Begegnung mit dem Bewohner – als Chance zu begreifen, Menschen mit Komplexer Behinderung dazu zu befähigen, sich zur Welt – d.h. zu den Verhältnissen, in denen sie leben – ‚verhalten zu können'. Entsprechend sind die Begegnungen mit den Bewohnern stationärer Wohneinrichtungen zu gestalten.

Im Folgenden werden zentrale Empfehlungen gegeben, die aus den oben aufgeführten Überlegungen zur Interaktion und Kommunikation zwischen Mitarbeitern und Menschen mit Komplexer Behinderung abgeleitet wurden.

*Empfehlungen für die Interaktion und Kommunikation (Ziele und Grundsätze)*
- *Interaktion als positive Anerkennungserfahrung:* Den Menschen mit Komplexer Behinderung im Rahmen der Interaktion und Kommunikation zu (positiven) Anerkennungserfahrungen verhelfen, dadurch Selbstwert und positives Selbstbild stärken und Missachtungserfahrungen ‚kompensieren'.
- *Wertschätzung und Einzigartigkeit der Person kommunizieren:* Den Menschen mit Komplexer Behinderung durch die Interaktion und Kommunikation deutlich signalisieren, dass sie (als Interaktions- und Kommunikationspartner) wertgeschätzt werden, denn oft sind die Mitarbeiter die einzigen nahen Kommunikationspartner, bzw. sehr enge Bezugspersonen. Die Mitarbeiter achten und schätzen die Menschen mit Komplexer Behinderung in ihrer Individualität (und unendlichen Alterität) und nehmen sich in Hinblick auf die eigenen Deutungsmuster, Vorlieben, Normen und Werten usw. zurück.
- *Interaktion als aktiver Akt:* Den Menschen mit Komplexer Behinderung in der Interaktion positives Feedback geben und in ihren Kompetenzen bestärken. Dadurch werden sie dazu ermutigt und befähigt, aktiver Teil der Interaktion bzw. Kommunikation zu sein sowie eigene Bedürfnisse zu entdecken. Im Sinne des Bildungsverständnisses nach Stinkes können Bewohner auf diese Weise dazu befähigt werden, sich zu den Verhältnissen, in denen sie leben, ‚verhalten zu können'. Mithilfe der Interaktion und Kommunikation werden somit bildende Verhältnisse geschaffen.
- *Ernst gemeintes Interesse zeigen:* Den Menschen mit Komplexer Behinderung ihre Bedeutung als Interaktions- und Kommunikationspartner spiegeln, indem man sich für sie – als *Menschen* – interessiert.
- *‚Normale' Interaktion und Kommunikation:* Die Menschen mit Komplexer Behinderung möglichst ‚normal' behandeln und ihnen dadurch signalisieren, dass sie die gleiche *Menschenwürde* wie alle anderen Menschen haben.

- *Keine Abwertungen*: Bestimmte Verhaltensweisen oder Handlungen von Menschen mit Komplexer Behinderung, die wohlmöglich als ‚auffällig' empfunden werden, nicht abwertend deuten.
- *Der Dritte:* Selbstverständlich werden die Interaktionen stets unter Berücksichtigung der Figur des Dritten gestaltet, d.h. grundsätzlich müssen die Mitarbeiter stets abwägen, welcher Bewohner welches Maß an ‚Aufmerksamkeit' zu welchem Zeitpunkt gerechterweise erhält.

In enger Verbindung mit der Interaktion und Kommunikation steht das pädagogische Handeln, auf das im Folgenden eingegangen wird.

### 4.3.3.4.2 Pädagogisches Handeln

Das pädagogische Handeln als ziel- und ergebnisorientiertes intentionales Verhalten wird üblicherweise als die ‚Kernaufgabe' der ‚Praktiker' erachtet; dies könnte die Schlussfolgerung nahelegen, dass andere Tätigkeiten, z.B. im Rahmen der ‚Pflege', davon zu unterscheiden seien. Legt man allerdings das Bildungsverständnis Stinkes' bzw. die alteritätsethische Lesart der Anerkennung zugrunde, so ergibt sich eine andere Perspektive: *Pädagogik* kann dann nicht getrennt von anderen Handlungsweisen und Abläufen betrachtet werden, denn alle Formen des Interagierens gründen auf der Verantwortung für bzw. Anerkennung des Anderen und wirken auf seine Befähigung zu einer möglichst selbstbestimmten individuellen Lebensführung und -gestaltung hin. Um dies zu erreichen, müssen demzufolge alle ‚Facetten' von Menschen mit Komplexer Behinderung – sowohl die persönlichen Vorlieben, Wünsche, Fähigkeiten, Ressourcen usw. als auch die verschiedenen Lebensbereiche (z.B. Wohnen, Erholung, Freizeitgestaltung und Arbeit) – aus einer pädagogischen Perspektive betrachtet werden. Erst damit lassen sich in einem umfassenden Sinn *bildende Verhältnisse* schaffen (vgl. dazu Stinkes 2008). Aus diesem Grund kann und soll das pädagogische Handeln – genau wie die ‚*Interaktion und Kommunikation*' – keinem Themenbereich mit konkreten Handlungsempfehlungen zugeordnet werden; vielmehr werden im Folgenden einige grundsätzliche und allgemeingültige Empfehlungen zum pädagogischen Handeln formuliert, die auf dem Bildungsverständnis Stinkes und der entwickelten alteritätsethischen Lesart der Anerkennung gründen.[275]

So ist zu empfehlen, dass sich das (pädagogische) Handeln der professionell Tätigen aus den folgenden Komponenten zusammensetzt:

- *Anerkennende Interaktionen/Anerkennungserfahrungen:* Im Sinne der oben beschriebenen Weise sind die Interaktionen mit Menschen mit Komplexer Behinderung so zu gestalten, dass sie das Selbstbewusstsein und das positive Selbstbild stärken und Anerkennungserfahrungen bereithalten.
- *Ressourcenorientierung:* Menschen mit Komplexer Behinderung müssen zur Nutzung ihrer Ressourcen befähigt werden. Dadurch wird ihnen Zugang gewährt, der ihnen zu optionalen und selbstbestimmten Entscheidungsmöglichkeiten verhilft. Die folgenden Handlungsempfehlungen gehen ausführlich auf diesen Aspekt ein, z.B. bei der ‚*Unabhängigen Lebensführung und -gestaltung*'.
- *Erfolgserlebnisse:* Menschen mit Komplexer Behinderung müssen Möglichkeiten erhalten, sich selbst und das eigene Handeln als erfolgreich, wirksam und ‚richtig' erleben zu kön-

---

[275] Es soll jedoch keinesfalls der Eindruck entstehen, dass der Pädagogik eine geringe Bedeutung beigemessen würde; sie ist – im Rahmen der hier eingenommenen Perspektive ganz im Gegenteil – von zentraler Bedeutung und wird daher weder einem bestimmten Themenbereich zugeordnet, noch aus den Alltags- und Lebensbezügen der Menschen mit Komplexer Behinderung heraus gehoben.

nen. Voraussetzungen dafür sind zum einen Handlungsspielräume, in denen man sich ausprobieren und ‚Fehler' machen darf – nur dann kann ‚erfolgreiches' Handeln möglich sein; zum anderen positives Feedback (darauf wurde bereits im Rahmen der *Interaktion und Kommunikation*' hingewiesen).
- *Konfliktlösungskompetenzen:* Menschen mit Komplexer Behinderung muss es grundsätzlich zugetraut werden, ‚innere' (persönliche) Konflikte sowie solche mit anderen Personen (z.B. Mitarbeitern, Mitbewohnern oder Angehörigen) auszuhalten, auszutragen und schließlich zu lösen. Aus diesem Grund müssen die Mitarbeiter den Bewohnern zur Entwicklung von Konfliktlösungskompetenzen verhelfen.

Voraussetzung zur tatsächlichen Realisierung dieser Faktoren[276] ist selbstverständlich eine entsprechende (Um-)Gestaltung der Organisation. Erst dann kann von *bildenden Verhältnissen* die Rede sein, die Menschen mit Komplexer Behinderung schließlich dazu befähigen, sich zur Welt zu ‚verhalten', eine ganz eigene ‚Persönlichkeit' und ein individuelles Lebenskonzept zu entwickeln. Die professionell Tätigen sind allerdings – obwohl sie einen bedeutenden Anteil haben – keinesfalls allein für die Qualität der (pädagogischen) Arbeit verantwortlich. Selbstverständlich müssen die Personen, die in der Einrichtung die Entscheidungsgewalt haben und Hauptverantwortung tragen (Einrichtungsleitung, Vorstand usw.), ebenfalls aktiv auf die Schaffung *bildender Verhältnisse* hinwirken. Dabei sind insbesondere die grundsätzliche Haltung der leitenden Personen sowie die „Qualität und Tragfähigkeit der Einrichtungskonzeption" (Fornefeld 2008, 167) von Bedeutung. Allerdings müssen dabei stets die Realitäten, ‚Zwänge' und Spannungen in Organisationen berücksichtigt werden, die eine umfassende Schaffung *bildender Verhältnisse* erschweren oder ganz verhindern können.

Ungeachtet dessen werden im folgenden, abschließenden Teil des Kapitels ‚*pädagogisches Handeln*' konkrete Vorschläge und Orientierungsmöglichkeiten für die behindertenpädagogische Praxis geliefert. Diese sollen einen möglichen Rahmen für die Entwicklung *bildender Verhältnisse* in stationären Wohneinrichtungen der Behindertenhilfe bieten; konkrete Anknüpfungs- und Orientierungspunkte dafür liefern schließlich die einzelnen Themenbereiche und Handlungsempfehlungen. Es wird allerdings erneut darauf hingewiesen, dass es sich dabei nicht um Vorgaben, sondern um Ideen und Vorschläge handelt, die in eine bestimmte Richtung weisen.

Ganz allgemein und grundsätzlich ist der behindertenpädagogischen Praxis bzgl. ihrer (pädagogischen) Arbeit eine Orientierung an eindeutig formulierten bewohnerbezogenen Zielen zu empfehlen, die darauf ausgelegt sind, die Bewohner zu einer möglichst selbstbestimmten individuellen Lebensgestaltung und -führung zu befähigen, wobei die oben genannten Aspekte der Voraussetzungen *bildender Verhältnisse* zu berücksichtigen sind.[277] Selbstverständlich werden die betreffenden Bewohner in adäquater Weise in die Zielplanung einbezogen – was allerdings bei Menschen mit Komplexer Behinderung ein nicht einfaches Unterfangen ist. Weiterhin ist die empfohlene Zielorientierung selbstverständlich immer darauf ausgerichtet, die festgelegten Ziele durch entsprechende Maßnahmen und deren Umsetzung, tatsächlich zu erreichen. Die

---

276 Sie stehen allesamt in Wechselwirkung zueinander und beeinflussen sich kontinuierlich.
277 Besonders wichtig ist die stetige Rückbindung an die Verantwortung für den Anderen. Stinkes erinnert daran, dass „Verantwortung tragen und haben kein Mittel ist, über das man verfügen kann, sondern es ist ein durchgängiges Medium, in dem sich pädagogisches Handeln vollzieht" (Stinkes 2011, 153). Für die Gestaltung *bildender Verhältnisse* empfiehlt sie dementsprechend folgende Perspektive: „Eine Entsubjektivierung […], die ein erfahrenes, sinnlich-leibliches, sterbliches und auch vernünftiges Subjekt meint, dass sich zu seinen (widersprüchlichen) Verhältnissen lernen muss zu verhalten und seinen Grund findet im Anderen und eben dies ist es, was seine Menschlichkeit verbürgt" (Stinkes 2011, 155).

Ziel- und Maßnahmenplanung sollte z.B. – so wird empfohlen – auf Basis der im Folgenden erörterten Themenbereiche (z.B. *‚Unabhängige Lebensführung und -gestaltung'*: Einkauf, Reinigung usw. oder *‚Privatheit und Individualität'*: Genuss) erstellt werden.

Das jeweils (in den Einrichtungen entsprechend der Vorgaben der überörtlichen Sozialhilfeträger) existierende Instrument der (bewohnerbezogenen bzw. individuellen) Hilfeplanung (z.B. die sogenannte ‚IHP' im Landschaftsverband Rheinland) scheint für die Umsetzung dieser Empfehlung (formal) durchaus geeignet, zumal es sich dabei bereits um *das* zentrale (Planungs- und Überprüfungs-)Instrument der pädagogischen Arbeit im Wohnbereich der Behindertenhilfe handelt. Ob dies derzeit tatsächlich fester Bestandteil *des Alltags und der pädagogischen Arbeit* in allen Wohneinrichtungen ist, ist allerdings anzuzweifeln.

Umso deutlicher ist eine Besinnung auf die Notwendigkeit der zielorientierten pädagogischen Arbeit bei den Mitarbeitern zu fordern. Nicht nur die Formulierung der Ziele, sondern auch das tatsächliche pädagogische Arbeiten auf dieser Grundlage sind zu gewährleisten.

Die Entwicklung der Ziele ist selbstverständlich sehr individuell auf den einzelnen Menschen mit Komplexer Behinderung ausgerichtet und soll daher im Rahmen der vorliegenden Ausführungen nicht näher betrachtet werden. Konkrete themenspezifische Empfehlungen (die sich in ihrer Gesamtheit allerdings auch nur auf einige wenige Aspekte und Lebensbereiche beziehen) werden, wie bereits angedeutet, im Rahmen der folgenden Kapitel dargelegt. Diese gründen allesamt (auch wenn dies nicht erneut regelmäßig deutlich betont wird) auf den im Rahmen des vorliegenden Kapitels skizzierten grundlegenden Gedanken zu den Prinzipien der UN-BRK, zum Bildungsverständnis nach Stinkes und der alteritätsethischen Lesart der Anerkennung, zur *‚Interaktion und Kommunikation'* sowie zum ‚pädagogischen Handeln'. Gleichzeitig werden die Handlungsempfehlungen in dem Bewusstsein entwickelt, dass sie sich im beschriebenen Spannungsfeld zwischen der alteritätsethischen Lesart der Anerkennung und den Realitäten (d.h. ‚Zwängen' usw.) der Organisation befinden.

### 4.3.3.5 *Konkrete Handlungsempfehlungen*

Die folgenden Handlungsempfehlungen werden nun anhand einzelner ausgewählter zentraler Artikel der UN-BRK konzipiert, die für den Lebensbereich *‚Wohnen'* besonders relevant erscheinen. Die daraus abgeleiteten und zusammengefassten Themenbereiche liefern eine Struktur zur übersichtlichen Darstellung der Handlungsempfehlungen.

Es ist an dieser Stelle jedoch deutlich zu betonen, dass nur ein kleiner Teil der UN-BRK berücksichtigt wird – daher sind auch die folgenden Handlungsempfehlungen nur ein Ausschnitt, ein Beispiel, wie man auf die Umsetzung der Forderungen der Konvention (in Hinblick auf einzelne Aspekte und Lebensbereiche) hinwirken kann. Sie sind demnach nicht umfassend.

Folgende Artikel der Konvention sollen nun besonders berücksichtigt werden:
Art. 3, Art. 4, Art. 8, Art. 9, Art. 16, Art. 17, Art. 19, Art. 20, Art. 21, Art. 22, Art. 24

Daraus lassen sich die folgenden Themenbereiche ableiten und zusammenfassen:
- Grundlagen und Grundaussagen
- Unabhängige Lebensführung und -gestaltung
- Privatheit und Individualität
- Schutz vor Machtmissbrauch und (subtiler) Gewalt
- (Politische) Teilhabe

Auch die Gesichtspunkte, die im Vorfeld als zentrale Teilaspekte der Profession herausgestellt, als kritisch zu reflektieren und ggf. zu modifizieren identifiziert wurden, werden in den o.g.

Themenbereichen berücksichtigt.[278] Überdies stehen die Handlungsempfehlungen kontinuierlich unter dem Einfluss der im Rahmen des Kapitels *'Institutionen/Organisationen'* gewonnenen Erkenntnisse und der daraus resultierenden Ziele und Maßnahmen für die Umgestaltung stationärer Wohneinrichtungen.[279]

### 4.3.3.5.1 Grundlagen und Grundaussagen

Im ersten Themenbereich werden wesentliche allgemeingültige Aussagen zusammengefasst, die für alle folgenden Themenkomplexe und Handlungsempfehlungen grundlegend sind. Zu diesem Zweck werden die folgenden Bereiche und Artikel der Konvention hinzugezogen:
- Präambel
- Artikel 3 – Allgemeine Grundsätze
- Artikel 4 – Allgemeine Verpflichtungen (insbes. § i) Schulung von Fachkräften)
- Artikel 8 – Bewusstseinsbildung

Die Präambel und der Artikel 3 bilden sehr deutlich die Grundsätze und den Geist der Konvention ab. In der Präambel werden die zentralen Grundgedanken (z.B. der *Menschenwürde*, der *Inklusion* und *Teilhabe*, der Nichtdiskriminierung und Chancengleichheit usw.) dargelegt, die schließlich in Artikel 3 in acht grundlegenden Prinzipien (nach Degener) folgendermaßen zusammengefasst werden:

> (1) Respekt vor der Würde und individuellen Autonomie, einschließlich der Freiheit, selbstbestimmte Entscheidungen zu treffen, (2) Nichtdiskriminierung, (3) volle und effektive Partizipation an der und Inklusion in der Gesellschaft, (4) Achtung vor der Differenz und Akzeptanz von Menschen mit Behinderungen als Teil der menschlichen Diversität und Humanität, (5) Chancengleichheit, (6) Barrierefreiheit, (7) Gleichheit zwischen Männern und Frauen und (8) Respekt vor den sich entwickelnden Fähigkeiten von Kindern mit Behinderungen und Achtung ihres Rechts auf Wahrung ihrer Identität (Degener 2009, 265).[280, 281]

Der *Menschenwürde* kommt in der Konvention ein besonderer Stellenwert zu. Sie bildet, so Bielefeldt,

> [...] den tragenden Grund der menschenrechtlichen Gleichheit, d.h. des Prinzips der *Nicht-Diskriminierung* [...]. Außerdem wird im Blick auf die Menschenwürde der herausgehobene Stellenwert der Menschenrechte als *'unveräußerlicher'* Rechte einsichtig [...] (Bielefeldt 2009, 5; Hervorhebungen im Original, B.B.).

Die Bedeutung der Menschenrechte wird in Artikel 1 besonders gewürdigt, denn der Zweck der Konvention wird dort so beschrieben, dass Menschen mit Behinderung in „[...] den vollen und gleichberechtigten Genuss aller Menschenrechte und Grundfreiheiten" (Art. 1 UN-BRK) kommen müssen.

Wie bereits zu Beginn der Arbeit erläutert wurde, stehen Menschenrechte und Menschenwürde demnach in unmittelbarem Zusammenhang; überdies wird auch die Bewusstseins-

---

278 Dabei handelt es sich um das Rollenverhalten und das professionelle Selbstverständnis, um das pädagogische Handeln, institutionelle Strukturen und Settings sowie Interaktionen.
279 Weiterhin basieren sie, wie bereits betont wurde, auf den im Vorfeld entwickelten Grundlagen zum Bildungsverständnis, zur *'Interaktion und Kommunikation'* und zum *'pädagogischen Handeln'*.
280 Degener weiter dazu: „In diesen Prinzipien finden sich die Zielvorgaben, an denen internationale und nationale Behindertenpolitik zukünftig zu messen sein werden" (Degener 2009a, 265).
281 An dieser Stelle ist die relative Differenz gemeint.

bildung in diesen Kontext gestellt: So wird die Würde in der Konvention „[...] auch als *Gegenstand notwendiger Bewusstseinsbildung* angesprochen" (Bielefeldt 2009, 5; Hervorhebung im Original, B.B.). Dies umfasst einerseits die inneren Einstellungen aller Gesellschaftsmitglieder gegenüber der Würde von Menschen mit Behinderung; Menschen mit Behinderung sind in Hinblick auf das Bewusstsein einer eigenen Würde selbstverständlich eingeschlossen bzw. werden explizit berücksichtigt (vgl. Art. 24 UN-BRK).[282] Andererseits wird dieses Bewusstsein jedoch „[...] auch bedingt durch *gesellschaftliche Strukturen* von Ausgrenzung und Diskriminierung, die die alltägliche Erfahrung von Menschen mit Behinderung prägen" (ebd.; Hervorhebung im Original, B.B.). Daher sind Prinzipien wie *Teilhabe* und *Barrierefreiheit* – in Artikel 3 der UN-BRK – auch im Kontext des gesellschaftlichen Bewusstseinswandels von ganz zentraler Bedeutung.

Die im Rahmen der vorliegenden Arbeit entwickelte alteritätsethische Lesart der Anerkennung erscheint überaus geeignet, um den ‚Geist' der Konvention aufzugreifen und zu transportieren bzw. die Forderungen umzusetzen.

Denn aus der Anerkennung des Anderen in seiner unfassbaren Alterität – die u.a. mit der Achtung seiner radikalen Differenz, der Eröffnung eines Daseinsraums und der Zuschreibung eines positiven Werts sowie der Einbeziehung der Ebene der Gerechtigkeit durch den Dritten verbunden ist – resultiert die Realisierung der wesentlichen Prinzipien und Kernaussagen der UN-BRK (z.B. der Achtung der Menschenwürde, der Akzeptanz der relativen Differenz, der Anerkennung von Behinderung als Ausdruck der Vielfalt des Lebens, der *Teilhabe* und der Nichtdiskriminierung sowie Chancengleichheit).

*Anwendung/Handlungsempfehlungen*
Für den stationären Wohnbereich eröffnen sich viele Möglichkeiten, eine Neuausrichtung der behindertenpädagogischen Praxis im Sinne der skizzierten Grundsätze der Konvention (auf Basis der alteritätsethischen Lesart der Anerkennung) zu realisieren.

Da sich das vorliegende Kapitel mit den wesentlichen Grundlagen der UN-BRK auseinandersetzt, werden im Rahmen der folgenden Handlungsempfehlungen ebenfalls sehr grundsätzliche Aspekte und Elemente der behindertenpädagogischen Praxis thematisiert. Denn genau wie bei der Konvention, die zuerst die Prinzipien und Grundsätze darlegt und im Laufe der einzelnen Artikel Konkretisierungen vornimmt, werden auch bei den Handlungsempfehlungen zuerst (im vorliegenden Kapitel) die wesentlichen Grundlagen entwickelt, um diese später im Rahmen spezifischer Themenbereiche zu konkretisieren.

Daher wird es im Folgenden um die kritische Reflexion des Rollenverhaltens und des professionellen Selbstverständnisses der Mitarbeiter gehen – denn dies ist die Basis für eine (Um-)Gestaltung der behindertenpädagogischen Praxis im Sinne der UN-BRK. Dies schließt die Berücksichtigung der geforderten Schulung des Fachpersonals genauso ein wie den gesellschaftlichen Bewusstseinswandel; beide Aspekte werden am Ende dieses Kapitels kurz betrachtet.

*Kritische Reflexion von Rollenverhalten und Entwicklung eines professionellen Selbstverständnisses*
Wie bereits dargelegt wurde, definieren Organisationen – durch das Festlegen von Strukturen, Funktionen usw. – Rahmenbedingungen, aus denen viele organisationale ‚Zwänge' für die

---

282 „Vor allem die Betroffenen selbst sollen in der Lage sein, ein Bewusstsein ihrer eigenen Würde [...] auszubilden. Da Selbstachtung indessen ohne die Erfahrung sozialer Achtung durch andere kaum entstehen kann, richtet sich der Anspruch der Bewusstseinsbildung letztlich an die Gesellschaft" (Bielefeldt 2009, 5).

Akteure in den Organisationen resultieren.[283] Überdies herrschen dort ebenfalls implizite und explizite Regeln sowie bestimmte Verhaltensweisen, die sich – nicht selten über viele Jahre – gefestigt haben: Es entwickeln sich eine bestimmte Unternehmenskultur und -tradition. Diese prägen häufig in sehr entscheidendem Maße das ‚typische' Verhalten der Personen – insbesondere der Mitarbeiter und Bewohner – in Organisationen. Diese Verhaltensmuster resultieren wiederum aus den organisationalen Rollen und Funktionen. Mit dem Rollenverhalten gehen überdies gegenseitige Erwartungen und ‚Erwartungs-Erwartungen' einher, die sich auf alle anderen Akteure in der Einrichtung beziehen.

Das Rollenverhalten der Mitarbeiter bleibt vermutlich nicht selten unreflektiert – mitunter handelt es sich auch zu großen Teilen um unbewusste Abläufe. Durch die häufig ebenfalls unreflektierte Adaption des Rollenverhaltens durch neue Mitarbeiter setzt es sich – wie ein ‚ungeschriebenes Regelwerk' in der Organisation dauerhaft fort.

Darüber hinaus wird das Rollenverhalten vermutlich häufig unbewusst durch ein bestimmtes professionelles Selbstverständnis beeinflusst. Dieses resultiert aus der eigenen Funktion, Rolle und Position innerhalb der Organisation und schlägt sich in den (pädagogischen) Interaktionen mit den Beteiligten (insbesondere mit den Menschen mit Komplexer Behinderung) nieder. Das professionelle Selbstverständnis wird überdies sicherlich auch durch persönliche Erfahrungen sowie durch Bruchstücke impliziter Theorieelemente bestimmt; demnach ist es vermutlich nicht selten durch (universitäre) Ausbildung o.ä. geprägt.

Während sich das Rollenverhalten überwiegend unbewusst vollzieht und hauptsächlich die Verhaltensweisen in ‚Routine-Situationen' bestimmt,[284] prägt das teilweise bewusste – und sicherlich damit auch individuellere – professionelle Selbstverständnis insbesondere das Verhalten der Mitarbeiter in ungewöhnlichen oder konflikthaften Situationen. Somit wird deutlich, dass das Rollenverhalten und das professionelle Selbstverständnis der Mitarbeiter von ganz entscheidendem Einfluss auf die Interaktion mit Menschen mit Komplexer Behinderung und das pädagogische Handeln sind. Aus diesem Grund ist eine Berücksichtigung der beiden Aspekte im Rahmen der vorliegenden Ausführungen unerlässlich.

Diese Betrachtung, Auseinandersetzung und Reflexion, die sowohl in Hinblick auf ihre Wechselwirkungen als auch auf die Unterschiede erfolgen muss (schließlich stehen beide in engem Zusammenhang, müssen aber gleichzeitig getrennt voneinander betrachtet werden), ist dringend erforderlich, um zu prüfen, ob beide – das Rollenverhalten und das professionelle Selbstverständnis – entsprechend der Grundannahmen und Prinzipien der UN-BRK ausgerichtet sind.

Insbesondere der Umstand, dass sich viele unbewusste und unreflektierte Prozesse in Organisationen vollziehen, die mit Macht und Demütigung einhergehen, die das asymmetrische Verhältnis, in dem sich Menschen mit Komplexer Behinderung befinden, noch verschärfen, erfordert eine sehr bewusste Reflexion und – vermutlich i.d.R. – auch eine Modifikation von Rollenverhalten und professionellem Selbstverständnis.

Dementsprechend ist dringend zu empfehlen, dass die Mitarbeiter zum einen ein professionelles Selbstverständnis ausbilden, das die in der UN-BRK vertretene Perspektive auf Menschen

---

283 Dies ist auf die Notwendigkeit der Legitimation der Institution sowie die damit einhergehenden ‚Zwänge', Vorgaben und Abhängigkeiten (z.B. finanzieller Natur), die gegenüber anderen Institutionen bestehen, zurückzuführen.

284 Es tritt vermutlich nur dann zu Tage, wenn es zu Rollenkonflikten kommt, z.B. in Situationen, in denen der Bewohner den Anweisungen des Mitarbeiters nicht (mehr) Folge leistet und das bisherige Rollenverhalten ggf. thematisiert werden muss.

mit Behinderung verinnerlicht, zum anderen die problematischen Aspekte des Rollenverhaltens, die im Rahmen der Auseinandersetzung sichtbar werden, bewusst wahrnehmen, thematisieren und modifizieren. Mit diesen Maßnahmen müssen stets der Anspruch und das Ziel verbunden sein, die behindertenpädagogische Praxis im Sinne der Konvention zu gestalten. Aus Perspektive der entwickelten Lesart der Anerkennung wird in diesem Sinne empfohlen, die erforderlichen Reflexionen auf Basis einer sehr intensiven Auseinandersetzung mit alteritäts- und anerkennungsethischen sowie bildungstheoretischen Grundlagen vorzunehmen, die idealerweise eine behindertenpädagogische Perspektive einschließen und somit eine unmittelbare Interpretation (und spätere Umsetzung) des ebenfalls zu vermittelnden pädagogisch-fachlichen Inputs im Sinne der alteritätsethischen Lesart der Anerkennung erlauben.[285]

Mit besonderer Aufmerksamkeit sollten dabei die häufig vorhandenen Widerstände und Vorbehalte der Mitarbeiter gegenüber der ‚Theorie' beachtet werden. Diese betreffen vermutlich deutlich stärker die Bereitschaft zur Beschäftigung mit ethischen Grundlagen und Fragestellungen – was aus Unsicherheiten und Ängsten gegenüber dem unbekannten Feld resultieren kann – als den pädagogisch-fachlichen Input. Allerdings ist die Auseinandersetzung mit ethischen Perspektiven für die ‚Praktiker' vermutlich von noch größerer Bedeutung (sofern man dies wirklich gewichten möchte) als die konkreten pädagogischen Inhalte. Denn die alteritätsethische Lesart der Anerkennung und das favorisierte Bildungsverständnis bilden vermutlich häufig die wesentlichen Grundlagen, auf denen sich erst das professionelle Selbstverständnis, das Rollenverhalten und das pädagogische Handeln im Sinne der UN-BRK entwickeln und vollziehen. Um mögliche Widerstände abzubauen, sind die Mitarbeiter sehr behutsam an die theoretischen Grundlagen heranzuführen. Denn es ist unerlässlich, dass sie ein prinzipielles Angewiesensein auf die Disziplin akzeptieren, sich dementsprechend der Bedeutung der Theorie für die Praxis bewusst werden und ihr mit grundsätzlicher Offenheit begegnen. In dem Kapitel ‚*Professions- und Professionalisierungsforschung*' wurden diese Aspekte ausführlich dargelegt.

Das Ziel der alteritäts- und anerkennungsethischen Auseinandersetzung ist, sich mit dem Rollenverhalten und dem professionellen Selbstverständnis bewusst zu beschäftigen und beide kritisch zu reflektieren. Daraus resultieren i.d.R. entsprechende Modifikationen, die sich schließlich direkt – im Sinne der Prinzipien der UN-BRK – im Verhalten der Mitarbeiter niederschlagen.

Nachdem der zentrale Stellenwert des theoretischen Inputs herausgearbeitet wurde, werden im Folgenden Empfehlungen für mögliche Mittel und Wege der Realisierung (in Hinblick auf ethische und fachliche Grundlagen und Fragestellungen) sowie eines entsprechenden Theorie-Praxis-Transfers dargelegt.

Wohneinrichtungen der Behindertenhilfe können sich z.B. ganz bewusst dafür entscheiden, die gesamte Organisation (Strukturen, Prozesse, Interaktionen, pädagogisches Handeln usw.) auf einer alteritätsethischen Lesart der Anerkennung zu gründen, mit der eine kontinuierliche Reflexion des Rollenverhaltens und des professionellen Selbstverständnisses der Mitarbeiter einhergeht. Die alteritätstheoretische und anerkennungsethische Grundlegung ist entsprechend im Rahmen des Leitbilds, der Qualitäts- bzw. Unternehmenspolitik und/oder in der (pädagogischen) Konzeption zu formulieren. Sie bildet somit die Basis der Gestaltung der Organisation. Empfehlenswert ist zu diesem Zweck die Implementierung eines ‚wertorientierten' Qualitätsmanagementsystems (QMS). Dessen Grundlage und gleichzeitig wichtigstes Element des ‚Füh-

---

285 Überdies ist die Präsenz der Inhalte und Forderungen der Konvention – aufgrund der zentralen und grundlegenden Bedeutung der UN-BRK für das gesamte behindertenpädagogische Feld – selbstverständlich kontinuierlich zu gewährleisten.

rungsinstruments Qualitätsmanagement' ist die alteritäts- und anerkennungsethische sowie bildungstheoretische Lesart. Somit finden die theoretischen Grundannahmen eine umfassende Berücksichtigung; gleichzeitig wird die (Um-) Gestaltung der Organisation gut handhabbar und kann strukturiert angegangen werden. Auf diese Weise kann sich ein erfolgreicher und wirksamer Theorie-Praxis-Transfer vollziehen.

Die unerlässliche kontinuierliche Reflexion des Rollenverhaltens und des professionellen Selbstverständnisses der Mitarbeiter wird ein fester Bestandteil dieses QM-Systems und resultiert konsequenterweise aus der zugrunde liegenden alteritätsethischen Lesart der Anerkennung – schließlich eröffnet sich ein ‚Denken vom Anderen her', aus dem ein stetiges Reflektieren der Situationen, des Rollenverhaltens, der Interaktionen sowie der Kommunikation und der (pädagogischen) Handlungen resultiert.

Unabhängig davon, ob die stationäre Wohneinrichtung ein ‚wertorientiertes' Qualitätsmanagementsystem implementiert oder sich ‚lediglich' auf eine regelmäßige Auseinandersetzung der Mitarbeiter mit fachlichen Themen, Fragestellungen und Perspektiven – z.B. im Rahmen von Supervision – beschränkt: Wichtig und die wesentliche Voraussetzung für eine erfolgreiche Reflexion des Rollenverhaltens und des professionellen Selbstverständnisses stellt die Bereitschaft der professionell Tätigen dar, sich und das eigene (professionelle) Handeln kritisch zu reflektieren und an Leitprinzipien (Konzeption o.ä.) auszurichten. Daher ist es unerlässlich, diese Themen bzw. dieses Vorhaben an die Mitarbeiterschaft ‚heranzutragen' Dies erfordert eine informierte, motivierte und engagierte Leitung, die sensibel und einfühlsam agiert und den Mitarbeitern auf diese Weise mögliche Ängste – sowohl vor der Theorie als auch vor der ‚Überprüfung' des eigenen Verhaltens und professionellen Selbstverständnisses – nimmt; die die Mitarbeiter jedoch gleichzeitig konsequent und ohne Unterlass mit diesen Themen konfrontiert und auf einen entsprechenden Wandel der *Haltung* der Mitarbeiter – im Sinne der alteritätsethischen Lesart der Anerkennung – hinwirkt.

Auf diese Weise kann sich die behindertenpädagogische Praxis entsprechend der Prinzipien der UN-BRK neu ausrichten und strukturieren; auch die bis zu dieser Stelle noch nicht näher erwähnte Forderung der *‚Schulung der Fachkräfte'* fände somit Berücksichtigung: In Artikel 4 Absatz 1 (i) verpflichten sich die Vertragsstaaten dazu,

> die Schulung von Fachkräften und anderem mit Menschen mit Behinderungen arbeitendem Personal auf dem Gebiet der in diesem Übereinkommen anerkannten Rechte zu fördern, damit die aufgrund dieser Rechte garantierten Hilfen und Dienste besser geleistet werden können (Art. 4 Abs. 1 (i) UN-BRK).

Die kontinuierliche theoretische Auseinandersetzung, Reflexion und (Um-)Gestaltung der behindertenpädagogischen Praxis in der vorgeschlagenen Weise stellt eine geeignete und wirksame Erfüllung dieser Forderung dar.

Die Effekte der im Rahmen des vorliegenden Kapitels beschriebenen Vorgehensweise erstrecken sich überdies auf die durch die Konvention in Artikel 8 geforderte gesellschaftliche Bewusstseinsbildung. Dies werden die folgenden Ausführungen zu zeigen versuchen.

Die Bewusstseinsbildung betrifft im Grunde genommen die vollständige Verinnerlichung der in der UN-BRK vertretenen Kerngedanken und Prinzipien. Dies beginnt beim Verständnis von Behinderung bzw. der Einstellung gegenüber Menschen mit Behinderung, reicht über die Anerkennung ihrer Rechte[286] bis hin zur Wertschätzung von Behinderung als Vielfalt des

---

286 Ihre rechtliche Position unterscheidet sich zwar formal nicht von der nicht-behinderter Menschen, aufgrund der (gesellschaftlichen) Beeinträchtigungen können die Rechte jedoch häufig nicht wahrgenommen werden, weswegen eine Stärkung der rechtlichen Position erforderlich ist.

Lebens, die mit einer Anerkennung des wichtigen und wertvollen Beitrags von Menschen mit Behinderung für die Gesellschaft einhergeht. Dies fördert bei Menschen mit (Komplexer) Behinderung nicht nur das Bewusstsein der eigenen *Würde* und verstärkt das Zugehörigkeits- und Selbstwertgefühl[287], sondern führt überdies zu „erheblichen Fortschritten in der menschlichen, sozialen und wirtschaftlichen Entwicklung der Gesellschaft" (Präambel (m) UN-BRK). Um diesen Anspruch der Konvention auf gesellschaftlicher Ebene realisieren zu können, haben die Vertragsstaaten u.a. die „Einleitung und dauerhafte Durchführung wirksamer Kampagnen zur Bewusstseinsbildung in der Öffentlichkeit" (Art. 8 Abs. 2 a UN-BRK) verbindlich festgelegt.

Auch die behindertenpädagogischen (Wohn-)Einrichtungen müssen ihren Beitrag leisten. Mithilfe der vorgeschlagenen theoretischen Auseinandersetzung und Reflexion von Rollenverhalten und professionellem Selbstverständnis kann dies gelingen, denn aus dem damit einhergehenden Wandel der Haltung der Mitarbeiter resultieren *direkte* und *indirekte* Effekte in Hinblick auf die gesellschaftliche Bewusstseinsbildung:

*Direkt,* indem die Mitarbeiter als Mitglieder der Gesellschaft ihre Werte und Überzeugungen in die Gesellschaft tragen; *indirekt,* indem sie durch die Unterstützung und Intensivierung der tatsächlichen Teilhabe von Menschen mit Komplexer Behinderung am Leben in der Gemeinschaft das gesellschaftliche Bewusstsein prägen. Behinderungen werden auf diese Weise – so ist zu hoffen – zunehmend als ‚normaler' Teil der Gesellschaft empfunden und Menschen mit Komplexer Behinderung als Bereicherung der Gemeinschaft begriffen. Mitarbeiter werden die Teilhabe der Bewohner jedoch nur dann konsequent, intensiv und wirksam verfolgen, wenn sie eine entsprechende Grundhaltung – im Sinne der UN-BRK bzw. der alteritätsethischen Lesart der Anerkennung – einnehmen und verinnerlichen. In diesem Kontext ist natürlich – neben den bereits genannten Kerngedanken und Prinzipien der Konvention – auch die *Selbstbestimmung* von Menschen mit (Komplexer) Behinderung relevant. Auf diesen Aspekt wird z.B. im Rahmen der folgenden Handlungsempfehlungen zur *‚Unabhängigen Lebensführung und -gestaltung'* ausdrücklich eingegangen.

### 4.3.3.5.2 Unabhängige Lebensführung und -gestaltung

Eine sehr zentrale Grundidee der UN-BRK ist die Befähigung von Menschen mit Behinderung zur einer unabhängigen Lebensführung und -gestaltung. In der Konvention wird dieser Themenbereich, der von zentraler Bedeutung ist und daher im Folgenden ausführlich betrachtet wird, insbesondere durch die folgenden Artikel berücksichtigt:
- Artikel 9 – Zugänglichkeit
- Artikel 19 – Unabhängige Lebensführung und Einbeziehung in die Gemeinschaft
- Artikel 21 – Recht der freien Meinungsäußerung, Meinungsfreiheit und Zugang zu Informationen

Im Rahmen einer unabhängigen Lebensführung und -gestaltung sind sowohl Aspekte des *Wohnens* (inkl. Wohnform und Wohnumgebung), als auch die Teilhabe am Leben in der

---

[287] Die Stärkung des ‚Zugehörigkeitsgefühls' wird in der UN-BRK ausdrücklich als Ziel benannt. Bielefeldt äußert sich dazu folgendermaßen: „Der Begriff des Zugehörigkeitsgefühls kommt meines Wissens sonst in keiner internationalen Menschenrechtskonvention vor und gehört bislang nicht zum etablierten Vokabular des Menschenrechtsdiskurses. Er steht symbolisch für eine spezifische Stoßrichtung der UN-BRK, die gegen die Unrechtserfahrung gesellschaftlicher Ausgrenzung eine *freiheitliche und gleichberechtigte soziale Inklusion einfordert*" (Bielefeldt 2009, 10; Hervorhebungen im Original, B.B.).

Gemeinschaft zu berücksichtigen – in kultureller Hinsicht sowie in Bezug auf Mobilität und Zugänglichkeit bzw. Barrierefreiheit (dies wiederum sowohl räumlich als auch in Hinblick auf Informationen).

Mit Artikel 19 verpflichten sich die Mitgliedsstaaten dazu, Menschen mit Behinderungen gleichberechtigt die Möglichkeit zu eröffnen, „[…] ihren Aufenthaltsort zu wählen und zu entscheiden, wo und mit wem sie leben" (Art. 19 a UN-BRK). Darüber hinaus dürfe die genannte Personengruppe nicht zum Leben in ‚besonderen Wohnformen' verpflichtet werden (vgl. ebd.).

Wie bereits an anderer Stelle festgestellt wurde, kann der Anspruch auf freie Auswahl des Aufenthalts- und Wohnortes sowie der Mitbewohner von Menschen mit Komplexer Behinderung aktuell in Deutschland (noch) nicht umfassend realisiert werden (allein die Mitarbeiter- und Bewohnerfluktuation in stationären Wohneinrichtungen läuft dieser Forderung zuwider). Was jedoch aus der UN-BRK abgeleitet werden kann und muss, ist die Verpflichtung, genau zu prüfen und zu erörtern, welche Bewohner mittel- oder langfristig in eine ambulante Wohnform umziehen wollen und können und sie dementsprechend dahingehend zu befähigen und zu unterstützen – selbstverständlich nur, falls dies von den Betroffenen selbst gewünscht wird. Damit würde ein großer Schritt in Richtung ‚freie Wahl des Wohnens nach eigener Vorstellung' realisiert. Darüber hinaus sollten sich stationäre Wohneinrichtungen – sofern der Bau von Ersatzwohnstätten notwendig ist – grundsätzlich möglichst klein und gemeindezentriert ausrichten; dies wird jedoch nicht Gegenstand der folgenden Handlungsempfehlungen sein.

Um Menschen mit Komplexer Behinderung, die in behindertenpädagogischen Einrichtungen wohnen, zu einer möglichst unabhängigen Lebensführung und -gestaltung (im Sinne der UN-BRK) zu verhelfen, müssen die organisationalen Strukturen und Settings dieser Organisationen kritisch hinterfragt und entsprechend umgestaltet werden.

Aus Perspektive einer alteritätsethischen Lesart der Anerkennung ist insbesondere dringender Handlungsbedarf in Hinblick auf organisatorische Abläufe und zeitliche Strukturen sowie bzgl. offizieller Regeln und ‚ungeschriebener Gesetze' zu identifizieren. Überdies ist ebenfalls die vorherrschende Unternehmenskultur der Organisation von Bedeutung, die wiederum unmittelbaren Einfluss auf das Rollenverhalten und das professionelle Selbstverständnis der Mitarbeiter hat.

Wie bereits vorab dargelegt wurde, lassen sich die ‚Logiken' und ‚Zwänge' der Wohneinrichtungen, die diese strukturellen (Rahmen-)Bedingungen größtenteils hervorbringen, allerdings nicht gänzlich verändern oder auflösen. An dieser Stelle trifft die alteritätsethische Lesart der Anerkennung auf die Realität der Organisation.

Dieses bereits beschriebene Spannungsfeld verunmöglicht allerdings nicht das Vorhaben, die (Um-)Gestaltungsprozesse so zu realisieren, dass Menschen mit Komplexer Behinderung ins Zentrum der behindertenpädagogischen Praxis rücken – ein Anspruch, der sowohl aus der UN-BRK als auch aus der alteritätsethischen Lesart der Anerkennung und dem favorisierten Bildungsverständnis resultiert. Denn die organisationalen Grenzen sind zweifelsohne dehnbar, so dass ein Agieren innerhalb dieser Grenzen durchaus Platz für eine alteritäts- und anerkennungsethische sowie bildungstheoretische Perspektive und ein ‚Denken vom Anderen her' lässt. Auf dieser Grundlage lassen sich strukturelle Missachtung und Entmündigung aufdecken und in der Folge – durch entsprechende Prozesse der organisationalen Umgestaltung – deutlich vermindern.

Mithilfe der folgenden Beispiele soll exemplarisch dargelegt werden, in welcher Hinsicht sich behindertenpädagogische Wohneinrichtungen in verschiedenen Bereichen und Aspekten kritisch hinterfragen und ggf. verändern müssen, um Menschen mit Komplexer Behinderung eine weitestgehend unabhängige Lebensführung und -gestaltung ermöglichen zu können. Gleichzeitig werden diesbezügliche Empfehlungen der Umgestaltung formuliert; dabei handelt es sich allerdings nicht um Vorgaben, sondern um Möglichkeiten, die der Orientierung dienen sollen. Vorab ist erneut darauf zu verweisen, dass den Organisationen grundsätzlich – sowohl für die unmittelbar folgenden als auch für die übrigen Themenbereiche und Handlungsfelder – zu empfehlen ist, sich deutlich in Hinblick auf ihre grundlegende ethische und fachliche Ausrichtung zu positionieren (z.B. im Sinne des im vorausgegangenen Kapitels vorgeschlagenen ‚wertorientierten' QM-Systems) und dies in konzeptioneller Form (z.B. in einer pädagogischen Konzeption) zu konkretisieren.

Die konzeptionellen Grundlagen müssen das Handeln der Mitarbeiter so gut unterstützen und strukturieren, dass sie es ermöglichen, auf die Menschen mit Komplexer Behinderung in einem möglichst hohen Maß an Individualität einzugehen und trotzdem der ethischen und fachlichen Basis gerecht zu werden. Daraus kann z.B. ganz konkret resultieren, dass einige Bewohner (z.B. Menschen mit autistischen Diagnosen) stärkere Vorgaben, Strukturen und Regeln benötigen,[288] die ihnen Orientierung geben, als andere.

*Zeitliche Strukturen am Wochenende*
Die Lebenswelt von Bewohnern stationärer Wohneinrichtungen der Behindertenhilfe wird häufig in hohem Maße von den Dienstplänen der Mitarbeiter, festen Abläufen sowie anderen formellen und informellen Regeln bestimmt.
Um auf eine möglichst unabhängige Lebensführung und -gestaltung der Menschen mit Komplexer Behinderung hinwirken zu können, müssen diese Strukturen flexibilisiert werden: Am Wochenende – der einzigen freien Zeit für viele berufstätige Bewohner, abgesehen von den Abendstunden in der Woche und den Urlaubstagen – ist den Menschen mit Komplexer Behinderung z.B. eine individuelle Gestaltung nach eigenen Bedürfnissen zu ermöglichen, die sich gleichzeitig an einer gewissen ‚Normalität' jenseits der institutionellen ‚Zwänge' und Strukturen orientiert. Diese reicht z.B. von flexiblen Frühstückszeiten, die sich über einen gewissen Zeitkorridor erstrecken (z.B. von 07:30 Uhr bis 11:00 Uhr), über ‚normale' Zeiten, an denen das Abendessen eingenommen wird (z.B. nicht um 17:30 Uhr o.ä., wie es lange Zeit in vielen Einrichtungen u.a. aufgrund der Dienstplangestaltung handgehabt wurde und teilweise noch wird), bis hin zu attraktiven Angeboten der Abendgestaltung – dies muss z.B. nicht immer der Besuch von Discos, Bars, Kino- oder Theater-Vorstellungen sein, auch ein gemütlicher gemeinsamer Fernsehabend mit Rotwein und Knabbereien oder ein gemeinsamer Spieleabend stellt sicherlich für nicht wenige Bewohner eine ansprechende Abendgestaltung am Wochenende dar. Dabei ist zu beachten, dass Menschen mit Komplexer Behinderung häufig einer Heranführung an diese Angebote bedürfen; sie müssen ihnen quasi ‚schmackhaft' gemacht werden, denn nicht selten fehlt ihnen der innere Antrieb, jene eigenständig anzunehmen – was mitunter sicherlich häufig aus dem Umstand resultiert, dass sie diese nicht kennen und anderes gewöhnt sind, z.B. relativ zügig nach dem Einnehmen des Abendessens zu Bett zu gehen.[289] Daher dürfen die Vorschläge der Mitarbeiter nicht

---

288 Anstatt ‚Regeln' aufzustellen können aber z.B. auch ‚Vereinbarungen' zwischen Bewohnern und Mitarbeitern getroffen werden.
289 Dies betrifft insbesondere auch (Freizeit-)Angebote außerhalb der Wohneinrichtung. Mitunter müssen Menschen mit Komplexer Behinderung besonders dahingehend bestärkt werden, solche Angebote auszuprobieren, sich für neue Erfahrungen zu öffnen, neue menschliche Begegnungen zu wagen und neue Räume zu erschließen.

‚halbherzig' verfolgt werden, andererseits darf es jedoch auch nicht auf ein ‚Überreden' oder ‚Drängen' hinauslaufen.

Um solche Angebote – angesichts der häufig beklagten schlechten Personalsituation – tatsächlich verwirklichen zu können, kann man z.B. gruppenübergreifend arbeiten oder damit beginnen, solche Angebote vereinzelt (z.B. einmal in der Woche oder zweimal im Monat) zu installieren.

Der Dienstplan und andere institutionelle Abläufe haben auf weitere Lebensbereiche von Menschen mit Komplexer Behinderung einen großen Einfluss, z.B. auf die Auszahlung des persönlichen Geldes an die Bewohner.

*Die Auszahlung des Barbetrags*
Die Auszahlung erfolgt in vielen stationären Wohneinrichtungen zu festgelegten (und für alle Personen verbindlichen) Zeiten. Diesbezüglich wird dringend gefordert, dass diese Regelungen hinterfragt werden und geprüft wird, ob sie für die einzelnen Bewohner tatsächlich dazu geeignet sind, eine möglichst unabhängige Lebensführung und -gestaltung zu erreichen. Erfolgen z.B. alle Auszahlungen an einem einzigen festen Wochentag, so muss erörtert werden, wo und ob bei Bewohnern eine häufigere Auszahlung kleinerer Beträge – z.B. dreimal wöchentlich – angemessen und zu Gunsten dieser Personen wäre. Dies ergäbe für die individuelle Situation des Menschen mit Komplexer Behinderung ggf. mehr Sinn, da er auf diese Weise die Möglichkeit erhielte, einen eigenverantwortlichen, selbständigen und adäquaten Umgang mit seinen finanziellen Mitteln zu erlernen – u.U. könnte ein großes Ziel schließlich das Führen eines eigenen Bankkontos sein.

Der Alltag von Menschen mit Komplexer Behinderung, die in stationären Wohneinrichtungen leben, ist auch in Hinblick auf die Bereiche ‚Reinigung' und ‚Einkaufen' kritisch in den Blick zu nehmen, denn auch diese bergen vermutlich häufig Organisationszwänge, die einer unabhängigen Lebensführung und -gestaltung wohlmöglich entgegenstehen und somit der UN-BRK und der alteritätsethischen Lesart der Anerkennung zuwiderlaufen.

*Reinigung*
Die persönlichen Zimmer, die Menschen mit Komplexer Behinderung in den stationären Einrichtungen der Behindertenhilfe bewohnen, werden oftmals durch Reinigungskräfte gesäubert. Ähnlich verhält es sich mit der persönlichen Wäsche der Bewohner: Häufig beschäftigen die Organisationen Hauswirtschaftspersonal, das die Reinigung der anfallenden Wäsche im Haus übernimmt bzw. diese an externe Wäschereien weiterleitet.

Die hinter diesen Regelungen stehende Logik ist grundsätzlich zu hinterfragen, denn es ist zu vermuten, dass sie i.d.R. vermutlich ausschließlich aus organisationalen Umständen resultiert. Die in den Organisationen lebenden Menschen mit Komplexer Behinderung werden auf diese Weise jedoch übergangen und entmündigt, es wird ihnen nicht zugetraut, für ihre persönlichen Dinge selbst einzustehen. Es wird ihnen von vornherein nicht die Möglichkeit eröffnet, sich dafür verantwortlich zu fühlen.[290]

Dies ist jedoch wesentliche Voraussetzung für eine unabhängige Lebensführung und -gestaltung. Um auf diese hinwirken zu können, muss der Bewohner an den Ausgangspunkt der Überlegungen gestellt und geprüft werden, was er zu diesem Zweck benötigt, welche Rechte und Pflichten er – als eigenverantwortlicher erwachsener Mensch – hat. Andernfalls würde er

---

290 Inwiefern dies einen massiven Eingriff in die Privatsphäre der Bewohner darstellt, wird im Rahmen des Themenbereichs *‚Privatheit und Individualität'* erläutert.

massiv in seiner Position geschwächt und entmündigt sowie der Machtausübung durch die Organisation und die Mitarbeiter ausgesetzt werden.

Dementsprechend sind die stationären Wohneinrichtungen dazu aufzufordern, die Abläufe und Regelungen bzgl. der Reinigung der Zimmer und der persönlichen Wäsche der Bewohner zu überprüfen und sehr kritisch zu hinterfragen, welcher Logik sie folgen. Sollte dies nicht bereits der Fall sein, so ist ein Perspektivwechsel zugunsten der Menschen mit Komplexer Behinderung zu veranlassen, aus dem resultierend alle Bewohner – im Sinne einer möglichst unabhängigen Lebensführung und -gestaltung – die Chance erhalten, sich für ihren persönlichen Besitz und ihren eigenen Privatbereich verantwortlich zu fühlen.

Das bedeutet, dass die Bewohner – so umfangreich wie möglich – an der Reinigung ihres persönlichen Zimmers beteiligt und in die Prozesse des Aufbereitens der Wäsche – Waschen, Falten, Bügeln und Transport der Wäsche (vom Zimmer zur Waschmaschine bzw. zum Hauswirtschaftsbereich und zurück) – eingebunden werden. Den Personen, denen aufgrund ihrer Beeinträchtigung auch mit Unterstützung keine aktive Mitwirkung möglich ist, muss trotzdem die Teilhabe am Prozess eröffnet werden, z.B. indem die verschmutzte persönliche Wäsche gemeinsam zur Waschmaschine gebracht und dem Menschen mit Komplexer Behinderung die weitere Vorgehensweise demonstriert und erläutert wird.

Somit wird deutlich, dass den Mitarbeitern die Aufgabe obliegt, den Menschen mit Komplexer Behinderung ein adäquates individuelles Maß an Unterstützung anzubieten, um sie weder zu über- noch zu unterfordern. In diesem Kontext erlangt das bereits diskutierte Thema *Selbstbestimmung* demnach erneut Bedeutung: In diesem Sinne ist eine Überbetonung der *Selbstbestimmung* (z.B. indem der Bewohner zu wenig Anleitung und Unterstützung erhält, sich somit quasi ‚selbst überlassen' wird) genauso zu vermeiden, wie eine entmündigende Übernahme seiner persönlichen Aufgaben, Pflichten und Zuständigkeiten. Ähnlich verhält es sich bei der letzten Handlungsempfehlung für den Themenbereich *‚Unabhängige Lebensführung und -gestaltung'*.

*Einkäufe*
Die genannten Einrichtungen der Behindertenhilfe verfahren in Hinblick auf den Einkauf von Lebensmitteln nicht selten in der Form, dass das Hauswirtschaftspersonal oder andere Mitarbeiter regelmäßig (z.B. zweimal wöchentlich) ‚Großeinkäufe' durchführen, die schließlich in zentralen Vorratsräumen in den Wohneinrichtungen gelagert werden. D.h. Bewohner oder Mitarbeiter beschaffen sich die benötigten Lebensmittel häufig dort. Dies entspricht allerdings weder einem ‚normalen' noch einem ‚selbstbestimmten' Einkauf. Dies ist in Hinblick auf eine möglichst unabhängige Lebensführung und -gestaltung von Menschen mit Komplexer Behinderung sehr kritisch zu betrachten und zu problematisieren, denn auf diese Weise wird eine ‚künstliche Welt' geschaffen, in der u.a. kein Geld notwendig ist und das Haus nicht verlassen werden muss und die zudem in Hinblick auf die Auswahl an Lebensmitteln sicherlich nicht vergleichbar mit der in einem Lebensmittelmarkt ist.

Daher sind die stationären Wohneinrichtungen dazu aufzufordern, den Einkauf von Lebensmitteln als ‚normalen' Bestandteil des Alltags zu betrachten und die Bewohner dementsprechend möglichst häufig aktiv darin einzubinden. Dementsprechend ist zu empfehlen, innerhalb der Wohngruppen auf eine Selbstversorgung hinzuwirken; in diesem Sinne könnten z.B. die Bewohner und die Mitarbeiter der Gruppe gemeinsam Mahlzeiten planen und entsprechend einkaufen. Die Auswahl der Lebensmittel würde schließlich im Geschäft nach den individuellen Vorlieben der Bewohner erfolgen – wobei natürlich ein gewisser finanzieller Rahmen zu wahren wäre.

Auf diese Weise begegnet man Menschen mit Komplexer Behinderung respekt- und würdevoll, behandelt sie als selbstbestimmte und mündige Individuen.[291] Dies entspricht sowohl den Prinzipien und Forderungen der UN-BRK als auch einer alteritätsethischen Lesart der Anerkennung und dem Bildungsverständnis nach Ursula Stinkes.
Auch in Hinblick auf den Kauf der Kleidung von Menschen mit Komplexer Behinderung muss die *Selbstbestimmung* der Personen sowie ein Höchstmaß an ‚Normalität' (die Kleidung im Geschäft kaufen) an erster Stelle stehen. Die Funktion der Mitarbeiter beschränkt sich auf eine beratende Unterstützung – alles darüber Hinausgehende stellt grundsätzlich eine Bevormundung und Entmündigung dar. Ein besonderes Maß an Sensibilität und Einfühlungsvermögen der Mitarbeiter ist mitunter in Hinblick auf die Menschen erforderlich, die sich z.B. nicht verbal äußern können oder die komplex sinnesbeeinträchtigt (z.B. taubblind) sind. In diesen Fällen sind wirksame Alternativen zur herkömmlichen Kleiderauswahl zu treffen (z.B. den Stoff auf der Haut spüren lassen und die Reaktionen und Emotionen des Menschen mit Komplexer Behinderung aufmerksam verfolgen), um entsprechend des Willens und der Vorlieben der Person auswählen zu können. Auch diese mitunter sehr intensive Unterstützung durch die Mitarbeiter ist als Beratung der Bewohner zu begreifen.
Insbesondere die Beispiele bzgl. der Einkäufe verdeutlichen, wie wichtig es ist, Menschen mit Komplexer Behinderung an die selbstbestimmte Gestaltung verschiedenster Lebensbereiche heranzuführen. Nicht nur das Wahrnehmen von Rechten und Pflichten, sondern auch das Ausprobieren, das Kennenlernen von Alternativen ist von zentraler Bedeutung und sogar Voraussetzung, um überhaupt ein selbstbestimmtes individuelles Leben führen und gestalten zu können; denn nur wenn man weiß, wofür und wogegen man sich entscheidet, kann man wirklich selbstbestimmt und individuell leben.
Die Handlungsempfehlungen zum vorliegenden Themenkomplex stellen – aufgrund des begrenzten Rahmens der vorliegenden Arbeit – lediglich eine kleine Auswahl aller Aspekte bzgl. einer unabhängigen und selbstbestimmten Lebensführung von Menschen mit Komplexer Behinderung dar. In der behindertenpädagogischen Praxis müssen alle anderen relevanten Themen, wie z.B. *Zugang zu Information und Kommunikation*, *Infrastruktur* und *Barrierefreiheit* selbstverständlich ebenfalls berücksichtigt werden.
Zudem ist bzgl. der vorangegangenen Handlungsempfehlungen erneut deutlich darauf zu verweisen, dass sie in dem Bewusstsein des Spannungsfeldes zwischen alteritätsethischer Lesart der Anerkennung und der Realität der Organisation entwickelt wurden. Doch gerade die ausgewählten Beispiele verdeutlichen, wie dehnbar die Grenzen der Einrichtung sind und zeigen, dass die organisationalen ‚Zwänge' einer alteritäts-, anerkennungs- und bildungstheoretischen Perspektive nicht gänzlich entgegenstehen. Ein ‚Denken vom Anderen her', das den Menschen mit Komplexer Behinderung in das Zentrum des Handelns stellt, kann demnach durchaus in der Wohneinrichtung stattfinden und diese wirksam verändern.
In engem Zusammenhang mit der unabhängigen Lebensführung und -gestaltung steht der folgende Themenbereich ‚*Privatheit und Individualität*'.

### 4.3.3.5.3 Privatheit und Individualität
Die UN-BRK als Übereinkommen zur Konkretisierung der Menschenrechte von Menschen mit Behinderung fordert (resultierend aus der *Achtung ihrer Würde*) u.a. ihre Autonomie, Gleichheit, Freiheit und Selbstbestimmung – darauf wurde bereits im Rahmen der grundle-

---
291 Auch der Umgang mit Geld ist in diesem Kontext von großer Bedeutung.

genden Ausführungen zur Konvention verwiesen. Die genannten Aspekte lassen sich in dem Themenbereich ‚*Privatheit und Individualität*' zusammenfassen, der im Folgenden in Form von Handlungsempfehlungen berücksichtigt wird.
Einige zentrale Artikel der Konvention zur ‚*Privatheit und Individualität*' sind u.a.:
- Artikel 17 – Schutz der Unversehrtheit der Person
- Artikel 21 – Recht der freien Meinungsäußerung, Meinungsfreiheit und Zugang zu Informationen
- Artikel 22 – Achtung der Privatsphäre

Die UN-BRK zeichnet ein umfassendes Bild von Privatheit und Individualität. So ist nicht nur die körperliche und seelische Unversehrtheit von Menschen mit Behinderung zu gewährleisten (siehe Artikel 17), sondern sie dürfen auch

> […] unabhängig von ihrem Aufenthaltsort oder der Wohnform, in der sie leben, keinen willkürlichen oder rechtswidrigen Eingriffen in ihr Privatleben, ihre Familie, ihre Wohnung oder ihren Schriftverkehr oder andere Arten der Kommunikation oder rechtswidrigen Beeinträchtigungen ihrer Ehre oder ihres Rufes ausgesetzt werden […] (Art. 22 Abs. 1 UN-BRK).

Überdies gehören zur Privatheit und Individualität selbstverständlich auch das Recht auf eine eigene Meinung und freie Äußerung dieser sowie der Zugang zu Informationen (siehe Artikel 21).
Besonders an dieser Stelle wird nun deutlich, dass die verschiedenen Themenbereiche, die in den Handlungsempfehlungen berücksichtigt werden, teilweise sehr eng miteinander verknüpft sind bzw. sich häufig überlappen; so finden sich im vorliegenden Rahmen z.B. direkte Überschneidungen zum ‚*Schutz vor Machtmissbrauch und (subtiler) Gewalt*' und zur ‚*Unabhängigen Lebensführung und -gestaltung*'.[292]
Dementsprechend führen Tätigkeiten wie Einkaufen oder die Reinigung der persönlichen Kleidung und der eigenen Räumlichkeiten, sofern sie im Rahmen der individuellen Möglichkeiten selbstbestimmt und möglichst eigenständig durchgeführt werden, nicht nur zu einer tatsächlichen unabhängigeren Lebensführung und -gestaltung; die Durchführung bzw. Übernahme dieser Aufgaben und Pflichten ist gleichzeitig Ausdruck des Rechts auf eigene Privatheit, Privatsphäre und Individualität.
Dieser unmittelbare Zusammenhang ist darauf zurückzuführen, dass die Handlungsempfehlungen – analog zum ‚Geist' der UN-BRK – Ausdruck einer bestimmten Grundhaltung (der alteritätsethischen Lesart der Anerkennung) sind. Überdies stellt der stationäre Wohnbereich der Behindertenhilfe das ‚Zu Hause', d.h. die Lebenswelt, der Bewohner dar; demnach handelt es sich um ein Feld, bei dem die verschiedensten Themen, Interessen und Angelegenheiten der Bewohner zusammenlaufen und von den Mitarbeitern – als Hauptbezugspersonen – allesamt berücksichtigt werden müssen.
Die erwähnten Schnittmengen des vorliegenden Themas mit anderen Themenbereichen und Handlungsempfehlungen – die sich z.B. ganz deutlich bei der Achtung der Unversehrtheit der Person (‚*Schutz vor Machtmissbrauch und (subtiler) Gewalt*'), der Meinungsfreiheit sowie Zugang zu Informationen (‚*(Politische) Teilhabe*') und beim selbständigen Einkauf und Reinigung (‚*Unabhängigen Lebensführung und -gestaltung*') offenbaren – sollen, um Redundanzen

---

292 Die ‚künstliche' Trennung der Themenbereiche und dazugehörigen Handlungsempfehlungen resultiert schließlich allein aus dem Anliegen, eine nützliche Strukturierung und Handhabung bzw. wirksame Umsetzung der Forderungen der UN-BRK entwickeln bzw. gewährleisten zu wollen.

zu vermeiden, nicht erneut inhaltlich aufgegriffen werden. Stattdessen wird auf die bereits dargelegten bzw. noch folgenden jeweiligen sehr ausführlichen Vorschläge (d.h. Handlungsempfehlungen) zu den genannten Bereichen verwiesen, denn diese sind direkt mit der ‚Privatheit und Individualität' verknüpft. D.h. an diesen Stellen werden die drei oben genannten Artikel (Art. 17, Art. 21 und Art. 22) der Konvention bereits berücksichtigt.
Trotzdem werden im Folgenden Handlungsempfehlungen entwickelt; diese beziehen sich allerdings schwerpunkmäßig auf den Artikel 22 – Achtung der Privatsphäre.
Zu diesem Zweck kann direkt an die ‚Unabhängige Lebensführung und -gestaltung' angeschlossen werden, denn dieser Aspekt ist in Hinblick auf den Themenbereich ‚Privatheit und Individualität' – und insbesondere bzgl. der Privatsphäre – von großer Bedeutung. Grundsätzlich stellt die Übernahme von Aufgaben, Rechten und Pflichten von Menschen mit Komplexer Behinderung – durch die Mitarbeiter – einen Eingriff in ihren Verantwortungsbereich dar. Damit droht auch die Gefahr eines Verselbständigungsprozesses, bei dem das ungefragte ‚Abschneiden' oder ‚Aushöhlen' des Bereichs sich quasi ‚automatisch' vollzieht und dem Menschen mit Komplexer Behinderung die eigene Verantwortung entnommen wird, z.B. für Dinge (des alltäglichen Lebens) wie Tätigkeiten, Erledigungen, Aufgaben oder Entscheidungen.
Dies stellt jedoch einen massiven Eingriff in den privaten Bereich (d.h. die Privatsphäre und Privatheit) von Menschen mit Komplexer Behinderung dar. Dies widerspricht nicht nur den Prinzipien und Forderungen der UN-BRK sowie den dort formulierten Rechten für diese Personengruppe, sondern ist auch aus Perspektive der alteritätsethischen Lesart der Anerkennung äußerst kritikbedürftig. Deshalb ist dringend zu fordern, Menschen mit Komplexer Behinderung die Möglichkeit zu eröffnen und sie dazu zu befähigen, sich verantwortlich für das eigene Leben in diesen Bereichen zu fühlen bzw. diese Verantwortung auch tatsächlich zu übernehmen.
Eine alteritäts-, anerkennungs- und bildungstheoretische Perspektive verweist auf die – aus der Verantwortung resultierende – Anerkennung des Anderen, d.h. darauf, ihm einen positiven Wert zuzuweisen, einen Daseinsraum zu eröffnen und ihn somit in seiner radikalen (und relativen) Differenz zu achten. In diesem Sinne muss ihm auch dazu verholfen werden, sich zu den ‚Verhältnissen verhalten zu können' – ihn also durch *bildende Verhältnisse* zu befähigen. Dieser Perspektive steht die Realität der Organisation entgegen, die u.a. durch organisationale ‚Logiken', aber auch durch eigene Deutungsmuster, Interpretationen und Ansichten der Mitarbeiter geprägt ist. Die bisherige behindertenpädagogische Praxis ist in Hinblick auf Privatheit, Individualität sowie eigene Lebensführung und -gestaltung häufig durch Restriktionen, Einschränkungen, Barrieren und Verbote bestimmt – im deutlichen Gegensatz zur UN-BRK und der alteritätsethischen Lesart der Anerkennung. Es gibt jedoch viele Möglichkeiten, dieses Spannungsfeld abzubauen, d.h. die organisationalen Grenzen deutlich zu dehnen. Die folgenden Handlungsempfehlungen zur ‚Privatheit und Individualität' werden dies zu zeigen versuchen.
Die Vorschläge werden sich insbesondere mit Aspekten der Privatsphäre, d.h. mit ‚Genuss', Intimität, dem Umgang mit dem und Erleben des eigenen Körper(s) beschäftigen, da diese Aspekte in behindertenpädagogischen Wohneinrichtungen für Erwachsene – obwohl von zentraler Bedeutung – häufig nicht in umfassender Weise geachtet werden.

*Genuss*
Für das Erleben von Individualität und Privatheit und im Rahmen einer selbstbestimmten Lebensgestaltung ist der Zugang zu Genuss bzw. die Möglichkeit, Genuss zu erleben (z.B.

in Hinblick auf Lebensmittel, Alkohol, sexuelle und nicht-sexuelle körperliche Erfahrungen) besonders bedeutsam.

Grundsätzlich kann ein Mensch Leid und Genuss erleben. Genuss trägt i.d.R. zu positiven Empfindungen, Behagen und Geborgenheit – d.h.: zu Wohlbefinden – bei und fördert somit die Lebensqualität des Einzelnen. Überdies ist anzunehmen, dass regelmäßige genussvolle Erfahrungen ebenso eine dauerhafte förderliche Wirkung auf das allgemeine körperliche Wohlergehen haben.[293]

Aufgrund der wesentlichen Bedeutung des Genusses für Menschen ist dieser Aspekt im Rahmen stationärer Wohneinrichtungen unbedingt zu berücksichtigen.[294] Ob dies bereits aktuell in hinreichendem Ausmaß stattfindet, ist zu bezweifeln. Vermutlich erhalten Menschen mit Komplexer Behinderung, die in diesen Organisationen leben, häufig keine regelmäßige Unterstützung zur Ermöglichung von Genuss bzw. keinen regelmäßigen Zugang zu Genussmitteln.

Dies ist vermutlich darin begründet, dass sie oftmals sicherlich nicht vollständig als gleichwertige erwachsene Interaktionspartner erachtet, sondern in die Rolle schutzbedürftiger Kinder gedrängt werden, für deren Wohlergehen und Gesundheit sich die Mitarbeiter (oder z.B. auch Eltern oder Angehörige) verantwortlich fühlen. Diesem Verständnis liegt scheinbar die (unbewusste) Annahme zugrunde, dass Menschen mit Komplexer Behinderung nicht dazu in der Lage seien, für sich und die eigene Gesundheit Verantwortung übernehmen zu können. Dementsprechend wird vermutlich häufig (implizit) davon ausgegangen, dass sie kein (‚gesundes') Maß halten könnten, was wiederum mit der Annahme einhergeht, dass Menschen mit Komplexer Behinderung – im Gegensatz zu nichtbehinderten Menschen – i.d.R. keinen ‚feinen Sinn' für Genüsse (d.h. keine Genussfähigkeit im Sinne eines ‚Feinschmeckers' oder ‚Genießers') hätten. Diese Haltung stellt jedoch bereits eine gedanklich vollzogene Diskriminierung dar, die einer faktischen Diskriminierung mitunter bereits Vorschub leistet.

Aus Perspektive der UN-BRK und der alteritätsethischen Lesart der Anerkennung (die das favorisierte Bildungsverständnis einschließt) ist dringend zu fordern, diese Grundannahmen und die damit einhergehenden Handlungen, Vorgehensweisen und Regelungen (in stationären Wohneinrichtungen) umzukehren und den Menschen mit Komplexer Behinderung (als den Anderen) an den Ausgangspunkt des Denkens und Handelns zu stellen.

Als Ausdruck der Anerkennung von Menschen mit Komplexer Behinderung als gleichwertige Interaktionspartner und mit dem Ziel, ihnen eine möglichst selbstbestimmte individuelle Lebensführung und -gestaltung zu erlauben sowie ihre Privatheit und Individualität zu achten, ist dementsprechend zu fordern, den Bewohnern stationärer Wohneinrichtungen in umfassender und regelmäßiger Weise Genuss zu ermöglichen und Zugang dazu zu verschaffen. Dies beinhaltet wohlmöglich auch – im Sinne des skizzierten Bildungsverständnisses – das Heranführen der Bewohner an Dinge, die unbekannt und fremd und somit ggf. mit Desinteresse, Ängsten o.ä. verbunden sind – d.h. die Genuss*bereitschaft* ist ggf. zu stärken. Diese Forderungen müssen mit einem grundsätzlichen Bewusstsein bzw. einer bestimmten Haltung (in der soeben beschriebenen Weise) bei den Mitarbeitern einhergehen, die mitunter erst aus einer kritischen Reflexion und Modifikation der bisherigen Einstellungen resultiert.

---

293 Genuss kann aus dem Abbau von Reizen, die als unangenehm und ggf. ‚überflutend' wahrgenommen werden, aber auch aus dem Setzen von Reizen, die die Sinne stimulieren, resultieren.

294 Wie wichtig der Genuss grundsätzlich für Menschen ist, wird auch unter Berücksichtigung kultureller und historischer Perspektiven deutlich, denn stets und in allen Kulturen spielten und spielen verschiedenste Genüsse bzw. das Genießen eine wichtige Rolle, z.B. im Rahmen von Ritualen und Feiern.

Um Genuss zu ermöglichen, sind demzufolge entsprechende Lernfelder und -gelegenheiten – *bildende Verhältnisse* – zu schaffen, in denen Menschen mit Komplexer Behinderung sich – im ‚geschützten' Raum der Organisation – ausprobieren dürfen, um z.B. Vorlieben und Wünsche zu entdecken, aber auch die eigenen Grenzen auszutesten. Diese Erfahrungen sind die Grundlage für eine selbstbestimmte individuelle Lebensführung und -gestaltung, denn nur so kann Kenntnis darüber bzw. ein Gefühl dafür erlangt werden, was gut tut und was nicht. Voraussetzung dafür ist selbstverständlich eine Haltung der Mitarbeiter, die Menschen mit Komplexer Behinderung die Fähigkeit, ‚Maß' zu halten, grundsätzlich zuspricht (siehe oben).[295] Trotzdem muss den Bewohnern jeweils das entsprechende individuelle Unterstützungsangebot unterbreitet werden, um Genuss zu erleben und mittel- und langfristig einen möglichst selbstbestimmten und selbständigen Konsum von Genussmitteln zu erzielen. Wichtig erscheint dabei, ein Verständnis von Genuss zu verinnerlichen, das einerseits die zentrale Bedeutung von Genuss für den Einzelnen betont, andererseits aber auch mit einer gewisse Beschränkung von Genussmitteln einhergeht – schließlich zeichnet sich Genuss durch Qualität und nicht durch Quantität aus. Auch Menschen mit Komplexer Behinderung muss zugetraut werden, dies verinnerlichen zu können; die Mitarbeiter werden dementsprechend dazu aufgefordert, die Bewohner dazu zu befähigen.

All dies muss selbstverständlich stets unter Rücksichtnahme auf das Umfeld erfolgen; dementsprechend muss den Bewohnern auch ein Verständnis und Gespür im Sinne gerechtigkeitsrelevanter Aspekte vermittelt werden, denn als Teil der Gemeinschaft müssen sie – ebenso wie als Mitglied der Gesellschaft – bestimmte Regeln befolgen. Im Rahmen alteritätsethischer Überlegungen wird diese Perspektive durch die Figur des Dritten eröffnet. In diesem Sinne ist z.B. der Verzehr von Genussmitteln unter Abwägung gerechtigkeitsrelevanter Aspekte zu gestalten – dies kann vom Konsum von Alkohol über das Rauchen von Zigaretten bis hin zum Ausleben sexueller Vorlieben reichen. Natürlich hat der Mensch mit Komplexer Behinderung ein Recht auf diese Genüsse – dies haben die vorangehenden Ausführungen zu zeigen versucht; allerdings sind auch die Ansprüche und Rechte der Personen im unmittelbaren Umfeld – in diesem Fall insbesondere die der Mitbewohner – zu berücksichtigen. Treffen die verschiedenen Wünsche und Forderungen aufeinander, so ist sehr bewusst und sensibel abzuwägen, um schließlich Kompromisslösungen zu finden. Dabei sind die Mitarbeiter i.d.R. von großer Bedeutung.

An dieser Stelle zeigt sich auch die enge Verknüpfung von Anerkennung und Bildung: Denn die durch die Figur des Dritten berücksichtigte Perspektive der Gerechtigkeit prägt die *bildenden Verhältnisse*; damit wird der Einzelne dazu befähigt, sich zu den Verhältnisse, in denen er lebt – nämlich in der Gemeinschaft –, zu verhalten.

In engem Zusammenhang mit Genuss stehen verschiedene Lebensbereiche und Themen. Das vorliegende Kapitel wird sich mit einigen dieser Aspekte beschäftigen: mit dem *‚Körper'*, der *‚Sexualität und Partnerschaft'* und mit *‚Nahrungsmitteln'*. Dabei werden kurze Handlungsempfehlungen skizziert, die der Konkretisierung der bis zu dieser Stelle dargelegten Gedanken und Vorschläge zum *‚Genuss'* und zur *‚Privatheit und Individualität'* dienen sollen. Letztendlich zielen all diese Empfehlungen darauf ab, die Privatsphäre von Menschen mit Komplexer Behinderung zu achten und zu schützen.

---

295 Hinterfragen sich die Mitarbeiter auf ihre eigene Genussbereitschaft und Häufigkeit des Konsums von Genussmitteln, so räumt der überwiegende Teil sicherlich ein, ab und zu das ‚adäquate' Maß zu verlieren. Indem man Menschen mit Komplexer Behinderung diese ‚Schwäche' sicherlich häufig (unbewusst) unterstellt, enthält man ihnen die Erfahrungen, die man selbst mehr oder weniger regelmäßig macht, jedoch paradoxerweise vor.

*Körper*
Es ist dringend dafür zu plädieren, Menschen mit Komplexer Behinderung dabei zu unterstützen, ein (positives) Verhältnis zum eigenen Körper zu entwickeln. Dies umfasst ‚körperpflegerische' Themen und ‚Wellness'-Angebote (z.B. Duschen, sich mit Cremes pflegen, auf die Körperpflege achten und dabei Genuss und Spaß haben, sich aber auch entspannen können), Snoezelen genauso wie körperliche Bewegung (z.B. rennen oder tanzen bzw. sich im Takt der Musik bewegen usw.). Die Mitarbeiter sind dazu aufzufordern, Menschen mit Komplexer Behinderung an diese Genüsse heranzuführen, ihnen über eventuelle innere Barrieren und Abwehrmechanismen hinwegzuhelfen und ihnen somit ein genussvolles Erleben des eigenen Körpers zu eröffnen, ohne sie allerdings dazu zu ‚überreden'. Dabei spielen natürlich auch Sexualität und Partnerschaft eine Rolle.

*Sexualität und Partnerschaft*
Als selbstbestimmte mündige erwachsene Menschen haben Bewohner stationärer Wohneinrichtungen das Recht, ihre Sexualität zu entdecken und zu entwickeln. Die Mitarbeiter sind entsprechend verpflichtet, ihnen dazu einen natürlichen Zugang zu eröffnen und Möglichkeiten zu erschließen, die Erotik und Sexualität Raum geben.
Die Mitarbeiter stehen den Menschen mit Komplexer Behinderung deshalb beratend, anleitend und mitunter begleitend zur Seite bzw. helfen den Bewohnern dabei, Möglichkeiten der Beratung oder Begleitung in Anspruch zu nehmen – z.B. durch eine Beratungsstelle oder durch Sexualbegleiter.[296]
In diesem Kontext muss natürlich auch ‚Flirten', ‚Partnerschaft' und ‚Liebe' berücksichtigt werden. Neben Partner-Börsen und Date-Parties für Menschen mit Behinderung können aber durchaus auch andere Wege beschritten werden – z.B. der Besuch entsprechender Angebote, die nicht speziell für Menschen mit Behinderung konzipiert sind. Die Mitarbeiter sind auch in diesem Kontext in der Rolle der Berater, Anleiter und Begleiter, helfen dabei, Ängste und Barrieren zu überwinden, müssen aber auch stets ein angemessenes Maß an Distanz wahren, sich zurücknehmen und die Privatheit des Menschen mit Komplexer Behinderung schützen und wahren.
Ein weiterer Bereich, bei dem Mitarbeitern die Aufgabe zukommt, die Bewohner zum Genuss zu befähigen, ist der der Nahrungsmittel. Dieser stellt den letzten Handlungsbereich zum ‚*Genuss*' in der vorliegenden Arbeit dar.

*Nahrungsmittel (Lebensmittel und Alkohol)*
Der Verzehr von Nahrungsmitteln ist für die meisten Menschen mehr als eine reine ‚Nahrungsaufnahme' – er geht mit Genuss einher. Menschen mit Komplexer Behinderung bilden dabei häufig keine Ausnahme. Daher werden stationäre Wohneinrichtungen dazu aufgefordert, den Bewohnern einen (selbstbestimmten) Zugang zu Lebensmitteln zu ermöglichen, der mit dem Erleben von Genuss einhergeht.

---

296 Ein besonders spannungsreiches Dreieck kann mitunter aus Sexualität – Macht(missbrauch) – Professionsethik in Verbindung mit der eigenen Sexualität der Mitarbeiter entstehen. Ist diese bei dem betreuenden Personal mit bestimmten Ängsten, Barrieren, Vorurteilen o.ä. behaftet, so kann sich dies – mitunter auch in Verbindung mit Macht – negativ und spannungsreich auf die Bewohner und deren Recht auf Sexualität übertragen. Aus diesem Grund ist eine kritische Reflexion der eigenen Person, der eigenen Normen und Werte bei den Mitarbeitern vonnöten. Denn die eigenen Themen und Probleme dürfen das – auf der alteritätsethischen Lesart der Anerkennung basierende – professionelle Handeln nicht beeinträchtigen.

Der Aspekt des Genusses ist an dieser Stelle besonders wichtig, denn er geht mit der Grundannahme einher, dass es Menschen mit Komplexer Behinderung durchaus zugetraut werden kann und soll, ihre Ernährung selbstverantwortlich zu gestalten. Dies erfordert allerdings ein Bewusstsein für die sinnliche Dimension der Nahrung und die Wahrnehmung des eigenen Körpers. Die Bewohner behindertenpädagogischer Wohneinrichtungen müssen daher – falls noch nicht vorhanden – zum sinnlichen Erleben von Lebensmitteln und Getränken befähigt werden. Schmecken, Riechen und Spüren/Fühlen stellen eine direkte Verbindung zwischen der Nahrung und dem Körper dar, müssen allerdings ganz bewusst angesprochen werden.
Dies ist die Voraussetzung, um Essen und Trinken wirklich genießen, um Spaß daran haben zu können. Gleichzeitig müssen die Bewohner dazu befähigt werden, ein Verständnis von Genuss zu erlangen, das auch die Dimension der Beschränkung kennt. Denn wie bereits an anderer Stelle bemerkt wurde, kann sicherlich davon ausgegangen werden, dass Genuss für die meisten Menschen mit einem gewissen ‚Maß' einhergeht; d.h. nicht maßlose Quantität, sondern Qualität und Begrenzung führen zu Genuss. Andernfalls ist es kein Genuss, sondern Normalität.
Eine Möglichkeit, einen genussvollen und sinnlichen Zugang zu Lebensmitteln zu eröffnen, stellt z.B. der im Rahmen der ‚*Unabhängigen Lebensführung und -gestaltung*' entwickelte Vorschlag eines gemütlichen Abends mit wohlschmeckenden Lebensmitteln – z.B. Wein, Bier oder Limonade sowie Süßigkeiten – auf der Wohngruppe dar.
In diesem Sinne müssen auch sogenannte ‚ungesunde' Lebensmittel – ‚Dickmacher' und alkoholische Getränke – grundsätzlich ‚erlaubt' sein und dürfen nicht rationiert oder den Bewohnern gar vorenthalten werden – dies würde eine massive Bevormundung und Fremdbestimmung darstellen.[297] Vielmehr sind die Menschen mit Komplexer Behinderung entsprechend der oben beschriebenen Grundannahmen dazu zu befähigen, einen selbstbestimmten Umgang mit Lebensmitteln – auch mit ‚ungesunden' – zu finden. Dies ist ihr ganz persönlicher Raum, ihre Privatsphäre, die dringendst zu achten ist. Im Alltag der behindertenpädagogischen Praxis wird dies vermutlich häufig nicht ausreichend gewürdigt und berücksichtigt.
Eine alteritätsethische Lesart der Anerkennung sowie das favorisierte Bildungsverständnis erfordern dementsprechend – ganz im Sinne der Konvention – ein deutliches Umdenken. Menschen mit Komplexer Behinderung muss es zugetraut werden, ein selbstbestimmtes, eigenverantwortliches Leben führen zu können! Andernfalls wird ihnen ein großer Gewaltakt angetan, denn die Absprache der Genussfähigkeit und des Verantwortungsgefühls für sich selbst ist aus alteritätstheoretischer und menschenrechtlicher Perspektive missachtend und diskriminierend; überdies wird Menschen mit Komplexer Behinderung damit mitunter die Möglichkeit genommen, jemals ein selbstbestimmtes ‚adäquates' Maß des Verzehrs von Genussmitteln zu erlernen.
Dies kann auf alle anderen Themenfelder und Aspekte, die im Laufe des vorliegenden Kapitels angesprochen wurden, vollständig übertragen werden. Durch die Missachtung der Privatsphäre

---

297 Solche einschränkenden Maßnahmen, die leider in vielen stationären Wohneinrichtungen nicht unüblich sind, laufen i.d.R. unter dem Deckmantel der ‚Verantwortung' und ‚Gesundheitsfürsorge'. An dieser Stelle wendet das betreuende Personal häufig ein, dass ‚ungesunde' Lebensmittel und Alkohol den Bewohnern ‚schaden' würden, sich ggf. auch nicht mit deren Medikation vertrügen. Sicherlich ist eine Unverträglichkeit von Alkohol und Medikamenten in einigen Fällen gegeben, dies ist in Rücksprache mit dem Arzt zu klären. Es ist jedoch anzuzweifeln, ob die Mitarbeiter stets in dieser Weise verfahren oder nicht eher eine grundsätzliche Unvereinbarkeit von Medikamenten und Alkohol unterstellen. Zudem ist anzumerken, dass Mitarbeitern i.d.R. nicht die gesetzliche Betreuung der Bewohner in Hinblick auf die Gesundheitsfürsorge obliegt und diese auch im Wesentlichen andere Themen betrifft als den Verzehr von Genussmitteln.

von Menschen mit Komplexer Behinderung wird ihnen die Chance genommen, Privatheit zu erleben und ein Gefühl für die eigene Privatsphäre auszubilden bzw. diese zu verteidigen. Dies gilt für Sexualität, die eigene Körperlichkeit und alle anderen Bereiche, die hier nicht berücksichtigt werden konnten, gleichermaßen.

Wie bereits angedeutet wurde, ist der vorliegende Themenkomplex eng mit Aspekten der Macht und des Machtmissbrauchs verbunden. Aus diesem Grund werden im Folgenden Handlungsempfehlungen zum ‚*Schutz vor Machtmissbrauch und (subtiler) Gewalt*' entwickelt.

### 4.3.3.5.4 Schutz vor Machtmissbrauch und (subtiler) Gewalt

Der Themenbereich ‚*Schutz vor Machtmissbrauch und (subtiler) Gewalt*', der die körperliche und seelische Unversehrtheit einschließt, ist ein weiterer wichtiger Bestandteil des Schutzes der Menschenrechte bzw. der *Menschenwürde* und wird demnach ebenfalls in der UN-BRK – insbesondere im Rahmen der folgenden beiden Artikel – berücksichtigt:
- Artikel 16 – Freiheit von Ausbeutung, Gewalt und Missbrauch
- Artikel 17 – Schutz der Unversehrtheit der Person[298]

Eine kritische Auseinandersetzung mit Macht, Machtmissbrauch und (subtiler) Gewalt ist aufgrund der vorhandenen (strukturellen) Asymmetrien – dies wurde bereits im Rahmen des Kapitels ‚*Institutionen bzw. Organisationen*' dargelegt – gerade in stationären Wohneinrichtungen der Behindertenhilfe in besonders hohem Maße erforderlich.

Auch wenn diese organisationalen Merkmale nicht gänzlich aufgelöst werden können und stets in Spannung zur alteritätsethischen Lesart der Anerkennung stehen, sollen die Handlungsempfehlungen doch dem Zweck dienen, die Möglichkeiten bzgl. des Schutzes vor Machtmissbrauch und (subtiler) Gewalt innerhalb der Grenzen der Organisation auszuschöpfen.

Dazu scheint es sinnvoll und hilfreich, an das von Michel Foucault dargelegte Verständnis von Macht bzw. Machtbeziehungen anzuschließen. Dies begreift Foucault, wie bereits kurz skizziert wurde, als auf Handlungen ausgerichtete Handlungen, die immer und überall entstehen können – *Macht* wird demnach als Agieren auf der Beziehungs- bzw. Handlungsebene gedacht und wird von *Gewalt* unterschieden. So erklärt Foucault:

> Gewaltbeziehungen wirken auf Körper und Dinge ein. Sie zwingen, beugen, brechen, zerstören. Sie schneiden alle Möglichkeiten ab. Sie kennen als Gegenpol nur die Passivität, und wenn sie auf Widerstand stoßen, haben sie keine andere Wahl als den Versuch, ihn zu brechen (Foucault 2013, 255).

Er führt weiter aus:

> Machtbeziehungen schließen den Einsatz von Gewalt natürlich ebenso wenig aus wie die Herstellung von Konsens. Die Ausübung von Macht kann auf keins von beidem verzichten, und manchmal benötigt sie beides zugleich. Doch Gewalt und Konsens sind Mittel oder Wirkungen, nicht aber Prinzip oder Wesen der Machtausübung (ebd., 255f.).

Da das Promotionsvorhaben auf *Handlungs*empfehlungen ausgerichtet ist, ist die Foucault'sche Perspektive für die Thematisierung und Diskussion von Machtfragen sehr hilfreich – denn sie

---

298 Auf den Artikel 17 wurde bereits im Rahmen des Themenbereichs ‚*Privatheit und Individualität*' Bezug genommen. An dieser Stelle taucht jener nun erneut auf, da es im Folgenden um die Unversehrtheit der Menschen mit Behinderung durch die Vermeidung gewalttätiger und machtmissbräuchlicher Interaktionen, Settings und Strukturen in der behindertenpädagogischen Praxis gehen wird. D.h. hier wird eine etwas anderer Akzentuierung bzw. Konkretisierung des Rechts auf Unversehrtheit vorgenommen.

verdeutlicht, dass das *Agieren* auf der Beziehungsebene ausschlaggebend für die Entfaltung der Macht ist. Weiterhin gelangt man zu dem Schluss, dass die Entfaltung von Macht nicht zu vermeiden ist; vielleicht sollte dies auch nicht im Mittelpunkt der Betrachtung stehen. Wohlmöglich kann die Perspektive Foucaults dazu verhelfen, den Blick auf die Vermeidung von Macht-*Missbrauch* zu richten; denn dass sich Macht bzw. Machtbeziehungen überall entfalten kann bzw. können, wird als gegeben vorausgesetzt – der Umstand, dass sich die (strukturelle) Asymmetrie zwischen Mitarbeitern und Bewohnern aufgrund der Angewiesenheit der Menschen mit Komplexer Behinderung in verschiedenen Hinsichten niemals auflösen lässt, entspricht dieser Einschätzung. Die Realitäten der Organisation lassen sich schließlich nicht gänzlich verändern, jedoch ist ein Agieren innerhalb der organisationalen Grenzen möglich; dementsprechend kann und muss ein bestimmter Umgang mit Machtbeziehungen durchaus gefordert werden.

Für die Handlungsempfehlungen ist diese Sichtweise insofern hilfreich, als der Missbrauch von Macht bereits durch die Modifikation von Verhalten und Umgang der Mitarbeiter mit den Bewohnern reduziert oder sogar vermieden werden kann. Dieser Ansatz erweist sich demnach als relativ ‚realitätsnah', wodurch eine gewisse Zuversicht in Hinblick auf den ‚Erfolg' der Umsetzung gewonnen werden kann – was sich wiederum positiv auf die Motivation der Mitarbeiter auswirkt.

Eine wesentliche Voraussetzung für die Verwirklichung von Handlungsempfehlungen, die sich an diesem Verständnis von Macht orientieren, ist neben der theoretischen Darlegung und Erläuterung dieser Perspektive die Schaffung eines Bewusstseins sowie eine Sensibilisierung für Machtverhältnisse und die Gefahren des Machtmissbrauchs innerhalb der Organisation bei allen Akteuren (insbesondere bei Mitarbeitern und Bewohnern). In diesem Kontext muss natürlich auch das Auftreten von (subtiler) Gewalt thematisiert werden. Im Gegensatz zu Macht (im Foucault'schen Verständnis) kann und muss Gewalt allerdings ausdrücklich vermieden werden. Die Vermeidung von Machtmissbrauch ist vermutlich eine wesentliche Voraussetzung, um das Auftreten von (subtiler) Gewalt zu verhindern.

Machtbeziehungen können – dies legt die Perspektive Lévinas' nahe – bereits durch die Reflexion und Modifikation der Verhaltensweisen (der Mitarbeiter) abgemildert oder gar vermieden werden, ohne dass es zuerst einer Veränderung der vorhandenen organisationalen Strukturen bedarf (was gänzlich ohnehin nicht möglich ist). Sicherlich wirken viele Strukturen begünstigend auf Machtbeziehungen, doch scheint vieles – dies wird im Folgenden zu zeigen versucht – bereits im Rahmen von Verhaltensmodifikationen der Mitarbeiter (und Bewohner)[299] veränderbar.

Neben der bewussten Sensibilisierung aller Beteiligten für Macht-Fragen sind eine aktive Stärkung von Menschen mit Komplexer Behinderung sowie eine kritische Prüfung, Umgestaltung und Flexibilisierung der Strukturen, Abläufe, Gegebenheiten und Rollen in der Einrichtung mit dem Ziel zu fordern, den Missbrauch von Macht und das Auftreten von (subtiler) Gewalt weitestmöglich zu verhindern.

Die alteritätsethische Lesart der Anerkennung scheint als Grundlage für die geschilderten Ideen zum vorliegenden Themenkomplex überaus geeignet, denn sie eröffnet eine Perspektive, bei der die unabweisbare Verantwortung für den Anderen unmittelbar aus seinem Appel resultiert. Daraus folgt wiederum – zumindest im Rahmen der entwickelten Lesart – die Verpflichtung des Einzelnen, dem Anderen mit Anerkennung zu begegnen.

---

299 Schließlich sollten auch Menschen mit Komplexer Behinderung zu einer Verhaltensänderung befähigt werden, indem ihnen zu mehr Selbstvertrauen und Selbstbewusstsein verholfen wird. Dies wird im Folgenden näher dargelegt.

Die Achtung des Anderen in seiner Alterität und die Sorge für ihn beinhalten demnach bereits den Anspruch, Machtmissbrauch und (subtile) Gewalt zu vermeiden. Darüber hinaus ermöglicht diese Perspektive – mit der Figur des Dritten – die Einbeziehung von Gerechtigkeitsaspekten. Dies ist bei dem vorliegenden Themenkomplex besonders bedeutsam, da Machtmissbrauch und Gewalt vermutlich i.d.R. als ‚ungerecht' zu charakterisieren sind. Die Forderungen der UN-BRK, die den Schutz vor diesen Phänomenen beinhalten, scheinen sich demnach mithilfe der alteritätsethischen Lesart der Anerkennung gut verfolgen zu lassen. Die Handlungsempfehlungen gründen jedoch nicht nur auf diesen alteritäts- und anerkennungstheoretischen Grundannahmen, sie berücksichtigen gleichzeitig das favorisierte Bildungsverständnis nach Stinkes. Denn die Empfehlungen und Vorschläge zielen auf die Schaffung *bildender Verhältnisse* ab; diese dienen der Befähigung von Menschen mit Komplexer Behinderung und sollen dementsprechend dazu führen, dass diese sich ‚zu den Verhältnissen, in denen sie leben, verhalten' können.

Die nun folgenden Handlungsempfehlungen werden dies verdeutlichen. Sie werden sich in zwei Ebenen gliedern, wobei die gewählte Reihenfolge nicht aus einer ‚Rangfolge' resultiert: Zuerst werden (1) Präventive Maßnahmen gegen den Machtmissbrauch und (subtile) Gewalt in stationären Wohneinrichtungen der Behindertenhilfe vorgestellt, um im Anschluss (2) Empfehlungen für die Stärkung von Menschen mit Komplexer Behinderung darzulegen.[300]

### (1) Präventive Maßnahmen gegen Machtmissbrauch und (subtile) Gewalt

*Verbot willkürlicher Sanktionen*

Um dem Missbrauch von Macht möglichst effektiv vorzubeugen, wird empfohlen, dass in stationären Wohneinrichtungen ein *konsequentes Verbot willkürlicher Bestrafungen* von Bewohnern (bzw. gegen alle involvierten Personen) ausgesprochen und befolgt wird. Dementsprechend sind Sanktionierungen durch die Mitarbeiter strikt untersagt.[301] Denn im Sinne einer alteritätsethischen Lesart der Anerkennung müssen die Mitarbeiter grundsätzlich ohne Zuschreibungen und Bewertungen auf den Bewohner eingehen, ihm stattdessen mit Offenheit und positiver Wertschätzung begegnen, um ihm sehr sensibel und empathisch zuhören und bemerken zu können, dass seine Verhaltensweisen, die vielleicht bislang sanktioniert wurden, möglicherweise Ausdruck einer Über- oder Unterforderung des Menschen mit Komplexer Behinderung oder eines empfundenen Mangels an Aufmerksamkeit o.ä. sind. Aus diesem Erkennen heraus muss der Mitarbeiter handeln – jedoch gerade nicht durch Sanktionen, sondern durch ein – gegenüber einem erwachsenen selbstbestimmten und mündigen Menschen – adäquates Verhalten, bei dem jenem z.B. Handlungsorientierung in für ihn als schwierig erlebten Situationen gegeben wird.

Gleichzeitig müssen allerdings auch die Ansprüche und Rechte eventueller weiterer beteiligter Personen (insbesondere natürlich die der Mitbewohner) berücksichtigt und – im Bewusstsein ihrer grundsätzlichen Unvergleichbarkeit – gegeneinander abgewogen werden. Dort tritt die

---

300 Die Vorschläge werden sich überwiegend auf subtile Formen der Macht und psychische Gewalt beziehen. Dies resultiert einerseits aus dem Umstand, dass diesen Themen sicherlich häufig viel zu wenig Beachtung beigemessen wird (Themen wie ‚sexualisierte Gewalt' geraten hingegen – glücklicherweise – immer mehr in den Fokus), wobei die strukturellen Voraussetzungen in stationären Wohneinrichtungen gerade für diese Formen von Gewalt ein besonders großes Risiko bergen. Andererseits kann davon ausgegangen werden, dass wirksame Maßnahmen gegen subtile und psychische Gewalt vermutlich auch physische Übergriffe verhindern.

301 Damit sind selbstverständlich keine strafrechtlichen Konsequenzen gemeint – sofern der Mensch mit Behinderung eine Straftat begeht, für die er strafrechtlich einwandfrei (zweifellos) verantwortlich gemacht werden kann, ist dies durch die Wohneinrichtung nicht zu unterbinden.

Figur des Dritten hinzu, die gerechte(re) Verhältnisse für alle Beteiligten ermöglicht. Die Anerkennung für den singulären und die vielen Anderen wird auf diese Weise unter Gerechtigkeitsaspekten überprüft.

Die professionell Tätigen müssen dementsprechend insbesondere in Hinblick auf drohenden Machtmissbrauch und (subtile) Gewalt sehr (selbst-)kritisch und sensibel agieren, ihr Verhalten und Handeln sowie ihr Rollen- und Selbstverständnis immer wieder an die Verantwortung für den Anderen zurückbinden und gleichzeitig auch die Gerechtigkeitsprüfung – anhand der Figur des Dritten – berücksichtigen.

*Formen subtiler psychischer Gewalt*
Eine weitere unerlässliche Voraussetzung für die Vermeidung von Machtmissbrauch und Gewalt ist der bewusste Umgang mit subtiler psychischer Gewalt innerhalb der Mitarbeiterschaft stationärer Wohneinrichtungen.[302] Dies umfasst sowohl die Aufklärung und Information über die verschiedenen Gewaltformen (z.B. Spott, Ironie, abwertende Bemerkungen und abweisendes Verhalten), als auch eine kritische (Selbst-) Reflexion des Umgangs mit Menschen mit Behinderung. Im Rahmen von Team-Sitzungen oder Team-Tagen, entsprechenden Fortbildungen oder/und Supervision werden die Mitarbeiter auf diese Weise sensibilisiert und können somit ein Bewusstsein für subtile psychische Gewalt und Machtmissbrauch entwickeln. Die wichtigste Voraussetzung dafür ist vermutlich, den Mitarbeitern einen Raum frei von Zuschreibungen, Bewertungen oder gar Vorwürfen zu schaffen, in dem sie sich selbstkritisch, aber nicht anklagend mit den eigenen Verhaltensmustern und Handlungsweisen auseinandersetzen können. Dementsprechend ist den Mitarbeitern in diesem Kontext im Sinne einer alteritätsethischen Lesart der Anerkennung zu begegnen: Sie werden grundsätzlich positiv und offen mit ihren Ängsten, Befürchtungen, Meinungen, Sicht- und Verhaltensweisen angenommen und müssen auf dieser Basis dazu befähigt werden, Begegnungen mit Menschen mit Komplexer Behinderung weitestmöglich ohne subtile psychische Gewalt zu gestalten.

*Trialog*
Schließlich muss zur Prävention von Machtmissbrauch und (subtiler) Gewalt ein Rahmen geschaffen werden, in dem Menschen mit Komplexer Behinderung und Mitarbeiter – als ‚gleichwertige' Gesprächspartner – in Austausch treten können. In Anlehnung an Fornefeld ist – wie bereits an anderer Stelle ausgeführt wurde – ein ‚Trialog', d.h. die Einbeziehung von Bewohnern, Mitarbeitern und der Organisation, notwendig (vgl. Fornefeld 2008, 141). Dabei ist eine Auseinandersetzung mit subtiler psychischer Gewalt und Machtmissbrauch zwar dringend zu empfehlen, doch ist überdies darauf hinzuweisen, dass selbst die *Beteiligung* von Menschen mit Behinderung in Arbeitskreisen oder anderen Gremien bereits im weitesten Sinne eine Maßnahme der Gewaltprävention darstellt.[303] Denn schon die Möglichkeit, Wünsche,

---

302 Selbstverständlich müssen auch die Bewohner für Formen der Macht sensibilisiert werden. Im Rahmen der Ausführungen zur *‚Stärkung von Menschen mit Komplexer Behinderung'* werden Möglichkeiten aufgezeigt, wie Bewohner in Hinblick auf ihr Selbstwertgefühl und Selbstbewusstsein gestärkt werden können, was u.a. eine Voraussetzung darstellt, sich gegen Machtmissbrauch wehren zu können.

303 Diese Form der Beteiligung vollzieht sich auch auf der organisationalen Ebene. Da davon ausgegangen werden kann, dass viele Einrichtungen bislang keine umfassenden Mitwirkungsmöglichkeiten für die Bewohner vorhalten, würde sich somit eine deutliche Veränderung auf dieser Ebene vollziehen. Zwar gibt es den gesetzlich vorgeschriebenen Bewohnerrat; allerdings ist anzuzweifeln, ob die Einflussmöglichkeiten dieses Gremiums auf die Einrichtung die Position von Menschen mit Komplexer Behinderung tatsächlich – im oben beschriebenen Sinne – wirksam stärkt.

Sorgen, Ängste und Bedürfnisse zu formulieren – kurz: die eigene Position zu vertreten – und darüber mit den Mitarbeitern in einen Dialog einzutreten, geht mit einer Befähigung von Menschen mit Komplexer Behinderung einher – der Befähigung, sich auszudrücken und zu positionieren.[304] Diese ist wiederum eine wesentliche Voraussetzung, um möglichem Machtmissbrauch und (subtiler) Gewalt begegnen zu können: Zum einen werden Menschen mit Komplexer Behinderung, die ihre eigene Position stark vertreten können, mitunter seltener Opfer solcher Übergriffigkeiten, zum anderen können sie sich vermutlich im Allgemeinen besser gegen diese wehren. Aufgrund der zentralen Bedeutung der Stärkung von Menschen mit Komplexer Behinderung stellt dieser Aspekt das zweite zentrale Element zum *‚Schutz vor Machtmissbrauch und (subtiler) Gewalt'* dar, das im Folgenden mithilfe von Handlungsempfehlungen betrachtet wird.

### (2) Stärkung von Menschen mit Komplexer Behinderung

Aus den soeben dargelegten Gründen und aufgrund des Umstands, dass die Asymmetrien in Organisationen schwer bzw. nicht aufzulösen sind, müssen Menschen mit Komplexer Behinderung gestärkt werden.

Menschen mit Komplexer Behinderung stehen häufig in *mehrfacher und vielfacher* Abhängigkeit zu ihren Bezugspersonen – in stationären Wohneinrichtungen sind dies die (betreuenden) Mitarbeiter. Denn einerseits besteht zu ihnen häufig eine sehr nahe emotionale Beziehung (emotionale Abhängigkeit), andererseits sind sie jedoch für die Unterstützung im Alltag (Körperpflege, Ernährung, organisatorische Dinge usw.) unerlässlich. In Anbetracht dieser starken Abhängigkeit stellt es für Menschen mit Komplexer Behinderung sicherlich eine große Herausforderung dar, sich zu positionieren, die eigene Meinung zu formulieren und zu vertreten – selbst für Menschen ohne Behinderung ist es mitunter sehr schwierig, sich gegenüber Personen, zu denen ein (starkes) Abhängigkeitsverhältnis besteht, zu positionieren oder jene zu kritisieren. Um Menschen mit Komplexer Behinderung zu stärken, müssen sie gefragt, angeregt und motiviert werden, ihren Willen und ihre Meinung zu bekunden. Nur auf diese Weise ist eine eigene, ganz persönliche Lebensgestaltung möglich. Unterstützung und Orientierung dafür kann z.B. das Evaluationsmodell nueva® geben, in dessen Zentrum die Befragung von Menschen mit Behinderung durch Menschen mit Behinderung bzgl. der in Anspruch genommenen sozialen Dienstleistungen steht.[305]

Den beteiligten Akteuren wird auf diese Weise das Gefühl vermittelt, ernst genommen zu werden und als Kommunikationspartner wichtig zu sein. Dies ist eine wesentliche Voraussetzung, um den Mut aufbringen zu können, sich zu äußern und Dinge kritisch anzusprechen – auch gegenüber Personen, zu denen ein Abhängigkeitsverhältnis besteht.[306]

Überdies werden Mitarbeiter in Wohneinrichtungen dazu aufgefordert, Menschen mit Behinderung kontinuierlich durch Bestätigung und Ermutigung, durch das aktive Hinwirken auf Erfolgserlebnisse sowie durch das Aufdecken und Nutzen von Ressourcen zu einer Stärkung des Selbstwertgefühls und Selbstbewusstseins und somit zur Entwicklung eines positiven Selbst-

---

304 Eine entsprechende Unterstützung der Mitarbeiter ist – in Abhängigkeit von den individuellen Voraussetzungen und Möglichkeiten – selbstverständlich zu gewährleisten, ohne die Bewohner jedoch dabei fremdzubestimmen.
305 Siehe http://www.nueva-network.eu/cms/ [abgerufen am 17.07.2014].
306 Aus dem Umstand, dass die Befragten nicht von Mitarbeitern der Einrichtung oder anderen Personen befragt werden, zu denen eine gewisse asymmetrische Beziehung besteht bzw. bestehen könnte, sondern von Menschen, die ebenfalls eine Behinderung haben, können vermutlich ebenfalls stärkende und vertrauensfördernde Effekte resultieren.

verhältnisses zu verhelfen. Auf diese Weise werden Menschen mit Komplexer Behinderung aktiv in dem Lernprozess unterstützt, Bedürfnisse zu formulieren und sich zu positionieren. Ziel des Handelns muss es somit sein, alte Rollen aufzuweichen, und Menschen mit Komplexer Behinderung in diesem Sinne dazu zu ermutigen, eine eigene Meinung und einen eigenen Willen zu erkennen, zu formulieren und dementsprechend zu handeln. Gleichzeitig müssen jedoch auch Lernprozesse bestritten werden, aus denen ein ‚Sich-einordnen-‘ und ‚Kompromisse-eingehen-Können‘ resultiert.

Dementsprechend sollten Menschen mit Komplexer Behinderung in der Wohneinrichtung z.B. ganz bewusst Aufgaben übertragen werden, die ihnen signalisieren, dass ihnen ‚etwas zugetraut‘ wird. So könnte z.B. ein Bewohner, der regelmäßig Geschirr zerschlägt, die Verantwortung für das Decken des Tisches im Rahmen gemeinsamer Mahlzeiten erhalten – als Alternative dazu, ihn entweder mit Konsequenzen für ‚sein Verhalten‘ zu sanktionieren oder ihn grundsätzlich möglichst vom Geschirr ‚fernzuhalten‘ bzw. Plastikgeschirr zu verwenden. Durch das in ihn gesetzte Vertrauen und die Übertragung von Verantwortung in der beschriebenen Weise kann sich die Person hingegen ernstgenommen und als für die Gemeinschaft wichtig und wertgeschätzt erleben. Somit erhält sie die Chance, nicht nur *grundsätzlich* Aufmerksamkeit (wie beim Geschirr-Zerschlagen), sondern sogar *positive* Aufmerksamkeit zu erhalten – denn das Eindecken des Tisches wird durch die Mitarbeiter – und ggf. auch durch die Mitbewohner – positiv-unterstützend, ermutigend und ‚lobend‘ begleitet.

Auf diese Weise wird den Personen, die innerhalb einer Gruppe häufig ‚negativ‘ (z.B. durch Auto- oder Fremdaggressionen, durch verbale Gewalt usw.) auffallen, die Möglichkeit eröffnet, sich in der Gruppe eine neue, ‚positive‘ Rolle anzueignen. Indem sie die Verantwortung für etwas übernehmen (dabei kann es sich z.B. auch um das Führen einer in der Wohngruppe aushängenden Tabelle handeln, in der die aktuellen Fußballergebnisse vermerkt werden), werden diese Bewohner aus der Rolle des ‚schwarzen Schafs‘ entlassen und können ein anderes Selbstbild entwickeln. So wird der Mensch in seiner Position gestärkt; vermutlich können auch häufig Aggressionen gegen sich und andere vermindert werden. Gleichzeitig sind solche und ähnliche Handlungsweisen der Mitarbeiter Zeugnis eines reflektierten Umgangs mit möglichem Machtmissbrauch. Denn, wie bereits oben gezeigt wurde, stellt ein Sanktionieren von Menschen mit Komplexer Behinderung *keine* Verhaltensweise dar, die der erwachsenen Person als gleichwertiges Gegenüber begegnet; stattdessen wird die ‚überlegene‘ Position ihm gegenüber ausgenutzt – Demütigungen, Degradierungen und Misshandlungen sind das Resultat.

Nicht zuletzt ist auch die Anerkennung in Form *solidarischer Wertschätzung* eine wichtige Komponente zur Stärkung von Menschen mit Komplexer Behinderung. Dementsprechend sind jene – genau wie Menschen ohne Behinderung – für ihre Fähigkeiten anzuerkennen, z.B. als Künstler, Sportler, Musiker oder Tänzer. In diesem Sinne müssen z.B. Menschen mit Komplexer Behinderung, die ihre in einer kreativen Fördergruppe erstellten Kunstwerke präsentieren, als *Künstler* gewürdigt werden; Resultat ist sicherlich nicht selten ein Zugewinn an Selbstwertgefühl und positivem Selbstbild. Wichtig ist, dass diese Würdigung nicht aus Mitleid, falschverstandener Sozialität bzw. Solidarität oder einem missverstandenen (!) Verantwortungsgefühl folgt – dies wäre schließlich keine Anerkennung. Vielmehr resultiert aus einer Haltung, die auf einer alteritäts- und anerkennungsethischen Basis beruht eine Form von Anerkennung, die um die radikale Differenz des Anderen weiß – ohne diese jemals begreifen zu können – und den Menschen mit Komplexer Behinderung somit nicht vergleicht, sondern ihm grundsätzlich einen Daseinsraum eröffnet und einen positiven Wert zuschreibt.

Zusammenfassend ist festzuhalten, dass zwei zentrale Aspekte von Bedeutung sind, um die Forderungen der UN-BRK bzgl. der physischen und psychischen bzw. seelischen Unversehrtheit von Menschen mit Komplexer Behinderung umsetzen zu können: die präventiven Maßnahmen gegen Machtmissbrauch und (subtile) Gewalt (1) und die Stärkung von Menschen mit Komplexer Behinderung (2).

Aus der deutlichen Betonung dieser beiden Elemente soll jedoch nicht das Missverständnis resultieren, dass die entwickelten Handlungsempfehlungen als Vorgaben oder Regeln gedacht seien; sie dienen nach wie vor der Orientierung und sollen Möglichkeiten aufzeigen, den Forderungen der UN-BRK nachzukommen. Im folgenden Kapitel soll nun der letzte Themenkomplex der Handlungsempfehlungen diskutiert werden: die (politische) Teilhabe.

### 4.3.3.5.5 (Politische) Teilhabe

Die *Teilhabe* stellt ein wesentliches Grundprinzip der UN-BRK dar und durchzieht das gesamte Schriftstück. Ausdrücklich wird sie – zusätzlich zum Artikel 3, auf den bereits im Rahmen des Kapitels '*Grundlagen und Grundaussage*' verwiesen wurde – u.a. in Artikel 29 gefordert:
- Artikel 29 – Teilhabe am politischen und öffentlichen Leben

Alle Mitglieder der Gesellschaft haben das Recht, am Leben in der Gesellschaft teilzuhaben und einbezogen zu werden – dies schließt Menschen mit Komplexer Behinderung selbstverständlich ein. Alles andere stellt eine massive Diskriminierung dar: Wird Menschen dieses Recht bzw. die Umsetzung des Rechts vorenthalten, so wird ihnen damit unterstellt, dass sie nicht zur gesellschaftlichen *Teilhabe* in der Lage und/oder kein (wertvoller) Teil der Gemeinschaft seien. Dies stellt allerdings nicht ‚nur' eine Diskriminierung dar, sondern ist ebenfalls Ausdruck von Machtmissbrauch. Denn Mitarbeiter (oder andere Bezugspersonen) müssen Menschen mit Komplexer Behinderung dazu befähigen, ihr Recht auf *Teilhabe* umzusetzen; andernfalls missbrauchen sie ihre ‚überlegene' Position, nutzen also die gegebene Asymmetrie aus und stärken die Position des Anderen (des Menschen mit Komplexer Behinderung) gerade nicht. So wird bereits an dieser Stelle deutlich, dass der Befähigung ein zentraler Stellenwert zukommt; die folgenden Ausführungen werden dies vertiefend betrachten. Vorab müssen jedoch noch einige zentrale Bemerkungen vorgenommen werden.

Der eigene Artikel (Art. 29) der UN-BRK zum Recht auf *Teilhabe* umfasst die politische *Teilhabe* und jene am öffentlichen Leben. Beide Themenkomplexe stehen nicht nur in enger Verbindung zueinander, sondern auch mit zahlreichen anderen Aspekten, die teilweise bereits im Rahmen der Handlungsempfehlungen berücksichtigt wurden (z.B. die '*Unabhängige Lebensführung und -gestaltung*' und – wie gesagt – '*der Schutz vor Machtmissbrauch und (subtiler) Gewalt*'), aber auch mit Fragen des Wohnumfelds, der Infrastruktur und der Sozialraumorientierung.

Wird zudem die alteritätsethische Lesart der Anerkennung hinzugedacht, so ergeben sich deutliche Hinweise auf die zu empfehlende Grundhaltung der professionell Tätigen und die daraus resultierenden Handlungsempfehlungen für die behindertenpädagogische Praxis: So wird der *Andere* (in diesem Fall der Mensch mit Komplexer Behinderung) nicht nur als gleichwertiges Mitglied in der Gesellschaft bzw. Bewohner eines Stadtteils sowie eines Wohnverbunds erachtet, überdies wird ihm grundsätzlich ein positiver Wert für die Gemeinschaft zugeschrieben. Seine Beteiligung und Meinung wird als wichtig gewürdigt. Demnach wird der Mensch mit Komplexer Behinderung (als der Andere) als Gegenüber ernstgenommen, es wird ihm zugetraut, einen eigenen Standpunkt, persönliche Wünsche und individuelle Vorlieben zu haben und zu vertreten.

Somit wird der Andere in seiner radikalen und relativen Differenz als Teil der Gesellschaft anerkannt. Damit wird direkt an die Ausführungen zur dritten Sphäre der Anerkennung – der *solidarischen Wertschätzung* – angeschlossen, die im Vorfeld entsprechend der alteritätsethischen Lesart der Anerkennung entwickelt wurde.

Diese auf alteritäts- und anerkennungsethischer Basis gründenden Empfehlungen treffen allerdings auf die Realität der Organisation. Die behindertenpädagogische Praxis steht somit vor der Herausforderung, eine Perspektive einzunehmen, bei der grundsätzlich vom Bewohner ausgehend gedacht und gehandelt wird, was im Widerspruch zu den organisationalen ‚Logiken' bzw. ‚Zwängen' steht, die nicht in erster Linie aus den Bedürfnissen der Bewohnerschaft, sondern aus Erfordernissen der Einrichtung resultieren. Diese Realitäten können nicht gänzlich verändert werden, doch wie bereits des Öfteren betont wurde, ist es möglich, die organisationalen Grenzen zu flexibilisieren und auszudehnen. Ein Perspektivwechsel auf Grundlage der UN-BRK bzw. im Sinne der alteritätsethischen Lesart der Anerkennung ist dafür besonders wichtig, da das Denken (und Handeln) der Mitarbeiter andernfalls durch die bisherigen Grenzen in der Organisation beschränkt wird.

Anhand der folgenden Ausführungen wird dargelegt, dass sich durch eine veränderte Perspektive (s.o.) zahlreiche Möglichkeiten und Maßnahmen für den stationären Wohnbereich der Behindertenhilfe eröffnen, um auf die gesellschaftliche *Teilhabe* von Menschen mit Komplexer Behinderung hinzuwirken.

So ist z.B. dringend zu empfehlen, den Bewohnern zu einer gewissen Orientierung im Sozialraum zu verhelfen. Diese muss nicht unbedingt auf die zu entwickelnde selbständige Bewegung (im Sinne von *Mobilität*) im Stadtteil abzielen; Sozialraumorientierung bedeutet auch, gewisse Vorlieben im Stadtteil zu entwickeln und zu verfolgen – dies reicht z.B. von der Bevorzugung eines bestimmten Bäckers über die Entdeckung eines Lieblingscafés oder einer Lieblingskneipe bis hin zur Mitgliedschaft in einem Verein.

Aufgabe der professionell Tätigen ist es, die Neugier von Menschen mit Komplexer Behinderung auf diese Lebenswelt zu wecken, sie bei der Entdeckung dieser begleitend zu unterstützen und ein – wenn gewollt – regelmäßiges und dauerhaftes Bewegen im Sozialraum zu ermöglichen. Diese Deutungsweise der *Teilhabe* ist offensichtlich ganz im Sinne des favorisierten Bildungsverständnisses als Befähigung zum Leben, als ein ‚sich zu den Verhältnissen verhalten Können' zu verstehen.

Für Menschen mit Komplexer Behinderung, die häufig ein großes Maß an Unterstützung benötigen, sind die genannten Maßnahmen besonders wichtig, da der Sozialraum andernfalls verschlossen bleibt und *Teilhabe* damit vorenthalten wird. Die vorgeschlagenen Handlungsempfehlungen dienen dementsprechend nicht nur der Entfaltung der Rechte von Menschen mit Komplexer Behinderung, gleichzeitig können sie für viele Bewohner vermutlich auch einen wichtigen Beitrag leisten, um sich in der Wohnumgebung wohl, zu Hause und geborgen zu fühlen.

Die an anderer Stelle bereits dargelegten Handlungsempfehlungen (z.B. in Bezug auf den Barbetrag und auf Einkäufe – beides Themenbereiche, die auch den Umgang mit Geld betreffen) stehen in unmittelbarem Zusammenhang mit der *Teilhabe*. Dadurch wird erneut deutlich, dass alle im vorliegenden Rahmen formulierten Vorschläge aus einer bestimmten Grundhaltung resultieren.

Dies ist auch in Hinblick auf die *politische Teilhabe* nicht anders: Ausdruck einer auf der alteritätsethischen Lesart der Anerkennung basierenden Grundhaltung ist die Befähigung von Menschen mit Komplexer Behinderung, am politischen Leben teilzunehmen. Grundvoraussetzung dafür ist nicht nur die faktische Möglichkeit der Teilnahme (z.B. im Sinne der Barrierefreiheit in Wahllokalen), sondern auch die Heranführung der Menschen mit Komplexer Behinderung an diese Themen. Dies umfasst, wie ebenfalls bereits an anderer Stelle ausgeführt wurde, die Befähigung, eine eigene Meinung zu bilden und den Mut, diese zu äußern.

Möglichkeiten, Bewohner stationärer Wohneinrichtungen an die *politische Teilhabe* heranzuführen sind z.b. die Thematisierung und Diskussion aktueller politischer Geschehnisse (z.B. Wahlen oder andere innen- oder außenpolitische Ereignisse) in Verbindung mit der Erläuterung und gemeinsamen Erörterung politischer Standpunkte. Dies muss selbstverständlich stets individuell auf die persönlichen Voraussetzungen der Menschen mit Komplexer Behinderung zugeschnitten werden.

Auch die Einladung von Politikern in die Wohneinrichtungen (z.B. im Vorfeld einer Wahl) ist eine geeignete Möglichkeit, um Menschen mit Komplexer Behinderung an politische Themen heranzuführen; gleichzeitig könnte damit die Hoffnung verbunden sein, bei den politischen Akteuren ein geschärftes Bewusstsein für die Situation von Menschen mit Behinderung zu erzielen.

Allerdings ist nicht nur die öffentliche politische Teilhabe (z.B. an Kommunal-, Landtags- und Bundestagswahlen) von Menschen mit Komplexer Behinderung zu fordern und umzusetzen; auch die (durchaus als *politisch* zu bezeichnende) Beteiligung und Mitwirkung der Bewohner innerhalb der Wohneinrichtung ist zu gewährleisten.

Ein besonders wichtiges Instrument zu diesem Zweck ist der sogenannte *Bewohnerbeirat*[307], ein Mitwirkungsgremium der in einer stationären Einrichtung der Behindertenhilfe lebenden Personen, das regelmäßigen Wahlen durch die Bewohnerschaft unterliegt. Behindertenpädagogische Einrichtungen sind in Deutschland dazu verpflichtet, diese Gremien zu installieren; dies wird auf Länderebene geregelt – z.B. in Nordrhein-Westfalen durch das *Wohn- und Teilhabegesetz* (WTG).

Der Bewohnerbeirat ist demnach ein Mitbestimmungsorgan (innerhalb) der Organisation, das die Interessen der dort Lebenden vertreten soll. Es ist zwar grundsätzlich zu begrüßen, dass die Position von Menschen mit (Komplexer) Behinderung durch die Verpflichtung zur Installierung von Bewohnerräten gestärkt wird, doch scheint fraglich, ob dies für eine umfassende und wirksame Mitbestimmung der Bewohner genügt. Demnach wird dringend empfohlen, sie darüber hinaus an möglichst vielen organisationalen Entscheidungen (z.B. bei der Mitarbeiterauswahl) innerhalb der Wohneinrichtung zu beteiligen.

Die skizzierten Möglichkeiten der *politischen Teilhabe* verdeutlichen, dass solche und ähnliche Maßnahmen Menschen mit Komplexer Behinderung vermutlich das Gefühl vermitteln können, sich ernstgenommen zu fühlen, sich als Bürger bzw. Bewohner zu erleben, dessen Beteiligung sowie Meinung (von der Gemeinschaft) als wichtig und wertvoll erachtet wird. Genau dies ist Ausdruck einer alteritäts- und anerkennungsethischen Haltung, die auch das favorisierte Bildungsverständnis beinhaltet.

Die Ausführungen zu den Handlungsempfehlungen sollen an dieser Stelle beendet werden, obgleich sich zahlreiche weitere Themenfelder identifizieren und entsprechende Vorschläge konzipieren ließen. Dies würde jedoch den zur Verfügung stehenden Rahmen der Dissertation überschreiten. Zudem sollen die Handlungsempfehlungen keinesfalls einem ‚Katalog' gleichkommen, sind demnach weit davon entfernt, einen Anspruch auf Vollständigkeit erheben zu

---

307 Die Bezeichnung dieses Mitwirkungsgremiums unterscheidet sich in den verschiedenen Bundesländern – entsprechend der jeweiligen Gesetzgebung – teilweise; neben dem ‚Bewohnerbeirat' ist z.B. häufig von der ‚Bewohnervertretung' die Rede.

wollen; vielmehr ist mit dem vorliegenden Kapitel die Absicht verbunden, Anregungen und Orientierungspunkte für eine (Um-) Gestaltung der behindertenpädagogischen Praxis auf Grundlage der vorgestellten alteritätsethischen Lesart der Anerkennung zu liefern, um auf diese Weise Umsetzungsprozesse der UN-BRK zu realisieren. Dies war schließlich das Ziel des Promotionsvorhabens.

Dementsprechend wird das folgende Kapitel zusammenfassend den Weg nachzeichnen, der in der vorliegenden Arbeit zur Beantwortung der zentralen und zugrundeliegenden Fragestellung des Promotionsvorhabens beschritten wurde. Dabei werden die erzielten Ergebnisse skizziert und unter Bezug auf das Anliegen des Promotionsvorhabens gedeutet. Abschließend werden Perspektiven aufgezeigt, die sich aus der vorliegenden Arbeit ergeben.

# 5 Zusammenfassung und Ausblick

Das Promotionsvorhaben verfolgt das Anliegen, Umsetzungsprozesse der UN-BRK zu realisieren. Konkret wurde untersucht, ob eine alteritätsethisch konzipierte Lesart der Anerkennung Grundlage für Umsetzungsprozesse der Konvention in stationären Einrichtungen der Behindertenhilfe sein kann.
Dabei wurde die UN-BRK in einem ersten Schritt anhand ihrer wesentlichen Merkmale skizziert, wobei der Anerkennungsbegriff in der Konvention besonders wichtig war. Dies führte zu einer umfassenden anerkennungstheoretischen Auseinandersetzung, an deren Ende eine eigens konzipierte alteritätsethische Lesart der Anerkennung stand, die selbst zur Basis für Umsetzungsprozesse der Konvention werden sollte. Denn aus diesem Anerkennungsverständnis wurden schließlich Handlungsempfehlungen entwickelt, die der behindertenpädagogischen Praxis als Orientierung dienen sollen. Im Folgenden werden diese zentralen Schritte der Arbeit nachgezeichnet, um im Anschluss auf besondere Herausforderungen, offene Fragen und den weiteren Forschungsbedarf einzugehen und schließlich Perspektiven aufzuzeigen.

*Die UN-BRK*
Die UN-BRK, so wurde direkt zu Beginn der Arbeit gezeigt, ist nicht deswegen sehr bedeutsam, weil sie seit mehr als fünf Jahren in Deutschland rechtswirksam ist, sie stärkt darüber hinaus in ganz besonderer Weise die Menschen-, Bürger- und Freiheitsrechte von Menschen mit Behinderung. So wird das Recht auf gesellschaftliche Teilhabe in allen Lebensbereichen besonders fokussiert; weiterhin betont die Konvention u.a. die wertvolle Bedeutung des gesellschaftlichen Beitrags, den Menschen mit Behinderung (als Teil der menschlichen Vielfalt) leisten.
Diese wesentlichen Merkmale geben bereits Aufschluss über die menschenrechtliche Perspektive, aus der die UN-BRK entwickelt wurde. Damit wird auch deutlich, dass das Übereinkommen einem defizitorientierten Ansatz (der sich seinerseits z.B. mit den Stichworten ‚Fürsorge' und ‚Wohltätigkeit' beschreiben ließe) vollständig entgegenläuft. Stattdessen ist die Konvention durch die zentrale Prämisse der *Würde* geprägt und formuliert dementsprechend auch keine ‚Sonderrechte' für Menschen mit Behinderung, sondern stellt ein Instrument zur Gewährleistung von Würdeschutz und Rechtswahrung für diese Zielgruppe dar.
Im Anschluss an die tiefergehende Betrachtung des Würdebegriffs wurde in Kapitel 2 die besondere Bedeutung der gesellschaftlichen Anerkennung für Menschen (mit Behinderung) herausgearbeitet. Auch die Forderung des gesellschaftlichen Bewusstseinswandels bzw. die Maßnahmen zur Bewusstseinsbildung entsprechend der Grundsätze der Konvention waren in diesem Zusammenhang von Interesse.
Überdies zeigte sich in diesem Kontext erneut sehr deutlich, was bereits zu Beginn der Arbeit vermutet wurde: dass Anerkennung eine wichtige Rolle in der Konvention einnimmt, denn sie taucht immer wieder an zentralen Stellen des Übereinkommens auf. Diese Passagen wurden im Rahmen des Kapitels 2.3 näher untersucht. Dabei wurde klar, dass der Anerkennungsbegriff in der Konvention zwar in unterschiedlichen Kontexten verwendet wird, diese allerdings stets Schlüsselfunktionen innehaben. Trotzdem bleibt der Begriff der Anerkennung in der UN-BRK undeutlich und diffus.

*Anerkennungstheorie*
Um das Anliegen, eine Basis für Umsetzungsprozesse der Konvention zu schaffen, weiterzuverfolgen, widmete sich Kapitel 3 den anerkennungstheoretischen Auseinandersetzungen. Auf diese Weise sollte der Anerkennungsbegriff geklärt und damit die Bedeutung der in der UN-BRK geforderten Anerkennung für die Behindertenpädagogik herausgestellt werden.
Nachdem zu Beginn des dritten Kapitels gezeigt wurde, dass der Begriff heterogen, vielschichtig und mehrdeutig ist und es demnach keine eindeutige Definition von Anerkennung gibt, wurde darauf verwiesen, dass im anerkennungstheoretischen akademischen Diskurs ein gewisser Konsens bzgl. der Funktionen der Anerkennung besteht. Wie die Arbeit gezeigt hat, wird sie demnach als wichtige Voraussetzung zur Entwicklung einer positiven Selbstbeziehung und einer integren Persönlichkeit erachtet; gleichzeitig schreibt man ihr auf gesellschaftlicher Ebene eine integrierende Funktion zu, die zu mehr Gerechtigkeit führen kann.
Anhand der folgenden Ausführungen, die einen Einblick in verschiedene anerkennungstheoretische Interpretationen gaben, wurde verdeutlicht, wie unterschiedlich die Ansätze mitunter sind. Insbesondere die Auseinandersetzung mit phänomenologischen Perspektiven vermittelte einen ersten Eindruck vom Potential der Anerkennung, das u.a. für die Behindertenpädagogik vielversprechend erschien, verwies aber auch auf Ebenen der Anerkennung, die kritisch zu reflektieren sind.[308]
An diese ersten überblicksartigen Skizzen schloss sich eine intensive Erörterung der Anerkennungstheorie Axel Honneths an. In einem ersten Schritt wurde die Theorie in ihren zentralen Bestandteilen dargelegt, um dann deren Fortentwicklung bis 2013 nachzuzeichnen. So wurde dargestellt, dass der theoretische Kern durch die Annahme repräsentiert wird, dass eine Gesellschaft grundsätzlich dann gerecht ist bzw. sein kann, wenn ihre Mitglieder Anerkennung erfahren. Diese reziproke gesellschaftliche Anerkennung gliedert Honneth in drei Formen, die jeweils drei Anerkennungssphären (*Liebe*, *Recht* und *soziale Wertschätzung*) zugeordnet werden. Diese stellen, so Honneth, eine wichtige Voraussetzung für die Ausbildung einer sogenannten ‚intakten Identität', für Selbstverwirklichung und soziale Integration der Subjekte dar.
Ganz anderer Natur ist hingegen die Phänomenologie Emmanuel Lévinas', die anschließend skizziert wurde. Im Zentrum seiner alteritätstheoretischen Perspektive steht die Verantwortung für den Anderen. Lévinas beschäftigt sich mit der Frage, warum verantwortlich bzw. ‚moralisch' gehandelt werden muss. Dies beantwortet er allerdings nicht, d.h. er trifft keine Aussagen darüber, wie diese Verantwortung konkret ausgestaltet werden soll.
Die darauf folgende kritische Würdigung Honneths – bei der die einzelnen wesentlichen Elemente seiner Anerkennungstheorie diskutiert wurden – war bereits teilweise durch die bei Lévinas erstmals aufgegriffene alteritätstheoretische Perspektive geprägt und gab zahlreiche Hinweise auf die daraufhin zu entwickelnde Lesart der Anerkennung.
Diese wurde schließlich am Ende des dritten Kapitels konzipiert, wobei die Phänomenologie Lévinas' die zentrale alteritätstheoretische Grundlage bildete. Darauf aufbauend wurde die eigene Lesart der Anerkennung durch drei Anerkennungsformen ergänzt bzw. konkretisiert, die sich stark an Honneth anlehnen. Auf diese Weise wurde die Ethik der Verantwortung nach Lévinas quasi einer anerkennungstheoretischen Interpretation unterzogen.

---

308 Denn bei allen positiven Mechanismen der Anerkennung darf nicht verschleiert werden, dass sie ihrerseits „nicht frei davon ist, zwiespältige Effekte zu produzieren" (Dederich 2013a, 230). So bergen die Grundannahmen der Reziprozität und Symmetrie, die z.B. der Theorie Honneths zugrundeliegen, (für bestimmte Personengruppen) exkludierende Effekte. Darüber hinaus resultiert aus einer differenzierten – alteritätstheoretisch geprägten – Betrachtung des Anerkennungsbegriffs die Erkenntnis, dass Anerkennung stets mit *Verkennung* einhergehen muss.

*Eine alteritätsethische Lesart der Anerkennung*
Für die entwickelte alteritätsethische Lesart der Anerkennung ist die Annahme zentral, dass Anerkennung grundsätzlich als dreistellige Relation zu denken ist: *X erkennt y als z an*. Damit wird auf die Feststellung verwiesen, dass jemand nur in der Hinsicht anerkannt werden kann, in der er von seinem Gegenüber identifiziert wird. Dementsprechend wird Anerkennung als aktiver Prozess gedacht; sie ist eine Stiftung dessen, was anerkannt wurde bzw. wird.
Mit dieser Perspektive gehen zentrale alteritätstheoretische Grundannahmen der *Verkennung*, der *Verdopplung der Identität* und der Unterscheidung von *radikaler und relativer Differenz* einher. Sie resultieren allesamt aus der Einsicht, dass der Andere nicht in seiner unendlichen Alterität erfasst und dementsprechend eben auch nicht ‚vollständig' anerkannt werden kann. Er wird immer vor einem bestimmten Deutungshorizont (des Subjekts) identifiziert.
Aus der alteritätstheoretischen Perspektive resultierte im Rahmen der vorliegenden Arbeit letztendlich ein Anerkennungsverständnis, bei welchem dem Anderen a) ein positiver Wert zugeschrieben und b) ein Daseinsraums eröffnet wird. Anerkennung bedeutet demnach, dem Anderen prinzipiell positiv und gleichzeitig ‚freilassend' gegenüberzutreten und die Begegnung mit ihm gerade nicht auf Kategorien, moralischen Prinzipien oder Regeln basierend zu gestalten. Daher kann die Anerkennung sehr unterschiedlich ausfallen.
Anerkennung bewegt sich demnach in einem Spannungsfeld zwischen zwei Polen: Sie ist *normativ* neutral, aber nicht *ethisch* neutral. Die normative Neutralität resultiert aus der Alterität des Anderen (und letztendlich auch aus der Verantwortung für ihn). Eine Achtung seiner unfassbaren Alterität muss sich in einem Verständnis von Anerkennung niederschlagen, bei der Anerkennung als individuell, vorläufig und begrenzt gedacht wird und ihre Spielräume nutzt. Andernfalls – wenn z.B. bereits vorab festgelegt würde, was positiv und negativ ist – würde dies große Gefahr *ethischer Gewalt* bergen. Gleichzeitig ist Anerkennung jedoch moralisch konnotiert, d.h. ethisch nicht neutral. Schließlich besteht aufgrund der Verantwortung für den Anderen (in seiner Verletzlichkeit) eine *ethische Verbindlichkeit*. Anerkennung muss demnach immer wieder an diese Verantwortung zurückgebunden werden.
Im Rahmen der vorgeschlagenen Lesart der Anerkennung können zwar keine Regeln oder Vorschriften legitimiert werden, allerdings wird eine Perspektive der Verantwortung für den Anderen bzw. der *Besinnung auf die Menschlichkeit* eingenommen. Auf Grundlage dieser ethischen Basis können sich die Subjekte ganz individuell bewegen – ihr Handeln wird nicht durch Vorgaben gesteuert; Situationen, Verhaltensweisen und Entscheidungen werden auf Basis der alteritätsethischen Lesart der Anerkennung reflektiert und unter gerechtigkeitsrelevanten Aspekten geprüft. Die Gerechtigkeitsprüfung wird mithilfe der Figur des Dritten vorgenommen. Sie dient dem Zweck, die Ansprüche des singulären Anderen und der vielen Anderen stets aufs Neue abzuwägen und damit gerechte(re) Verhältnisse herzustellen.
So wird an dieser Stelle deutlich, dass das entwickelte Anerkennungsverständnis drei wichtige Elemente zusammendenkt: die *Verantwortung* (nach Lévinas), die *Anerkennung* und die *Gerechtigkeit*. Die ethische Basis wird durch die Verantwortung repräsentiert, deren Konkretisierung durch die Anerkennung erfolgt und letztendlich gerechte(re) Verhältnisse befördert. Die Anerkennung kann demnach quasi als Bindeglied zwischen Verantwortung und Gerechtigkeit betrachtet werden.
Die Dimension der Gerechtigkeit ist für die konkrete ‚Ausgestaltung' der Verantwortung bzw. der Anerkennung unverzichtbar, denn erst auf dieser Ebene kann letztendlich darüber entschieden werden, wem in einer konkreten Situation gerechterweise wie viel Anerkennung zuteilwerden sollte. Dafür ist eine stetige Rückbesinnung auf die Verantwortung für den

singulären Anderen genauso notwendig, wie das Vergleichen aller unvergleichlichen Ansprüche (der vielen Anderen). D.h. es muss immer wieder ausgelotet werden, was ‚gerecht' ist. Demnach ist der dreigliedrige Prozess – bestehend aus Verantwortung, Anerkennung und Gerechtigkeit – dynamisch.

Zum Abschluss der zusammenfassenden Darstellung der alteritätsethischen Lesart der Anerkennung werden im Folgenden die drei Anerkennungsformen skizziert, die in Anlehnung an Honneth konzipiert wurden. Dabei handelt es sich um *emotionale Zuwendung und Empathie* (1), *rechtliche Anerkennung* (2) und *solidarische Wertschätzung* (3).

Die *emotionale Zuwendung und Empathie* (1) ist eine Form der Anerkennung, die sich durch eine grundsätzlich emotional zugewandte, bejahende und wertschätzende *Haltung* gegenüber dem Anderen auszeichnet. Dem Anderen wird in der Interaktion, wie bereits erklärt wurde, ein positiver Wert zugeschrieben und ein Daseinsraum eröffnet. Diese Form der Anerkennung ist – anders als bei Honneth – nicht auf den unmittelbaren Familien- und Freundeskreis begrenzt; *emotionale Zuwendung und Empathie* können sich grundsätzlich gegenüber allen Interaktionspartnern vollziehen. Dies resultiert aus der (alteritäts-)ethischen Basis und der unabweisbaren Verantwortung für den Anderen.

Die *rechtliche Anerkennung* (2) als zweite Anerkennungsform der entwickelten alteritäts- und anerkennungsethischen Lesart ist dadurch gekennzeichnet, dass sie Grundsätzlich jede Person als Rechtssubjekt anerkennt und ihr in ihrem ‚Sosein' ein Recht auf Entfaltung in der und *Teilhabe* an der Gesellschaft zuspricht. Damit unterscheidet sich diese Anerkennungsform von Honneths Theorie, bei der die Prinzipien der Universalität, Symmetrie und Reziprozität grundlegende Voraussetzungen für die Gewährung *rechtlicher Anerkennung* darstellen. Weiterhin ist im Kontext der *rechtlichen Anerkennung* die Figur des Dritten – und damit die Abwägung unter gerechtigkeitsrelevanten Aspekten – ganz wesentlich; gleichzeitig ist jedoch auch die stetige Rückbindung an die in der Dyade begründete Verantwortung notwendig.

Als dritte Anerkennungsform wurde die *solidarische Wertschätzung* beschrieben. Analog zu den beiden anderen Formen ist auch hierbei eine anerkennende Haltung grundlegend, die sich dadurch auszeichnet, dass dem Anderen ein positiver Wert zugeschrieben und ein Daseinsraum eröffnet wird und aus der resultiert, dass der Andere als wertvoller Teil der Gesellschaft bzw. Gemeinschaft anerkannt wird. Im Gegensatz zu Honneth ist dies jedoch nicht an bestimmte Eigenschaften oder Leistungen geknüpft. Vielmehr wird jedes Gesellschaftsmitglied aufgrund seines ‚Soseins' anerkannt; schließlich trägt jeder Einzelne durch seinen individuellen wertvollen Beitrag zur Vielfalt der Gemeinschaft bei. Überdies würde jede Anerkennung, die an Bedingungen geknüpft ist (z.B. an Leistung oder an die Erfüllung bestimmter Ziele), den Anderen in seiner Alterität missachten, damit den grundlegenden ethischen Annahmen (der konzipierten Lesart der Anerkennung) zuwider laufen und ebenfalls riskante gesellschaftliche Mechanismen befördern. Weiterhin ist darauf hinzuweisen, dass die Achtung und die Rechte, die im Rahmen der zweiten Anerkennungsform formal gewährt werden, erst im Zusammenhang mit der *solidarischen Wertschätzung* tatsächlich spürbar werden, denn erst dann erleben sich Subjekte als bejahte und wertgeschätzte Mitglieder der Gesellschaft.

Die alteritätsethische Lesart der Anerkennung wurde weiterhin durch ein Bildungsverständnis ergänzt, das aus einer phänomenologischen Perspektive resultierte und für die Schaffung *bildender Verhältnisse* plädierte. Damit war die theoretische Basis für die Handlungsempfehlungen vollständig.

*Handlungsempfehlungen*
Diese wurden in Kapitel 4.3.3 entwickelt. Da die konsequente Wahrung des Bezugs zur UN-BRK von wesentlicher Bedeutung war, wurden die Vorschläge auf Grundlage bzw. mithilfe zentraler und für das vorliegende Praxisfeld (stationäre Wohneinrichtungen der Behindertenhilfe) besonders wichtiger Artikel der Konvention konzipiert. Auf dieser Basis ließen sich einzelne Themenbereiche gliedern, die eine sinnvolle Struktur zur übersichtlichen Darstellung der Handlungsempfehlungen boten.

Zu Beginn eines jeden Themenkomplexes – es waren insgesamt fünf – wurden die jeweiligen Artikel aufgelistet und das entsprechende Thema kurz erörtert; im Anschluss wurden stets die Handlungsempfehlungen – quasi als Anwendungsmöglichkeiten der Konvention – entwickelt. Auch diese Vorschläge gliederten sich häufig in einzelne Unterbereiche (z.B. zeitliche Strukturen am Wochenende, Reinigung, Einkäufe usw., die unter der Überschrift ‚*Unabhängige Lebensführung und -gestaltung*' stehen).

Die entworfenen Handlungsempfehlungen sind sehr konkret und betreffen (und verändern) den ‚typischen' Alltag in der Wohneinrichtung unmittelbar; so zeigen z.B. die Vorschläge bzgl. der Reinigung, des Einkaufs, des Barbetrags der Bewohner oder der zeitlichen Struktur am Wochenende auf einleuchtende und praxisnahe Weise, wie sich die alteritätsethische Lesart der Anerkennung umsetzen lässt. Ihre Realisierung ist aufgrund ihrer tiefgreifenden und weitreichenden Eingriffsweise jedoch von nicht zu unterschätzendem Ausmaß und Aufwand für die Wohneinrichtung; Vorschläge, die auf den ersten Blick eventuell banal erscheinen mögen, entfalten spätestens bei gründlicherer Betrachtung – und unter Berücksichtigung der aktuellen Gegebenheiten in vielen Wohneinrichtungen für Menschen mit Komplexer Behinderung – ihre bahnbrechende Wirkung.

Neben dem engen Bezug zur Konvention war die Wahrung des alteritätstheoretischen Kerns bei der Entwicklung der Handlungsempfehlungen besonders wichtig. So sollten die Vorschläge nicht nur inhaltlich im alteritätstheoretischen Geist verfasst werden, auch durften sie dem Grunde nach nicht der alteritätstheoretischen Perspektive entgegenlaufen. Das bedeutet insbesondere, dass es sich grundsätzlich verbietet, Verhaltensregeln oder Vorgaben zu entwickeln, die sich aus den alteritätstheoretischen Grundlagen ableiten; dies würde bereits eine Setzung darstellen, den Anderen in ein fixes Korsett sperren. Dementsprechend wurden Handlungsempfehlungen formuliert, die den Praktikern zur Orientierung dienen sollten; es handelte sich demnach um beispielhafte Möglichkeiten einer gelebten alteritätsethischen Lesart der Anerkennung. Darauf wurde im Verlauf der Arbeit (insbesondere in Kapitel 4) konsequent hingewiesen.

Zudem wurde der alteritätstheoretische Kern in den Handlungsempfehlungen inhaltlich durch die Berücksichtigung charakteristischer Elemente gewahrt. So wurde bei der Formulierung der Handlungsvorschläge neben der Verantwortung für den Anderen als fundamentalster Prämisse die Annahme zugrunde gelegt, dass Anerkennung eine dreistellige Relation (‚*X erkennt y als z an.*') sei. Damit wurde der Feststellung Rechnung getragen, dass der Blick auf den Anderen stets nur ausschnitthaft und zudem durch eigene Erfahrungen, Sichtweisen und Deutungsmuster geprägt ist, auf deren Grundlage der Andere identifiziert wird. In unmittelbarem Zusammenhang damit steht die Annahme, dass der Andere unendlich und ungreifbar ist.

Deshalb wurden die Mitarbeiter in den Handlungsempfehlungen immer wieder dazu aufgefordert, den Menschen mit Komplexer Behinderung als Ausgangspunkt aller Handlungen zu erachten, also ‚vom Anderen her zu denken' und dementsprechend im Alltag stets eine flexible und individuelle Vorgehensweise zu wählen (z.B. in Hinblick auf den Barbetrag, auf Genussfähigkeit usw.).

Weiterhin wurde ein anderer wesentlicher Aspekt der alteritätstheoretischen Perspektive in den Handlungsempfehlungen konsequent berücksichtigt: die Figur des Dritten und damit die Dimension der Gerechtigkeit. Denn gerade für die Gestaltung des gemeinsamen Zusammenlebens ist es unerlässlich, basierend auf dieser Figur immer wieder neu abzuwägen, welchen (eigentlich unvergleichlichen) Ansprüchen wie nachgekommen werden muss. So wurde im Rahmen der Handlungsempfehlungen gezeigt, dass die kontinuierliche Überprüfung der Verhältnisse und Situationen auf ihre Gerechtigkeit oder Ungerechtigkeit hin sich z.B. beim Thema ‚*Schutz vor Machtmissbrauch und (subtiler) Gewalt*' niederschlägt – dort müssen die Mitarbeiter insbesondere ihr Rollenverhalten und unbewusste Handlungsweisen reflektieren. Doch auch das Zusammenleben in der Gruppe erfordert kontinuierlich die Beurteilung mithilfe der Figur des Dritten, wenn es z.B. um Alkoholkonsum oder Sexualität geht: So ist gegenüber allen Akteuren ein rücksichtsvoller und gerechter Umgang zu finden, bei dem sowohl die individuellen Bedürfnisse des Einzelnen als auch die Bedürfnisse der anderen Gruppenmitglieder gleichermaßen anerkannt und bei der Gestaltung des gemeinsamen Zusammenlebens sensibel, verantwortungsvoll und gerecht abgewogen werden.

Diese verschiedenen zentralen Merkmale der alteritätstheoretischen Perspektive prägen die Handlungsempfehlungen inhaltlich sehr deutlich. Gleichzeitig wird – darauf wurde bereits verwiesen – der alteritätstheoretische Kern in den Handlungsempfehlungen dadurch gewahrt, dass keine Vorgaben oder Regeln konzipiert wurden, sondern lediglich Möglichkeiten, die Orientierung geben sollen.

*Bildung und Organisation*

Die entwickelte theoretische Grundlage – die alteritätsethische Lesart der Anerkennung – wurde dementsprechend stets im Sinne einer grundlegenden ‚Ethik' verstanden und nicht etwa als zusätzliches Leitprinzip, das die anderen bereits in der Behindertenpädagogik existierenden Prinzipien ergänzt. Dies ist die Voraussetzung für tiefgreifende Veränderungsprozesse, denn – so wurde gezeigt – auf Basis dieser ethischen Grundhaltung erscheinen Interaktionen, Handlungen, Regelungen, Strukturen, Kulturen usw. in der Organisation in einem neuen Licht und müssen überprüft und ggf. verändert werden. Dabei spielt das dargelegte Bildungsverständnis – und in diesem Sinne die Schaffung *bildender Verhältnisse* – eine wichtige Rolle, denn diese konkretisieren die empfohlene alteritäts- und anerkennungsethische Basis und eröffnen den Bewohnern positive Anerkennungserfahrungen sowie den Zugang zu Ressourcen und Unterstützungsmöglichkeiten. Dadurch wird die Voraussetzung für eine selbstbestimmte individuelle Lebensführung und -gestaltung von Menschen mit Komplexer Behinderung geschaffen.

In diesem Zusammenhang musste aber auch das Spannungsfeld zwischen der alteritätsethischen Lesart der Anerkennung und den charakteristischen Merkmalen der Organisation berücksichtigt werden. Denn aus den Organisationszwecken ergeben sich gewisse ‚Zwänge' (oder auch ‚Logiken'), z.B. eine bestimmte Rollenverteilung oder ein (oftmals unbewusstes) Rollenverständnis. Dementsprechend herrschen gewisse Kulturen, Strukturen, Regeln usw. vor. Auf Basis der alteritätsethischen Lesart der Anerkennung lassen sich diese Merkmale reflektieren und verändern, vollständig modifizieren – im Sinne der empfohlenen Lesart – lassen sie sich allerdings nicht. Dementsprechend wird es stets Spannungen und Paradoxien zwischen der ethischen Grundlage und der organisationalen Realität geben, denn die Organisationszwänge können nicht vollständig verändert werden – schließlich charakterisieren sie die Organisation als solche.

Es wurde jedoch auch empfohlen, dieses spannungsreiche Verhältnis als Chance zu begreifen, denn da niemals ein ‚Endzustand' erreicht werden kann, werden die Bestrebungen im Sinne der alteritätsethischen Lesart der Anerkennung stetig verfolgt. Durch diesen Spannungsbogen wird der kontinuierliche Überprüfungsprozess der Gerechtigkeit – mithilfe der Figur des Dritten – in Gang gehalten. Ähnlich verhält es sich mit den Forderungen der UN-BRK: Auch sie können zum jetzigen Zeitpunkt in der Organisation vermutlich nur schwer vollständig realisiert werden, trotzdem sind sie umso ehrgeiziger und konsequenter zu verfolgen.

Bevor zusammenfassend resümiert wird, ob die alteritätsethisch konzipierte Lesart der Anerkennung als Basis für Umsetzungsprozesse der Konvention geeignet ist, sollen im Folgenden die Veränderungsprozesse, die sich auf dieser Grundlage in behindertenpädagogischen Wohneinrichtungen ereignen, skizziert werden.

*Veränderungen in behindertenpädagogischen Wohneinrichtungen*
So hat die vorliegende Arbeit gezeigt, dass sich bei den Mitarbeitern – vorausgesetzt, sie verinnerlichen die alteritätsethische Lesart der Anerkennung tatsächlich als Grundhaltung – tiefgreifende Veränderungen ihrer individuellen Bewertungen, Überzeugungen und Verhaltens- und Handlungsweisen vollziehen und dass der Mensch mit Komplexer Behinderung nun zum Ausgangspunkt aller Handlungen und Überlegungen wird. Daraus resultiert eine emotional zugewandte und offene Haltung gegenüber den Bewohnern, die u.a. das zentrale Ziel beinhaltet, sie zu einer möglichst individuellen Lebensgestaltung zu befähigen. Weiteres Resultat der alteritäts- und anerkennungsethischen Basis ist eine reflexive Grundhaltung der Mitarbeiter, die sich u.a. auf der Handlungsebene, auf Interaktionen, Kommunikation, Rollenverhalten und professionelles Selbstverständnis auswirkt und eine Reflexion und ggf. Umgestaltung dieser Ebenen nach sich ziehen muss.

Weiterhin schlägt sich die empfohlene alteritätsethische Lesart der Anerkennung in Form einer umfassenden und kritisch-reflexiven Auseinandersetzung mit der Arbeit in der Wohneinrichtung auch in den Teamsitzungen nieder und verändert die Inhalte der Besprechungen sowie das Ausmaß und den Charakter der Reflexionen und Diskussionen vermutlich deutlich. So wird dort nicht nur der einzelne Bewohner fokussiert und u.a. gemeinsam das (pädagogische) Handeln – auf Grundlage der bewohnerbezogenen Zielplanung – reflektiert, auch wird das Leben in der Gruppe thematisiert: Dementsprechend werden mithilfe der Figur des Dritten gerechtigkeitsrelevante Aspekte diskutiert, um auf diese Weise abzuwägen, was in einer konkreten Situation gerecht erscheint. Darüber hinaus sind die Gesamtheit der organisationalen Strukturen und die Kultur kontinuierlich zu reflektieren.

Zudem wurde im Rahmen der vorliegenden Arbeit konstatiert, dass sich die vorgeschlagene Lesart der Anerkennung konsequenterweise auf die Philosophie und die Programme der Organisation auswirken muss; denn z.B. Leitbild und Konzeption repräsentieren die Werte, Grundsätze und Ziele der Einrichtung und geben somit einen Wertehorizont vor, der mit einem bestimmten Menschenbild verbunden ist, aus dem gleichzeitig eine klare Richtung für die Gestaltung der Prozesse und Strukturen resultiert. Es wurde darauf verwiesen, dass dies z.B. mithilfe eines wertorientierten Qualitätsmanagementsystems verfolgt werden kann, das eine kontinuierliche Reflexion und Auseinandersetzung aller Organisationsmitglieder mit den Merkmalen und ‚Zwängen' der Einrichtung einschließt.

Aus einer verinnerlichten alteritätsethischen Lesart der Anerkennung resultieren jedoch auch Veränderungen in *struktureller* Hinsicht. Viele der Handlungsempfehlungen, so wurde im Verlauf der Arbeit schnell deutlich, beinhalten sowohl Vorschläge für das pädagogische Handeln als auch Konsequenzen auf struktureller bzw. organisationaler Ebene. Demnach kann davon ausgegangen werden, dass in einer Organisation, die die vorgeschlagene alteritätsethische

Lesart der Anerkennung ernst nimmt und deren Mitglieder diese tatsächlich verinnerlichen, keinesfalls nur einzelne Ebenen verändert werden. Basierend auf der grundsätzlichen anerkennungsethischen Ausrichtung wird ein Perspektivwechsel vorgenommen, der mit umfassenden Änderungen in allen Dimensionen einhergeht.[309]

Auch für die Menschen mit Komplexer Behinderung, die in den genannten Wohneinrichtungen leben, ruft eine verinnerlichte anerkennungsethische Grundhaltung der Mitarbeiter bzw. der Organisation natürlich bedeutsame Effekte hervor – dies ist schließlich originäres Ziel der alteritäts- und anerkennungsethischen Bestrebungen: Diese Auswirkungen reichen von einer wertschätzenden, bejahenden Kommunikation und Interaktion durch die Mitarbeiter über zielorientierte Begleitung und Unterstützung, die auf eine individuelle selbstbestimmte Lebensplanung und -führung ausgerichtet ist, bis hin zu neuen Entscheidungs- und Handlungsfreiräumen, die allerdings nicht überfordernd sein dürfen, sondern durch die Verortung in einem ‚geschützten Raum' Chancen (zum Ausprobieren und zur Entwicklung) – anstelle einengender ‚Behütung' – bieten. Diese *bildenden Verhältnisse* befähigen die Menschen mit Komplexer Behinderung letztendlich dazu, sich zur Welt zu ‚verhalten', eine ganz eigene ‚Persönlichkeit' und ein individuelles Lebenskonzept zu entwickeln.

Das vorliegende Kapitel hat bis zu dieser Stelle nachgezeichnet, wie die Arbeit das Ziel des Promotionsvorhabens – und somit auch die damit verbundene zentrale Forschungsfrage – verfolgte. Mit dieser Vorgehensweise ging auch die Absicht einher, festzustellen, ob eine alteritätsethisch konzipierte Lesart der Anerkennung Grundlage für Umsetzungsprozesse der UN-BRK in stationären Wohneinrichtungen der Behindertenhilfe sein kann.

*Anerkennungsethik und UN-BRK*
Wie im Verlauf der Arbeit und mit dem bisherigen Resümee in Kapitel 5 gezeigt wurde, können die beiden (theoretischen) Grundlagen – Anerkennungsethik und UN-BRK – durchaus sehr fruchtbar zusammengedacht werden. Dabei wurden im Rahmen der Handlungsempfehlungen auch die organisationalen Realitäten und ‚Zwänge' sowie die unauflöslichen Spannungen und Diskrepanzen stets berücksichtigt und anerkannt – schließlich sollte ein möglichst realistisches Bild von stationären Wohneinrichtungen der Behindertenhilfe gezeichnet, sollten realitätsferne Vorschläge vermieden werden.

Anhand zahlreicher Beispiele wurde gezeigt, wie sich die verinnerlichte alteritätsethische Lesart der Anerkennung in der Organisation auswirken kann; dies reichte von der (Um-)Gestaltung des pädagogischen Handelns, der Interaktion und Kommunikation mit den Bewohnern und den organisationalen und strukturellen Ebenen in der Einrichtung bis hin zum Umgang mit zentralen Themen (der Konvention) wie *Teilhabe* oder *Machtmissbrauch und (subtile) Gewalt*. So wurde exemplarisch gezeigt, dass die aus der vorgeschlagenen Anerkennungsethik resultierenden Vorschläge und Maßnahmen durchaus als Teil eines Umsetzungsprozesses der UN-BRK gedeutet werden können.

Abgesehen von diesen konkreten Ergebnissen, die aus den Handlungsempfehlungen resultieren, ist eine verinnerlichte Lesart der Anerkennung grundsätzlich wegen der ihr inhärenten zentralen Merkmale als Basis für Umsetzungsprozesse der Konvention geeignet. Denn sie stellt

---

309 Natürlich sind dabei stets die organisationalen ‚Zwänge' sowie die Spannungen und Diskrepanzen mit der alteritätsethischen Lesart der Anerkennung zu beachten. Obwohl nicht alle Grenzen der Organisation überwindbar sind und das Spannungsverhältnis mit der alteritätsethischen Lesart der Anerkennung nicht auflösbar ist, wurden in Kapitel 4.3.3 trotzdem Möglichkeiten aufgezeigt, wie organisationale Strukturen und Maßnahmen auf Basis der alteritäts- und anerkennungsethischen Grundlage (um-)gestaltet und flexibilisiert werden können.

keine Ergänzung im Sinne eines behindertenpädagogischen Leitbilds dar, sondern entspricht einer ethischen Grundhaltung.

Mit den geschilderten Merkmalen geht – vorausgesetzt die Anerkennungsethik wird verinnerlicht – ein hohes Maß an konsequenter kritischer Reflexion bei den Mitarbeitern einher; diese bezieht sich z.B. nicht nur auf das Rollenverhalten, das professionelle Selbstverständnis und die eigenen Handlungs- und Verhaltensweisen, sondern natürlich auch auf die organisationalen Strukturen und Kulturen. Eine Folge dieser anerkennungsethischen und kritisch-reflexiven Grundhaltung ist die Schaffung *bildender Verhältnisse* für Menschen mit Komplexer Behinderung, die mit einem hohen Maß an *Selbstbestimmung* und einer individuellen Lebensgestaltung und -führung sowie *Teilhabe* einhergehen. Diese Ziele decken sich vollständig mit den Forderungen der Konvention und sind Ausdruck der Wertschätzung und Anerkennung der *Würde* von Menschen mit (Komplexer) Behinderung – ebenfalls Aspekte, die in der UN-BRK gefordert werden.

Ein weiterer wesentlicher Verknüpfungspunkt zwischen Anerkennungsethik und Konvention stellt die Dimension der Gerechtigkeit dar: Diese wohnt der alteritätsethischen Lesart der Anerkennung durch die Figur des Dritten inne und fokusiert z.B. innerhalb der behindertenpädagogischen Wohneinrichtung gerechte(re) Verhältnisse in der Gruppe; die Konvention kann ihrerseits als Instrument für mehr Gerechtigkeit für Menschen mit (Komplexer) Behinderung gedeutet werden.

Umsetzungsprozesse der UN-BRK lassen sich also auf Grundlage der entwickelten alteritätsethischen Lesart der Anerkennung durchaus vollziehen. Damit ist die zentrale Forschungsfrage des Promotionsvorhabens beantwortet. Dies soll jedoch nicht darüber hinwegtäuschen, dass die vorliegende Arbeit auch bestimmte Herausforderungen bereithielt, die im Folgenden skizziert werden.

*Herausforderungen*
Eine besondere Herausforderung für das Promotionsvorhaben stellten verschiedene Spannungen dar. Diese bestanden z.B. zwischen der Anerkennungstheorie Honneths und der Phänomenologie Lévinas', schließlich entwickelten beide Philosophen ihre theoretischen Grundannahmen aus grundsätzlich sehr unterschiedlichen Perspektiven. Dies galt es bei der Konzipierung der eigenen Lesart der Anerkennung zu berücksichtigen. Daher war es besonders wichtig, das (alteritätstheoretische) Anerkennungsverständnis grundsätzlich auf Lévinas aufzubauen und lediglich den Begriff der Anerkennung bei Honneth zu entleihen (diesen aber anders zu denken) sowie die Konkretisierung der Anerkennungsformen unter Orientierung an dem deutschen Philosophen vorzunehmen.

Doch auch der Alteritätstheorie selbst sind gewisse Paradoxien inhärent, die es ‚auszuhalten' galt. Diese reichten von der *Verkennung* des Anderen und der *Verdopplung der Identität* bis hin zum Vergleich des Unvergleichlichen bei der Figur des Dritten. Dabei erschien es stets wichtig, diese Spannungen als Ausdruck der Alterität zu betrachten, sie daher zuzulassen, offen für sie zu sein und sie als Bereicherung zu verstehen.

Eine besondere Herausforderung stellte auch der Theorie-Praxis-Transfer dar. Die aus dem Ziel des Promotionsvorhabens resultierende Orientierung an dem entwickelten eigenen Anerkennungsverständnis in der Praxis ging mit der Gefahr einher, die Phänomenologie Lévinas' – auf der die eigene Lesart schließlich basiert – zu operationalisieren. Dies musste vermieden werden, würde es doch dem alteritätstheoretischen Kern grundsätzlich widersprechen. Aus diesem Grunde wurden die Handlungsempfehlungen lediglich als Ideen und Vorschläge konzipiert, die der Praxis als Orientierung dienen sollten, und nicht etwa als Vorgaben. Dies ist ein schmaler Grat, den es zu achten gilt.

Im Kontext der Handlungsempfehlungen wurde auch auf die Spannungen zwischen der Lesart der Anerkennung und den organisationalen Grenzen der Wohneinrichtungen verwiesen. Da aus alteritätstheoretischer Perspektive weder auf einen ‚Endzustand' hingesteuert, noch im Sinne einer lückenlosen ‚Verwirklichung' des Anerkennungsverständnisses gedacht wird, wurde dafür plädiert, diese Spannungen als Garant für eine gewisse Dynamik zu betrachten, die der entwickelten alteritätsethischen Lesart der Anerkennung ja – aufgrund der Dreigliedrigkeit, die aus *Verantwortung, Anerkennung* und *Gerechtigkeit* besteht – ohnehin inhärent ist. Durch die Spannungen wird der kontinuierliche Überprüfungsprozess der Gerechtigkeit in Gang gehalten. Dieser immerwährende Spannungsbogen ermöglicht erst ein ‚Weitermachen', das darauf ausgerichtet ist, die Bestrebungen im Sinne der entwickelten Lesart der Anerkennung zu realisieren. Weiterhin muss darauf verwiesen werden, dass die organisationalen Realitäten – dies haben die Handlungsempfehlungen zu zeigen versucht – durchaus Spielräume haben und dass die Grenzen flexibilisiert und ausgedehnt werden können.

*Offene Fragen*
Abschließend wird somit am Ende der Arbeit erneut deutlich, was in ihrem Verlauf immer wieder betont wurde: Spannungen und Paradoxien sind nicht grundsätzlich als negativ, problematisch oder hinderlich zu bewerten, sondern im Gegenteil als Chance zu begreifen. Denn – ganz im Sinne einer alteritätstheoretischen Perspektive – fordern sie dazu auf, von den eigenen Deutungs- und Bewertungshorizonten zurückzutreten, den Blick für den Anderen, für Unbekanntes und Neues zu öffnen; damit bergen sie die Möglichkeit und das Potential, vollkommen neue Perspektiven und Dynamiken zu erschließen.

Zahlreiche neue Wege und Chancen eröffnet auch die vorliegende Arbeit. Denn insbesondere aufgrund ihres begrenzten Rahmens bleiben Fragen offen, die dementsprechend auf den weiteren Forschungsbedarf verweisen. Dies wird im Folgenden skizziert.

Das Promotionsvorhaben verfolgte das Anliegen, eine theoretische Grundlage für Umsetzungsprozesse der UN-Behindertenrechtskonvention in behindertenpädagogischen Wohneinrichtungen zu schaffen; Theorie und Praxis sollten demnach miteinander verbunden werden. Da ein zentraler und großer Teil der Arbeit in der Entwicklung der alteritäts*theoretischen* Lesart der Anerkennung bestand, bleiben viele Fragen und Anliegen im *praxis*orientierten Teil offen. So ist z.B. von Interesse, wie sich die entwickelte Lesart der Anerkennung an die in den Wohneinrichtungen lebenden Menschen mit Komplexer Behinderung herantragen ließe. Zu diesem Zweck könnte z.B. eine Darstellung der alteritätsethischen Lesart der Anerkennung in *Leichter Sprache* entwickelt werden. Überdies müssten konkrete Programme für die Einbeziehung der Angehörigen konzipiert werden, da diese – neben den Mitarbeitern in Wohneinrichtungen – wichtige Bezugspersonen der Bewohner sind.

Darüber hinaus ist zu fragen, welche weiteren Lebensbereiche unter Bezug auf die Konvention sinnvollerweise in Form von Handlungsempfehlungen betrachtet werden sollten. Im Rahmen der vorliegenden Arbeit wurden lediglich wenige ausgewählte Aspekte und Artikel berücksichtigt. Für umfassende Umsetzungsprozesse der UN-BRK sind diese zu ergänzen und die Handlungsempfehlungen zu erweitern.

Zudem drängt sich selbstverständlich die Frage auf, ob behindertenpädagogische Wohneinrichtungen auf Basis der entwickelten Lesart der Anerkennung *nachweislich* Umsetzungsprozesse der UN-BRK realisieren können. Dementsprechend würde sich eine empirische Untersuchung auf

Grundlage des in der vorliegenden Dissertation erarbeiteten Anerkennungsverständnisses und der Handlungsempfehlungen anbieten. So ist dafür zu plädieren, diese an die Praxis heranzutragen und zu untersuchen, wie Wohneinrichtungen der Behindertenhilfe auf das Promotionsvorhaben reagieren, welche Erfahrungen sie mit der Lesart der Anerkennung und den Handlungsempfehlungen machen und inwiefern Forderungen und Maßnahmen der Konvention realisiert werden können. In diesem Zusammenhang wäre auch näher auf die Flexibilisierung von organisationalen Grenzen einzugehen. Auf dieser Basis könnte z.B. ein wertorientiertes Qualitätsmanagementsystem entwickelt werden, das strukturelle und organisatorische Grundlagen für eine Realisierung der vorgeschlagenen Lesart der Anerkennung in einer Wohneinrichtung bietet. Weiterhin sollte unbedingt ein (Weiter-)Bildungsprogramm entwickelt werden, mit dessen Hilfe die anerkennungsethische Basis der Mitarbeiterschaft zugänglich gemacht und vermittelt wird.

Eine besondere Bedeutung kommt dem alteritätsethischen Anerkennungsverständnis in Zusammenhang mit der Fortentwicklung der Eingliederungshilfe mit dem zentralen Ziel der personenzentrierten Leistungserbringung für Menschen mit Behinderungen zu. Betroffen davon sind nicht nur die strukturellen Ebenen der Organisationen der Behindertenhilfe und ihre Handlungsebenen, es geht auch um die Gestaltung eines notwendigen gesamtgesellschaftlichen Prozesses.[310]

Dabei würde dem in der vorliegenden Dissertation entwickelten Anerkennungsverständnis große Bedeutung zukommen – es müsste sowohl bei der Grundlegung neuer behindertenpädagogisch konzipierter Leistungsangebote als auch bei den erforderlichen organisationalen und gesellschaftlichen Veränderungsprozessen eine zentrale Rolle übernehmen.

Letztendlich bleiben, da nur das begrenzte Feld der stationären Wohneinrichtung für erwachsene Menschen mit Komplexer Behinderung berücksichtigt wurde, zahlreiche weitere Bereiche zu betrachten, z.B.:
- ambulante Wohneinrichtungen für Menschen mit geistiger Behinderung
- wohnbezogene Dienstleistungen für Menschen mit Körperbehinderung
- Angebote für Menschen mit Lernbehinderung, mit Doppeldiagnose oder für geistig behinderte Menschen mit Suchtthematik
- Angebote für Menschen mit Behinderung jenseits des Wohnbereichs, z.B. Schulen

*Beitrag zur Professionalisierung der Behindertenpädagogik*
Die Ausweitung der alteritätsethischen Lesart der Anerkennung auf die verschiedenen Bereiche der Behindertenpädagogik wird demnach ausdrücklich gefordert. Dies hätte vermutlich nicht nur unmittelbare positive Auswirkungen für die Praxis und somit insbesondere für Menschen mit (Komplexer) Behinderung in ihrem Alltag; eine solche anerkennungsethische Perspektive birgt insgesamt ein großes Potential für den behindertenpädagogischen Professions- und Professionalisierungsdiskurs. Dies wird im Folgenden aufgezeigt.

Bereits jetzt, so wurde im Verlauf der Dissertation dargelegt, werden anerkennungstheoretische Überlegungen in diesem Diskurs berücksichtigt – von zentraler Bedeutung sind insbesondere anerkennungsethische Ansätze (z.B. von Dederich, Fornefeld, Rösner, Schnell und Stinkes), an die die vorliegende Arbeit anschließt. Diesen anerkennungstheoretischen und -ethischen Perspektiven liegt insbesondere die Annahme zugrunde, dass die behindertenpädagogische Disziplin und Profession einer normativen Wertbasis bedürfen, da pädagogisches Handeln immer ethisch bzw. wertgeleitet sei (vgl. dazu z.B. Dederich 2003, Fornefeld 2008).

---

310 Vgl. Fachverbände für Menschen mit Behinderung (2010): 10 Thesen zur Personzentrierung.

Zudem lassen sich die Aufgaben der Behindertenpädagogik, so wurde in der Arbeit unter Verweis auf Dederich erklärt, auf einen zentralen Kern verdichten: auf das Themenfeld von ‚Ein- und Ausschluss', mit dem auch die Aufgabe einhergeht, Schutzräume für Menschen mit (Komplexer) Behinderung zu erschließen (vgl. Dederich 2003). Deshalb muss es der Behindertenpädagogik stets darum gehen, „[i]hre Klientel zu unterstützen und immer wieder für die Schaffung würdiger Lebensbedingungen einzutreten" (ebd. 2001, 201). Weiterhin wurde in diesem Zusammenhang auf die Notwendigkeit der kritischen Selbstreflexivität von Disziplin und Profession verwiesen – Lindmeier identifiziert diese als „Strukturkern professionellen pädagogischen Handelns" (Lindmeier 2013, 303).

Angesichts dieser Aufgaben der Behindertenpädagogik scheinen anerkennungstheoretische und -ethische Perspektiven offensichtlich über das Potential zu verfügen, den behindertenpädagogischen Professionalisierungsdiskurs positiv beeinflussen bzw. bereichern zu können. Dies wird anhand der entwickelten alteritätsethischen Lesart der Anerkennung bzw. den entsprechenden Ausführungen zu den Handlungsempfehlungen sichtbar. Denn das entwickelte Anerkennungsverständnis basiert auf der unabweisbaren und unendlichen Verantwortung für den Anderen und beinhaltet auch die Dimension der Gerechtigkeit. Diese alteritäts- und anerkennungsethische Sichtweise kann sowohl die Basis für die Betrachtung von In- und Exklusionsmechanismen als auch für die Schaffung von Schutzräumen und würdigen Lebensverhältnissen sowie die Grundlage für Reflexionsprozesse des pädagogischen Handelns darstellen. Dies könnte die Behindertenpädagogik bei der Bewältigung ihrer Herausforderungen und Aufgaben wirksam unterstützen. Damit kann das Promotionsvorhaben einen wichtigen Beitrag zur Professionalisierung des Fachs bzw. zum behindertenpädagogischen Professions- und Professionalisierungsdiskurs leisten.

*Gesellschaftliche Konsequenzen*
Die Konsequenzen der verinnerlichten alteritätsethischen Lesart der Anerkennung im Bereich der Behindertenpädagogik wären direkt spürbar, schließlich würde sich das Leben von Menschen mit Komplexer Behinderung unmittelbar – und im Sinne der in der UN-BRK formulierten Rechte – verändern; dies hätte indirekt und langfristig auch Effekte auf gesellschaftlicher Ebene – schließlich sind die einzelnen Akteure (Menschen mit Komplexer Behinderung, Mitarbeiter, Angehörige usw.) ebenfalls Mitglieder der Gesellschaft.

Eine gesellschaftliche Entwicklung im anerkennungsethischen Sinne ist ausdrücklich zu befürworten. Schließlich wurde im Verlauf der Arbeit anhand der Individualisierungstendenzen aufgezeigt, dass die aktuellen gesellschaftlichen und (sozial-)politischen Prozesse und ‚Trends' für Menschen mit (Komplexer) Behinderung mit Risiken der Exklusion und Abwertung einhergehen – und damit auch der UN-BRK deutlich zuwiderlaufen.

Die konzipierte alteritätsethische Lesart der Anerkennung könnte diese Entwicklung umkehren, denn sie birgt die Chance, eine Perspektive der *Besinnung auf die Menschlichkeit* einzunehmen, der die Verletzlichkeit des Anderen sowie die unbedingte und unabweisbare Verantwortung ihm gegenüber zugrunde liegt und bei der gleichzeitig die radikale Differenz aller Subjekte gewürdigt wird. Auf Grundlage dieses Anerkennungsverständnisses könnte sich eine gesellschaftliche Entwicklung vollziehen, die gänzlich ohne Normen und Erwartungen (z.B. in Hinblick auf ‚Leistungen'), die den Anderen in seiner Alterität missachten, auskommt. Dies entspräche gleichzeitig den Forderungen der UN-BRK.

An dieser Stelle wird erneut deutlich, wie wichtig der gesellschaftliche Bewusstseinswandel ist und wie sinnvoll und fruchtbar dabei eine Orientierung an der entwickelten alteritätsethischen

Lesart der Anerkennung erscheint. Dementsprechend wird der Staat bzw. die Politik ausdrücklich dazu aufgerufen, Maßnahmen des in der Konvention geforderten Bewusstseinswandels einzuleiten.

Noch ist jedoch deutlicher (politischer) Handlungsbedarf hinsichtlich der Umsetzung der gesamten Konvention zu verzeichnen – dies wurde zu Beginn der vorliegenden Arbeit mit dem Verweis auf die ‚Baustellen', die von der Monitoring-Stelle zur UN-BRK identifiziert werden, herausgestellt. So wird in den o.g. Pressemitteilungen (Deutsches Institut für Menschenrechte 2014 und ebd. 2015) insbesondere die Politik dazu aufgerufen, ihr Handeln an die Konvention und die entsprechende menschenrechtliche Perspektive zurückzubinden.

Die alteritätsethische Lesart der Anerkennung ist dabei sehr hilfreich. Denn sie achtet nicht nur die Verletzlichkeit des Anderen in seiner *Menschlichkeit* – schreibt ihm demnach einen positiven Wert zu, ohne ihn dabei in eine Identität einzusperren – und denkt stets die Dimension der Gerechtigkeit (in Gestalt der Figur des Dritten) mit; weiterhin ist sie als dynamischer dreigliedriger Prozess charakterisiert – denn *Verantwortung*, *Anerkennung* und *Gerechtigkeit* werden zusammengebunden, sind aber nicht starr. Damit stellt die Lesart der Anerkennung ein Instrument der Gerechtigkeit dar, das sich selbst immer wieder auf die Verantwortung gegenüber dem Anderen zurückbezieht.

Es sind diese kontinuierlichen gerechtigkeitsrelevanten Überprüfungen und die Besinnung auf die *ethische Verbindlichkeit* gegenüber dem Anderen, die diese anerkennungsethische Perspektive für die Umsetzung der UN-BRK und für die Politik so wertvoll machen.

Mit Lévinas wird dies präzise und abschließend zum Ausdruck gebracht:

> Doch auch die Gerechtigkeit kann den Ursprung des Rechtes und die Einzigkeit des Anderen, die nunmehr die Besonderheit und Allgemeinheit des Menschen verdecken, nicht vergessen machen. Sie kann die Einzigkeit nicht der politischen Geschichte überlassen […]. Sie erwartet die Stimmen, die die Urteile der Richter und Staatsmänner wieder auf das unter den Identitäten der Staatsbürger verborgene menschliche Antlitz aufmerksam werden lassen (Lévinas 1995, 237).

So hat „[a]ber die Gerechtigkeit […] nur dann Sinn, wenn sie den Geist der Selbstlosigkeit behält, der die Idee der Verantwortung für den anderen Menschen belebt" (ebd. 2008, 75). Nicht nur Menschen mit (Komplexer) Behinderung und anderen stigmatisierten und benachteiligten Personengruppen, sondern uns allen ist zu wünschen, dass sich die Politik und infolge dessen auch die Gesellschaft und jeder Einzelne zukünftig auf die *Menschlichkeit* besinnen und wir das gemeinsame Zusammenleben mit dem singulären und den vielen Anderen dementsprechend gestalten werden.

# 6 Literaturverzeichnis

Ackermann, Karl-Ernst (2013): Geistigbehindertenpädagogik zwischen Disziplin und Profession. In: Ackermann, K.-E./Musenberg, O./Riegert, J. (Hrsg.): Geistigbehindertenpädagogik!? Disziplin – Profession – Inklusion. Athena. Oberhausen, S. 171-184.
Adorno, Theodor W. (1970): Erziehung zur Mündigkeit. Suhrkamp. Frankfurt am Main.
Aichele, Valentin (2008): Die UN-Behindertenrechtskonvention und ihr Fakultativprotokoll. Ein Beitrag zur Ratifikationsdebatte. Policy Paper No. 9. Deutsches Institut für Menschenrechte. Berlin.
Aichele, Valentin (2012): Die UN-Behindertenrechtskonvention: ihre Bedeutung für Ämter, Gerichte und staatliche Stellen. Positionen Nr. 6. Deutsches Institut für Menschenrechte. Berlin.
Aichele, Valentin (Hrsg.) (2013): Das Menschenrecht auf gleiche Anerkennung vor dem Recht. Artikel 12 der UN-Behindertenrechtskonvention. Nomos. Baden-Baden.
Balzer, Nicole/Ricken, Norbert (2010): Anerkennung als pädagogisches Problem. Markierungen im erziehungswissenschaftlichen Diskurs. In: Schäfer, A./Thompson, C. (Hrsg.): Anerkennung. Ferdinand Schöningh. Paderborn.
Baumann, Zygmunt (1995): Ansichten der Postmoderne. Argument-Verlag. Hamburg.
Beck, Iris (1994): Neuorientierung in der Organisation pädagogisch-sozialer Dienstleistungen für behinderte Menschen: Zielperspektiven und Bewertungsfragen. Peter Lang. Frankfurt am Main.
Beck, Iris/Düe, Willi/Wieland, Heinz (Hrsg.) (1996): Normalisierung: Behindertenpädagogische und sozialpolitische Perspektiven eines Reformkonzeptes. Edition Schindele. Heidelberg.
Beck, Iris/Greving, Heinrich (2011): Institution und Organisation. In: Beck, I./ Greving, H. (Hrsg.): Gemeindeorientierte pädagogische Dienstleistungen. Kohlhammer. Stuttgart, S. 31-69.
Beck, Ulrich (1986): Risikogesellschaft. Auf dem Weg in eine andere Moderne. Suhrkamp. Frankfurt am Main.
Beck, Ulrich (1997): Was ist Globalisierung? Irrtümer des Globalismus – Antworten auf Globalisierung. Suhrkamp. Frankfurt am Main.
Bedorf, Thomas (2005): Die Gerechtigkeit des Dritten. Konturen eines Problems. In: Neumaier, O./Sedmak, C./Zichy, M. (Hrsg.): Philosophische Perspektiven. Beiträge zum VII. Österreichischen Kongress für Philosophie. Frankfurt am Main/Lancaster, S. 50-55.
Bedorf, Thomas (2008): Interkulturelle Anerkennung, die Verkennung der Identität und der postkoloniale Diskurs. Vortrag auf dem DGPhil 2008. Unter: http://www.dgphil2008.de/fileadmin/download/Sektionsbeitraege/08-1_Bedorf.pdf [abgerufen am 06.09.2014].
Bedorf, Thomas (2010): Verkennende Anerkennung. Suhrkamp. Berlin.
Bedorf, Thomas (2011): Andere. Eine Einführung in die Sozialphilosophie. Transcript. Bielefeld.
Bielefeldt, Heiner (2009): Essay No. 5 – Zum Innovationspotential der UN-Behindertenrechtskonvention. 3., aktualisierte und erweiterte Auflage. Deutsches Institut für Menschenrechte. Berlin.
Bielefeldt, Heiner (2012): Inklusion als Menschenrechtsprinzip: Perspektiven der UN-Behindertenrechtskonvention. In: Moser, V./Horster, D. (Hrsg.): Ethik der Behindertenpädagogik, S. 149-166.
Borst, Eva (2003): Anerkennung der Anderen und das Problem des Unterschieds. Perspektiven einer kritischen Theorie der Bildung. Schneider Verlag Hohengehren. Baltmannsweiler.
Bundesministerium für Arbeit und Soziales (Hrsg.) (2014): Der Weg zum Bundesteilhabe-Gesetz. Unter: http://www.bmas.de/SharedDocs/Downloads/DE/PDF-Publikationen/a762-bundesteilhabebericht.pdf?__blob=publicationFile [abgerufen am 28.03.2015].
Bundschuh, Konrad (Hrsg.) (2002): Sonder- und Heilpädagogik in der modernen Leistungsgesellschaft. Krise oder Chance? Klinkhardt. Bad Heilbrunn/Obb.
Butler, Judith (2003): Kritik der ethischen Gewalt. Suhrkamp. Frankfurt am Main.
Butler, Judith (2005): Gefährdetes Leben. Suhrkamp. Frankfurt am Main.
Combe, Arno/Helsper, Werner (2002): Professionalität. In: Otto, H.-U./Rauschenbach, T./Vogel, P. (Hrsg.): Erziehungswissenschaft: Professionalität und Kompetenz. Leske+Budrich. Opladen, S. 29-47.
Dederich, Markus (2000): Behinderung – Medizin – Ethik. Behindertenpädagogische Reflexionen zu Grenzsituationen am Anfang und Ende des Lebens. Klinkhardt. Bad Heilbrunn/Obb.
Dederich, Markus (2001): Menschen mit Behinderung zwischen Ausschluss und Anerkennung. Klinkhardt. Bad Heilbrunn/Obb.
Dederich, Markus (2002a): Postmoderne – Pluralisierung – Differenz: Soziologische, ethische und politische Implikationen. In: Greving, H./Gröschke, D. (Hrsg.): Das Sisyphos-Prinzip, S. 33-56.
Dederich, Markus (2002b): Behinderung, Ressourcen und biographische Risiken. In: Bundschuh, K. (Hrsg.): Sonder- und Heilpädagogik in der modernen Leistungsgesellschaft. Krise oder Chance?, S. 175-183.

Dederich, Markus (2003): Ethische Fragen der Geistigbehindertenpädagogik. In: Fischer, E. (Hrsg.): Pädagogik für Menschen mit geistiger Behinderung. Sichtweisen, Theorien, aktuelle Herausforderungen. Athena. Oberhausen, S. 60-82.

Dederich, Markus (2006): Schwere Behinderung im Kontext von Ethik, Medizin und Pädagogik. In: Bundesvereinigung Lebenshilfe (Hrsg.): Schwere Behinderung – eine Aufgabe für die Gesellschaft. Teilhabe von Menschen mit schweren Behinderungen als Herausforderung für Praxis, Wissenschaft und Politik. Lebenshilfe-Verlag. Marburg, S. 33-40.

Dederich, Markus (2007): Körper, Kultur und Behinderung. Eine Einführung in die Disability Studies. Transcript. Bielefeld.

Dederich, Markus (2009): Behinderung als sozial- und kulturwissenschaftliche Kategorie. In: Dederich, M./Jantzen, W. (Hrsg.): Behinderung und Anerkennung. Band 2 des Enzyklopädischen Handbuches der Behindertenpädagogik. Kohlhammer. Stuttgart, S. 15-39.

Dederich, Markus (2011a): Behinderung, Identitätspolitik und Anerkennung. Eine alteritätstheoretische Reflexion. In: Dederich, M./Schnell, M. W. (Hrsg.): Anerkennung und Gerechtigkeit in Heilpädagogik, Pflegewissenschaften und Medizin, S. 107-127.

Dederich, Markus (2011b): Anerkennungsethik. In: Orientierung – Fachzeitschrift der Behindertenhilfe. 3/2011. BeB. Berlin, S. 10-13.

Dederich, Markus (2012): Pädagogik als Kunst. In: Zeitschrift für Heilpädagogik. 3/2012. 63. Jg. Reinhardt. Würzburg, S. 98-104.

Dederich, Markus (2013a): Philosophie in der Heil- und Sonderpädagogik. Kohlhammer. Stuttgart.

Dederich, Markus (2013b): Inklusion und das Verschwinden der Menschen. Über Grenzen der Gerechtigkeit. In: Behinderte Menschen: Zeitschrift für gemeinsames Leben, Lernen und Arbeiten. 1/2013. Verein ‚Initiativ für behinderte Kinder und Jugendliche'. Graz, S. 33-42.

Dederich, Markus (2013c): Anerkennung. Unter: http://www.inklusion-lexikon.de/Anerkennung_Dederich.php. [abgerufen am 05.12.2014].

Dederich, Markus/Greving, Heinrich/Mürner, Christian/Rödler, Peter (Hrsg.) (2006): Inklusion statt Integration? Heilpädagogik als Kulturtechnik. Psychosozial-Verlag. Gießen.

Dederich, Markus/Schnell, Martin W. (2009): Ethische Grundlagen der Behindertenpädagogik: Konstitution und Systematik. In: Dederich, M./Jantzen, W. (Hrsg.): Behinderung und Anerkennung. Band 2 des Enzyklopädischen Handbuches der Behindertenpädagogik. Kohlhammer. Stuttgart, S. 59-83.

Dederich, Markus/Schnell, Martin W. (2011): Anerkennung und Gerechtigkeit in Heilpädagogik, Pflegewissenschaften und Medizin. Auf dem Weg zu einer nichtexklusiven Ethik. Transcript. Bielefeld.

Degener, Theresia (2009a): Die neue UN Behindertenrechtskonvention aus der Perspektive der Disability Studies. In: Behindertenpädagogik. 3/2009. Psychosozial- Verlag. Gießen, S. 263-283.

Degener, Theresia (2009b): Die UN-Behindertenrechtskonvention als Inklusionsmotor. In: RdJB (Recht der Jugend und des Bildungswesens). 2/2009. BWV. Berlin, S. 200-219.

Derrida, Jaques (1976): Gewalt und Metaphysik. Essay über das Denken Emmanuel Lévinas'. In: Derrida, J.: Die Schrift und die Differenz. 1. Auflage. Suhrkamp. Frankfurt am Main, S. 121-235.

Deutsches Institut für Menschenrechte (2014): Zum Internationalen Tag für Menschen mit Behinderungen: Monitoring-Stelle fordert konsequente Rückbindung des Nationalen Aktionsplans an die UN-Behindertenrechtskonvention. Unter: http://www.institut-fuer-menschenrechte.de/aktuell/news/meldung/article/zum-internationalen-tag-fuer-menschen-mit-behinderungen-monitoring-stelle-fordert-konsequente-rueck.html [abgerufen am 13.12.2014].

Deutsches Institut für Menschenrechte (2015): Wir haben in Deutschland einige große Baustellen. Unter: http://www.institut-fuer-menschenrechte.de/aktuell/ news/meldung/article/wir-haben-in-deutschland-einige-grosse-baustellen.html [abgerufen am 25.02.2015].

Dlugosch, Andrea (2005): Professionelle Entwicklung in sonderpädagogischen Kontexten. In: Horster, D./Hoyningen-Süess, U./Liesen, C. (Hrsg.): Sonderpädagogische Professionalität, S. 87-96.

Dlugosch, Andrea (2009): Professionalität. In: Dederich, M./Jantzen, W. (Hrsg.): Behinderung und Anerkennung. Band 2 des Enzyklopädischen Handbuches der Behindertenpädagogik. Kohlhammer. Stuttgart, S. 252-256.

Esser, Hartmut (2000): Soziologie. Spezielle Grundlagen. Band 5: Institutionen. Campus Verlag. Frankfurt am Main.

Ellger-Rüttgardt, Sieglind (Hrsg.) (1990): Bildungs- und Sozialpolitik für Behinderte. Reinhardt. München/Basel.

Fachverbände für Menschen mit Behinderung (2010): 10 Thesen zur Personzentrierung. Unter: http://www.diefachverbaende.de/files/ stellungnahmen/2010-10-01-Thesen-zur-Personzentrierung.pdf [abgerufen am 31.03.2015].

Flickinger, Hans-Georg (2008): Die Anfänge der Hegelschen Anerkennungstheorie. In: Schmied-Kowarzik, W./Eidam, H. (Hrsg.): Anfänge bei Hegel. Kasseler Philosophische Schriften – Neue Folge 2. University Press. Kassel, S. 93-107.

Fornefeld, Barbara (1995): Das schwerstbehinderte Kind und seine Erziehung – Beiträge zu einer Theorie der Erziehung. Edition Schindele, Winter. Heidelberg.

Fornefeld, Barbara (2008): Menschen mit Komplexer Behinderung. Selbstverständnis und Aufgaben der Behindertenpädagogik. Reinhardt. München.
Foucault, Michel (1989): Der Wille zum Wissen. Sexualität und Wahrheit: Erster Band. 3. Auflage. Suhrkamp. Frankfurt am Main.
Foucault, Michel (1994): Überwachen und Strafen. Die Geburt des Gefängnisses. Suhrkamp. Frankfurt am Main.
Foucault, Michel (2003): Die Ordnung der Dinge. Suhrkamp. Frankfurt am Main.
Foucault, Michel (2013): Analytik der Macht. 5. Auflage. Suhrkamp. Frankfurt am Main.
Fraser, Nancy (2003): Soziale Gerechtigkeit im Zeitalter der Identitätspolitik. Umverteilung, Anerkennung und Beteiligung. In: Fraser, N./Honneth, A.: Umverteilung oder Anerkennung?, S. 13-128.
Fraser, Nancy/Honneth, Axel (2003): Umverteilung oder Anerkennung? Eine politisch-philosophische Kontroverse. Suhrkamp. Frankfurt am Main,
Gamm, Gerhard (2000): Nicht nichts – Studien zu einer Semantik der Unbestimmtheit. Suhrkamp. Frankfurt am Main.
Gessmann, Martin (2009): Philosophisches Wörterbuch. 23., vollständig neu bearbeitete Auflage. Kröner Verlag. Stuttgart.
Graumann, Sigrid (2010): Assistierte Freiheit. Unter: http://www.beb-ev.de/files/pdf/2010/dokus/mv/19_dr_sigrid_graumann.pdf [abgerufen am 15.12.2014].
Graumann, Sigrid (2014): Inklusion und Anerkennung. Vortrag im Rahmen der Ringvorlesung ‚Behinderung ohne Behinderte?! Perspektiven der Disability Studies', Universität Hamburg, 25.06.2014. Unter: http://www.zedis-ev-hochschule-hh.de/files/inklusion_und__anerkennung.pdf [abgerufen am 08.02.2014].
Greving, Heinrich (Hrsg.) (2002): Hilfeplanung und Controlling in der Heilpädagogik. Lambertus. Freiburg i. B.
Greving, Heinrich/Gröschke, Dieter (Hrsg.) (2002): Das Sisyphos-Prinzip. Gesellschaftsanalytische und gesellschaftskritische Dimensionen der Heilpädagogik. Klinkhardt. Bad Heilbrunn/Obb.
Greving, Heinrich/Ondracek, Petr (Hrsg.) (2005): Handbuch Heilpädagogik. Bildungsverlag EINS GmbH. Troisdorf.
Gröschke, Dieter (1997): Praxiskonzepte der Heilpädagogik. Anthropologische, ethische und pragmatische Dimensionen. 2., neubearbeitete Auflage. Reinhardt. München und Basel.
Gröschke, Dieter (2002): Für eine Heilpädagogik mit dem Gesicht zur Gesellschaft. In: Greving, H./Gröschke, D. (Hrsg.) (2002): Das Sisyphos-Prinzip, S. 9-32.
Gukenbiehl, Hermann L. (2000): Institution und Organisation. In: Korte, H./Schäfers, B. (Hrsg.): Einführung in Hauptbegriffe der Soziologie. 8., durchgesehene Auflage. VS. Opladen, S. 141-161.
Honneth, Axel (1994): Kampf um Anerkennung. Zur moralischen Grammatik sozialer Konflikte. Suhrkamp. Frankfurt am Main.
Honneth, Axel (1999): Integrität und Mißachtung. Grundmotive einer Moral der Anerkennung. In: Stäblein, R. (Hrsg.): Glück und Gerechtigkeit. Moral am Ende des 20. Jahrhunderts. Insel Verlag. Frankfurt am Main und Leipzig.
Honneth, Axel (2000): Das Andere der Gerechtigkeit. Aufsätze zur praktischen Philosophie. Suhrkamp. Frankfurt am Main.
Honneth, Axel (2001): Leiden an Unbestimmtheit. Eine Reaktualisierung der Hegelschen Rechtsphilosophie. Reclam. Stuttgart.
Honneth, Axel (2003a): Der Grund der Anerkennung. Eine Erwiderung auf kritische Rückfragen. In: ebd.: Kampf um Anerkennung. Zur moralischen Grammatik sozialer Konflikte. Um ein neues Nachwort erweiterte Ausgabe. Suhrkamp. Frankfurt am Main, S. 303-341.
Honneth, Axel (2003b): Unsichtbarkeit. Stationen einer Theorie der Intersubjektivität. Suhrkamp. Frankfurt am Main.
Honneth, Axel (2003c): Umverteilung als Anerkennung. Eine Erwiderung auf Nancy Fraser. In: Fraser, N./Honneth, A.: Umverteilung oder Anerkennung?, S. 129-224.
Honneth, Axel (2003d): Die Pointe der Anerkennung. Eine Entgegnung auf die Entgegnung. In: Fraser, N./Honneth, A.: Umverteilung oder Anerkennung?, S. 271-305.
Honneth, Axel (2005): Verdinglichung. Eine anerkennungstheoretische Studie. Suhrkamp. Frankfurt am Main.
Honneth, Axel (2010): Das Ich im Wir. Studien zur Anerkennungstheorie. Suhrkamp. Berlin.
Honneth, Axel (2011a): Das Recht der Freiheit. Grundriß einer demokratischen Sittlichkeit. Suhrkamp. Berlin.
Honneth, Axel (2011b): Verwilderungen. Kampf um Anerkennung im frühen 21. Jahrhundert. In: Das Parlament. Nr. 01-02/3.1.2011 (Beilage von ‚Aus Politik und Zeitgeschichte', Nr. 01 2011, 03.01.2011). Bundeszentrale für politische Bildung. Bonn, S. 37-45).
Horster, Detlef/Hoyningen-Süess, Ursula/Liesen, Christian (Hrsg.) (2005): Sonderpädagogische Professionalität. Beiträge zur Entwicklung der Sonderpädagogik als Disziplin und Profession. 1. Auflage. VS. Wiesbaden.
Horster, Detlef (2009): Anerkennung. In: Dederich, M./Jantzen, W. (Hrsg.): Behinderung und Anerkennung. Band 2 des Enzyklopädischen Handbuches der Behindertenpädagogik. Kohlhammer. Stuttgart.

Hoyle, Eric (1991): Professionalisierung von Lehrern: ein Paradox. In: Terhart, E. (Hrsg.): Unterrichten als Beruf. Neuere amerikanische und englische Arbeiten zur Berufskultur und Berufsbiographie von Lehrern und Lehrerinnen. Böhlau Verlag. Köln/Wien, S. 135-144.

Iser, Matthias (2005): Gerechtigkeit und Anerkennung. In: Möhring-Hesse, M. (Hrsg.): Streit um die Gerechtigkeit. Themen und Kontroversen im gegenwärtigen Gerechtigkeitsdiskurs. Wochenschau Verlag. Schwalbach/Ts., S. 107-117.

Jantzen, Wolfgang (2003): ‚… die da dürstet nach Gerechtigkeit' – Deinstitutionalisierung in einer Großeinrichtung der Behindertenhilfe. Edition Marhold. Berlin.

Jantzen, Wolfgang/Lanwer-Koppelin, Willehad/Schulz, Kristina (Hrsg.) (1999): Qualitätssicherung und Deinstitutionalisierung. Niemand darf wegen seiner Behinderung benachteiligt werden. Edition Marhold. Berlin.

Kaletta, Barbara (2008): Anerkennung oder Abwertung. Über die Verarbeitung sozialer Desintegration. VS. Wiesbaden.

Katzenbach, Dieter (2004): Anerkennung, Missachtung und geistige Behinderung. In: Ahrbeck, B./Rauh, B. (Hrsg.): Behinderung zwischen Autonomie und Angewiesensein. Kohlhammer. Stuttgart, S. 127-144.

Kauffeld, Simone/Ebner, Katharina (2014): Organisationsentwicklung. Lehrbuch Organisationspsychologie. 5., vollständig überarbeitete Auflage. Verlag Hans Huber. Bern, S. 457-507.

Kleinbach, Karlheinz (1994): Zur ethischen Begründung einer Praxis der Geistigbehindertenpädagogik. Klinkhardt. Bad Heilbrunn.

Kuhlmann, Andreas (2005): Behinderung und Anerkennung von Differenz. In: West End. Neue Zeitschrift für Sozialforschung. 2. Jahrgang, Heft 1. Stroemfeld. Frankfurt am Main, S. 153-164.

Kühn, Dietrich (2004): Organisationen Sozialer Arbeit. Administrative Strukturen und Handlungsformen im Sozialwesen. In: Biermann, B./Bock-Rosenthal, E./Doehlemann, M./Grohall, K./ Kühn, D. (Hrsg.): Soziologie. Studienbuch für soziale Berufe. 4., durchgesehene Auflage. Reinhardt. München/Basel, S. 313-370.

Lachwitz, Klaus (2010): UN-Konvention: ‚Rechte für Menschen mit Behinderungen – Konsequenzen für die Teilhabe'. In: Behinderung & Pastoral. 14/Juli 10. Köln. S. 4-9. Unter: http://www.behindertenpastoral-dbk.de/wp-dbk/wp-content/uploads/ 2012/12/behinderung_und_pastoral14.pdf [abgerufen am 27.12.2014].

Lévinas, Emmanuel (1983): Die Spur des Anderen. Untersuchungen zur Phänomenologie und Sozialphilosophie. Verlag Karl Alber. Freiburg (Breisgau)/München.

Lévinas, Emmanuel (1987): Totalität und Unendlichkeit. Verlag Karl Alber. Freiburg (Breisgau)/München.

Lévinas, Emmanuel (1995): Zwischen uns. Versuche über das Denken an den Anderen. Carl Hanser Verlag. München/Wien.

Lévinas, Emmanuel (1998): Jenseits des Seins oder anders als Sein geschieht. 2. Auflage. Verlag Karl Alber. Freiburg (Breisgau)/München.

Lévinas, Emmanuel (2008): Ethik und Unendlichkeit. Gespräche mit Philippe Nemo. 4., überarbeitete Ausgabe. Passagen Verlag. Wien.

Lindmeier, Bettina (2013): Professionelles Handeln im Förderschwerpunkt geistige Entwicklung. In: Geistigbehindertenpädagogik!? Disziplin – Profession – Inklusion. Athena. Oberhausen, S. 291-313.

Lindmeier, Bettina/Lindmeier, Christian (2007): Professionstheorie und -forschung in der Heilpädagogik. In: Bundschuh, K./Heimlich, U./Krawitz, R. (Hrsg.): Wörterbuch Heilpädagogik. 3., überarbeitete Auflage. Klinkhardt. Bad Heilbrunn, S. 214-218.

MacIntyre, Alasdair (2001): Die Anerkennung der Abhängigkeit. Über menschliche Tugenden. Rotbuch. Hamburg.

Margalit, Avishai (1997): Politik der Würde. Über Achtung und Verachtung. Alexander Fest Verlag. Berlin.

Mead, Georg Herbert (1995): Geist, Identität und Gesellschaft aus Sicht des Sozialbehaviorismus. 10. Auflage. Suhrkamp. Frankfurt am Main.

Moser, Vera (2004): Sonderpädagogik als Profession: Funktionalistische, system- und strukturtheoretische Aspekte. In: Forster, R. (Hrsg.): Soziologie im Kontext von Behinderung. Theoriebildung, Theorieansätze und singuläre Phänomene. Klinkhardt. Bad Heilbrunn, S. 302-314.

Moser, Vera (2005): Professionstheorie im Fokus sonderpädagogischer Disziplinentwicklung. In: Horster, D./Hoyningen-Süess, U./Liesen, C. (Hrsg.): Sonderpädagogische Professionalität, S. 87-96.

Moser, Vera (2012): ‚Kampf um Anerkennung' aus behindertenpädagogischer Perspektive. In: Moser, V./Horster, D. (Hrsg.): Ethik der Behindertenpädagogik, S. 105-117.

Moser, Vera/Horster, Detlef (Hrsg.) (2012): Ethik der Behindertenpädagogik. Menschenrechte, Menschenwürde, Behinderung. Eine Grundlegung. Kohlhammer. Stuttgart.

Moser, Vera/Sasse, Ada (2008): Theorien der Behindertenpädagogik. Reinhardt. München.

Nothdurft, Werner (2007): Anerkennung. In: Straub, J./Weidemann, A./Weidemann, D. (Hrsg.): Handbuch interkultureller Kommunikation und Kompetenz. Grundbegriffe – Theorien – Anwendungsfelder. Verlag J. B. Metzler. Stuttgart, S. 110-122.

Nullmeier, Frank (2003): Anerkennung: Auf dem Weg zu einem kulturalen Sozialstaatsverständnis? In: Lessenich, S. (Hrsg.): Wohlfahrtsstaatliche Grundbegriffe. Historische und aktuelle Diskurse. Campus Verlag. Frankfurt am Main, S. 395-418.

Rösner, Hans-Uwe (1996): Auf der Suche nach einer anderen Gerechtigkeit. In: Behindertenpädagogik. 2/1996. Psychosozial-Verlag. Gießen, S. 130-139.
Rösner, Hans-Uwe (2002): Jenseits normalisierender Anerkennung. Reflexion zum Verhältnis von Macht und Behindertsein. Campus Verlag. Frankfurt am Main.
Rösner, Hans-Uwe (2006): Inklusion allein ist zu wenig! Plädoyer für eine Ethik der Anerkennung. In: Dederich, M./Greving, H./Mürner, C./Rödler, P. (Hrsg.): Inklusion statt Integration?, S. 126-139.
Rösner, Hans-Uwe (2011): Im Angesicht des dementen Anderen. Axel Honneths Fürsorgebegriff und seine Bedeutung für die ‚Kontaktarbeit' in der Altenpflege. In: Dederich, M./Schnell, M. W. (Hrsg.): Anerkennung und Gerechtigkeit in Heilpädagogik, Pflegewissenschaften und Medizin, S. 187-206.
Sanders, Karin/Kianty, Andrea (2006): Organisationstheorien. Eine Einführung. VS. Wiesbaden.
Schäffter, Ottfried (2009): Die Theorie der Anerkennung – ihre Bedeutung für pädagogische Professionalität. In: Mörchen, A./Tolksdorf, M. (Hrsg.): Lernort Gemeinde. Ein neues Format der Erwachsenenbildung. W. Bertelsmann Verlag. Bielefeld, S. 171-181.
Schäper, Sabine (2006): Ökonomisierung in der Behindertenhilfe. Praktisch-theologische Rekonstruktionen und Erkundungen zu den Ambivalenzen eines diakonischen Praxisfeldes. LIT Verlag. Münster.
Scherr, Albert (2002): Subjektbildung in Anerkennungsverhältnissen. Über ‚soziale Subjektivität' und ‚gegenseitige Anerkennung' als pädagogische Grundbegriffe. In: Hafeneger, B./Henkenborg, P./Scherr, A. (Hrsg.) (2002): Pädagogik der Anerkennung. Grundlagen, Konzepte, Praxisfelder. Wochenschau Verlag. Schwalbach/Ts.
Schnell, Martin W. (2001): Zugänge zur Gerechtigkeit. Diesseits von Liberalismus und Kommunitarismus. Fink. München.
Schnell, Martin W. (2004): Das Andere der Anerkennung. In: Gander, H.-H. (Hrsg.): Anerkennung. Zu einer Kategorie gesellschaftlicher Praxis. Ergon. Würzburg, S. 77-89.
Schnell, Martin W. (2011): Anerkennung und Gerechtigkeit im Zeichen einer Ethik als Schutzbereich. In: Dederich, M./Schnell, M. W. (Hrsg.): Anerkennung und Gerechtigkeit in Heilpädagogik, Pflegewissenschaft und Medizin, S. 23-45.
Siep, Ludwig/Takeshima, Ayumi/Takeshima, Nao/Karakus, Attila (2004): Gutes und gelingendes Leben. Honneth über Anerkennung und Sittlichkeit. In: Halbig, C./Quante, M. (Hrsg.): Axel Honneth: Sozialphilosophie zwischen Kritik und Anerkennung. LIT Verlag. Münster, S. 61-65.
Seifert, Monika/Fornefeld, Barbara/Koenig, Pamela (2001): Zielperspektive Lebensqualität. Eine Studie zur Lebenssituation von Menschen mit schwerer Behinderung im Heim. Bethel-Verlag. Bielefeld.
Speck, Otto (1990): Selbstauflösung der Sonderpädagogik als gesellschaftspolitische Konsequenz. In: Ellger-Rüttgardt, S. (Hrsg.): Bildungs- und Sozialpolitik für Behinderte. Reinhardt. München/Basel, S. 38-48.
Speck, Otto (1997): Chaos und Autonomie in der Erziehung. Erziehungsschwierigkeiten unter moralischem Aspekt. 2., überarbeitete Auflage. Reinhardt. München/Basel.
Speck, Otto (2008): System Heilpädagogik. Eine ökologisch reflexive Grundlegung. 6., überarbeitete Auflage. Reinhardt. München/Basel.
Staudigl, Barbara (2009): Emmanuel Lévinas. Vandenhoeck & Ruprecht. Göttingen.
Stichweh, Rudolf (1994): Wissenschaft, Universität, Professionen. Soziologische Analysen. Suhrkamp. Frankfurt am Main.
Stinkes, Ursula (1993): Spuren eines Fremden in der Nähe. Das ‚geistig behinderte' Kind aus phänomenologischer Sicht. Königshausen und Neumann. Würzburg.
Stinkes, Ursula (2003): Ethische Fragestellungen im Kontext einer liberalen Eugenik. In: Irblich, D./Stahl, B. (Hrsg.): Menschen mit geistiger Behinderung. Psychologische Grundlagen, Konzepte und Tätigkeitsfelder. Hogrefe. Göttingen/Bern, S. 51-65.
Stinkes, Ursula (2008): Bildung als Antwort auf die Not und Nötigung, sein Leben zu führen. In: Fornefeld, B. (Hrsg.): Menschen mit Komplexer Behinderung, S. 82-107.
Stinkes, Ursula (2011): Ein unzeitgemäßer Humanismus als das Erste der Bildung. Der Anspruch des Anderen. In: Dederich, M./Schnell, M. W. (Hrsg.): Anerkennung und Gerechtigkeit in Heilpädagogik, Pflegewissenschaft und Medizin, S. 143-158.
Stinkes, Ursula (2012): Ist es normal, verschieden zu sein? – Fremdheit im Kontext der egalitären Differenz. In: Behindertenpädagogik. 3/2012. Psychosozial-Verlag. Gießen, S. 236-251.
Stinkes, Ursula (2013): Eine Aufforderung zum Denken im Widerspruch. In: Brodkorb, M./Koch, K. (Hrsg.): Inklusion – Ende des gegliederten Schulsystems? Zweiter Inklusionskongress M-V. Dokumentation, S. 89-103. Unter: http://www.regierung-mv.de/cms2/Regierungsportal_prod/Regierungsportal/de/bm/_Service/Publikationen/index.jsp?publikid=6399 [abgerufen am 29.01.2015].
Stojanov, Krassimir (2006): Bildung und Anerkennung. Soziale Voraussetzungen von Selbst-Entwicklung und Welt-Erschließung. VS. Wiesbaden.
Taylor, Charles (1993): Multikulturalismus und die Politik der Anerkennung. Fischer. Frankfurt am Main.

Theunissen, Georg (Hrsg.) (1998): Enthospitalisierung – Ein Etikettenschwindel? Neue Studien, Erkenntnisse und Perspektiven der Behindertenhilfe. Klinkhardt. Bad Heilbrunn.

Theunissen, Georg (1999): Wege aus der Hospitalisierung: Empowerment in der Arbeit mit schwerstbehinderten Menschen. 4., völlig neubearbeitete und erweiterte Auflage. Psychiatrie-Verlag. Bonn.

Theunissen, Georg (Hrsg.) (2000): Verhaltensauffälligkeiten – Ausdruck von Selbstbestimmung? Wegweisende Impulse für heilpädagogische, therapeutische und alltägliche Arbeit mit geistig behinderten Menschen. Klinkhardt. Bad Heilbrunn/Obb.

UN-Behindertenrechtskonvention (2008) *siehe* Bundesgesetzblatt Jg. 2008 Teil II Nr. 35: Gesetz zu dem Übereinkommen der Vereinten Nationen vom 13. Dezember 2006 über die Rechte von Menschen mit Behinderungen sowie zu dem Fakultativprotokoll vom 13. Dezember 2006 zum Übereinkommen der Vereinten Nationen über die Rechte von Menschen mit Behinderungen. Ausgegeben zu Bonn am 31. Dezember 2008.

Wacker, Elisabeth (2002): Von der Versorgung zur Lebensführung. Wandel der Hilfeplanung in (fremd-)gestalteten Wohnumgebungen. In: Greving, H. (Hrsg.): Hilfeplanung und Controlling in der Heilpädagogik, S. 77-105.

Wacker, Elisabeth/Wetzler, Rainer/Metzler, Heidrun/Hornung, Claudia (1998): Leben im Heim. Angebotsstrukturen und Chancen selbständiger Lebensführung in Wohneinrichtungen der Behindertenhilfe. Bericht zu einer bundesweiten Untersuchung im Forschungsprojekt ‚Möglichkeiten und Grenzen selbständiger Lebensführung in Einrichtungen'. Nomos. Freiburg. (Schriftenreihe des Bundesministeriums für Gesundheit Band 102.)

Waldenfels, Bernhard (1990): Der Stachel des Fremden. Suhrkamp. Frankfurt am Main.

Waldenfels, Bernhard (1998): Antworten auf das Fremde. Grundzüge einer responsiven Phänomenologie. In: Waldenfels, B./Därmann, I. (Hrsg.): Der Anspruch des Anderen. Perspektiven einer phänomenologischen Ethik. Fink. München, S. 35-49.

Waldenfels, Bernhard (2006): Grundmotive einer Phänomenologie des Fremden. Suhrkamp. Frankfurt am Main.

Waldschmidt, Anne (2003): ‚Behinderung' neu denken: Kulturwissenschaftliche Perspektiven der Disability Studies. In: Waldschmidt, A. (Hrsg.): Kulturwissenschaftliche Perspektiven der Disability Studies. Tagungsdokumentation. Kassel, S. 11-12.

Wansing, Gudrun (2006): Teilhabe an der Gesellschaft. Menschen mit Behinderung zwischen Inklusion und Exklusion. VS. Wiesbaden.

Welsch, Wolfgang (Hrsg.) (1994): Wege aus der Moderne. Schlüsseltexte der Postmoderne-Diskussion. Akademie-Verlag. Bielefeld.

Werschkull, Friederike (2007): Vorgreifende Anerkennung zur Subjektbildung in interaktiven Prozessen. Transkript. Bielefeld.

Wils, Jean-Pierre (2004): Respekt statt Ausgrenzung – Die Ethik der ‚Anerkennung'. In: Graumann, S./Grüber, K./Nicklas-Faust, J./Schmidt, S./Wagner-Kern, M. (Hrsg.): Ethik und Behinderung. Ein Perspektivenwechsel. Campus Verlag. Frankfurt am Main, S. 81-91.

Winnicott, Donald Woods (1984): Reifungsprozesse und fördernde Umwelt. Fischer. Frankfurt am Main.

Winnicott, Donald Woods (1989): Vom Spiel zur Kreativität. Klett-Cotta. Stuttgart.